西方共和主義思想史論

蕭高彥　著

謹以本書紀念
先父　蕭功伯先生(1925-2009)

自序

　　本書的主旨是對西方共和主義作為一種思想史典範，提出政治哲學的分析。所謂的「典範」(paradigm)意指大型的觀念叢結(complex of ideas)，源於思想家對形上學、倫理觀、人性論、行動理論乃至政治制度等議題深入探究後，所產生的巨型論述系統。它們會形成核心的觀念詞彙以及政治想像，並構成政治場域的意義脈絡。雖然西方的政治思想流派繁多，但真正具有「典範」意義的，並不多見。

　　史學家波考克在其振興當代共和主義學術研究的鉅著《馬基維利時刻》(The Machiavellian Moment)一書的第一部分，以宏觀的視野分析中古後期政治論述的競爭典範，作為理解共和主義興起的背景。他指出，在公民人文主義勃興之前，中古後期西方的兩大政治論述典範，其一以「習俗」(custom)，另一則以「神恩」(providence)為核心。所謂的習俗，其實便是社會學家韋伯所提出的傳統統治型態，中古後期以普通法為最重要的代表。政治社會習俗之所以被接受並服從，在於其為傳之久遠的祖宗常法。而由於長期以來對於特殊環境與問題的回應，使得這些習俗累積了無數代人們的經驗，並形成了實踐智慧的來源。另一個政治論述典範，則是以救贖為核心的基督教，基於上帝統治世界的神恩概念而開展出的神學政治論。基督教雖然以上帝之城的終極降臨為主要關懷，但由

於上帝支配世界，所以俗世的事件仍然會以上帝的意志爲基礎，而開展出一種此世時間的序列。也就是說，基督教以彼世的救贖角度，建構了一種具有連貫意義的俗世史（*saeculum*）。

共和主義者在現代初期所引導的人文主義轉向，將西方人的注意力自傳統習俗或神學的俗世史，轉而關注此世政治社會自身的獨特意義。關於共和主義的最初發展，波考克認爲可追溯到西元1400年前後，米蘭大公維斯康地（Giangaleazzo Visconti）家族勢力急速擴張進入托斯卡尼區域，對佛羅倫斯產生了重大的政治威脅，並運用凱撒主義與王權觀點來證成其政治擴張。與之對抗的佛羅倫斯人文主義者遂重新發現亞里斯多德《政治學》的價值，建構行動生活（*vita activa*）的政治理想，倡議古典共和主義的自由、公民身分、公民德行以及政治參與等理想，以共和價值來對抗維斯康地家族的霸權論述，促成了共和意識的萌芽。承繼此公民人文主義傳統，馬基維利建構了第一個現代共和主義體系，之後通過英國內戰以及美國、法國大革命等重大歷史事件的影響，逐漸產生了與古典時期完全不同的現代共和主義論述，基本精神在於強調公民參與對於政治價值創新以及秩序興革的重要性。波考克認爲，在現代政治思想中，能夠與共和主義相抗衡的唯一典範，只有後起的自由主義。

本書以共和主義思想家理論體系的闡釋爲主軸，並且輔以思想史脈絡以及時代問題意識背景。對於西方共和主義思想，全書分析了亞里斯多德、西塞羅、波利比烏斯、馬基維利、孟德斯鳩、盧梭、美國與法國大革命的共和論述、康德與黑格爾，以及當代共和主義者鄂蘭與史金納的理論，最後並以共和主義角度剖析台灣的憲法政治。大部分篇章雖曾陸續發表於專業的學術期刊，但在本次集結成書的過程中，筆者除了對歷年的論述去蕪存菁、匡漏補遺，並特別爲本書撰寫第一、二章，以強化古典共和主義的比重。另外，

也對比較早期所撰有關黑格爾的兩篇論文大幅增刪，合併成第九章，以期符合共和主義的詮釋觀點。〈導論〉則對全書的基本論旨提出提綱挈領的說明。在書末參考書目中附有相關論文的原始出處，有興趣的讀者可以參閱比較。

　　學術研究有多種可能取向，筆者個人則以爬梳政治思想的內在理路爲職志。所以，相較於一般歷史敘述，本書對於個別思想家將提出篇幅較長的理論分析。這或許是筆者早期研究黑格爾思想所形成的習慣。對黑格爾而言，思想之目的是將經驗系統化，是以，後起的哲學家需要對之前的思想掌握其整體精義，方能進一步發展自己的哲學體系。筆者雖注重經典作品的義理闡釋，然而，這並不意味著在方法層次固守傳統的經典注疏派的觀點，或主張經典的神聖性。筆者並不認爲共和主義(或任何政治思潮)是思想家在面對某些永恆的問題(例如「何謂正義？何謂自由？」)加以提問並做哲學思辯。相反地，筆者在研究共和主義的過程中，受到「劍橋學派」史學家波考克與史金納的影響，認爲政治思想必定根源於特定歷史環境中的重大議題，並且會受到同時代先後的競爭論述的交互影響。然而，筆者主張，一流的政治思想家與其他人不同之處在於，面對同樣的歷史情境時具有高屋建瓴的觀照能力，建構典範並創造政治觀念，對於當時的政治論述乃至其後的政治想像產生影響。一流的思想家既然具有此種系統化的能力，後進研究者在仰之彌高之餘，自然應力求鑽之彌堅、深入理解。

　　筆者在耶魯大學所完成的博士論文處理德國思想家黑格爾的《法哲學原理》，分析取向以1980到1990年代相當具有影響力的社群主義與自由主義的論辯爲基礎。返台初期自然也順著這樣的學術取向繼續研究，並將注意力轉到當代社群者如泰勒、麥肯泰以及沈岱爾的相關理論。然而，大約在1990年代末期研究馬基維利思想

時，在廣泛閱讀相關文獻之後，逐漸脫離原來感興趣的馬基維利與現代「國家理性」的議題，而確立了以共和主義作為研究的主要課題。目前所集結的各篇章，便是這一階段的研究成果。至於歷年來其他研究方向的學術論文，如社群主義、國家認同以及多元文化論等議題，為求全書意旨的統一性以及篇幅所限，並未收錄進來。

本書的主旨是對西方共和主義思想提供全面性的觀照以及系統性的分析，但由於各章均係可以獨立成篇的學術論文，對個別議題有興趣的讀者不一定需要從頭到尾通讀全書，而可以獨立閱讀各章，並參考註釋中所引用的其餘章節及相關文獻。另外，本書大部分內容都是對經典的疏義，分析時不可免地需要預設對於原始文本具有一定的熟悉度。所以，讀者若對原典有所理解，將有助於了解本書的意旨，並形成個人批判性的反思。全書處理的內容包含了許多西方重要思想家，若論述有疏漏之處，敬祈方家不吝斧正。

筆者所任職的中央研究院提供了優良的研究環境以及豐沛的學術資源，是本書得以完成的基礎。而如同許多當代台灣學者，筆者也持續地執行行政院國家科學委員會的專題計畫，透過計畫的規劃以及進度的控管，也讓研究者得以安排自己的研究道路並往前邁進。對此筆者敬致謝忱。

本書的醞釀與寫作過程超過10年，聯經的林載爵先生早在1990年代末期便邀請著書，但筆者一直持續研究共和主義傳統，總覺得還有尚未探索的議題。一直到這兩年在中研院學術諮詢總會的兼職，與王汎森副院長有較多請益討論的機會，在他的敦促下，終於使筆者暫時放下其他研究計畫，完成此書的集結修訂工作。

學術研究是一個無止境的探索過程，筆者受惠於許多先進以及朋友的砥礪。感謝恩師吳庚教授引導進入政治思想史研究的領域。中研院人文社會科學研究中心「政治思想研究專題中心」歷年的同

仁，包括郭秋永、錢永祥、蔡英文、蘇文流、張福建、陳秀容、陳宜中、陳嘉銘等諸位先生女士，在無數次研討會中的意見交流，使本書各篇章得以逐步完成。國內政治思想學界人口並不大，但彼此之間的交流卻頻繁與豐碩。筆者特別感謝東吳大學黃默教授、台灣大學陳思賢教授、政治大學孫善豪與葉浩教授、台北大學許國賢教授、中山大學曾國祥教授、成功大學梁文韜教授等先進與益友，在筆者寫作過程中所給予的支持與評論。另外，《政治與社會哲學評論》創造了一個跨學科的平台，讓筆者受益匪淺，特別是顏厥安、張旺山以及謝世民諸友來自不同領域的學術見解。學長江宜樺教授現在雖然已由思想進入行動領域，但與之多年的共同問學，對本書早期架構之形成有莫大的助益。林毓生先生在本世紀初所主持的〈公民社會基本政治社會觀念研究〉國科會大型整合計畫，創造了一個難得的學術平台，使筆者在探討西方共和思想史時，有機會與不同領域的學者溝通討論，從而確立了基本的詮釋觀點。

　　本書的大部分內容都在筆者於政治大學政治學系開設的課程之中，通過與學生共同研讀及討論原典而慢慢成熟，這也反映了在思想的領域中，教學相長是一個顛撲不破的真理。由於歷年的學生很多，無法一一列舉，其中也有不少同學曾經擔任兼任助理，包括賴芸儀、廖斌洲、許文薰、蔣馥朵、邵允鍾、駱怡辰等。而在各篇論文撰寫的過程中，歷任的國科會研究計畫專任助理劉錦綾、鄭嘉、張素忍、楊尚儒以及吳以喬等，耐心地配合筆者寫作打字的習慣，並且仔細校對，最後還有李國維的排版與校讀，筆者感謝他們的協助。

　　人生的活動以圓滿的家庭生活為基礎。愛妻修也是學術中人，對於學術研究的甘苦知之甚深，所以一路走來我們始終彼此互相扶持，無話不談。小兒漢思在過去這十多年，也從幼兒成長為一個英

挺的青年。我的父親蕭功伯先生與母親蕭蔡華女士，營造了溫馨和
樂的家庭，並支持筆者學術研究的選擇。父親一直鞭策我應「立
言」，也希望能夠閱讀我的著作，只可惜由於計畫的拖長，使得本
書問世時，他已經來不及見到。筆者謹以此書作爲對家父之懷念。

蕭高彥　識於學思齋
2012年秋

目次

自序 ··· i

導論 **共和主義的系譜** ······································· 1

　一、前言 ·· 2

　二、共和主義的意義及基本信念 ······················· 3

　三、古典共和主義 ··· 5

　四、現代共和主義的兩種進程 ·························· 8

　五、共和主義的式微 ······································ 16

　六、共和主義的復興 ······································ 19

第一章 **亞里斯多德與共和政制** ························· 23

　一、前言：西方共和主義之淵源 ······················ 24

　二、思想脈絡：希臘城邦的民主理念 ················· 26

　三、政治學：德行、明智與立法 ······················ 31

　四、城邦與「政治統治」：《政治學》第一卷 ········ 36

　五、公民身分：政治統治的民主要素 ················· 39

　六、「政制」與統治團體：城邦政治秩序的寡頭要素 ·· 46

　七、政體分類及討論 ······································ 54

　八、共和政制、中間政制與立法家的混合藝術 ········ 59

　九、公民德行 ··· 68

十、結語：共和主義與民主政治 ………………………………… 72

第二章　羅馬與西方共和主義之奠基 ………………………………… 75

一、前言 …………………………………………………………… 76

二、波利比烏斯：致用史學、政體循環與混合憲政 ………… 77

三、西塞羅的《論共和國》 …………………………………… 85

四、結語 …………………………………………………………… 100

第三章　西塞羅與馬基維利論政治德行 ………………………… 103

一、前言 …………………………………………………………… 104

二、西塞羅論述的脈絡及分析架構 ………………………… 106

三、西塞羅論基本德行 ………………………………………… 109

四、西塞羅論效益 ……………………………………………… 116

五、馬基維利政治道德論的基本取向 ……………………… 122

六、馬基維利論政治德行 ……………………………………… 126

七、馬基維利主義與現象世界的政治邏輯 ………………… 130

八、規範論與秩序論：政治道德的兩種典範 …………… 136

第四章　馬基維利論現代共和的政治秩序 ……………………… 141

一、前言 …………………………………………………………… 142

二、馬基維利政治秩序論之相關文獻 ……………………… 143

三、馬基維利政治秩序論的基本範疇 ……………………… 147

四、馬基維利論政治秩序之構成 …………………………… 154

五、公民共和主義和政治決斷論？

　　——馬基維利政治觀的現代意義 …………………… 162

第五章　**盧梭的民主共和主義** ································ 167

　　一、前言 ·· 168

　　二、普遍意志與政治權利──共和原則之證成 ············ 169

　　三、政府之特殊利益 ·································· 178

　　四、激進民主與政治神學 ······························ 184

　　五、盧梭理論建構之檢討 ······························ 189

第六章　**盧梭論立法家與民族文化** ······················ 193

　　一、前言 ·· 194

　　二、立法家：議題的脈絡及其人格特質 ·················· 197

　　三、立法家以及政治空間之建構 ························ 200

　　四、立法家的創建行動與憲政體制之二元性 ·············· 204

　　五、民族精神與公民結合作爲政治現實性之動力 ·········· 212

　　六、結語 ·· 216

第七章　**《聯邦論》中的兩種共和主義** ···················· 219

　　一、兩種共和主義 ···································· 220

　　二、超越孟德斯鳩：從古代到現代共和 ·················· 222

　　三、憲政共和主義：隱蔽的人民 ························ 228

　　四、民主共和主義：人民正身的展現 ···················· 237

　　五、制憲權的馴化：審議民主或正當性的持續奠基 ········ 247

　　六、結語 ·· 255

第八章　**從共和主義到革命憲政主義：西耶斯的制憲權概念** ··· 257

　　一、前言 ·· 258

　　二、國民、憲法與制憲權：基本概念之初步考察 ·········· 260

三、制憲權作為政治／法律概念：西耶斯的革命憲政主義⋯⋯⋯ 268

四、西耶斯制憲權理論的自由主義精神 ⋯⋯⋯⋯⋯⋯⋯⋯ 275

五、惡性循環的克服與再現 ⋯⋯⋯⋯⋯⋯⋯⋯⋯⋯⋯⋯ 283

六、國民／民族建構的歧義：從構成論到歷史主義 ⋯⋯⋯⋯ 286

第九章 歷史理性中的共和理念：黑格爾與憲政國家⋯⋯⋯⋯295

一、前言 ⋯⋯⋯⋯⋯⋯⋯⋯⋯⋯⋯⋯⋯⋯⋯⋯⋯⋯ 296

二、德國觀念論與共和主義 ⋯⋯⋯⋯⋯⋯⋯⋯⋯⋯⋯⋯ 296

三、市民社會的辯證與整合 ⋯⋯⋯⋯⋯⋯⋯⋯⋯⋯⋯⋯ 301

四、國家作為「理性公民共同體」⋯⋯⋯⋯⋯⋯⋯⋯⋯⋯ 303

五、「合理愛國主義」⋯⋯⋯⋯⋯⋯⋯⋯⋯⋯⋯⋯⋯⋯ 312

六、合理愛國主義與歷史辯證 ⋯⋯⋯⋯⋯⋯⋯⋯⋯⋯⋯ 320

七、結語 ⋯⋯⋯⋯⋯⋯⋯⋯⋯⋯⋯⋯⋯⋯⋯⋯⋯⋯ 324

第十章 共和主義、民族主義與憲政理論：
鄂蘭與施密特的隱蔽對話 ⋯⋯⋯⋯⋯⋯⋯⋯⋯⋯⋯327

一、前言 ⋯⋯⋯⋯⋯⋯⋯⋯⋯⋯⋯⋯⋯⋯⋯⋯⋯⋯ 328

二、問題的出發點：馬基維利的政治創建論 ⋯⋯⋯⋯⋯⋯ 329

三、施密特的憲政理論：民族之政治決斷與制憲權 ⋯⋯⋯⋯ 332

四、「權力屬於人民，權威存在憲法」：
從政治神學到羅馬共和主義 ⋯⋯⋯⋯⋯⋯⋯⋯⋯⋯ 340

五、超越決斷式制憲之外：美國立憲的延續性立憲 ⋯⋯⋯⋯ 350

六、共和主義與民族主義之憲政原則 ⋯⋯⋯⋯⋯⋯⋯⋯⋯ 357

第十一章 史金納與共和自由概念 ⋯⋯⋯⋯⋯⋯⋯⋯⋯⋯361

一、政治自由的意義 ⋯⋯⋯⋯⋯⋯⋯⋯⋯⋯⋯⋯⋯⋯ 362

　　二、史金納論述之脈絡：柏林的消極自由論 ················· 365

　　三、史金納對柏林自由論之回應 ····························· 369

　　四、史金納對馬基維利思想之詮釋 ························· 373

　　五、法律的功能、目的及其根源 ··························· 378

　　六、共和主義論述的典範競爭 ····························· 385

第十二章　**共和主義與台灣的憲法政治** ·····················389

　　一、前言：憲法政治的理論 ······························· 390

　　二、制憲與直接民主：國民主權的兩層理論意義 ········· 393

　　三、台灣憲法政治之過去：民主與憲政主義的歷史辯證········ 395

　　四、陳水扁時期的憲改工程：「憲法持續革命」或準制憲？···· 404

　　五、檢討與展望 ··· 411

結語　**共和主義與當代社會** ·····························419

參考書目 ·· 425

　　一、外文部分 ··· 425

　　二、中文部分 ··· 441

索引 ·· 447

　　人名索引 ··· 447

　　概念索引 ··· 449

共和主義的系譜

一、前言

共和主義(republicanism)乃為西方政治思想傳統中歷史最悠久的觀念之一。當前各國名稱中有著「共和」一字的,不在少數,尤其當國家獨立建國運動所推翻的舊政權為君主政體時為然。在這個意義上,共和乃是與君主政體相對立的政治體制,並以獨立自主以及政治自由為根本的政治價值。然而,悠久的歷史以及官方文件上出現的頻率並不保證相應之現實影響力。事實上,共和主義自19世紀中葉以後便逐漸式微。我們所熟悉的現代意識型態,如自由主義、民主思潮、民族主義以及社會主義等,取代了歷史悠久,但卻似乎難對現代社會的人類情境提出針砭,並對未來提出願景之共和主義。

是以,1970年代的政治理論文獻,少有關於共和主義之討論。但1970年代中期以後,共和思想逐漸復興,並蔚為風潮。這個轉變的理論背景在於,自由主義與社群主義(communitarianism)的論戰中,共和式政治社群觀念得到學者的重視,成為社群主義者訴求的典範之一。社群主義者在批判自由主義過分強調原子式個人主義、程序正義以及政治生活的工具性格之餘(Sandel, 1984a),有必要提出較積極的政治社群理想。回顧西方政治思想史,可歸納出三個主要的政治社群觀:保守主義式政治社群、共產主義式政治社群以及共和主義式政治社群。德國浪漫主義為保守取向之代表,它嘗試恢復人際之間直接情感的社群(*Gemeinschaft*; community)以克服現代社會的異化情境。但英美思想界向來對此種具有集體主義傾向的社群論有所保留。另一方面,馬克思主義的理想社會始終未曾在東歐社會主義國家落實,更隨著社會主義陣營的解體而煙消雲散。於是

古典共和主義的共同體理念便被標舉爲足以與自由主義社會觀相抗衡的政治社群理論（Gardbaum, 1991: 719-732）。

　　以下就基本信念、歷史發展與當代意義三方面分析共和主義與現代政治，提出全書綱領。筆者主張，在古典共和主義轉變爲現代共和主義時，由於思想家強調之重點不同，產生了兩種具有緊張性之典範：一爲激進的民主共和主義，主張建構被治者與統治者的同一性，從而使人民成爲唯一可能的主權者；另一則爲憲政共和主義，強調法治觀念以及相應的權力分立憲政體制。二者各有其理據，對現實政治也產生了完全不同的影響。19世紀以後政治意識型態發展的關鍵課題之一，便是自由主義對兩種共和主義典範的吸收與批判。而當代政治理論中的審議民主與爭勝精神乃是共和主義兩個最重要的思想資產，並對現代公民社會政治觀之建構仍具有參考價值。

二、共和主義的意義及基本信念

　　共和主義完整之表達方式爲「公民共和主義」（civic republicanism）。而就其原始意義而言，civic以及republic指涉的都是環繞著希臘羅馬古代城邦共同體所形成的觀念：civic源於羅馬的*civitas*，可上溯到希臘的*polis*；republic則淵源於拉丁文的*res publica*。在近代社會領域興起之前，西方政治思想傳統的主軸乃是以公民爲核心之政治共同體（希臘的*koinonia politike*，羅馬的*societas civilis*）論述，所以我們可以將共和主義視爲古典政治哲學的主要資產（Ritter, 1983; Riedel, 1984: 133-137; 1996）。

　　整理學者之分析（Isaac, 1988; Sunstein, 1988），共和主義的核心價值包含了自主性（autonomy）、政治自由（political liberty）、平等

（equality）、公民身分（citizenship）、自治（self-government）、共善
（common good）、政治作爲所有成員參與審議（deliberation）的公共過
程、愛國情操（patriotism）、公民德行（civic virtue）以及克服腐化
（corruption）等。所謂的自主性乃指不被支配的自由狀態，這除了政
治共同體對外不受強敵的奴役外，更意味著對內全體公民不受少數
統治菁英的專斷支配，而能平等地在法治架構中自由議決公共事
務。共和主義思想家區分公私兩個領域，並將政治事務隸屬於公共
領域且具有優越性；公民必須依照彼此能夠接受的共善觀念來審議
政治事務，私人利益不應涉入公共事務的考量。共和主義並強調政
治活動的優越性，主張唯有在公民參與公共事務的議決時，才有可
能透過溝通論辯而超越個人私利的範圍，並建立追求共善的德行。
公民自治的政治制度，並非自然而致，而是在人性以及制度易趨腐
化的傾向下，通過個人的德行典範或制度的運作加以克服，方有可
能維繫公共生活的持續繁榮，並彰顯其存在價值。對共和主義思想
家而言，能夠保障政治共同體全體公民獨立自主，並實施自治的政
治制度，乃是最佳體制。而當公民認知到其個人福祉和自由與政治
體制間的緊密關係時，愛國情操便油然而生，所以共和主義思想家
重視愛國情操對於凝聚公民意識的重要性（Viroli, 1995）。

　　共和主義最有代表性之思想家包括了：古希臘的亞里斯多德
（Aristotle, 384-322 B.C.）、古羅馬的西塞羅（Marcus Tullius Cicero,
106-43 B.C.）以及波利比烏斯（Polybius, 約200-118 B.C.）、義大利的
馬基維利（Niccolò Machiavelli, 1469-1527），英國的彌爾頓（John
Milton, 1608-1674）、哈靈頓（James Harrington, 1611-1677）以及英國
內戰時期的「共和派」（commonwealthmen）；法國的孟德斯鳩
（Charles-Louis de Secondat Montesquieu, 1689-1755）、盧梭（Jean-
Jacques Rousseau, 1712-1778）、西耶斯（Emmanuel-Joseph Sieyès,

1748-1836)以及托克維爾(Alexis de Tocqueville, 1805-1859)；以筆名普布利烏斯(Publius)發表《聯邦論》之美國思想家麥迪遜(James Madison, 1751-1836)、漢彌爾頓(Alexander Hamilton, 1755-1804)以及激進思想家潘恩(Thomas Paine, 1737-1809)；德國哲學家康德(Immanuel Kant, 1724-1804)、黑格爾(Georg W.F. Hegel, 1770-1831)以及青年馬克思(Karl Marx, 1818-1883)等。至於發揚共和主義傳統的當代學者，則有政治理論家鄂蘭(Hannah Arendt, 1901-1975)、史學家波考克(J.G.A. Pocock)、史金納(Quentin Skinner)、哲學家佩提(Philip Pettit)以及法學家桑士坦(Cass Sunstein)等。我們自無法於簡短的篇幅中完整地論述個別思想家之理論內容，而僅能就各思想家最具原創性的論點提綱挈領地加以闡釋，以說明共和主義思想之內涵，並進而探索其當代意義。

三、古典共和主義

　　亞里斯多德的《政治學》，乃共和主義論述的理論淵源。他主張理性言說是人有別於其他動物的獨有天賦，這使得人類能夠辨識正義與利害，並形成了政治生活(江宜樺，1995a、1995b)。基於此種「人是政治動物」的觀點，城邦或政治共同體之目的乃通過公民之溝通審議而追求最高最廣的善。關於理想的政治秩序，亞里斯多德提出了「政治統治」(political rule)的概念，其對立面乃主奴之治以及家計管理：主奴之治存在於天賦能力強者與弱者之間，其方式為不平等的支配；家計管理乃家庭中家父長的父權支配；政治統治則是施行於城邦之中，平等的公民之輪流統治。在政治統治的觀照下，政治共同體所共者為統治活動，並使它得以與其他共同體(家庭、氏族等)明確地區隔開來。

　　「統治」之基本特色在於區分統治者及被治者，而二者所具備之德行（*arete*; *virtue*）顯然有別：統治者應具備的乃是以實踐智慧為首的積極德行，而被治者則應有節制的消極德行。只有在政治統治之中，透過公民輪流成為治者與被治者，積極與消極兩種德行方有可能同時發展，互相補足，使「政治生活之目的在於促進公民德行」的理想得以落實。而亞里斯多德理想的「共和政制」（*politeia*; polity）則由於混合了寡頭與民主政體，成為能夠實現政治統治的最佳實際可行政體。

　　亞里斯多德用「自足」（*autarkia*; self-sufficiency）來統攝其政治理想；但自足並不是一種個體孤獨的生活，因為人既有政治之本性，便需要有同邦之人共同生活，特別是公民間之情誼（*philia*; friendship），方有可能達到一種共同的自足狀態。但是他強調政治共同體的構成必須要有一個界限，而不能無限制地擴展。亞里斯多德所主張的有限度而自足的共同體理想，構成古典與現代共和主義的主要分野。

　　亞里斯多德的實踐哲學可能是思想史上最豐富且複雜的古典共和主義理論，但在制度面真正影響歐洲歷史進程的，則為羅馬共和政制。羅馬共和主義所標舉的主要價值是 "*liberta*"（政治自由），究其意涵，一方面指政治共同體必須獨立自主，不受外力支配；另一方面則指政府形式必須是共和體制。共和政體的對立面是一人統治的王政（monarchy），因為羅馬人將王政視為一種不平等的支配關係，其中的成員缺乏自由，而處於被奴役狀態（Wirszubski, 1968: 5）。與王政對照之下，羅馬共和主義的基本精神乃得以彰顯，也就是西塞羅所提出的著名主張：「公共事務（*res publica*）乃人民之事務（*res populi*），但人民不是人們某種隨意聚合的集合體，而是許多人基於法律的協議性（*iuris consensu*）和利益的共同性（*utilitatis communione*)而結合起來的集合體(*sociatus*)。」(Rep. I: 39)西塞羅並強調，共和主義的真正精神乃是，公民在法律架構之中共同參與公共事務的審議(*concilium*; deliberation)，並達成階級之和諧(concord)(蔡英文，1999: 80-81)。

西塞羅將「人民」的概念引入其定義中，而且羅馬的公民資格範圍比起希臘要更為廣泛，因而預留了民主的共和主義論述發展之可能。另一方面，羅馬共和主義比希臘思想更為強調依據自然法之正義觀念所建立的法律體系對保障社群共同利益以及政治自由的重要性。在實踐上，羅馬的共和政制仍然以貴族世家所形成的統治階層為主，一般公民的自由雖受法律保障，其政治權利也能通過護民官而加以爭取，但是統治權的實際行使，仍以具有聲譽以及權威的望族後裔較有機會與聞(Wirszubski, 1968: 14, 36-37)。羅馬貴族的理想，乃在於贏得公共職務以及參與公共生活，並通過這些活動來完成服務國家的偉大行為，展示其德行以獲致榮耀(Earl, 1967: 35)。

在政治制度方面，羅馬共和主義的主要貢獻是建立了「混合憲政」(mixed constitution)的理想，主張王政、貴族以及民主政體三者，就其簡單的樣態都容易濫權與腐化，並導致政體之循環變遷。唯有國王、貴族與平民三者同時並存於憲政體制之中，並通過權力平衡(balance of power)才能保障社群集體的政治自由，並克服政體循環變遷的宿命，得以長治久安。史學家波利比烏斯在其《歷史》第6書提出這個混合憲政的理論，對其後歐洲憲政主義產生了深遠的影響。

本書第一、二章分析了亞里斯多德、波利比烏斯以及西塞羅的共和理論。值得注意的是，「共和」概念的建構係對雅典民主的修正：一方面接受民主派的核心政治價值如公民間之平等以及德行等，但對於民主易導致「極端民主」的疑慮，則是古典時代思想家

普遍抱持的觀點。所以，亞里斯多德主張混合民主制與寡頭制，羅馬人則主張混合王政、貴族制與民主制，它們都是通過權力平衡的機制來達到長治久安的效果。

然而，西方古典時期尚乏明確的「憲法」（constitution）概念，所以混合憲政還是一種權力體制。更確切地說，古典政治哲學以亞里斯多德提出的「政制」（regime）概念作爲核心，他並指出「政制是對具有權威性官職安排所產生的秩序」，而「統治團體（*politeuma*; governing body）即爲政制」。這個政治概念成爲希臘與羅馬古典共和主義討論政治制度安排的基礎，也是本書前兩章致力加以探討的主題。

至於現代共和主義，則隨著共和意識與西方在中古時期所形成的憲法以及代表等觀念結合之後，逐漸產生完全不同的分析取向。

四、現代共和主義的兩種進程

綜合上節所述，古典共和主義傳統主張，公民所共享者爲統治與「政制」，目的則爲追求最高且最廣的共善，也就是在法律的架構之中通過自治而培養德行。古典共和主義雖有崇高之理想，但也有其理論上的限制（Yarbrough, 1979: 68-69）。首先，公民所共者爲統治活動，能夠參與審議公共事務的人數自然有其限度；其次，政治統治之核心在於公民德行的培育，因而對公民的素質要求很高，益發增加公民身分之排他性。由於古典共和主義對公民身分在質、量兩方面均有嚴格限制，其理想中之政治共同體自然也是小規模的社群，是以一般認定在古代城邦解體之後，古典共和理論便不再是實際可行的政治理想。現代社會以身分平等爲前提，消弭社會階層，擴大公民資格之範圍，普遍平等的法律取代了培養公民德行的

倫理規範。其結果乃是，隨著近代以來公民資格之擴大，反而導致了其參與性、理想性之降低。共和主義者如何面對此社會發展趨勢，並建立符合現代情境的共和理論，乃成為思想史上一個關鍵的課題。

　　文藝復興時代佛羅倫斯思想家馬基維利衝決了中古經院哲學自然法體系之網羅，成為第一個在世俗化的條件下，以此世導向重新進行政治理論建構的思想家。其共和主義與古典理論有兩個巨大的差異：第一，他著重分析政治秩序的創建議題，而非其倫理目的；第二，他所倡導的共和體制為一「平民國家」（popular state），並主張唯有平民積極參與政治過程，共和國方有可能獲致偉大榮光。在這兩個議題上，馬基維利顛覆了亞里斯多德之目的論以及「自足」的政治理想。

　　對馬基維利而言，政治秩序及良善法律無法自然生成，必須由外在力量加以創造。他所提出的共和體制在滿足人民參與統治的要件之後，期望政治權威的行使仍能如王政一般有效能。也就是說，《君主論》中所討論的君主權力仍然存在於共和體制之中，但是經過了制度化的中介過程，成為不與政治自由相牴觸的政治權威（Crick, 1970: 19）。此種權威至少有三種存在樣態：第一，政治秩序特別是共和體制無法自我生成，必須由創建者（founder）透過其超卓之德行而加以創造；第二，共和政制平時運作時，政治權威由人民所享有，但在緊急狀況發生時，則必須依照憲政的程序指定獨裁者（dictator），在特定的時間之內集中權力於一身，以期消弭緊急狀況；第三，共和政制逐漸腐化時，有必要實行定期的改革，而「將事務帶回其根源」有賴於具備卓越德行的政治領袖作為楷模所產生的風行草偃之效。馬基維利關於城邦創建者及其政治藝術之論述，試圖結合一般認定無法相容的統治概念（一人統治以及民主共和），

並針對於古典目的論所表達出城邦政治統治的「自然」性格，力主公民自治的歷史性與被創造的「非自然」性格(Oldfield, 1990: 34-35; Pocock, 1975: 8-9, 74-80)。

馬基維利另外一個革命性主張乃是，共和國欲維持其政治自由，必須持續擴張，而這又有賴於將一般平民整合到政治軍事領域之中。這個政治參與的主張，相對於古典共和主義傳統，賦予了平民遠爲重要的政治作用。馬基維利並進一步否定古典理論階級和諧之觀點，強調平民與貴族的持續衝突乃是羅馬共和得以繁盛強大的主要原因。免於階級衝突的唯一方法是統治菁英採取鎖國政策，追求完全的自給自足，避免與外界接觸，並杜絕一般平民政治參與的管道。由斯巴達與威尼斯的例子來看這種政策是可能的；但對馬基維利而言，由於缺乏平民參與，此種閉鎖性的寡頭共和無法完成偉大的成就與榮譽，終將不敵歷史之變遷而衰落。

馬基維利直接挑戰基督教的倫理觀以及古典自然法，在那個時代引起了巨大的波瀾。在宗教改革時代，有兩個思想史脈絡型塑了「馬基維利主義」(Machiavellism)作爲一種違反倫理道德、只爲目的不擇手段的邪惡學說之刻板印象。其一爲天主教反宗教改革(counter-reformation)的西班牙思想家如Giovanni Botero(1540-1617)，一方面批評馬基維利的反基督教思想，另一方面又運用馬基維利的權力政治觀來證成當時逐漸崛起的民族國家絕對君主的政治主導權，從而建構了「國家理性」(*regione di stato*; *raison d'etat*; reason of state)的理論傳統(Meinecke, 1962: 65-89)。

另一個使「馬基維利主義」污名化的更爲重要的歷史脈絡，則是法國16世紀下半葉的宗教戰爭中，新教的雨格諾教派(Huguenot)將1572年的「聖巴托羅繆之夜慘案」(Massacre of St. Bartholomew's Day)，歸因於原籍義大利的王太后Catherine de Medici，發動了大規

模的意識型態宣傳戰貶抑義大利。其中，Innocent Gentillet(1535-1588)於1576年刊行《反佛羅倫斯人馬基維利》(*Contre Nicolas Machiavel Florentin*)一書，將屠殺與內戰之責任追究到馬基維利所主張的無神論、反道德精神，以及在臣民之間散播衝突。此後「馬基維利主義」就被長期地污名化(Meinecke, 1962: 49-56)。

不過，半個世紀之後的英國內戰時期，在英國「共和派」與保王派的鬥爭中，由於聚焦到自由議題，馬基維利共和主義所闡揚的政治自由論述卻發揮了重大的影響(Skinner, 1998: 13-27)。其中哈靈頓批評當時霍布斯所建構的國家與主權概念為「現代治國智慧」(modern prudence)，其結果是殘害自由的虐政。相對地，哈靈頓稱揚馬基維利的政治理論意在恢復「古代治國智慧」(ancient prudence)，其目的是建立一個高於人治的「法律帝國」(empire of law)；後者遠較前者優越。這使得共和主義在英國內戰時期蔚為風潮，並且影響到美國的獨立建國與立憲時所標舉的共和精神(Pocock, 1989: 104-147)。英美共和主義者與歐陸國家主義者對馬基維利思想的不同運用方法，構成西方近代政治思想史一個重要而有趣的議題。

馬基維利以政治現實主義重構共和思想，盧梭的社會契約論則在規範層次確立共和以及激進民主作為現代政治共同體不可或缺的正當性原則。其民主共和主義建基於一個預設：行動者(全體人民)不會有意地自我傷害，所以主權必須通過人民集體的普遍意志(general will)來構成，而由於人民不會自我傷害，普遍意志亦不可能傷害任何成員。唯有在此種依普遍意志實施民主自治的共和政體中，個人自由方有可能得到最充裕之保障。相反地，國王或貴族掌握政治權力時，卻極有可能會為了私利傷害全民福祉。所以盧梭主張，只有民主共和政體才是唯一具有正當性的憲政體制，而公民參

與主權運作的立法過程，也是保障其個人自由唯一有效的途徑。在這個基礎上，盧梭建立了公民政治參與及其個人自由之緊密關連（Miller, 1984: 105-122）。

　　盧梭的共和主義論述乃通過社會契約論來建立政治共同體的普遍意志，以作為正當性與法律之根源。社會契約能夠從個別的私人創造出一個具有公共人格(即普遍意志)的道德共同體，而普遍意志之運作便構成法律。唯有在此種共同體中，公共利益主導著一切，「公共事務」才真能名符其實。盧梭對他的政治權利原則最簡明的一句話乃是「一切正當的政府都是共和制」（《社會契約論》第2書第6章）。

　　然而，政治共同體存在著特殊性的公共力量，無法經由普遍性法律直接加以控制。為了要讓法律所規約的政治共同體由可能條件發展成現實性，公共力量必須由代理人(政府)加以執行。但政府的存在理據引發了普遍意志與政府活動間之可能矛盾，因為政府極有可能因為擁有公共力量而濫權並破壞普遍意志的正當性原則。為此，盧梭的政府論進一步建立了激進民主的原則，以抗衡政府濫權之可能性。

　　盧梭因而主張各種形式的政體均需以民主過程來設置並控制政府。但對古典政治哲學而言，民主乃是一個特定的政體，也就是多數的平民統治，它如何可能成為所有其它型態政府的正當性根源？盧梭提出唯一符合社會契約的政府建制方式乃是，在社會契約創造出普遍意志作為主權者之後，主權者由於其至高無上的絕對力量，能由普遍過渡到具體，由主權轉化為民主，指定特定的政府官員之後，再轉變回普遍意志的樣態。這個理論進程的原創處，除了賦予主權者一個真正至高無上的權力之外，同時賦予民主以一種基源性功能。民主制不再是如古典政治哲學所論述的，由多數平民支配的

特定政體，而是任何政體在建制政府時必須經歷的環節。

　　盧梭的理論顛覆了政府除了全體人民同意之外任何其他可能的正當性理據，因為他將所有政府視為一種「臨時政府」，並主張通過公民的定期集會，來制衡執政者可能濫用政府所擁有之公共力量。公民集會乃人民主權直接展現其權能的時刻，這意味著民主的實質正當性優位於(甚至取代了)程序正當性，成為盧梭思想最為其後憲政主義者所詬病之處。

　　盧梭本人對人民普遍志的不穩定性亦有所警覺，所以依據古典政治哲學的精神，發展了偉大立法家創建民族文化的理論，以使人民的政治決斷能有一持續的文化脈絡。本書第三至第六章探討馬基維利如何突破了古典人文主義的價值體系，形構了現代政治秩序論述，以及盧梭建構民主共和理論的思想進程。盧梭的民主共和主義繼承了馬基維利對人民的正面評價，並朝著激進的方向發展，建構了人民主權的民主原則，直接影響了法國大革命及其後馬克思的革命論述，這是現代共和主義的第一種理論進程。現代共和主義的另一種進程則可見於孟德斯鳩、美國立憲先賢、西耶斯、康德以及黑格爾的論述。他們偏向制度建構，繼承古典共和主義混合政體的精義，並將之與現代憲政體制相結合。

　　孟德斯鳩否定馬基維利將政治秩序的根源歸因於創建者一人德行之觀點，回歸羅馬的自然法理論，將馬基維利的「開端」(*principe*)轉化為探究各個政體之「原則」(principle)。他將傳統六種政體的區分改變為四種：共和(其中包括民主以及貴族兩政體)、君主，以及專制(despotism)。民主政體的原則為德行、貴族政體的原則為節制、君主政體的原則為榮耀，而專制政治則是以恐懼為原則。孟德斯鳩似乎認為前述這些政體均為傳統式的，均有其限制(專制政體更是一無是處)。他主張政治自由只存在於寬和政府

(moderate government)之中，而權力分立(separate of powers)原則乃
是寬和政府的根基所在。

　　孟德斯鳩心目中的寬和政府，則是當時英國的政治體制，並據
以提出著名的三權分立理論。他改變了羅馬混合憲政論所主張三種
政治力量或統治團體互相牽制的觀點，而提出憲政體制之中互相制
衡的三種政府職能的現代觀點。孟德斯鳩指出，唯有英國的制度是
以政治自由爲目的，因爲它將三種政府權力——立法權、行政權以
及司法權分屬於不同機關，並彼此牽制，從而確保了政治自由
(《論法的精神》第2卷第11章)。換言之，對孟德斯鳩而言，政治
自由乃通過三權分立的寬和政府加以保障，而與追求德行的共和民
主沒有關連。另一方面，他首先運用類似現代社會學的分析觀點來
解釋各種體制的自然環境與文化基礎，並指出四種政體都是基於傳
統社會條件所產生的制度，唯有自由的三權分立憲政體制方爲符合
現代商業社會溫和精神的政治制度。

　　美國與法國兩次大革命對現代共和主義的落實產生了關鍵性的
影響。孟德斯鳩所開啓的憲政共和主義深刻影響了美國大革命的進
程。麥迪遜提出的「擴大共和國」(extended republic)理念，主張以
參、眾兩院的雙重代表(dual representation)和聯邦制度來解決統治
廣土眾民國家之中，政治自由與國家統一性所可能發生的矛盾，進
一步充實了現代共和主義的豐富內涵。所謂擴大共和，乃是相對於
直接民主。由於後者容易導致多數暴政，所以麥迪遜反駁了盧梭等
思想家認定民主共和與代議原則無法相容的激進觀點，主張擴大共
和國必須通過代表來治理。唯有代表的數量恰當，議事才能深入，
而且他們可以互相讓步而達成協議。麥迪遜的主張，承繼了古典共
和主義追求共善反對派系的精神，同時兼顧到現代國家廣土眾民的
特色，成爲將共和主義精神落實於現代國家最成功的典範(陳思

賢，1993：94-9；張福建，2001；錢永祥，2001：237-269）。本書第七章探討了《聯邦論》中，以憲政共和主義爲本、民主共和主義爲輔的思想體系。

西耶斯的「制憲權」概念則致力於將盧梭民主共和主義憲政化，本書第八章提出以自由主義爲基底的革命憲政主義之分析角度加以詮釋。西耶斯的制憲權概念蘊含著兩個層次的論述：其一爲政治／法律論述，分析國民如何通過制憲權之行使，在其自然權利指導之下創造憲政體制以維護個人自由；另一則爲社會／政治論述，論證唯有第三等級構成作爲制憲主體之國民整體，並由社會分工所形成的代表，通過國民會議，在現代社會條件下行使制憲權。

在哲學層次上，康德接受盧梭關於公民自我立法的共和理念，但嘗試擯除其激進民主之思想傾向，以證成憲政共和主義的理據。康德在《永久和平論》第1條款指出，每個國家的憲政體制都應該是共和制，表面上似乎呼應了盧梭「一切正當的政府都是共和制」之觀點。然而，康德進一步區分國家的統治形式與政府形式：前者乃根據掌握國家最高權力的人數，可區別出一人統治、貴族以及民主三種國家體制；後者則根據領袖對人民的治理方式，也就是政府如何依據憲法運用其完整權力的方式，區別「共和」與「專制」兩種政府體制。康德將共和主義界定爲「行政權與立法權分立的政治原則」，將孟德斯鳩分權原則共和化，並強調民主與共和不可混淆（他認爲這正是盧梭所犯的謬誤）。在康德的創新架構中，「共和」與「憲政主義」(constitutionalism)的權力分立原則劃上了等號。

基於康德所提出共和與民主的二律背反，黑格爾主張理性國家必須具有權力區分的憲政體制。黑格爾的憲法權力區分，是立法權、行政權以及王權所構成的有機整體。由於19世紀德國思想界開始倡議以「君主立憲」(constitutional monarchy)來與共和民主政體

對抗，這很容易讓人忽略黑格爾所強調理性國家的普遍性、國家克服市民社會的私利傾向、乃至國家應有權力分立的憲法以及公民認知到國家普遍性所產生的愛國情操等議題，都是以觀念論（idealism）的語彙重新表述了古典共和觀念。本書第九章將重構此極易為人所忽略的黑格爾思想面向，分析黑格爾的普遍國家作為「理性公民共同體」以及通過現代輿論所建立的「合理愛國主義」兩個議題的共和主義意涵。

五、共和主義的式微

共和主義自19世紀中葉起逐漸式微，其原因在於盧梭的激進民主共和主義對法國大革命之影響，特別是其與雅各賓黨以及極權民主（totalitarian democracy）的歷史親和性（Talmon, 1970: 38-49）。法國大革命根本地改變了歐洲政治思想範疇，共和主義的自主理念與自由主義的自由觀念競合轉變為平等與權利兩組政治理想間之衝突（Habermas, 1996: 472）。自由主義思想家一方面批判盧梭的普遍意志論預設了同質性的社會成員，這與現代社會的多元情境並不吻合，訴諸民主多數決的政治過程極易導致「多數暴政」（tyranny of majority）的結果。另一方面，社會主義思想家將平等理念由政治層面擴大到社會層次，伴隨而來的乃是以正義觀念為基礎的財富重分配以及福利國家之發展。

法國思想家托克維爾在共和主義與自由主義的歷史轉變中，扮演了重要的角色。他一方面在《舊制度與大革命》一書中，批判法國革命的進程只不過反映了現代國家中央集權化的歷史趨向，所以其壓抑個人自由的結果並不令人意外。另一方面，在《論美國的民主》中，他對比性地分析美國當時新興的民主社會，指出它代表了

另一種制度理想的迅速崛起。托克維爾的分析以現代社會的平等主
義為出發點，希望以政治自由和參與來彌補平等與個人主義的弊
病，可以說是結合了法國孟德斯鳩與美國革命立憲的兩大思想傳
統。由於托克維爾的自由觀念有著「積極參與公共事務之自由」的
共和主義色彩(江宜樺，2001：123)而常被視為共和主義者；但他
本人明確指出其民主政治觀念並非指涉共和國，而是一種人人或多
或少參與於公共事務的社會狀態(ibid., 107)，所以我們仍將托克維
爾視為19世紀自由主義興起過程中，最注重共和精神的自由主義
者。

　　另一位法國自由主義思想家康士坦(Benjamin Constant, 1767-
1830)基於法國大革命的進程，批判盧梭與革命思想家的自由觀念
為歷史錯置。他認為共和主義政治參與的自由觀為「古代自由」
(ancient liberty)，其社會基礎為小國寡民之戰爭團體。而由於近代
國家版圖擴大，使得個人分享政治權力的可能性相對降低；公民從
事政治活動遂逐漸被以和平穩定為基礎的商業活動所取代。是以
「現代自由」(modern liberty)乃是指受法律規約，而不被他人的專
斷意志所干擾的權利。現代自由乃是每個人表達意見、選擇職業、
運用財產，以及自由遷徙等權利。這與古代自由雖有直接民主的政
治參與，卻在私人關係中無處不受限制的情況完全不同(Constant,
1988: 309-328)。現代社會真正重要的並非人民主權，而是憲政法治
對人民不可侵犯權利之保障(cf. 江宜樺，2001：78-84)。康士坦所
提出的古代與現代自由的二元對立架構，深刻影響了19世紀中葉以
後自由主義的發展，對於具有共和主義色彩的政治自由以及民主參
與等理念提出質疑，認為與自由主義所主張保護人民權利的消極自
由無法相容。19至20世紀中葉，歐洲經歷了帝國主義時期，並導致
兩次世界大戰與極權主義，其間自由主義之發展進程乃環繞著對抗

民主多數專制與社會正義兩大議題為主軸，消極自由論所主張個人不受干涉的自由遂成為強調之重點。受到二次大戰時期避居到英美兩國的歐陸思想家(例如巴柏〔Karl Popper〕、海耶克〔Friedrich Hayek〕、柏林〔Isaiah Berlin〕)的影響，消極性自由主義論述發揮到了極致[1]。

承繼了孟德斯鳩的社會學方法，康士坦的批判觀點強調共和主義與自由主義乃基於完全不同的社群觀。古代城邦是一種有機體，全體公民構成一休戚與共的共同體。個人自由必須立基於共同體的集體自由，因為當集體自由不存便意謂著為其它民族所征服、全體公民均淪於奴役地位，個人自由自然也隨之喪失。現代的政治共同體乃是法治國家，自由所關切的議題乃是主權者與其公民間之關係，以及個人不受干涉私領域的範圍。只要依法統治便有自由的存在，公民是否參與主權之運作，與其自由之程度沒有直接的關係[2]。然而，盧梭的政治共同體雖然的確為一有機體，卻是基於個人主義前提，通過每一成員的自由意志所形成的。也就是說，盧梭的理想是基於現代意志論(voluntarism)所構成的政治共同體，並非真的是古代基於目的論之有機體。而法國大革命實現激進的民主共和原則而建立之政治共同體，所提出關於人民之觀念乃是一種「公民民族」(civic nation)的政治想像，也就是通過民主參與而建立古

1　一直到20世紀中葉，柏林與海耶克對政治自由所做的批判仍然持續著康士坦所建立的傳統。柏林否定盧梭所嘗試建立政治參與以及個人自由的內在關連，強調公民自治的民主與消極自由沒有任何概念上的聯繫，因為前者關注的問題為「誰統治我？」，而後者則為「政府干涉我多少？」。這兩個問題，從邏輯的角度來看，是完全不一樣的(Berlin, 1969: 129-130)。海耶克對政治自由提出了類似批判，可參閱Hayek, 1960: 13-15。

2　霍布斯在《利維坦》第21章首先提出此種消極自由觀，並據以批判共和主義的政治自由觀念。請參閱Skinner, 1998: 4-11。

典理想中公民的愛國情操。

　　另一方面，德國浪漫主義轉化了傳統社群觀，其所影響的文化民族主義(cultural nationalism)用另一種方式來理解政治獨立之目標(Meinecke, 1970: 9-33)。基於對啓蒙思想的反動，浪漫主義思潮將民族視爲一種有機體，其秩序之構成以語言、文化等共同特徵或屬性爲基礎，在歷史中逐漸發展而成。從德國思想家赫德(Johann Gottfried Herder, 1744-1803)以降，致力於探討文化民族如何構成政治共同體。影響所及，乃是現代的民族自決論(national self-determination)，主張依各民族文化傳統決定其政治體制，國家疆域與民族界限應該相符，否則將導致民族衰敗。前述公民民族主義中基於人民主權的民主原則，被傳統文化的優先性所取代，因而形成了完全不同型態的民族主義。

　　由於與自由主義之衝突以及政治獨立的理想被民族主義所接收，共和主義遂逐漸失去了對現實政治之影響力。即使在公民身分這個核心議題上，社會主義運動也取代了共和主義的角色，促成19世紀中葉至20世紀將投票權普遍擴張於婦女以及無產階級的重大社會改革運動，而完成了由政治性公民身分擴充爲社會性公民身分的轉化。

六、共和主義的復興

　　共和主義乃是一歷史悠久的政治意識型態，在其發展進程中由於歷史脈絡以及制度等因素之影響，而有著相當不同的理論面貌。但在各種紛雜的理論體系之間，吾人可看到共和主義思想家均強調政治自由的根本價值。共和自由的核心意涵乃是個人與整個社群均處於獨立自主、不受奴役的狀態。以佩提(Pettit, 1997: 52-60)的語彙

來說，這是一種強調「非支配狀態」(non-domination)的觀念。然而，我們也由簡要的歷史回顧中，歸納出現代共和主義所發展出的兩個相對立的典範，可分別稱之為**民主共和主義**(democratic republicanism)以及**憲政共和主義**(constitutional republicanism)。這兩種典範對於自由的價值均加以肯定，但對於如何確保自由卻提出了不同的見解，前者著重於政治自由的實際行使，後者則強調行使自由不可或缺的制度架構。

民主共和主義開端於馬基維利，而集大成於盧梭的思想。盧梭的共和主義乃是一種政治神學式(political theology)之論述，因為他試圖將「人民」(people)提升為政治領域中之絕對者，並成為正當性的唯一根源，從而得以與辯護君主制之各種理論抗爭。他的論述策略乃是將主權視為政治共同體最高的位置，而其理論目的則在於建構一個可以取代君主而永久居於該位置的主體性人民。在此典範中，個人自由與政治權威的正當性根源是密不可分的，只有在民主的共和政體中，由於統治者與被治者的同一性，普遍意志方有可能保障個人自由；在其它政體中，統治權乃由異於人民的他者所掌握，公民的自由無法得到保障。

憲政共和主義則不採取此種敵我對立式的分析取向，也拒絕以正當性根源的角度來分析個人自由，而著重於如何建構均衡的憲政體制以及法治架構，來確保全體國民的政治自由以及個人不受干涉的消極自由。羅馬共和主義著重於以法律取代王政的個人統治，並運用混合憲政來防止任何個人或派系在政治社群之內取得特殊的優勢並破壞體制。在此種典範中，公民身分所強調的重點乃是所有成員依據法律應享之權利，而非參與統治活動。

民主共和主義與現代參與式民主(participatory democracy)之精

神較爲吻合，而憲政共和主義無疑地較易與自由主義調和[3]。這兩種共和主義典範的主要差異，乃在於法律如何保障政治自由的議題。對盧梭而言，形成普遍意志的民主過程優位於個人權利以及憲政體制，因爲主權者可以決定共同體之任何事務，只要其決斷是以制定抽象普遍的法律爲之。但對於憲政主義而言，這種思考取向很容易造成多數暴政的謬誤，而將憲政根本大法建基於國民意志之上也將導致體制的不穩定。是以，憲政共和主義雖然同樣以「人民」此一觀念爲本，但強調重點爲必須賦予公民一些基本權利由憲法加以保障，不能經由多數決任意取消。

相對於馬基維利關於政治創建以及盧梭對於國民集體意志形成的論述，憲政共和主義強調國民意志在創造憲政體制時必須有一自我設限(self-limiting)的根本宣示，俾由決斷步向制度化，使得憲法能夠成爲其後國境之內被普遍遵守的最高規範。由於此種自我設限，使得美國制憲的「法律規範的政治形成」(jurisgenerative politics)避免了盧梭普遍意志論以及西耶斯「憲法制定權」論述過分強烈的決斷主義面向(Michelman, 1988: 1502, 1526-28)。

在當代重要的共和主義論述方面，本書於第十章討論鄂蘭以及施密特的憲政思想，探究兩位思想家如何基於現代共和主義以及民族主義的不同思想史資源，建構各自的憲政論述。施密特將馬基維利以降迄於法國大革命的決斷論爲基礎，建構出一個完整的民族制憲權與同質民主的憲政理論。鄂蘭則重振古典共和主義，將公民身分放在古典意義的社會層次(societas)，拒斥主權原則的優先性，認爲只要有人們集體地以公共自由作爲行動導向，便可形成體現共同

3　關於參與式民主，請參閱郭秋永，2001: 92-121之討論；而自由主義與民主政治的關係，則可參閱江宜樺，2001: 23-46。

權力的政治體。鄂蘭在《論革命》一書中對於美國與法國大革命制憲活動所提出的理論分析，幾乎可以說是一個與施密特的制憲權理論所進行之「隱蔽對話」(hidden dialogue)。

　　第十一章則檢視當代英國政治思想史家史金納近年來所建構的「新羅馬」式共和主義(neo-Roman republicanism)以及共和自由作為有別於自由主義消極自由與觀念論的積極自由概念的「第三種自由概念」(the third concept of liberty)。他反對學界認為共和自由觀為一種積極自由的通說，主張共和自由為強調個人行動不受干涉的消極自由，但又能兼顧社群共善。他並以馬基維利思想之重新詮釋為本所提出的理論分析，在當代學界產生深遠影響。

　　在實踐層次，本書最後一章基於全書所建立的共和主義視野，分析台灣民主化過程之中，國民主權以及憲政主義的緊張關係，並對未來所面對的政治認同以及制憲、行憲等議題，提出理論分析。筆者的目標並非解決具體問題，而是以黑格爾哲學掌握整體現實性的辯證精神，嘗試呈現出台灣憲法政治的結構性特質。

第一章

亞里斯多德與共和政制[1]

一、前言：西方共和主義之淵源

20世紀下半葉以來，當代思想史以及政治理論學界已充分認知西方共和主義思想之重要性，並且在全新的歷史視野之中，詮釋政治思想典籍。但對於共和思想的淵源，合力促成共和主義思潮在西方學界復興的兩大歷史學家波考克（J.G.A. Pocock）以及史金納（Quentin Skinner）卻有著相當不同的看法。對波考克而言，西方共和主義淵源於亞里斯多德的政治哲學，特別是其「**共和政制**」（polity）的理念形構了共和主義傳統「混合憲政」（mixed constitution）的理論根源；而其主張政治生活係促進公民德行的理想，更構成了共和主義獨特的倫理特質（Pocock, 1975, 3: 478-479）。相對地，史金納則力主共和主義的淵源在於羅馬以法律為基礎的自由人以及獨立自主的觀念，並提出「新羅馬的自由觀念」（neo-Roman idea of liberty）作為界定共和主義的淵源（Skinner, 1998）。

這個爭議，並非只是有關歷史淵源的「茶壺中之風暴」，而係關乎共和主義如何連結到現代政治的不同取向：對波考克而言，亞里斯多德目的論之德行觀以及政治參與既為公民共和主義的本質，這個歷史典範便形成對現代以個人權利與法治為核心理念的自由主義之重要挑戰，也是當代民主理論所應該振興、援引的思想資源。相反地，史金納的取向，則在於探求自由主義之前的自由觀念，由羅馬傳統的獨立自由觀，通過中古後期義大利城邦羅馬法學評論家的發展，終於在文藝復興時代的馬基維利思想中得到現代性、系統性之陳述。史金納主張將此共和自由傳統作為當代自由主義的補足，但並無意將之與自由主義完全加以對立。

波考克當然了解，亞里斯多德係形構西方傳統的大宗師，其

《政治學》確具有多種理解的可能性，包括自然法與中古經院哲學理論。然而，波考克強調：

> 它（按：指亞里斯多德《政治學》）也可能被讀成作為公民以及其與共和國間之關係，以及共和國（或城邦）作為一個價值共同體的原創性思想體系。（Pocock, 1975: 67）

這個理解方式，形成了波考克力主公民共和主義係淵源於亞里斯多德城邦論的歷史觀點。而他詮釋的核心在於「**德行的政治化**」（politicization of virtue）概念，強調在亞里斯多德所開創的共和傳統中，公民個人的德行有賴於與其他平等公民的共同行動，而由於這種共同關係會因為腐化而喪失，所以有必要建立一個能夠持續維繫公民德行的政治共同體。假如無法完成這個任務，政治共同體將無法抵擋環境與機運的衝擊而瓦解（ibid., 76-78）。波考克由此切入，分析亞里斯多德《政治學》中，目的論與良善生活、公民作為統治者與被治者的特殊性、共和政制作為混合政體的淵源等議題（ibid., 66-74）。

然而，相較於*The Machiavellian Moment*龐大的篇幅，波考克對於作為共和主義根源的亞里斯多德城邦論之分析，則顯得篇幅有所不足。本章的主旨，乃在於接受波考克之歷史取向，即共和主義源於亞里斯多德的前提下，整合當代重要詮釋，深入分析亞里斯多德《政治學》中關於城邦、公民身分、德行、政制，以及共和政制等觀念之意涵，以探討其思想對之後西方共和主義的影響。亞里斯多德的政治理論是在希臘城邦民主經驗的基礎上，重新檢視這段歷史曾經產生的政治價值。他通過政治學的系統化，總結了希臘民主政治所發展出的實踐經驗，並以混合式共和政制的建構，在民主、寡

頭以及君主制之外，開拓了另外一種政治想像，雖然未必能眞正解決雅典民主的問題，但卻成爲西方共和思想史最重要的思想資源。本章的主要結論將是，政治共同體中的公民參與和公民德行僅爲亞里斯多德政治學的一個面向；另一個面向是具有卓越德行的政治領袖之權威領導。其「共和政制」的精義乃通過政治藝術結合民主參與和寡頭權威，從而達到政治穩定，而此種政治藝術之所以可能，則有賴於「立法家」的關鍵作用。本章嘗試呈現亞里斯多德政治學的完整圖像，俾彰顯其對西方共和主義之深刻影響。

二、思想脈絡：希臘城邦的民主理念

　　作爲希臘城邦政治經驗理論性總結的「共和政制」觀念，實淵源於亞里斯多德對於希臘城邦民主政治的反思以及改革建議。是以，本節略述希臘民主政治發展以及制度，以作爲理解亞里斯多德《政治學》的背景知識。無論在荷馬史詩或現代考古史料中，史前時代的希臘都存在著某種形式的王政(*basileia*; kingship)制度歷史痕跡。然而，在進入歷史時代後，希臘城邦主要的社會階層化，便是貴族以及平民之間的長期鬥爭。亞里斯多德在《雅典政制》現存版本的開端，所描述之西元前6世紀左右的政治制度，便是完全由貴族所主導的寡頭政治[2]。而在平民與貴族的鬥爭中，關鍵因素之一便是出身貴族階層但扮演平民領袖的「僭主」(tyrant)之興起。他們提出城邦政制的改變方略，強化人民力量，讓希臘城邦逐漸地民主化。而克勒斯塞涅斯(Cleisthenes)在西元前503年左右所實施的改革意義重大；其中的關鍵在於取消原來雅典民眾所劃分的四大部

2　亞里斯多德，2001，第2節。

落，重新依據地緣區位劃分為10個部落，使得不同的血緣團體能夠在進入政治空間時彼此混合，以破除原始血緣團體的社會連帶。他並以這些部落為單位，各選出50人組成「五百人會議」來實施統治。

亞里斯多德本人在《雅典政制》中，對於雅典之憲政變革做了詳盡的分析，統計出共11次的體制變革。他認為從梭倫(Solon)的時代起，民主政治便開始萌芽滋長，而其後的克勒斯塞涅斯憲法又比梭倫的建制更為民主。亞里斯多德對於民主發展的整體觀察如下：

> 人民大眾的權力一直在增長。人民使自己成為一切的主人，用命令，用人民當權的陪審法庭來處理任何事情，甚至議事會所審判的案件也落到人民手裡了。（亞里斯多德，2001，第41節）

他並對當時的雅典民主制度做了詳細的制度分析[3]。以社會階層而言，雅典在西元前431年左右全盛時期的人口結構，在全體約30萬的居民中，大體上包括成年的男性公民約5萬人、以工匠為主的外邦居留民約25,000人、奴隸約10萬人(J.A.C.T., 1984: 157)。而由於城邦公民負有保家衛國的任務，以當時的戰術為基礎，同時期雅典公民大約有1,000名騎兵、13,000名重裝步兵(*hoplites*)，其餘為輕裝步兵，赤貧者則充當戰船上的划槳者(ibid., 155)。

在政治制度方面，雅典的民主是直接民主，具有公民身分者都

3　ibid., 第42-69節。

可參與一年四次的公民大會(*ekklesia*)[4]。公民大會的任務包括立法
以及行政決策。由於公民大會理論上包括所有公民，所以實際上的
行政業務乃由500人所組成的委員會(*boulé*)來處理。這五百人團也
就是前述克勒斯塞涅斯所設計的民主基礎建制，由10個民主地區用
抽籤的方式各選出50人來輪流擔任地區代表。除了參與公民大會，
公民另外亦可參加司法法庭(*dikasteria*)的陪審活動，用民主的方式
來解決各種爭端；法庭的規模由200人至2,500人左右不等(J.A.C.T.,
1984: 216-217)，蘇格拉底的審判便是此種法庭運作的實錄。公民大
會以及司法法庭乃是雅典民主中最富民主色彩的制度，權力亦大；
但其它某些較具權威性的職位，則不讓公民抽籤輪流擔任，而是通
過選舉讓比較有政治經驗的上層菁英能夠持續主持，這包括了元老
法院(*areopagus*)以及選任的高階官員。這些官員包括高級軍事將領
以及財政官員，部分的官員有財產資格限制，而且連選得連任。通
過這些機制，雅典民主在西元前5世紀達到前所未有的繁榮。然
而，與斯巴達之間耗時多年的伯羅奔尼撒戰爭，也讓民主制度面臨
了巨大的內外危機。

　　對於希臘民主的發展，德國著名的古典學者麥爾(Christian
Meier 1990: 165-166)指出，西元前6-5世紀的希臘歷史，產生了人類
上古史中最重要的一次制度與思想革命；而這是在沒有任何歷史經
驗或理論導引之下，一個極為特殊的民主制發展歷程。麥爾以「**政
治化**」(politicization)描述這個劇烈的政治變遷過程，並指出其意義
在於希臘城邦在很短的期間內，以「平等」(*isonomia*; equality)為核
心建構了新式的民主政治共同體，形構城邦成為平等公民所組成的
公共空間以及相應的制度化。在此同時，政治社會價值急遽變遷，

4　實際出席人數不超過5,000人，見J.A.C.T., 1984: 204。

新的政治認同在衝突中快速形成，造成各種價值的激盪[5]。麥爾的
「政治化」的觀點係淵源於德國學者施密特(Carl Schmitt)的觀念架
構(Meier, 1990: 13-19)，而與波考克前述「德行的政治化」觀念沒
有直接的關連；然而，兩位學者基於完全不同的學術傳承，嘗試發
展以德行論與政治秩序為主軸的歷史與理論思辯，則可謂殊途同
歸。

　　麥爾對雅典民主思想的詮釋，以希羅多德(Herodotus)的《歷
史》(希臘波斯戰爭史)中一個著名的段落為核心。該書第3卷80至
82章的論述，係大流士(Darius)聯合另外六位賢人密謀推翻波斯暴
君前夕所激盪出的論辯。這個文本其實與波斯歷史應無直接關係，
反而相當程度地反映了雅典民主社會對於政治體制的基本觀點。一
位名為歐塔涅斯(Otanes)的賢者，對於君主一人統治提出了批判，
認為擁有最高權力的統治者，由於驕傲或嫉妒，又可以隨心所欲地
得到一切東西，很容易在他的身上產生一切惡事的根源。相對地，
他對於民主(被稱為人民統治)價值則提出如下的關鍵論證：

> 首先，當人民是統治者時，其稱謂是最為公平的──也就
> 是，法律之前的平等；第二，民主不會做出我(按指歐塔涅
> 斯)之所以反對君主制的那些事情。政府官職通過抽籤出任
> 者，而其權力乃受制於會計檢察，而所有政府的提案都必須
> 放在共同體之前來審議決定。所以，我提案並支持我們廢除
> 君主制，並增加人民的權力；因為在多數之中便存在著全
> 體。(Herodotus, 1987: 248)[6]

5　法國古典學者Jean-Pierre Vernant(1982)也對希臘民主進程的制度變革與觀念
　　變化提出精闢的分析，可以參閱。

6　本文本之翻譯係根據David Grene的英譯本，因為Grene的譯法與邁爾對於此

　　這個論述相當信實地反映出雅典民主的政治信念，邁爾特別強
調，這個文本對於「人民統治」的分析，關鍵的最後一句話意謂著
「**多數即為整體**」，也就是說當多數在整體中居於權威地位時，它
就是整體。而這個民主(人民統治)觀念的根本主張，乃是公共的事
務必須在人民之中(*ses meson*; in the midst)加以處理(Meier, 1990:
164)。

　　當然，對於雅典民主的謳歌，最負盛名的乃是修昔底德
(Thucydides)在《伯羅奔尼撒戰爭史》第2卷所轉述伯利克里斯
(Pericles)的〈國殤講辭〉。他對於雅典民主制度的精神做出了如下
的說明：

> 　　我們的制度之所以被稱為民主制，是因為城邦是由大多數
> 人而不是由極少數人加以管理的。我們看到，法律在解決私
> 人爭端的時候，為所有人提供了平等的公正；在公共生活
> 中，優先承擔公職所考慮的是一個人的才能，而不是他的社
> 會地位、他屬於哪個階級；任何人，只要他對城邦有所貢
> 獻，絕對不會因為貧窮而淹沒無聞的。我們在政治生活中享
> 有自由，我們的日常生活也是如此。（修昔底德，2004：98-
> 99）

　　這個著名的講辭，可以視為雅典公民在民主成熟時期的政治意
識(cf. Saxonhouse, 1996: 59-86)，然而，雅典民主運作是否真的如此

(續)──────────────

　　文本的詮釋，完全相符。本章以下將顯示，亞里斯多德通過和政制觀念而
　　對民主制度所做的批判，恰恰在於否定「多數即為整體」這個關鍵性的理論
　　觀點。

理想，修昔底德本人之態度有所保留，因此他在總結伯利克里斯的
生涯功業時指出：「伯利克里斯無論就其地位、才能，以及他眾所
周知的正直而言，都確確實實是一位能夠獨立控制民眾的人物，是
他領導民眾，而不是民眾領導他。……一言以蔽之，雅典雖名義上
是民主制，但權力事實上掌握在第一公民手中」（修昔底德，
2004：113-114）。所以對修昔底德而言，成熟期的雅典民主政治，
在實際層次中還是有賴於高瞻遠矚、卻又能掌握民眾的領導者，才
能恰當地運作。他認為在伯利克里斯之後，大部分爭取政治領導地
位的人都趨於平庸，只能靠迎合民眾的幻想來取得權位，最終導致
了雅典民主的式微。由希羅多德所引述的民主或人民統治觀念，以
及修昔底德對雅典民主與「第一公民」關係的分析，可以看出民主
政治對權威的挑戰造成了價值衝突以及政治正當性的危機，這也是
亞里斯多德政治學的理論脈絡。我們以下先檢視亞里斯多德政治學
的架構，再討論其理論要素。

三、政治學：德行、明智與立法

　　《政治學》是亞里斯多德討論政治現象最重要的文本，但是政
治學作為一種學科研究的特性，則是在《尼各馬可倫理學》
（*Nichomachean Ethics*，以下簡稱《倫理學》）中提出並加以討論。
《倫理學》1卷開宗明義地指出，人的實踐與選擇，都是以某種善
（good）為目的（end）；而就其追求之目的是為了自身的緣故、或作
為其它目的之手段，可以區別出目的之高下。在此種邏輯推演之
下，必然存在著作為目的之最高善以及善或價值之層級。亞里斯多
德進一步指出，善的實現不限於個人靈魂的淨化，因為城邦更是實
現良善生活不可或缺的脈絡。是以，唯有最權威的科學方能從事最

高善的研究，而政治學正是此種最具權威性的科學，因為它研究法律之制訂、確立人們該做與不該做之事，從而建立人們得以行善的社群與制度。基於此，可推知政治學之兩個重要特徵為「權威性」（authoritative)以及「建構性」（architectonic)。政治學係最具權威性的學問，原因在於它研究城邦相關的事務；而個人的幸福以及良善生活，只有在權威性最高的城邦方能實現。政治學之研究對象既具有此權威性，則其自身亦有此特性。另外，政治學係「建構性」之學問，因為它通過法律以及風俗慣行之形構，能夠安排公民的教育以及城邦政制的秩序，所以具有提綱挈領、總領一切學問的特殊性格。所以，結合倫理學與政治學成為實踐哲學的出發點，應當拓展出一種以人類行為為研究對象的整全理論之政治學（Voegelin, 1957: 296)。

《倫理學》卷首對政治學做出此種制高性的界定之後，並未立即對其內涵提出系統說明。亞里斯多德在第2卷到第5卷所論，乃是在目的論架構中，依據人類所具有的理性言說（*logos*)能力來說明**德行**(virtue)：「我們說人的活動是靈魂的一種合乎理性的實現活動與實踐，……那麼人的善就是靈魂之合於德行的實現活動，如果有不只一種的德行，就是合乎那種最好、最完善的德行的實現活動。」(*Nic. Eth.*, 1098a 14-18)。他進一步將德行區分為「理智德行」(intellectual virtues)以及「倫理德行」(ethical virtues)：理智德行通過教育理性而發展，倫理德行則藉由性格培育以及習慣養成而來。亞里斯多德先討論倫理德行，它包含傳統四基德中的三者：勇氣(courage)、節制(moderation)與正義(justice)，以及其它與實踐生活密切相關的政治德行，如慷慨(liberality)、大度(magnanimity)等。對於這些與個人性格相關的倫理德行之統攝原則，亞里斯多德提出著名的「**中道**」(mean)觀念：

　　德行是一種關於選擇的性格，它存在於相對於我們的中道
中。這種中道是由理性規定的，也就是說，是像一個明智之
人所會做的那樣地確定的。德行是兩種惡（即過度與不及）的
中間。在感情與實踐中，惡要麼達不到正確，要麼超過正
確。德行則是找到並且選取那個正確。（*Nic. Eth.*, 1106b 35-
1107a 3）

　　我們所關切的政治學議題，經過《倫理學》第2到5卷關於倫理
德行的討論之後，於第6卷再度浮現。這一卷的內容，係探討與理
性直接相關的「理智德行」。亞里斯多德指出，靈魂欲達到真理，
共有五種途徑：技藝（*techne*; art）、科學知識（*episteme*; science）、明
智（*phronesis*; prudence）、（理論）智慧（*sophia*; wisdom），以及心智
（*nous*; intelligence）。在這五種理智德行中，毫無疑問地以「**明智**」
對人類的實踐活動最為重要。亞里斯多德對於明智的定義以及說
明，都是通過考察具體的明智之人的行動來加以闡釋：「明智之人
的特點就是善於思辯對於他自身是善的和有益的事情」（*Nic. Eth.*,
1140a 25-28）。因為這種唯有明智者才具備的「善於思辯之能力」
（the capacity to deliberate well）是具體的，並構成在政治行動中審度
時勢，同時做出正確抉擇的關鍵能力。亞里斯多德指出，明智由於
遵從正確理性（right reason）的指導，得以型塑倫理德行所需之性
格，從而構成了德行不可或缺的基礎。

　　在解釋了明智的特質後，《倫理學》第6卷第8章重新討論「明
智」以及「政治學」間的關係：

　　政治學和明智是同樣的品質，雖然它們的內容不一樣。城
邦事務方面的明智，一種主導性的明智是立法學，另一種處

理具體事務的，則獨占了這兩者共有的名稱，被稱作政治學。因為法規(*psephima*; decree)最重要的是要付諸實踐，處理具體事務同實踐和考慮相關。所以，人們只是把那些處理具體事務的人說成是在「參與政治」。(*Nic. Eth.*, 1141b 24-29)

在此文本中，亞里斯多德區分了明智運用在政治領域中的兩種樣態：關連於一般性法律的「立法學」(nomothetical science)，以及關連於特殊法規的「政治學」；而政治學又再進一步區別為關於審議(deliberative)以及關於審判(judicial)的兩個分支學問。

若對比於《倫理學》第1卷所述政治學的「權威性」以及「建構性」特質，細心的讀者不難看出，第6卷所討論的政治學與明智，已經不再具有此種制高性地位。相反地，明智相較於心智、智慧等理智德行，亞里斯多德明白地指出哲學智慧高於明智(*Nic. Eth.*, 1141a 21-23)[7]；導致當討論的議題由倫理德行轉移到理智德行時，政治學便由之前的「最高善之學問」轉變成為「實踐領域的普遍性(立法)與特殊性(審議、命令與司法判決)的學問」(Voegelin, 1957: 297-299)。

而當亞里斯多德在《倫理學》第10卷第9章過渡到政治學時，他所提出的政治學綱要，幾乎完全集中在「立法學」的面向：

由於以前的思想家沒有談到過立法學的問題，我們最好自己把它與政制問題一起來考察，從而盡可能地完成對人的智

7　這反映在《倫理學》第7卷所彰顯「理論生活」高於「實踐生活」的哲學觀(*Nic. Eth.*, 1277a 10-1278a 5)。

慧之愛的研究。首先，我們將對前人的努力作一番回顧。然後，我們將根據所蒐集的政制彙編，考察哪些因素保存或毀滅城邦，哪些因素保存或毀滅每種具體的政體；什麼原因使有些城邦治理良好，使另一些城邦治理不善。因為在研究了這些之後，我們才能較好地理解何種政體是最好的，每種政體在各種政體的優劣排序中的位置，以及它有著何種法律與風俗。（*Nic. Eth.*, 1181b 12-22）

　　這個綱要與現存的《政治學》在結構上雖然若合符節，但也並不盡相同：對前人努力的回顧乃是《政治學》第2卷之主題；城邦的政體興衰與治理之道，則是第3至第6卷的內容；而7、8兩卷則探討亞里斯多德心目中的最佳政體。由於這並不包含現行《政治學》的第1卷，所以從19世紀以來，亞里斯多德專家們對於《政治學》的結構及寫作時期也提出許多不同的見解，但筆者並不認為這會影響到對於《政治學》的詮釋。本章基本上依循現有的結構，分析角度大略如下：《政治學》第1卷處理城邦的「本性」（nature），然依據沃格林（Voegelin, 1975:281）的見解，這屬於全書最後加上的部分；若將《政治學》第2卷對於之前思想家以及立法者的討論視為回顧性質，則亞里斯多德政治學的出發點在於第3卷。事實上，對於城邦的基本性質，亞里斯多德在《政治學》第1卷以及第3卷之中運用了不同的分析途徑：第1卷著重於城邦作為一種以「**統治**」（*arche*; rule）為本之共同體提出概念的界定，並對人類不同的共同體提出生成過程的分析；第3卷則是將城邦視為**公民集合體**所形構的一種秩序（*taxis*; order），分析公民所形成的統治團體以及「政制」間的關係。雖然這兩種分析途徑有會通之可能，但仍應有所區別，以下即就此加以闡釋。

四、城邦與「政治統治」：《政治學》第一卷

　　《政治學》第1卷，基於目的論與自然主義(naturalism)的哲學角度，證成了「城邦乃自然之存在」、「人依其自然(本性)乃政治動物」、以及「城邦依其自然(本性)優先於個體」等三個著名的目的論原則(Miller, 2000: 326-332；江宜樺，1995a, 1995b)。爲了證成這三項政治自然主義原則，亞里斯多德發展出人由於具有理性言說所帶來的分辨萬事萬物「是否有利或有害，以及是否合乎正義或不正義」能力的理論(*Pol.*, 1253a10-15)。而呼應《倫理學》第1卷對於政治學的制高性界定，他在《政治學》開宗明義指出，「**城邦**」(*polis*)作爲一種「**共同體**」(*koinonia*; community)乃是所有人類共同體中最具權威且包含最廣者，因爲它追求最高與最廣的善(Pol., 1252a 5-6)。亞里斯多德進一步反思，應如何研究政治共同體？特別是如何界定政治共同體統治的恰當樣態？

　　在方法層次，他認爲分析「共同體」時，應該將本質爲「組合物」的城邦分析到無可再分的最小單位，然後再闡明這些單位元素朝向複雜組合物的生成過程；如此便可以清楚理解各種不同共同體的特性及彼此間的差異(*Pol.*, 1252a 18-22)。基於此種方法，亞里斯多德敘述了一個自然的生成過程：作爲生物體的個人，由於繁衍子嗣以及共同生活之需要，發展出男女兩性的結合以及主奴的支配關係，二者合而爲家庭(*oikos*; household)；家庭的聯合體形成村坊聚落；再進一步地聚合，便是作爲政治共同體的城邦。所以，亞里斯多德第一個對於「城邦」的定義如下：

　　　城邦乃係若干村坊結合而成，並達到完備的境界；在其中

人類的生活可以獲得自足（self-sufficiency）；我們也可以這麼說：城邦的生成乃是為了人類的「生活」，但其實際的存在卻是為了「良善生活」。（*Pol.*, 1252b 27-31）

為了實現「良善生活」，城邦的本性也與之前的村坊等為了必需生活所產生的共同體有所不同。亞里斯多德特別強調「城邦」乃是出身相近自由人以平等為本所構成的政治共同體，而其中的統治，乃是「**政治統治**」（Pol., 1279a 7-10）：

> 在主奴關係的統治之外，另有一類自由人對自由人之間的統治，被統治者和統治者的出身相同。這類治理的方式就是我們所謂的政治統治；在其中，統治者需要通過學習為被治者才能成為統治者。……統治者和被治者的德行雖屬相異，但好公民必須修習過這兩方面的知識，他應該懂得作為統治者怎樣治理自由的人們，而作為自由人之一又須知道怎樣接受他人的統治——這就是一個好公民的德行。（*Pol.*, 1277b 6-15）

Schofield（2000: 318）指出，以「政治統治」所構成的城邦政治共同體有兩個基本特色：一為以被統治者的共同利益為本，另一則為公民的輪流統治。如此一來，政治統治就超越了家庭以及村坊層次的主奴與家父長支配。基於此，城邦作為自由人的聯合體之視域逐漸浮現：由《政治學》第1卷發生學的論述中，政治統治作為目的論意義下最後產生，但最為完備的統治型態，並在第3卷中就其作為政治秩序的特色與制度安排，進一步加以檢視。

然而，亞里斯多德在《政治學》第1卷所述由家庭到城邦之發

生學進程仍有若干疑義。他雖然力圖說明城邦政治生活的獨特性，但由於城邦仍然由較次級的人類社群(村坊)結合而成，所以某些城邦之前社會組織型態所蘊含的特質，仍不免帶進城邦治理的哲學思考中。以本章之主旨而言，則有兩個議題最為關鍵：(一)人類結合的原型，乃是出於繁衍子嗣與共同保存的需要所產生之兩性與主奴關係，如此，一種基於不平等的統治關係，遂通過自然主義而深植於其政治理論；(二)相反地，亞里斯多德強調只有城邦以「良善生活」的最大實現為目的，而以平等自由民的政治統治為本，它與之前的所有基於自然的必須性所產生的社會團體有所不同。但這兩個分析觀點顯然是互斥的。是以，許多評論家都指出《政治學》第1書的理論困難：城邦的平等、自足的政治生活，「築基」(embedded)在以不平等的支配關係為底層的家庭、村坊生活之上。這樣的圖像，雖然可能如鄂蘭所述，在對比之下足以彰顯政治的崇高性(Arendt, 1997: 118)；然而，公與私、城邦與家庭如此緊密的「築基」關係，注定了在之後西方政治思想史的發展中，可以據此發展父權政治的觀念。這雖然並非亞里斯多德的原意，但卻是《政治學》第1卷可以加以運用的一種方式[8]。我們接受Mansfield(1989: 33)的分析觀點，即第1卷中亞里斯多德的出發點過分偏重於「自然」(nature)的面向，忽略了「形式」的作用，所以發生學式論述只能算是一個失敗的開端(failed beginning)。因此，《政治學》第3卷才是亞里斯多德政治理論真正的出發點。

8　當然這樣的父權主義論述，必定需要在一定程度上扭曲亞里斯多德的原意。一個經典的文本乃是布丹(Jean Bodin)《邦國論六卷》第1卷中以家庭以及父權作為政治共同體主權者概念的原型(Bodin, 1955)。

五、公民身分：政治統治的民主要素

綜合前節所論，《政治學》第1卷將「城邦」定義爲村坊聚合而成的共同體；這個觀點在第3卷之中得到修正，由「村坊聚合」轉變成爲「公民聚眾」(*Pol.*, 1274b 41)。亞里斯多德在第3卷轉而分析以公民組合爲本的城邦政治生活，其轉變的原因頗爲耐人尋味。亞里斯多德在這個脈絡下所關注的焦點，用現代政治理論或公法學的語彙來說，爲城邦的「**同一性**」(identity)問題。這個議題之所以浮現，乃因爲古希臘貴族與平民間的政治社會鬥爭劇烈，政權更迭頻繁，而在政體改變之後，公民身分的擴張與限縮、是否能對權貴者沒收家產並加以放逐等等，都是現實政治中極爲尖銳的問題。作爲哲學家，亞里斯多德當然理解現實的種種問題；但他嘗試在這樣的鬥爭之中，提升討論思辯的層次，提出具有哲學基礎的解決方案。在論述政體變革的相關問題時，他以雅典著名的民主改革者克勒斯塞涅斯的政策爲例，說明在其驅逐了寡頭領袖以後，把許多外僑以及外邦居留民編入雅典各部族，歸爲公民。這種大量增加公民數量的措施，雖爲強化民主派力量的作法，但是其所導致的理論問題，正是亞里斯多德關切的焦點；所以他說這個議題所引起的疑難，「實際上不是某人是否爲公民的事實問題，而是這些人成爲公民，公正與否的問題」(*Pol.*, 1275b 36-39)。面對這樣的困難，亞里斯多德指出，關鍵的問題在於「我們將依據什麼來確定這一城邦爲『同一』城邦，或反之而爲『別一』城邦？」(*Pol.*, 1276a 17-18)

由於此政治議題的高度抽象性，亞里斯多德運用其形上學理論中的四因說加以解決：萬物之生成，有賴於形式、質料、能動者以

及目的(form, matter, agent, end)四者的結合[9]。而在《政治學》第3卷中，亞里斯多德所論者為形式以及質料兩個面向：在城邦的相關議題中，形式即為「政制」，而質料則為「公民」及其聚眾的組成方式；這兩者形構了城邦的同一性。唯有同時掌握這兩個面向，才能理解《政治學》第3卷的複雜論證。由於亞里斯多德先討論「公民身分」再討論「政制」，我們也依此順序，首先討論公民作為一種人民聚眾，再於下節討論城邦政制。

在第3卷17章之中，亞里斯多德區分三種不同的人民聚眾：

> 我們應當先論定什麼性質的〔人民〕個別地適宜於君主體、貴族政體、共和政體的個別類型。適宜於君主政體的人民聚眾，應該是它自然地有獨一無雙的英豪及其家庭，其德行足以作為政治領導。適宜於貴族政體的人民聚眾，應該是自然地有著若干政治才德的優異好人，而又有樂於以自由人身分受貴族之輩統治的民眾。適宜於城邦共和政制的人民聚眾，應該是那裡自然地存在有勝任戰爭的民眾(武士)，那裡在小康階級之間按照個人的價值分配政治職司，他們在這樣的制度中既能統治也能被統治。(*Pol.*, 1288a 6-15)

這個文本有時被評論家疑為錯簡或後人的竄插[10]，但筆者認為它其實是理解亞里斯多德政治理論的關鍵之一，應受到嚴肅對待[11]。由此文本吾人清楚地看到，在形構城邦政治共同體之前，已經

9　關於四因說在亞里斯多德政治哲學所扮演的角色，可參閱Johnson, 1990: 91-114之詳細說明。

10　吳壽彭《政治學》中譯本，頁172，註2。

11　Rowe(2000: 373)也基於此文本來詮釋亞里斯多德的政體論。

存在作爲質料的人民的特殊聚合樣態；以現代的語言來說，這指涉建立城邦政制之前社會階層化的既有狀態。當這些樣態與作爲形式的「政制」相符合時，就可以產生良善的政治體制；若無法相符則將產生不良的政治體制[12]。

　　人民聚眾作爲質料，在前政治(城邦)的存在狀態下雖然對城邦的建制有相當程度之影響，但是眞正決定城邦同一性的仍是作爲「形式」的政制：「凡組合的形式相異的，就成爲不同的組合物。……由此說來決定城邦同異的，主要地應當是政制的同異。」(*Pol.*, 1276b 8-12)基於此，吾人不難明白亞里斯多德對城邦的理解中，必須包括「政制」以及「公民」兩個元素。一究其實，「公民」乃是在建立城邦時，立法家如何通過法律，將現存人民聚眾的質料，重新安排到城邦的公共性政治制度之中；而重新安排的標準，亞里斯多德強調應該依據城邦存在之目的(也就是追求最大幸福的良善生活)以確定公民身分的範圍，和統治權的歸屬。

　　亞里斯多德對公民所提出的界定與說明，均與參與城邦政治決策有關。換言之，他的公民身分概念指涉的是**參政權**，而非個人的法律權利[13]。事實上，他在討論公民資格之始便指出，訴訟和請求法律保護之權利，即便是外邦人亦得享有，所以這並不構成公民資格之本質。亞里斯多德對公民的初步定義如下：

12　這是McIlwain(1932: 58)所述，質料的「執拗性」(refractory character)。

13　從思想史的角度而言，亞里斯多德由民主參政權的角度界定公民權，而非臣民(subject)在法律之下享有的權利，對共和主義傳統產生了深刻的影響。在近代國家理論家重新檢視公民權的內涵時，均需面對亞里斯多德這個古典的定義。布丹在《邦國論六卷》中批判亞里斯多德公民定義的民主成分，並認爲那並不符合絕大部分國家的政治實情，所以加以反駁，並建立了「臣民在法律之內享有的權利」的另一種以法律權利爲本的公民資格理論，請參考Bodin, 1955: 18-25。

　　全稱的(unqualified)公民是「**凡得參加司法事務和統治機構的人們**」，……。統治機構的職務可以憑任期分為兩類：一類是有定期的，同一人不能連續擔任這種職務，或只能在過了某一時期後，再行擔任這個任務；另一種卻沒有時限，例如公眾法庭的審判員(陪審員)和公民大會的會員。**當然，人們可以爭辯說，審判員和會員並未參加統治的職務，不能看做治權機構的官吏**。但公眾法庭和公民大會實際上是城邦最高權力所寄託的地方，如果說參加這些機構的人並沒有治權，這就不免可笑了；我們認為這種爭辯，只是文字上尋找毛疵，是不足重視的。(*Pol.*, 1275a 21-30，黑體強調是筆者所加)

　　如同Johnson(1990: 117-119)指出，亞里斯多德在本段中，由初始的公民身分定義(「凡得參加司法事務和統治機構的人」)，通過區分了有定期以及無定期兩種統治機構後，將公民身分限制在後者，而提出了第二個定義(「凡得參加無定期統治機構的人」)，也就是說公民資格指涉參與公民大會以及司法法庭。

　　值得注意的是，當亞里斯多德如此界定公民身分時，他清楚地意識到，這是以民主制的公民概念為基礎的，未必適用於其它體制(*Pol.*, 1275b 6-7)。但面對此種可能的限制，他並未撤回公民身分的民主意涵，而強調他所分析的公民身分，在其它的政治體制中，凡參與審議以及具備審判**職能**者(無論在其它非民主政體中這些機構的名稱為何)，均可被稱為公民。所以，亞里斯多德在考慮不同政治體制後，對公民身分略作修正後所提出的第三次定義如下：

　　　從上述這些分析，公民的普遍性質業已闡明，在此可以做

成這樣的結論：(一)**凡有權參加議事和具備審判職能者，我
們就可說他是那一城邦的公民**；(二)城邦的一般含意就是為
了要維持自給生活而具有足夠人數的一個公民聚眾。(*Pol.*,
1275b 18-20，黑體強調是筆者所加)

　　換言之，在短短的一頁中，亞里斯多德提出了三個對於公民的
界定：「全稱的公民是『凡得參加司法事務和統治機構的人
們』」、「凡得參加無定期統治機構的人」，以及「凡有權參加議
事和審判職能的人」[14]。

　　亞里斯多德對於公民身分採取民主方式的界定，對於西方共和
主義傳統「政治」觀念的形成，產生了關鍵性的影響。他指出，人
民整體的審議能力可以在政治活動中加以培養，從而超越少數政治
菁英的判斷，並依此證成民主政治中參與的價值。城邦作為追求良
善生活的政治共同體，需要其成員(公民)對於構成良善生活的正義
原則，加以理性討論、審議並做出決定，然後形成約束每一位公民
的法律。這個參與式公民身分觀念的基礎，在於亞里斯多德在**審議
與司法判決**的層次上，接受當時民主派所提出的觀點：多數的人
民，雖然個別而言不見得具有特別卓越的德行或政治能力，但由於
每個人都擁有不同面向與程度的德性與明智，當集合在一起並彙整

14　Saxonhouse(1996: 125-126)指出，第一個和第三個定義的差別具有理論重要
　　性，前者乃是實際參與城邦的判斷與官職機構，所以可被稱為「公民身分的
　　積極定義」(active definition of citizenship)；而後者所強調的則是公民參與這
　　些政治活動的「自由」(*exousia*; 中譯本未翻出)，可稱為「公民身分的消極
　　定義」(passive definition of citizenship)。Saxonhouse所做的區分，當然是著
　　眼於當代對於公民身分的兩種模式之爭論，也就是說消極的公民資格乃意味
　　著有「機會」參與政治，但這個機會未必見得為相關公民有效行使。

之後，他們有能力集體地作出符合以良善生活爲判準的政治審議與
決定(*Pol.*, 1281a40-1281b20)。亞里斯多德對公民資格的討論顯示出
他接受民主派所提出的理據；而他在處理城邦政制之前，先行討論
民主公民資格的觀念，也表達出他對雅典民主的尊重，並作爲理論
分析的出發點。

　　亞里斯多德既然以政治參與作爲公民身分的基本性質，那麼公
民身分的**範圍**便成爲一個關鍵性的議題；此時，他的政治目的論，
即城邦不僅僅是爲了追求生存，更是爲了追求良善生活，就發生了
關鍵的影響。因爲，並不是所有讓城邦生活成爲可能的不可或缺條
件，都被視爲城邦的一個「部分」；只有促成城邦的良善生活者，
方被視爲城邦之部分(Schofield, 2000: 320)，這便構成了公民資格的
範圍。關鍵問題在於：哪一些社會階級或階層能夠對良善生活有所
貢獻而得以參與政治？亞里斯多德對此議題之見解相當明確，在自
由人、工匠階級以及奴隸之中，只有自由人具備公民資格(*Pol.*,
1278a 1-5)。在更加細緻的區分中，人民聚眾最基本的組成要素有
四：農民、工匠、商販以及傭工(*Pol.*, 1321a 4-6)；這四者，應該均
屬於前述的工匠階級，而不得具有公民資格，因爲他們所關注的都
是人類的生活必需條件，無法培養德行或理智，以在閒暇之中運用
明智來審議政治事務。亞里斯多德進一步指出，相應於城邦戰爭的
需要，會產生另外四個要素，分別爲騎兵、重裝步兵、輕裝步兵以
及海軍。這四個階層，由於希臘時代戰爭型態的轉變，產生了關鍵
性的政治影響(*Pol.*, 1321a 6-15)。事實上，亞里斯多德明確指出此
處的四個階層，構成了不同政治體制之中的公民資格的範圍：在強
勢的寡頭政體中，能夠飼養馬匹的騎兵家族構成公民；而重裝步兵
則成爲「共和政制」的公民團體；輕裝步兵和海軍則是民主或平民
政體的推手，其中海軍(因爲需要大量人民在戰船上划槳)構成了當

時雅典極端民主的社會基礎。顯然，亞里斯多德主張工匠階層不應成為公民；只有能執干戈以衛社稷者，因其對國家的良善生活之保存有所貢獻，方具有公民資格。

進一步而言，亞里斯多德的公民身分，除了範圍有所限制外，關於最高權威性官職之參與，還是帶著一種**差別式**的觀念，這同樣以政治目的論為基礎：

> 由此我們可以得出結論：政治共同體的存在並不僅由於共同生活，而是為了高尚的行動。所以，誰對這種共同體所貢獻的越多，他既比和他同等為自由人身分或門地更為尊貴的人們，或比饒於財富的人們，具有較為優越的政治德行，就應該在這個城邦中享受較大的一份。(*Pol.*, 1281a 2-7)

於此文本亞里斯多德確立了依據政治目的論，可以賦予對共同體貢獻不同的公民以程度不等的參與政治決策之權力。具有政治德行的成員，享有最大程度的公民資格(也就是參與最具權威性政治機構的活動)；相對地，財富權貴或者是自由民，只要在德行方面有所不及，其政治參與的程度便當相應有所縮減。

這些複雜的因素說明了亞里斯多德何以在短短篇幅中對公民身分提出三個定義。特別是，亞里斯多德由公民身分的第一個定義轉到第二個定義時，排除了「有定期的統治機構」的元素。這些機構其實便是行政性的官職，負責治理城邦事務。將這些官職從公民身分中排除，意謂著亞里斯多德拒斥其後來所稱「極端民主」(*Pol.*, 1296a)的激烈主張；這派民主立場基於平等訴求，主張凡為公民便可受任官職，而且當群眾的集體力量超越法律之上，而以「命令」取代「法律」時，最終結果是民眾煽動家(demagogue，或直譯為平

民領袖)取得領導權,進而導致僭主的興起。對此種極端民主,亞
里斯多德表述為:「這裡,民眾成為一個集體君主,原來是一個普
通公民,現在合併成為一個團體而掌握了政權」(*Pol.*, 1292a)。極
端民主派的核心主張便在於將官職(也就是「有定期的統治機構」)
也視為公民身分的要素,這正是亞里斯多德無法同意極端民主論的
關鍵原因,所以他將「有定期官職」排除在公民身分之外。這些官
職的參與以及制度安排,不是通過民主的公民身分,而是由「政
制」所形成的政治秩序來決定。

六、「政制」與統治團體:城邦政治秩序的寡頭要素

在說明公民身分的定義後,亞里斯多德指出「城邦的一般含意
就是為了要維持自足生活而由公民所組成的聚眾」(*Pol.*, 1275b 19-
20),而此時的「聚眾」觀念,就已經不再是前政治既存的質料樣
態,而是已經依據目的論經過城邦政治體制,重新安排形成秩序後
的結果。這樣的政治秩序形成過程,亞里斯多德將之稱為「**政制**」
(*politeia*; regime),其最初步的界說乃是:「政治家和立法家的一切
活動都與城邦有關,而『**政制**』乃是對於城邦全體居民的某種秩序
安排(*taxis*; order)。」(*Pol.*, 1274b 36-38)在此,吾人進入了亞里斯
多德論述城邦政制作為一種秩序概念的探討。如前節所述,城邦的
公民資格乃與其政治參與有關,那麼「政制」就必須界定並規範這
些政治參與的制度安排。亞里斯多德對於「政制」所提出的正式定
義如下:

> 政制為城邦相對於其官職所做的秩序安排,特別著重於相
> 關事務具有權威性(*kurio*, authoritative)者為然。因為城邦無

論是哪種類型，它的權威一定寄託於「統治團體」（*politeuma*;
governing body），而統治團體實際上就是政制。舉例而言，
民主政制中平民（*demos*）擁有權威，而寡頭政體則由少數人擁
有權威。（*Pol.*, 1278b 9-14）

這個對於「政制」的定義包含兩個元素：一為「**統治團體即為
政制**」的主張，二為政制是對具有**權威性**的官職加以安排所構成的
政治秩序。亞里斯多德在此將《政治學》第1卷所論「政治統治」
的各種可能型態，在城邦制度安排中加以討論。是以，「政制」中
關於權威性官職以及統治團體的論述，標幟著亞里斯多德仍以「統
治」的現象作為城邦秩序的根本原則。

關於「統治團體即為政制」的主張，對於理解亞里斯多德政治
思想極為重要，因為這表示他所提出的「政制」觀念指涉人類社群
的權力形構，而非單指法律或現代意義的憲法（Simpson, 1998:
148）[15]。更確切地說，「政制」是「統治團體」將其所持政治價值
在城邦政治秩序中加以制度化的結果，特別是對城邦之中「具有權
威性的官職」所做的秩序安排。19世紀的亞里斯多德專家Franz
Susemihl指出，「**統治團體**」（*politeuma*）一詞乃是由亞里斯多德首
先運用到政治理論之中，可被譯為「統治階級」（governing class）或

15　這和現代國家形成以後，我們習慣於將國家理解為一種獨立自存的存在物，
並且通過憲法作為基本規範來規約政治過程的想法，有著根本的差異。有不
少評論家也用「憲法」一詞來翻譯亞里斯多德的*politeia*，這樣的翻譯雖然在
相當程度上（就其與政治相關的權威制度安排而言）的確可以加以類比；但是
這容易讓人忽略了亞里斯多德*politeia*的概念，其實與作為政治階層的「統治
團體」直接關連：也就是說，*politeia*即是取得最高權威的統治團體對城邦政
治制度的安排，並非像現代世界中，憲法可以有獨立自存的意義，甚至立基
於超越性價值（例如普世人權）的先驗證成。

「政府」（government），基本上代表單個或一群在社群中行使統治權的人，從而具有最高權威[16]。在當代文獻中，*politeuma*一詞的理解方式卻產生了歧義，而有兩種可能詮釋：一為強調支配的「統治團體」，另一則為強調公民參與的「公民團體」。假如與「政制」畫上等號的是「公民團體」，那麼依據前節所論，其相對應的政治組織將會是負有審議機能的公民大會或司法審判的民眾法庭，而公民資格亦將等同於統治資格。但假如「統治團體」與「公民團體」的資格並不相同，則亞里斯多德所設想的公民資格與政制便有不同的意涵[17]。筆者基本上採取後一種詮釋觀點，並依循Carnes Lord的譯法，稱之為「統治團體」（governing body），因為亞里斯多德在此處理的是統治（*archê*）的關鍵問題。C.D.C. Reeve亦指出，「統治團體」概念的理論基礎在於《倫理學》第9卷第8章的理論觀點：「一個城邦或一個組合體就在於它的主宰的部分，人也是一樣」（*Nic. Eth.*, 1168b 31-33）[18]。這意味著最具權威、統治性的部分，**即為整體政制**。

　　關於「政制」定義的第二個元素：政治秩序係**對城邦之中具有**

16　請參閱Susemihl & Hicks, 1894: 381，註11的討論。

17　在吳壽彭的中譯本中，這個詞被翻譯為「**公民團體**」或「**公務團體**」（頁129、132，以及頁110註1）。Johnson（1990: 125-131）將「統治團體」譯為「公民團體」（citizen body），再關連到亞里斯多德對於議事機構「最具權威性」的論述，主張亞里斯多德已經發展出某種「立法主權」（legislative sovereignty）的概念。這個詮釋，筆者並不接受。事實上，McIlwain（1932: 80-81）早已清楚說明，亞里斯多德所論的「最具權威性」（*kurio*）與現代主權觀念大相逕庭；前者的真諦在於對比政治共同體與次級團體之間完全不同的「倫理—政治性之評價」（ethico-politico appraisal）。

18　請參閱Aristotle（1998: 75, 註40），譯者C.D.C. Reeve所作的說明，並參考Burnet, 1900: 422註§6的解說。

權威性官職的安排，牽涉到城邦的制度。而亞里斯多德區分了政制的三個基本職能：審議或議事（*bouleuomenon*; deliberative）、行政官職（*archai*; offices）、以及審判（*dikazon*; adjudicative）：

> 一切政制都有三個要素，作為構成的基礎，一個優良的立法家在創制時必須考慮到每一要素，怎樣才能適合於其所構成的政制。倘使三個要素（部分）都有良好的組織，整個政制也將是一個健全的機構。各要素的組織如不相同，則由以合成的政制也不相同。三者之一為有關城邦一般公共事務的議事機能（部分）；其二為行政機能部分——行政機能有哪些職司，所主管的是哪些事，以及他們怎樣選任，這些問題都需一一論及；其三為審判（司法）機能。（*Pol.*, 1297b 36-1298a 2）

此文本很容易被理解爲某種現代三權分立的根源；但這其實是過度解讀，因爲它們是亞里斯多德基於希臘城邦的政治經驗所爬梳出的基本政治功能。他對城邦治理的討論，尚未顯示出獨立於社會之上的政府以及憲法，所以用三權分立的角度來閱讀亞里斯多德並不恰當（Mansfield, 1989: 47）[19]。亞里斯多德所強調的，毋寧是當「政制」在城邦的政治生活中建立起來時，這三種政治職能是各個不同政體依據其統治團體的價值，做出符合其政體原則的制度安排。

在三種政治職能中，亞里斯多德對於司法或審判職能的討論較爲簡略（第4卷第16章），而且並沒有提出一般性分析，只對當時城邦生活中經驗層次的法庭種類以及陪審人員的選任加以整理描述。

19　並可參考吳壽彭中譯本頁215註1之說明。

相對地，亞里斯多德對於審議以及官職等兩項職能，則提出了相當重要的理論分析。對於議事機構的審議職能，他指出，在城邦政制之中：

> 議事機能具有最高權威；對於(1)和平與戰爭以及結盟與解盟事項，(2)制定法律，(3)司法方面有關死刑、放逐和沒入的案件，(4)行政人員的選任以及任期終了時對於他們的政績之審查，這些都是由議事機能做最後裁決。(*Pol.*, 1298a 4-7)

他並且對於希臘城邦議事機構的組成方式與運作程序，做了詳盡的比較分析。另外，從《政治學》第4卷第15章、第7卷第8章兩次加以討論可以看出，亞里斯多德更為關注行政官職之性質，並對此提出如下的說明：

> 所有這些官吏中，只是那些在一定範圍以內具有審議、裁決和指揮權力的職司，才可稱為行政官職；其中尤以指揮權力尤為重要，這必然是屬於統治。(*Pol.*, 1299a 27-29；中譯文略有更動)

在此文本可以清楚地看到，行政的最高職司，相對於議事以及審判兩職能，關鍵的差異在於指揮(command)以及統治(ruling)的要素。

在闡釋了亞里斯多德對三種基本政治職能的理論後，吾人必須進一步釐清，在前述「政制」定義的第二個元素：「政治秩序係對城邦之中具有權威性官職的安排」，其中所稱**具有權威性「官職」**的概念，係廣義地泛指三種政治職能，還是三種政治職能中狹義的「行政官職」？在筆者的詮釋中，亞里斯多德對此文本的「權威性

官職」，刻意運用廣、狹二義之歧義，同時指涉廣義的三種政治職能，以及狹義的權威性行政官職。也就是說，從公民的角度看來，參與議事與審判兩種職司者即為統治團體，所以「公民團體」構成了「統治團體」的部分；但由寡頭菁英的角度看來，由他們所掌握最具權威性行政官職者方為統治團體，並形構了「政制」。亞里斯多德的「政制」理論，嘗試整合這兩種觀點。

亞里斯多德的探問，終極而言在於：「城邦的最高統治應該寄託於什麼？」(*Pol.*, 1281a 12-13)所以，當他主張統治團體即為政制時，其真義在於：掌握最具權威性官職的統治團體，即為統治者，因為他們可以依據自身的理性言說觀念，來形構城邦的制度以及法律。所以，在「政制」定義中的「最具權威性之官職」，本質上指涉了指揮以及統治的最高行政性官職；此類官職的建制以及運作形構了城邦的「統治團體」，但仍須以民主的公民會議以及公眾法庭的運作為基礎[20]。

然而，這個詮釋要得到證成，吾人需要修正前一節對於民主公民資格的結論，再詮解此處關鍵性的「統治」概念。首先，由目前所達到的視域來看，亞里斯多德在說明公民資格概念時的遲疑以及辯難便不難理解。最初他將公民資格界定為分享「司法決定(*kriseos*)以及統治機構(*archai*)」的人們(Pol., 1275a 21-22)；接著他進一步說明，公民資格關聯到任期不確定的統治機構，如人民法庭和公民大會。亞里斯多德承認，「當然，人們可以爭辯，審判員和

20　這個詮釋，可以由聖多瑪(St. Thomas)對《政治學》這一段落的評論得到印證：他說明了何謂政制，指出它乃是政治共同體對官職(特別是最高官職)的組織，因為後者控制了所有其他官職。而此乃事理之然，因為政治共同體的整個統治團體(也就是所建立之秩序)有賴於控制政治共同體的統治者，而如此建立之秩序即為政制。(Thomas, 2007: 204)

公民大會成員並未參與統治的職務，不能當做統治機關的官吏」。
但他駁斥這個說法，認為主張參與上述機構的審判與審議工作之公
民不具有統治權，極其可笑，並以參與「無定期的職司」來界定公
民參政的管道。亞里斯多德在此脈絡下，做了雙重的辯解：一方面
對民主派說明參與議事與審判的公民便構成了「統治團體」的一個
部分；另一方面對寡頭派說明，雖然由寡頭的統治團體來統治，仍
必須讓公民參與議事與審判職能。

　　換言之，亞里斯多德在「政制」定義中，一個關鍵性的論述策
略是修辭式地運用希臘文「統治」以及「官職」(*arché; archai*)的歧
義。在雅典的政治體制中，與議事以及審判職能有別的行政官職，
是以複數的*archai*加以統稱，亞里斯多德也在《雅典政制》第50-62
章對此提出了分析。但除了行政官職之外，*arché*在希臘文本中本
來就具備一種特定但抽象性的政治含義：它代表原理、原則，以及
將這些原則運用到人間事務的開端啟新之政治能力(Mansfield, 1989:
59-61)。以《政治學》的論述而言，**廣義**的統治包括了審議與判決
兩種政治職能，亦即公民資格；**狹義**的「統治」則指涉最高的行政
官職，亦即統治團體。所以，不僅本章以下第八節所述「共和政
制」係寡頭與民主的混合；在「政制」層次，公民資格以及統治團
體的二元結構就已經形成了民主與寡頭的混合並共同參與統治。

　　換言之，「政制」概念具有調和民主與寡頭之目的，而亞里斯
多德最終的解決方案如下：

　　　經過這些論證，似乎已可解答前述的「最高統治權寄託於
　　什麼？」這個問題，以及接踵而來的又一問題：「自由人或
　　公民聚眾中的一般公民，既無財富又無才德，他們在最高治
　　權中能夠發展什麼本領、發揮什麼作用？」辯難者可以提出

這樣一個觀點：讓這類人參與最高職司，他們既少正義或欠明哲，就難免不犯罪過和錯誤。但這裡也可以從另一觀點提出反質：假如不讓他們分享一些權利，又會發生嚴重的危害；如果一個城邦中大群的窮人被擯於公職之外，這就等於在邦內保留著許多敵人。在兩難的處境中尋求出路，就讓他們參與議事和審判的職能。因此，梭倫和其他某些立法家把平民群眾作為一個聚眾，要給予這兩種權力：（一）選舉執政人員，（二）在執政人員任期屆滿時，由他們審查行政的成績或功過；但按照他們每一個人各自的能力，卻是不得受任官職的。當平民群眾會集在一起時，他們的感覺和審察是夠良好的，這種感覺和審察作用同較高尚一級〔行政人員〕的職能相配合是有益於城邦的——恰恰好像不純淨的雜糧同細糧混合調煮起來，供給食用，就比少許細糧的營養為充足；至於他們每一個人，倘使分別地有所審察，這總是不夠良好的。（*Pol.*, 1281b 21-39）

這個文本中的「最高職司」（greatest office），應當就是「政制」定義中「最具權威的職司」，亦即統治團體。對亞里斯多德而言，公民參與議事、審判機構所需的能力，和行使指揮統治的能力，還是有相當的差異。前者所需的，僅是當與較佳的元素混合時，能產生良好的判斷能力並產生對城邦有益之結果。相對地，統治者所需的能力則大不相同：

> 凡是想擔任一邦中最高職務、執掌最高權力的人們必須具備三個條件。第一是效忠於現行政體。第二是足以勝任他所司職責的高度才能。第三是適合於各該政體的善德和正義。

(*Pol.*, 1309a 34-36)

此種統治所需之德行，並不是每位公民均得以擁有的，而是出身良好的貴族(或寡頭)階層成員比較有可能發展的能力與德行。

綜合以上亞里斯多德對(**民主式**)**公民身分**以及(**寡頭式**)**統治團體**的論述，吾人可以察覺，他在科學理論建構的層次，便已經將希臘城邦社會的具體情境考量進去。其「政制」或*politeia*作為政治秩序，結合了民主參與以及菁英領導兩個元素。而到了論述具體層次的「共和政制」時，同樣的精神將再度發揮。

七、政體分類及討論

對於實存的各種「政制」，亞里斯多德運用兩個標準做出進一步的區分。首先，他依據共同體良善生活的目的論判準，指出當統治團體追求公共利益時，則爲「正體」(correct)或符合正義的體制；反之，那些只追求統治者利益的政制，便是「變體」(deviant)或偏離正軌的體制。亞里斯多德強調，因爲城邦乃是自由人所組成的共同體，所以前者方才符合城邦的本性，後者則淪爲主奴支配(*Pol.*, 1279a 18-22)。亞里斯多德所運用的第二個標準，則是前述「統治團體」組成分子的數量。他指出，既然「政制」與「統治團體」意指同樣事物，那麼具有最高權威的統治團體，在數量上僅可能有三種樣態：一人(one)、少數人(few)，或多數人(many)，所以也可以依據此種數量的標準來分類政制。當這兩個標準結合起來的時候，就產生六種可能的政制。吾人可以將上述的分類畫成一個簡單的政體分類表：

追求目的 統治者數量	共同利益 （正體）	統治者私人利益 （變體）
一個人	君主政體 monarchy	僭主政體 tyranny
少數人	貴族政體 aristocracy	寡頭政體 oligarchy
多數人	共和政制 polity	民主政體 democracy

　　亞里斯多德對於六種政體的敘述大致如下：一人獨治且能照顧城邦共同利益時，便稱爲君主政體；若統治者爲少數人、最好的賢良人士（best persons），能夠照顧全體人民的公共利益，則爲貴族政體；當「群眾」（multitude）統治而能照顧共同利益者，「則它被稱爲與其它所有政制相同的名稱，也就是『共和政制』」。相對於三種「正體」政制，悖離於君主政體的一人獨治爲僭主政體、悖離於貴族政體的少數人統治爲寡頭政體、悖離於共和政制的多數人統治則爲民主政體[21]。其中之區別當然在於，僭主政體僅照顧君主的個人利益，寡頭政體只照顧富者的利益，而民主政體則以窮人的利益爲依歸（Pol., 1279a 33-1279b 10）。

　　然而，這個周延而廣爲人知的政體分類在《政治學》之後的論述發展中卻有所變化。亞里斯多德在提出這個分類後，運用大量的篇幅，嘗試將這一個數量化的形式標準，轉變爲具有政治意涵的實

21　值得注意的是，在亞里斯多德的分類中，沒有「正體」的民主政體；多數統治的對比是正體的「共和政制」以及變體的民主政體。

質判準。由於「一人」、「少數」及「多數」的統治，除了「一人統治」之外，並不具有明確的政治意涵，所以亞里斯多德花了很長的篇幅論述何謂「少數」以及「多數」。他的關鍵提問，如前所述乃是「關於城邦最高統治元素應該寄託於什麼？」(*Pol.*, 1281a 12-13)這個根本的政治問題；而在此脈絡中，他提出幾個事實的統治團體作為可能答案，包括：「群眾」、「富者」、「高尚之士」、「全邦最高的一人」或「僭主」之後，他分別檢視這五者成為統治團體時，所提出據以證成其統治的理由，由之說明其各有所偏而無法考慮到整體利益。亞里斯多德最重要的結論，乃是對多數之治的民主以及少數之治的寡頭加以重新界定：

> 比較合適的論斷應該是，凡由所有自由人統治者為平民政體，而以富人統治者為寡頭政體；可是實際上前者為多數而後者為少數，因為多數乃是自由的而少數乃是富有的。(*Pol.*, 1290a 40-1290b 4)

這個文本可以觀察到亞里斯多德政治哲學的關鍵轉折：民主政制在雅典民主的觀念中，應該是全體人民(demos)的統治，而主要權力機關在於公民大會以及人民法庭。但亞里斯多德經過兩個關鍵語彙的替換而得以建立之後的「共和政制」思維：**首先，他將民主政治中，全體人民的概念，轉化成為「多數」；其次，他再將這個「多數」與「貧者」劃上等號。**通過這個雙重轉換，使得本來民主政治(以其積極意義而言係全體自由民的輪流統治)，轉變成為城邦內部一個「部分」對其它部分的統治[22]，再用財富的標準，以貧者

22　在當代希臘研究學者中，以M.I. Finley(1988: 12-14)對此議題之批判分析最

稱呼這個居於多數的群眾。這樣一來，本章第二節所引希羅多德轉述歐塔涅斯所提出人民統治的理據在於「多數即為整體」的說法便不再能成立；因為此時，「民主」也是一個部分(即使是多數)對另一部分的統治(cf. Strauss, 1964: 36)。

　　亞里斯多德明確指出，城邦之所以有不同的政制，乃是因為任何城邦中都有不同的「部分」(*Pol.*, 1289b 26-27)。所以，對他而言，所有的「政制」或政體都是由某一個部分(統治團體)行使統治，即使民主所宣稱的全民統治，其實也只不過是作為貧民階級的多數者掌握統治權。但這樣一來，便意味著最具權威性的政制，必然是被特定的統治團體加以掌握，並且依據自己的政治價值，形構城邦的制度以及法律，並在此架構之中，從事審議、判決與統治。亞里斯多德的目的論能夠協助檢視每一個統治團體所提出的理由，但並非自身便足以如柏拉圖《理想國》的理型般，可以作為完全改造城邦的標準。所以亞里斯多德所主張的政治藝術，遂不在於找到一個單一的統治團體作為理想城邦的治理型態，而是以「中道」精神混合不同的統治團體所提出的政治價值與制度安排。

　　《政治學》第4卷集中討論寡頭以及民主政體，以及由兩者混合而來的「共和政制」。這部分論述處理希臘城邦政治的實際問題，其分析也指向他所認定雅典民主所應該採取的改革。將理論層次上「少數」與「多數」的對立轉化為具體城邦世界中「富者」與「貧者」的階級衝突後，亞里斯多德的政體理論便由純粹抽象的「形式」層次轉向具體的經驗世界。他指出，在城邦生活中居於「多數」的富者與居於「少數」的貧者產生政治對立與衝突，是一種不可能發生的情況；因為在所有城邦中富者均為少數，而貧者為

(續)───────────────

　　為深入。

多數。此種不證自明的政治經濟「寡頭鐵律」，使得《政治學》此後的論述，進入了「質料」的組成狀態所支配的具體世界。換言之，前述對於政體的數量區分標準，由原來純粹形式與邏輯的意涵，轉變成為具體的，近乎政治社會學式的分析。

　　一個掌握亞里斯多德論述策略的簡要方式，乃是理解他對各政體的「**界定原則**」之分析（*horos*; defining principle）[23]：貴族政體的界定原則乃是**德行**，寡頭政體的原則是**財富**，而民主政體的原則是**自由**（*Pol.*, 1294a 10-12）。以下就依照這幾個界定原則，略述相關政體的特性[24]。

　　亞里斯多德對於民主的界定原則說明得比較清楚詳盡，其中最重要的便是「自由」（*eleuthrios*; liberty）；而依據當時的政治理解，這意味著**平等**以及**多數人的權威**（*Pol.*, 1310a 27-32; 1317a 40-1317b 10）。民主政治另外一個特點則是**希望按照自己所欲之方式生活，不被他人支配**（*Nic. Eth.*, 1161a 7-9），這其實便是後來共和理論所倡議的自主原則。

　　至於貴族以及寡頭政制的界定原則（分別為德行與財富），其中牽涉的理論議題比民主制之自由來得複雜。因為如本章第二節所述，「德行」是亞里斯多德倫理學的核心概念，代表著靈魂之中的激情與欲望受到理性的節制，而得以依據理性正確地依中道而行。這個倫理德行構成了貴族政體的界定原則，所以亞里斯多德主張以

23　在梭倫政治改革中，*horos*是不可移動的疆界石塊，請參閱Vernant, 1982: 85。

24　由於篇幅所限，我們不得不割愛亞里斯多德對君主制的相關討論（《政治學》第3卷14-16章），因為這與「共和政制」的混合問題無關。亞里斯多德對君主制的討論指向另外一個重要的古典政治哲學議題：最好的人之統治與最好的法律之統治孰優孰劣（*Pol.*, 1286a8-9）。

德行爲本的貴族政體是最佳政體(*Pol.*, 1293b 2)。

作爲寡頭政制界定原則的財富，由《政治學》第1卷的討論可以看出(*Pol.*, 1256b 30-40, 1257b-1258a)，亞里斯多德認爲財富本身蘊含著某種無限擴張的欲求，從而容易腐化靈魂，悖離中庸之道，也與城邦追求某種程度上之「自足生活」不易相容。這也是何以寡頭政體的統治團體，容易產生一種權力擴張的侮慢(*hubris*)並逾越其所應爲。亞里斯多德對於民主以及寡頭政制提出了深刻的反省與批判，認爲它們分別代表兩種政治意志，前者強力地欲求統治而導致侮慢；後者則追求自由，不希望被他人支配，但若不加節制也將導致傷害城邦的結果。這兩種意志互相抗衡，構成了政體變革的基本原因(*Pol.*, 1295b 13-23)[25]。

至於「共和政體」，則是民主與寡頭的「混合」。然而，何以兩種「變體」政制經過混合，可以成爲「正體」政制？這是亞里斯多德政治哲學的核心問題，也是他與其後波利比烏斯及西塞羅的羅馬共和論不同之處，值得探究。

八、共和政制、中間政制與立法家的混合藝術

細心的讀者並不難察覺亞里斯多德的政治哲學，具有改良城邦現實政治的理想。他曾說：「改善一個舊政制的困難度並不低於創制一個新政制。」(*Pol.*, 1289a 4)而其改革旨趣則是「有關政制的建

25　從思想史的角度而言，亞里斯多德分析寡頭與民主的對抗，幾乎可以說是馬基維利關於兩種*humor*理論的前身。無論亞里斯多德或馬基維利，都觀察到人類政治場域之中最根本的緊張性來自於有權力者試圖擴張其權力並產生侮慢的心態；而堅持其自由的人民，則雖無可退讓，仍將基於其自由精神而加以抵抗。關於此議題，請參閱本書第四章第四節及第十一章之闡釋。

議必須以當代固有體制爲本，而加上一些大家所樂於接受並得以參與的改變」(*Pol.*, 1289a 1-5)。是以，亞里斯多德追求的不是理想中的「最佳政制」，而是「最佳可能政制」(*Pol.*, 1288b 37-38)。而此種可以實現的城邦政制，乃是通過其政治目的論關於良善生活的理念，說服城邦的各個部分，特別是寡頭與平民(富者與貧者)，在理解到共同體之目的以及每個「部分」可以發揮的功能後，願意接受這個標準而形構一個新的整體，共同參與這個改良後的城邦體制。這就是亞里斯多德著名的「共和政制」觀念。

「共和政制」無疑地是亞里斯多德《政治學》的核心觀念；但由於這個觀念嘗試結合抽象形式以及經驗事實，所以他所提出的論述也呈現出多重歧義[26]。在《倫理學》第8卷第10章首次提及共和政制時，它被稱爲「資產制」(timocracy)[27]，也就是說有別於民主制作爲所有公民的統治，「資產制」設定一個程度的財產標準作爲參與公共事務的門檻：「資產制的理想也是多數群眾的統治，一切有資產的人都是平等的。」(*Nic. Eth.*, 1160b 18-20)

這個通過資產的門檻來作爲公民資格篩選的判準，在《政治學》並未完全放棄；但如第五節所述，亞里斯多德另外提出了一個政治判準：共和政制之中的公民，其範圍限於能夠執干戈以衛社稷、具備步兵重裝的自由民戰士(*hoplite*)，因爲「唯有他們(而非一般平民)能讓城邦成就偉大功業」(*Pol.*, 1326a 14)。正是在這脈絡中，亞里斯多德指出，要用財產的明確數額作爲分辨是否具備公民資格的門檻是不可能的，因爲這牽涉到不同城邦實際的社會經濟狀

26　請參考Rowe 2002: 371-373, 384-386對亞里斯多德運用這些歧義的討論。

27　此處亞里斯多德對timocracy的解釋明顯地與柏拉圖在《理想國》第8卷所論之「榮譽政制」(*Republic*, 545a-b)有異。請參閱Martin Ostwald在其《倫理學》譯本(Aristotle, 1975: 233, 註29)之說明。

況(*Pol.*, 1297b 1-10)。亞里斯多德甚至提出了歷史性分析，指出當城邦的領土與人口增加，而戰術改變，騎兵慢慢地需要有重裝步兵加以輔助時，「越來越多的人們便參與到政制之中。而現在吾人稱之為共和政制者，之前被稱為民主」(*Pol.*, 1297b21-25)。也就是說，從歷史的角度來看，共和政制乃居於寡頭與民主制之間的政體：相對於之前的寡頭政制，它是比較民主的，因為其公民資格擴張到重裝步兵的自由民；相對於完全的民主制，共和政制則較不民主，因為它對統治權仍有所限制。

亞里斯多德在《政治學》裡對「共和政制」的正式定義之中，不強調財富門檻，而以政治與軍事的角度加以界定。他指出：

> 以多數群眾(multitude)為統治者而能照顧到公益者，稱之為「共和政制」──這個名稱實際上是一般政制的通稱，這裡卻把一個科屬的名稱用做了品種的名稱。(1279a 38-40)

亞里斯多德「共和政制」一詞的主要歧義便在於，它與城邦的「政制」用的是同一個字，都是*politeia*。換言之，一個忠實的譯法應該是「被稱為政制的政制」。但這在非希臘文的脈絡當中是不可行的，所以英譯本將城邦的「政制」翻譯成"regime"，也就是上級的科屬名稱；而用"polity"來翻譯這個具體的政治體制的品種名稱。亞里斯多德顯然不是源於無心的疏忽而造成此處概念上的歧義，作為嚴格的哲學家，他如此作法定有其深意(Bates, 2003: 102-121)。我們則認為亞里斯多德如此稱呼是因為在混合寡頭與民主的特性上，「共和政制」最接近「政制」的本質。

另外，在共和政制的界定中，統治團體被稱為「多數群眾」，

其實亞里斯多德的眞意，應該是強調，作爲一個複合體[28]，其存在樣態接近於第四節所述「組合物」，而組合的意義，也就是他在第4卷發展共和政制理論時，所發揮的「將寡頭與民主的元素加以混合」所構成的統治團體之觀點。亞里斯多德進一步說明共和政制的性質：

> 我們已經闡明寡頭和平民政制的性能，共和政制的性能也約略可以認識了。「共和政制」的通義就是混合這兩種政體的制度；但在習用時，大家對混合政體中傾向平民主義者稱爲「共和政制」，對混合政體中偏重寡頭主義者則不稱「共和政制」，而稱貴族政體——理由是〔寡頭主義雖偏重資產者〕——而資產者的教養和文化卻往往又是貴族政體德行的本源。（*Pol.*, 1293b 30-36; 中譯文略有修改）

共和政制之所以偏重民主，乃因一人或少數人要成爲統治者，他(們)應該都具有特殊的德行；但當統治者的人數增加時，很難想像多數的人可以在倫理或知性德行上是完善的。唯一的例外是，人民的武德或軍事德行是可以加以培養的，「所以在共和政制中，最高統治權操於戰士手中，這裡必須是家有武備而又力能持盾的人才可以」（*Pol.*, 1279a 41-1279b 4，中譯文略有修改）。在此文本中，軍事性質的武德（*polemiken*）重要性，遠遠凌駕在《倫理學》中所談的財產門檻之上，這應該是亞里斯多德共和政制眞正精神之所在。

當然，要將兩種政治體制「混合」，並不是一件容易的事。亞里斯多德提出了三種混合的機制(他稱爲混合的三個「界定原

28　換言之，共和政制與民主政體統治團體的「多數人」意義並不相同。

則」，*Pol.*, 1294a 35）。第一個原則是「同時採用平民和寡頭政體的兩類法規」（*Pol.*, 1294a 36）。他用法庭的審判陪審席位作為例子，指出寡頭政體中，往往以處罰不出席的富人、窮人出席卻無津貼的方式，來鼓勵富人出席、阻卻窮人出席，以造成寡頭政制的實質結果。相反地，在民主政體中，窮人出席時可以拿到津貼、但富人缺席又不需受罰，以鼓勵民主參與並造成民主制的實際後果。所以，任何一個政治體制，都是通過某些制度安排來造成所欲的結果，而亞里斯多德的「混合」主張中，第一個原則便是運用兩種政體的法規為基礎，取得中間的形式，從而達成共和政制的結果。其具體作法是富人缺席時要付罰款，而窮人出席時可得津貼，如此一來富者與貧者都有動機出席，以達成共和政體不致偏於一方的中道結果。亞里斯多德所述第二原則是「把兩類法規折衷而加以平均」（*Pol.*, 1294b 2-3）。他所舉的例子是民主政體中，出席公民大會完全沒有財產資格的限制，或僅有極低的財產門檻；而寡頭政體則訂定高額的財產資格門檻。在這種情況下，兩種政體原有的法規都不適合，就有必要加以平均而確立折衷的數額，這便構成了共和政制公民資格的中庸門檻。第三個原則既不是兼取兩者也非加以折衷，而是「在寡頭和民主政體中都選擇一些因素而加以混合」。亞里斯多德對這個原則所舉的例子是，在任用行政人員時，民主政體內採抽籤的方式，而寡頭政體則用選舉的方式；另外，關於行政官員的財產資格，則民主政體不加限制，而寡頭政體加以限制。在此議題上，共和政體就在兩種不同的法制中各取一部分，從而主張「在寡頭政體中選擇了以選舉作為任官的方式，在平民政體中則不採行財產資格的限制」（*Pol.*, 1294b 13-15）。

以上三個原則都是就寡頭與民主政體如何適當地混合加以論述。值得注意的是，亞里斯多德對此三原則所提出的具體例證，正

好對司法、審議，以及行政官職三個政制的基本職能，提出了一組
新的組織原則。而基於亞里斯多德以上的分析，吾人可以整理出混
合寡頭與民主政體而成的共和政制，其核心的制度大體如下：（一）
司法法庭的出席，採取補貼窮人出席以及懲罰富人不出席的方式，
使公民有意願出席；（二）在公民資格方面，採取折衷的財產門檻；
而依據筆者詮釋，這個折衷財產門檻意在將公民身分設定為能自我
武裝的重裝步兵，並成為公民大會之成員；（三）在具有最高指揮權
的行政官職方面，不再設定進一步的財產門檻，而由公民大會用選
舉方式產生，成就了自由民「輪流統治」，但實際上是選舉將造成
寡頭統治團體的共和政制。

　　對良好地混合民主與寡頭所產生的共和政制，亞里斯多德再度
以**歧義**的方式來說明其特色：「一個混合良好的共和政制看起來應
該是同時具備平民和寡頭因素的，但又好像是兩者都不具備」
（*Pol.*, 1295a 33-35）；「人們也可以稱它為平民城邦，也可以稱它為
寡頭城邦，這樣就達到混合的真意」（*Pol.*, 1294b16-18）。亞里斯多
德混合式共和制的真正意圖，恰恰在於通過這種歧義，讓所有被混
合的元素都能滿足於此種全新的制度安排，從而願意維護制度之存
續，也就是現代政治理論所稱之正當性（legitimacy）：

> 　　共和政制不應憑藉外力支持，而要依賴內在均勢來求其穩
> 定；至於就內在力量而言，有大多數人維護這種制度還是不
> 夠的，一個不良的政體也是可能得到多數人擁護的，只有全
> 邦沒有任何一個部分存在著改變現制的意願，這才算是穩
> 定。（*Pol.*, 1295a 35-40）

所以，亞里斯多德雖以歧義的方式來表達共和政制之特質，但

是其終極目標乃是政治穩定，也就是說，其中沒有任何部分意圖改變現有的政制，自然不易產生革命和政體變遷。

但是，吾人是否能夠對共和政制的「界定原則」提出比以上歧義的表述更為精確的說明？畢竟，民主政制的自由、貴族政制的德行以及寡頭政制的財富，都能明確讓人理解其政治宗旨。對此議題，筆者認為共和政制的界定原則，應該可以用第二節所述《倫理學》中所分析的「**中道**」來加以界定。以上歧義的表述，其實意味著民主與寡頭政體，其追求的「自由」與「財富」等政治價值雖然各皆有其理據，但是若欲作為統治的唯一判準，則將流於過與不及的兩端；而亞里斯多德對共和政制所做的「混合」之描述，其實不外乎是在兩種政治體制中擷取符合政治統治與德行生活的元素加以重新混合建構，而完成他心目中認為在城邦的現實世界中「最佳可行之政制」。而綜合亞里斯多德的政體分類以及界定原則，可以畫成以下分類表格：

政體	界定原則
君主政體	卓越能力
貴族政體	德行
共和政體	中道
僭主政體	侮慢（*hubris*）
寡頭政體	財富
民主政體	自由

這樣的詮釋，也可在《政治學》文本中找到依據：在第4卷第11章中，亞里斯多德另外提出一個「**中間政制**」（middling regime）

的概念(*Pol.*, 1296a 36)。這個中間政制,係由居於極富者與極貧者之間的公民所組成[29],這個階層的人以節制與中庸爲德行,順從理性而避免極端;所以由他們所構成的政治體制最爲穩定(*Pol.*, 1295b 1-15)[30]。而亞里斯多德的確以「中道」作爲此類政制的界定原則(*Pol.*, 1295a 39)。一般認爲,這個由中產階層所構成的中間政制,即爲亞里斯多德所分析的通過混合寡頭與民主所達成的共和政制[31]。筆者認爲,經濟層面的「中產階層」、軍事層面的重裝步兵,以及政治層面的具有公民資格而得以參與審議與審判職能的公民等三種身分,在亞里斯多德的政治理論中大體上是相同的,也界定了「共和政制」在經濟、軍事以及政治三方面的「中道」特質[32]。

由於中產階層特殊的政治倫理性格,亞里斯多德對他們賦予極高的期望。在寡頭的統治欲望以及平民極度追求自由、不願意被支配的欲望兩極相抗爭的局面中,其結果往往是鬥爭的激化,僭主的崛起,使得城邦不再是由自由人所組成,變成了主人以及奴隸的關係,也就失去了城邦作爲政治共同體的基本特質(*Pol.*, 1295b 23)。唯一能夠降低派系衝突(*stasis*),並促成政治穩定的,乃是數量足以制衡另外兩者的中產階層:

很明顯地,最好的政治共同體必須由中產階層統治,凡城

---

29 這也是一般所指稱亞里斯多德的理論中有「中產階級」概念之所本。

30 關於中間階層(*mesoi*)的歷史解釋,請參閱Vernant, 1982: 84-85, 93, 98-99,他並援引亞里斯多德的《雅典政制》第13章加以比較。

31 參見Rowe, 2000: 376。然而,Curtis Johnson(1990: 148-152)則主張共和政制與中間政制係不同的觀念。

32 Meier(1990: 171-173)便持有這個詮釋觀點;不過,Finley(1983: 9-11)提出了不同見解。

邦之內中產階層強大，足以抗衡其它兩個部分而有餘，或至
少要比其它單獨一個部分為強大——那麼中產階層在城邦內
占有舉足輕重的地位，其它兩個相對立的部分就誰都不能主
治政權——這就可能組成優良的政制……僭主政制常常出於
兩種極端政體（按：指寡頭與民主）中，至於中產階層所執掌
而行於中道或近乎中道的政制就很少發生這樣的演變。（*Pol.*,
1295b 35-1296a 6）

對亞里斯多德而言，中產階層不僅扮演了政治穩定的角色，更
與立法家有密切關連。他首先指出，在中間階層的公民之中，最容
易產生好的立法者，梭倫、萊克古斯以及Charondas便是其中的著例
（*Pol.*, 1296a17-20）。除了產生偉大立法家的可能外，立法家的藝術
之關鍵，也在於運用這個中間階層。在《政治學》第4卷第12章
中，亞里斯多德把前述的均衡概念做出更抽象的解說。他認為城邦
的組成有「質」以及「量」的區別，前者是指自由身分、財富、教
育和門望；而量則是指人數的多寡。前者傾向於寡頭，後者趨向於
民主。但立法家應當特別注意，在其所創建的政制中，要盡量運用
中產階層的平衡力量。如果中產階層的人數能夠超過其它兩個部
分，或僅超過二者之一，就有可能建立一個持久的共和政制（lasting
polity）。在此城邦中，不會發生富人與貧民聯合起來反對中產階層
的狀況，因為他們彼此互不相容；而他們想要憑藉自己的力量，在
共和政制之外創立一個更能兼顧各方利益的政治體制，也是不可能
的。在此脈絡中，亞里斯多德賦予中產階層一個關鍵性的政治作
用，也就是「**仲裁者**」：

　　要取得兩方最大的信任，必須有一個中性的仲裁，而在中

間地位的人恰好正是這樣一個仲裁者。共和政制中各個因素
倘使混合的愈好愈平衡，這個政體就會存在得愈久。(1297a
4-7)

　　換言之，亞里斯多德所論述的中產階層，不僅是組成城邦的最
重要元素而已；他們更是讓中間政制或共和政制加以實現的**動力
因**。不僅偉大的立法家最有可能源出於此，他們所發揮的均衡作
用，也是讓共和政制得以產生並長治久安的關鍵力量。

　　在此吾人回歸亞里斯多德對於立法家的討論。《政治學》第2
卷最後一章在回顧了之前政治思想與立法家的功業之後，他指出，
立法家可以分為兩種類型，其中有部分只是法律(*nomos*; laws)的制
訂者，但有另外一些立法家則除了擬定法律之外，還型塑政制
(*politeia*; regime)。希臘世界最偉大的兩位立法家萊克古斯以及梭
倫，便同時完成了創立政制以及制訂法律的大業。相對於此，亞里
斯多德可以說是在理性言說層次，通過「立法科學」的建構，以及
公民資格、政制、共和政制與中道政制的系統論述，完成了立法家
藝術的科學化工作。

　　《政治學》之後的篇幅，包括第5、第6卷析論各個政體防止革
命、維護自保之道，以及第7、第8兩卷論述亞里斯多德心目中最佳
政體，由於篇幅所限，只能割愛。以下僅針對共和主義的關鍵議題
──公民德行與政治體制的關係，加以論述。

九、公民德行

　　在討論公民的概念時，亞里斯多德提出了「善人」(*anthropos
agathon*; good man)以及「優良公民」(*polititon spoudaius*; excellent

citizen)之德行是否相同的議題[33]。這個議題在《倫理學》第5卷之所以浮現，其脈絡是，既然城邦的法律規定了公民應力行德行、禁止行惡，那麼如此所培養出來的公民德行，似乎就與一般意義底下的善德相同。但亞里斯多德在此已經提出了保留的意見：「至於使一個人成爲一般意義上的善人的教育是不是屬於政治學或某種其它科學的範圍的問題，我們到後面再作討論。因爲，做一個善人與做一個優良公民可能並不完全是一回事。」(*Nic. Eth.*, 1130b 26-28)

到了《政治學》第3卷第4章，亞里斯多德進一步處理此議題。此時，他尚未討論城邦「政制」，所以這個公民德行議題完全是在公民身分的脈絡中加以討論。亞里斯多德首先重述了城邦作爲政治共同體，係由出身相近的自由人所組成；而由於他在第1卷之中，已經將「政治統治」確立爲城邦的統治樣態，所以他在此對於「公民德行」提出了如下界定：

> 人們往往盛讚兼善兩者的公民，即既有能力統治又有能力受命服從的人常常爲世所敬重，這裡專於統治而類同於善人的德行和既擅統治又擅被統治的好公民的德行終究不能等量齊觀。認爲統治者和被統治者爲類不同，就應熟習各不相同的才識，而公民兼爲統治者和被治者，就應熟悉兩方面的才識。(*Pol.*, 1277a 26-30)

33　對此議題，一般譯本有時翻成「好人」與「好公民」之異同。但我們必須注意，此處「好人」以及「好公民」之對比中，所謂的「好」並不是同一個詞彙：「好人」的「好」乃是*agathon*，「好公民」的「好」則是*spoudaius*。筆者則翻譯爲「善人」與「優良公民」以示區別，至於其差異則將在以下討論中加以澄清。

　　然而，公民德行具有兩種可能樣態(治人與治於人之對立)，因而它並非靈魂在一般層次實現最大程度的德行；也就是說，它不會是亞里斯多德目的論所主張的「完整德行」。雖然所有的公民德行都有相同的目標，即維護共同體或政制之續存(*Pol.*, 1276b 27-30)；但這個共同目標會隨著公民不同的政治身分，而產生不同種類的德行要求。

　　不過，亞里斯多德對於「德行」的定義(也就是靈魂中欲望與激情的部分服從於理性)本身已經是一種統治概念；所以，他討論「善人」與「優良公民」的分析觀點，仍然是基於政治學的角度。亞里斯多德指出，只有在「特定城邦」之中，善人的德行以及優秀公民的德行才可以劃上等號。其中一種情況，便是由自由人所組成的「政治統治」：於其中，公民由於輪流作為統治者與被治者，而且如前所述，其統治能力乃係通過作為被治者而學習完成。然而，統治者的德行和被治者的德行畢竟有異。亞里斯多德強調，統治者的德行乃是「明智」；而被治者的德行，則在於有一種「正確的信念」(*Pol.*, 1277b25-28)，其意義在於，對城邦的正當統治，應抱持著符合理性的觀點，服從有德者之治，而不應順從欲望的導引，產生侮慢之心，或從事於派系鬥爭，導致城邦政制的革命與覆亡。既然在此種政治統治中，統治者與被治者雖輪替但仍有異，則其德行亦應有所相異；那麼，所謂的「善人」之德行應該屬於哪一種？對此，亞里斯多德主張應該屬於統治者的能力：

　　　在有些城邦中善人和好公民的品德兩者相同，在另一些則兩者有別。在前一類城邦中並不是所有的好公民全都是善人，只有其中單獨或共同領導——正在領導或德行足以領導——並執行公務的人們，**也就是政治統治者，方才必須既為**

好公民而又是善人。(*Pol.*, 1278b 2-5；黑體強調為筆者所加)

換言之，亞里斯多德將靈魂之內理性統治欲望與激情的樣態，放大到城邦的層次，使得治者與被治者都個別有相應的公民德行，但只有前者的德行才是完整的，從而與「善人」的德行相同。

但亞里斯多德此種分析取向，無可避免地會引發另外一個理論問題：假如在政治統治中，只有統治者的德行(明智)才是善人的德行；那麼若在一個政制中，具有較高公民德行的人持續統治(而不輪流)，則在其統治期間，發揮理性主導功能的時期就變得最長；如此一來豈不是一種最佳的、符合德行原則的理想政體？的確，在不同的脈絡，亞里斯多德強調只有貴族政體(而非共和政制)之中，善人等於良善公民，因為德行乃是貴族政制的界定原則(*Pol.*, 1936b 2-3)。

也正在此德行議題之上，我們看到亞里斯多德的論述並不自限於共和政制概念。貴族政體，無論就其統治者具有完整的善人德行，或在其統治中他們得到更大的閒暇餘裕，可以從事理論思辯等因素，均導致亞里斯多德在《政治學》第7、第8卷之中，將最佳政體的具體圖像，擘畫成為一種貴族政體[34]。在其中，公民被區分為兩個成分：戰爭成分以及審議成分；前者為年輕公民並具有武德；後者則由較長之公民所構成，專門運用明智來審議政事並做決定。在這個統治團體之上，則由更年長之公民組成教士階層，服事關於神祇的神聖事務。這樣的政治分化，與之前討論的城邦政治共同體政制的元素(審議、官職以及司法判斷)並不相同。亞里斯多德運用年紀的分化(年輕人與老年人)分別成為組成戰爭與審議之成分，而

34　在這個議題上，Strauss(1964: 37-38)以及Voegelin(1957: 350-355)的詮釋觀點相當一致。另可參閱Rowe, 2000: 386-387的當代討論。

隨著年齡的增長可以「輪替」，但這樣統治的輪替，與之前所述共和政制混合的概念，以及政治統治的輪流統治概念均不相同。亞里斯多德的最佳政體是基於「理論生活」的優越性所產生的政治階層分化，因為最後由最年長之公民所組成的教士階層位居最高，而可以哲學生活來關照最高善。在《政治學》最後兩卷中所鋪陳的此種最佳政體是貴族式的，也更符合亞里斯多德前述善人等於良善公民的主張。只不過，這個政體已經不再以希臘城邦的現實條件為主要考量，而是立法家在最有利的條件之下，所可能創造出來的理想政治體制。換言之，它是一個超越政治之外的政治體制，性質上接近於柏拉圖《理想國》的哲君論，只不過它是貴族政制的，而非一人獨治的哲君制。

十、結語：共和主義與民主政治

　　本章在希臘民主政治發展背景，以及共和主義思想的視野中，分析了亞里斯多德的政治哲學。我們指出，亞里斯多德潛心關注於「人類事務的哲學」（philosophy of human affairs, *Nic. Eth.*, 1181b 15），治倫理學與政治學為一爐；在倫理學的層次，則提出德行乃是以理性統治欲望。當他將這個原則運用到政治場域時，他並不像乃師柏拉圖走向激進的理想主義。相對地，亞里斯多德基於希臘城邦的現實制度，發展出以自由人輪流統治為特質的「政治統治」概念，然後在《政治學》第3卷通過民主公民身分以及以寡頭統治團體為核心的「政制」兩組概念進行辯證結合，開創了西方政治思想最重要的政治觀。而由於「政制」概念已經融合了寡頭以及民主兩個要素，所以「共和政制」作為寡頭以及民主兩種統治團體的混合，完全符合他對於公民資格以及政制所提出的分析。

　　是以，亞里斯多德政治學中的「立法科學」乃是針對城邦政治的現實狀態，以及政治目的論對於良善生活所建立的規範標準，二者結合所產生的理論成果。誠如沃格林（Voegelin, 1957: 331）所指出，亞里斯多德的倫理學以及政治學，內容皆出自其學院中的演講，故有特定講授對象。這些人的出身，應該都是前述「中產階層」或更高的貴族階層的年輕秀異分子。通過對於這些學生所產生的倫理以及政治教育，亞里斯多德實踐哲學本身蘊含著在雅典民主政治中，通過教育統治階層、壓抑其侮慢之心，願意接受合理的輪流統治，並且讓平民參與公民大會以及審判機構。這樣一來，具有中道精神的共和政體方能在雅典寡頭與民主兩派持續鬥爭中建立，並且在共和政制中，最大程度地讓所有公民能夠建立武德，保家衛國，並同時讓卓越的菁英分子參與統治，發揮統治德行。

　　這樣的政治構想，無論在制度的安排、價值的調適，以及依此所建構的政治學，都成為其後西方共和主義的思想淵源。所以，雖然「共和」一詞源於羅馬的*res publica*，但波考克所述亞里斯多德思想作為共和主義的思想根源，亦為本章的結論。然而，我們參照沃格林、史特勞斯學派以及當代相關文獻的分析，將立法家以及立法科學的觀念引入共和主義的論述，避免了波考克過分強調政治參與和德行培育的單面向關注[35]。本書以下各章的分析，將顯示出公民的政治行動以及偉大立法家的技藝兩個思想線索，形構了西方共和主義的基本精神。

35　Nadon（1996）指出這可能是波考克過分受到鄂蘭式共和主義影響所致。對此點，其實波考克並不否認（Pocock, 1975: 550）。

第二章

羅馬與西方共和主義之奠基

> 自由並非有一個公正的主人，
>
> 而是沒有主人的支配。
>
> ——西塞羅，《論共和國》，II：43

一、前言

在第一章之中，我們討論了亞里斯多德「共和政制」，係在希臘城邦民主與寡頭的政治衝突中，所發展出的概念。亞里斯多德的理論，可以說是西方共和主義的根源(source)；而真正將共和理念奠基(foundation)於政治制度以及價值層次的，則是羅馬的貢獻。

從希臘過渡到羅馬，政治的場景由民主與寡頭的鬥爭，轉移到共和與王政的對立(Mansfield, 1989: 74)。而由於在羅馬的政治想像中，「共和」是一種由君主、貴族以及人民同時構成的政治體制，所以如同波利比烏斯所述，羅馬有著比希臘城邦更為複雜的歷史發展以及制度變遷。

羅馬的歷史，基本上可分為三個時期：王政時期(西元前8-6世紀左右)、共和時期(509B.C.-31B.C.)，以及帝國時期(31B.C.以後)。而本章所討論的羅馬共和主義，乃是共和時期末葉，羅馬面臨政治危機，思想家乃對共和政制的基本價值以及制度安排進行反省，而發展出來的思想體系。羅馬的王政時期，由西元前8世紀傳說中的羅慕洛斯(Romulus)開始，歷經了六位君王。這六位君王，依據西塞羅在《論共和國》第2卷所述，基本上都得到了貴族與人民的同意。然而，在西元前509年，由於最後一位君王塔昆(Tarquinius Superbus)的暴政，貴族階層在布魯特斯(Lucius Brutus)率領下，揭竿起義，推翻王政而建立共和，其最高的行政權力，則由兩位每年輪替的執政官取代原有的君王掌握之，遂與貴族所掌控

的元老院,以及人民的公民大會鼎足而三,成為共和政制的基本權力架構。

對於羅馬此種由君王、貴族以及人民三種政治力量所形構的共和體制,最具代表性的政治理論分析有二:首先是波利比烏斯(Polybius)根據希臘政治理論所提出的政體循環以及混合憲政論;其次則是西塞羅(Marcus Tullius Cicero)在吸收波利比烏斯的泛希臘化的共和主義史觀之後,基於羅馬政治傳統的語彙以及思考方式所提出的共和理論。本章也將以這兩位思想家的論述為主軸,探討古典時期羅馬共和主義的奠基,及其蘊含的政治概念。

二、波利比烏斯:致用史學、政體循環與混合憲政

波利比烏斯係希臘政治家,曾經參與愛琴聯盟(Aegean League),為自保而對抗羅馬的擴張,在失敗之後,成為戰俘在羅馬留滯了16年。由於他的貴族背景、從政經驗以及對於希臘政治理論的熟悉,羅馬元老院的貴族對他相當友善,特別是望族西庇歐家族的年輕顯貴Publius Scipio。波利比烏斯基於之前的政治經驗,懔於羅馬共和快速崛起的霸權(P. VI: 2)[1],故潛心研究羅馬的歷史以及政治組織,並撰寫了約40卷的《歷史》,集中討論西元前218-146年之間

1　本章所用之縮寫如下:

　　P. = Polybius. *The Histories*, Vol. III. tran., W. R. Paton. Cambridge, Mass.: Harvard University Press, 1979.

　　Rep. = "On the Commonwealth," in Cicero, *On the Commonwealth and on the Laws*. ed., James G. Zetzel. Cambridge: Cambridge University Press, 1999.

　　Leg.= "On the Laws," in Cicero, *On the Commonwealth and on the Laws*. ed., James G. Zetzel. Cambridge: Cambridge University Press, 1999.

　　這三本原典以章節數徵引,如Rep. II:1表示《論共和國》第2卷第1段。

羅馬崛起的歷史。羅馬在共和初期原爲一個小城邦，然其先後征服周邊的拉丁姆平原、義大利半島，再於西元前3世紀與迦太基正面交鋒，在三次布匿戰爭(Punic War)之中，擊敗迦太基並征服了地中海沿岸；打敗希臘半島的馬其頓帝國及其後的愛琴聯盟(也就是波利比烏斯的父親及其本人親身經歷的歷史)後，穿越阿爾卑斯山而征服高盧地區。可謂羅馬在共和時期，即完成了征服大半個歐洲的驚人成就。

　　對於這個歷史過程，波利比烏斯提出「**致用史學**」(*pragmatike historia*; pragmatic history; P. VI: 5)嘗試加以處理。其《歷史》現存的第6卷，指出羅馬共和得以崛起的原因，乃基於其混合憲政；他的分析成爲由希臘柏拉圖與亞里斯多德政治哲學過渡到羅馬古典共和主義論述的主要橋樑。他由希臘的「自然」觀念出發，主張人類社會的政治體制，存在著某種「自然變遷的過程」(natural process of change)。在上一章中，我們已經看到亞里斯多德對於政體的變遷，係採取一種經驗態度，而認爲政制之間並沒有某種自然的或必然的變遷過程，遑論歷史循環模式之存在。在這個議題上，波利比烏斯受到柏拉圖的影響，將《理想國》第8卷以下，對最佳政體墮落腐化的過程所論的政體變遷的討論，重新加以改造，並且引入亞里斯多德對於政制變革的經驗分析元素，而形成一套獨特的政體循環論(Walbank, 1972: 139-142)。

　　波利比烏斯首先簡要地界定各種政體。他將一人獨治區分爲「君主政體」(monarchy)以及「王政」(*basileia*; kingship)，前者是自然力量產生的支配型態，之後再逐漸發展出王政，而王政乃是基於被統治者的同意並依據理性(而非恐懼或暴力)而施行的一人統治。貴族制則係依據正義以及識見的卓越性，選任公民團體統治而產生之政體。至於眞正的民主並不是任何暫時多數爲所欲爲，而是

在一個尊崇傳統、服從法律的社群中，依多數所做的政治決定而實施統治的政體。以上三種「正體」政制的對立面，則是君主制、寡頭制以及「暴民政體」(*ochlocracy*; mob rule)三種變體政制(P. VI: 4)。我們先將這個最基本的政體分類，比照亞里斯多德，畫出以下的表格：

正當性基礎　　　　統治者數量	人民同意	世襲
一個人	王政 kingship	僭主政體 tyranny
少數人	貴族政體 aristocracy	寡頭政體 oligarchy
多數人	民主政體 democracy	暴民政體 ochlocracy

在提出這個初步的界定之後，波利比烏斯對於六種「簡單」政體的變遷，描繪了一個政體循環的進程；而他的論述，並非僅限於政治層面的體制變遷而已，其中也包含了關於人類文明與道德進展的歷史性想像。他認為此進程首先由一個巨大毀滅性事件(如大洪水、大瘟疫或大飢荒)作為開端，孤立的個人由於他們的自然脆弱性而像其它動物般，需要結合成群。此時，具有較強身體力量以及勇毅性格的個人，便自然地形成了霸者(*hegesthai*)[2]以及支配者(*kratein*)。這樣的一人獨治，便被稱為「君主制」。在君主制之

2　請參考Oakeshott, 2006: 88-89對"hegemon"的討論。

下，家庭的聯繫、社會慣行乃至道德善與正義觀念逐漸建立，使得君主制逐漸轉化為「王政」。而王政的眞義，則在於「具有最大權力的領袖永遠扶持多數人的情感，並對其臣民而言，他給予每一個人應得之份」（P. VI: 6），也就是正義；這使得臣民對其之服從並非僅源於對力量的恐懼，而是基於評價後的同意。當王政產生繼承問題時，剛開始人民或有可能選擇新的王者來統治，但遲早會世襲化，接著由於奢侈與其它腐化的因素，使世襲王政轉變成為僭主政制（tyranny），導致君主制度的式微[3]。此時，人民在貴族領袖的領導下推翻僭主，平民由於感激貴族這樣的功績，故選擇他們的解放者成為領袖，這便構成了貴族制。剛開始時，貴族尚能尊重人民對他們的信賴，並依據共善來統治；但是經歷幾個世代後，貴族的後裔也開始蔑視平等及自由的政治價值，腐化墮落成為寡頭體制。人民因不堪貴族後裔的凌虐，最後會揭竿而起，創造民主體制，「將公共事務的管理，信託到自身之上」（P. VI: 9）。爭取到自治的地位後，起初人民能夠尊重平等與自由之價值；但世代之後，仍會有野心家產生，並以他們的能力及各種民粹的方式收買並腐化平民，最後民主制亦將衰頹而變成「暴力之治」（*kairokratia*; rule of violence）[4]。此種暴力之治其實就回到前述自然循環的開端，即純憑力量而起的「一人獨治」的君主制，並且文明也因為失序而衰微。這個循環構成了波利比烏斯著名的「政體循環論」[5]。

　　政治行動者處於歷史循環的某個特定時刻；但波利比烏斯認為他的循環理論具有一種科學性格，可以讓行動者了解其身處的政治

3　由P. VII: 7可看出波利比烏斯將「君主制」與「僭主制」在統治樣態上劃上了等號。

4　意譯為「拳頭之治」，也就是回歸到單純的力量作為統治的基礎。

5　可參閱Trompf, 1979: 34-36, 43針對波利比烏斯政體循環論所繪製的圖表。

環境大概屬於哪一個階段，從而得以依據其致用史學的通則，採取最為明智的政治行動。但波利比烏斯的真正目的，並不在於為個別政治行動者提供行為準則；他的意圖是對於具有特殊識見的立法家，提供一種超越簡單政體以外的政治想像。他以斯巴達立法家萊克古斯(Lycurgus)為例，提出了「混合憲政」的關鍵主張：

> 萊克古斯具有遠見，所以不欲創造一個簡單且偏於一方的政治體制。相反地，他嘗試將所有最佳政府(*politeuma*)的優點與特質結合為一，而且避免讓任何一個元素具有過多權力，不致使之墮入其對立面的罪惡之中，因為每一個元素的權力都被其它的權力所抵銷。這樣一來，就沒有任何元素會過重而使整體失去均衡，而這樣的政制將能夠長期地維持均衡狀態，如同在暴風中安然航行的船隻。(P. VI: 10)

萊克古斯的識見，造就了斯巴達的混合憲政；但波利比烏斯指出，羅馬混合憲政的形成並非通過立法家單一個人的理性與識見所形成，而是能在歷史的鬥爭之中，採取最佳解決方式累積而成 [6]。

波利比烏斯對於羅馬的混合憲政，尤其是執政官、貴族的元老院、以及人民權力的相關機構間之建制，提出了詳盡的分析。他首先整理了三個元素個別的權限，包括執政官擁有最高行政權、戰爭的統帥權等；元老院則掌控國庫的財政權、司法權以及外交和戰之權力；人民則擁有賦予公共榮耀和懲罰的權力，以及同意或拒絕法律和對於和戰最終的審議權力(P. VI: 12-14)。之後，他再詳細敘述了三種權力之間彼此制衡的機制。由於篇幅所限，我們僅以執政官

6　這個議題之後被馬基維利所繼承並發揚光大。

的權力為例，來審視相關的制衡機制。波利比烏斯指出，執政官最重要的權力是軍事統帥權，從而對此擁有絕對的權力。然而他仍然需要元老院以及人民的支持，方有可能完成戰鬥。例如，軍隊需要持續的輜重補給，假如沒有元老院的同意，他就無法提供糧草以及裝備。所以若元老院不予支持，軍事統領便無法行動。反之，當有元老院的支持時，將領便能實行軍事戰略。由於軍事統帥以一年為期，到期時元老院會決定讓原有統帥繼續領導或另擇人選接替，如此便能有效地控制軍事將領。至於人民，即使戰爭時執政官離開了羅馬城，也仍特別需要關注人民的情緒，因為人民具有和戰的最終審議決定權，而且在執政官離任時，須向人民匯報任內的施政成果，並由人民決定是否給予公共的榮耀(P. VI: 12)[7]。

在說明了執政官、元老院以及人民的制衡關係後，波利比烏斯總結了混合憲政的優點：無論在戰爭的緊急狀態，還是承平時期，混合憲政都具有無可匹敵的優點。因為，混合憲政的國家具有最大的力量，而且任何的情境於其中都會被注意到，使得緊急事態發生時，能夠集中權力，以最快的速度加以處理。另一方面，在沒有外在威脅的承平時期，由於混合憲政的制衡關係，能夠防止權力因擴張所導致的腐化墮落，因此，所有公民在其中皆能夠享有繁榮富裕的生活(P. VI: 18)。此種混合憲政的優點，超越了任何簡單的政體，並使得羅馬在共和時期快速地達到支配西方世界的霸權地位，

7　對波利比烏斯憲政理論的詳盡討論，可參閱Fritz, 1954的經典作品，包括混合憲政的思想史淵源、制度安排以及羅馬史之印證。該書附錄並有波利比烏斯《歷史》第6卷以及其它卷有關羅馬憲政史摘錄文本之譯文可供參考。當代比較簡要的說明，可參閱Walbank, 1972: 130-156; Millar, 2002: 23-36; Hahm, 1995: 7-47; Hahm, 2000: 464-476。Hahm, 2009 則深入探討了希臘混合憲政的思想史背景，特別值得參考。

這也正是波利比烏斯致用史學嘗試加以解釋的議題。

波利比烏斯的政體分類以及政體循環論，是古典時期最簡要的政治哲學論述，有不少議題值得提出討論，以下將集中於波利比烏斯與亞里斯多德關於政體理論的相關議題之比較。首先，波利比烏斯六個簡單政體的分類對亞里斯多德的理論做了重大修正。在一人獨治的王政或君主政體方面，採納了泛希臘時期君主制的發展(cf. Hahm, 2000, 458-464)，賦予它具有基源性作用的政治體制；特別是他進一步區別出基於自然力量的「君主制」、基於人民的同意以及依據理性統治的「王政」以及世襲腐化後所產生的「僭主制」(Walbank, 1990: 140-142)。另一個重要的調整是將民主制放入正體政制之中，並將其對立面界定為「暴民政體」或「暴力之治」。所以，波利比烏斯對於民主政體已經採取更為肯定的評價角度，不像亞里斯多德認定民主必定是一種變體政制。在政體理論層次，另一個值得注意的特色在於「正體」與「變體」兩個系列政制的對立。在亞里斯多德的理論中，兩者區別乃是基於統治者是以城邦的共同利益作為施政目標，抑或是以統治者私人的利益為目標；這反映了亞里斯多德城邦理論中，以追求良善的共同生活為目標的目的論思考。而在波利比烏斯的理論中，亞里斯多德的目的論被循環變遷的自然論所取代；對波利比烏斯而言，「正體」與「變體」政制的差別在於：前者大體上都有人民「同意」的成分，也就是說良好的王政以及貴族政體，在成立時刻均有人民同意的正當性基礎；而變體政制，基本上都是世襲而成，在幾代之後，繼承者遺忘了其所成立的原始正當性基礎，暴虐亂政，從而式微並轉變為另外一種政體的循環過程。這個「**同意**」與「**世襲**」的對立，並不見於亞里斯多德的論述，但卻構成了羅馬共和主義一個重要的二元對立觀點，未來在西塞羅的共和思想中，吾人將看到進一步的理論發展。

　　除了政體分類，波利比烏斯對於「混合憲政」的說明也與亞里斯多德「共和政制」(polity)的分析有所不同。如前章所述，亞里斯多德的共和政制乃是將寡頭以及民主兩種變體政制，通過複雜的機制加以混合而成。亞里斯多德的混合概念，乃與其倫理學的「中道」理論密切相關：所謂的「變體」政制，乃是「正體」政制的過或不及，所以通過混合寡頭與民主這兩種少數人與多數人統治的「過與不及」的變體政制，反而能產生「共和政制」這個良善的正體政制。相對地，波利比烏斯的混合憲政理論，則揚棄了此種倫理學中道理論的分析觀點。對波利比烏斯而言，所有簡單的政治體制，都有某些原始的德行或優點，但在其權力沒有受到牽制的狀況下，經數代的世襲之後，德行將腐化而質變成為變體的型態。所以，波利比烏斯的混合憲政的概念，並非如亞里斯多德將兩種變體政制(其實是希臘城邦兩個經驗層次的政治體制)加以混合；而是三種簡單政體(王政、貴族、民主)理念型的完美混合，使之互相制衡而不致於過渡到變體政制，並脫離政體循環變遷的宿命。三種簡單政體的完美混合，一方面解釋了羅馬的政治體制，另一方面也在邏輯上產生一種完美的均衡圖像，型塑了西方政治思想對「混合憲政」(mixed constitution)的政治想像。

　　最後，由波利比烏斯對「混合憲政」論述所運用的核心詞彙，可以觀察到由希臘政治哲學轉變為羅馬政治思想關鍵性的橋樑作用。他在討論萊克古斯如何混合三種最佳政體的理論時，運用了兩個亞里斯多德式的詞彙：指涉政治體制時，波利比烏斯用的是 *politeia* 觀念；而當他討論萊克古斯如何將三種「最佳政府」的優點與特質結合為一，並且避免讓單一元素擁有過多權力而轉變到對立面的罪惡時，其中「政府」一詞，其實正是亞里斯多德的「統治團

體」(*politeuma*)[8]。基於前章所論亞里斯多德政治哲學的視野來詮釋波利比烏斯，筆者認爲他所主張的三種簡單正體政制，指涉的正是三種握有最高政治權力的統治團體。而三種簡單政體的混合，其實是將三個統治團體恰當地放置於三種政治權力分立並彼此制衡的政治架構之中。換言之，在亞里斯多德政治哲學中對於審議、官職以及審判的政治職能的初步討論，在波利比烏斯思想中，基於羅馬的王政傳統，以及執政官、元老院、人民的三元權力結構，正式地被系統化，完成了完整的政府組織理論，以及在政府中彼此制衡的清晰圖像。這些重大的理論貢獻，使得波利比烏斯成爲銜接希臘政治哲學以及羅馬政治思想的關鍵性橋樑。

　　本節簡述了波利比烏斯通過政體循環論所形構的致用史學，以及斯巴達立法家或羅馬在歷史過程中所形構的混合政制。他最重要的貢獻，在於綜合了希臘城邦以及泛希臘時期的政治思想，用希臘的哲學角度來解釋羅馬的政治現實以及歷史進程。從波利比烏斯雖然身爲戰犯，但仍然得到羅馬貴族的尊重可以看出，其成就即使羅馬人亦感佩服；甚至影響了西塞羅的共和思想。至於運用羅馬自身的政治傳統以及價值語彙來詮釋其共和政制，最重要的經典作品則是西塞羅的《論共和國》。

三、西塞羅的《論共和國》

　　西塞羅的《論共和國》(*De Re Publica*)是古典時期評價極高的政治哲學作品，卻在約於西元5世紀以後逐漸佚失，只剩下奧古斯

8　所有的譯本都將這個詞彙翻譯譯成「政府」(government)；請參閱Fritz, 1954: 364-365; Polybius, 1979a: 310-311; Polybius, 1979b: 290-291。關於*politeuma*在波利比烏斯思想中的作用，Hahm, 2009: 193-194提出了清楚的說明。

丁在《上帝之城》中的長篇討論，以及其他希臘教父或新柏拉圖主
義者所保存的部分內容。然而，後人在1819年於梵諦岡圖書館中，
一份抄寫奧古斯丁《詩篇評論》的151頁羊皮紙卷之下，發現奧古
斯丁的文本覆蓋了西塞羅《論共和國》的部分內容。經仔細整理
後，恢復了全書約四分之一的文本。在全書六卷之中，以前兩卷保
存較爲完整；第3至第5卷則只剩下零星的片段；第6卷則由於有新
柏拉圖主義者Macrobius在5世紀時抄錄了其中著名的〈西庇歐之
夢〉（Dream of Scipio）作爲思辯的基礎，而得以保存。

　　雖然《論共和國》現存的文本並不完整，但通過對前兩、三卷
的仔細研讀，仍可重構出羅馬政治思想家對於其所自豪的政治傳統
與制度的自我理解。該書分爲六卷，前三卷論述理想的邦國，後三
卷則討論理想的政治家。其中第1卷可見其融合柏拉圖、亞里斯多
德以及波利比烏斯所提出的政體分類理論。西塞羅採用了波利比烏
斯的觀點，運用混合憲政的概念來理解羅馬政治體制。第2卷則對
羅馬憲政史由王政到共和時期，提出了相當詳細的分析。由於波利
比烏斯的羅馬史一書在羅馬憲政史部分已經佚失，吾人無從得知西
塞羅的分析是否受到波利比烏斯的影響（Walbank, 1990: 147-149）；
但無論如何，在影響史的層面之外，《論共和國》還是呈現出與波
利比烏斯相當不同的、具有羅馬色彩的政治圖像。以下將以《論共
和國》前兩卷較爲完整的內容，探討西塞羅的共和思想。

　　由於羅馬人向以實踐自豪，也自承在思辯能力上遠不及希臘
人，所以西塞羅開宗明義地指出，他不贊成某些哲學家認爲思辯遠
高於實踐的論證（Rep. I: 10-11）。相對地，他認爲「建立國家以及保
存國家的規則」是值得教育與學習的重大課題（Rep. I: 10-11），因爲
這構成了羅馬「治國智慧」（*civilis prudentiae*; civic prudence）的核心
內涵，也是西塞羅政治理論關切的焦點：理解各種邦國的發展以及

變化，使得當任何一種政體在轉變時，皆能夠預先加以制止或對抗（Rep., II:45）。關於其分析立場，西塞羅明確指出：

> 在你們聽我講述時，請你們把我當作一個既非對希臘人的學說一無所知，亦非把他們的學說視為優於我們的學說的人；而是一個由於父親的用心，受過廣泛的教育，從小便充滿強烈的求知欲望，不過主要還是通過自己的實踐和家庭教訓，而不是依靠書本獲得知識的羅馬公民。（Rep. I: 36）

換言之，西塞羅有意識地以羅馬的實踐經驗以及傳統的祖宗成法（*mos maiorum*）[9]為基礎，並運用希臘的哲學方法來探討羅馬共和政制的精義。

在風格上，《論共和國》一書採用柏拉圖的對話型態，但西塞羅本身在這方面的思辯能力仍遠遜於柏拉圖，除了有許多論證是直接採擷自《理想國》之外，甚至有直接長篇引用柏拉圖的文本[10]。實際上西塞羅比較擅長的，還是羅馬式、法學式的論證，即嘗試找出一個清晰的定義，然後作具體的闡釋，有時並進一步檢視正反方的不同論述。由於西塞羅的《共和國論》並不完整，本章不擬詳細檢視其論證，而是集中探討西塞羅對「共和」（*res publica*）所提出的定義以及系統理解的方式。

在《論共和國》第1卷模仿柏拉圖對話錄的開端，對話者由原來對某些特殊天象之討論，開始轉向有關政治共同體的議題，主角西庇歐並提出了如下關鍵的定義：

9　意指羅馬貴族世家傳之久遠的政治價值系統，包括德行、誠信、榮譽以及榮耀祖國的愛國情操等。請參考Atkins, 2000: 481-483的討論。

10　如Rep. I: 66-68即為《理想國》VIII: 562c-563e的摘引。

　　公共事務(*res publica*)乃是人民的事務(*res populi*)，但人民
不是人們某種隨意聚合的集合體，而是許多人基於法律的協
議性(*iuris consensu*)和利益的共同性(*utilitatis communione*)而
結合起來的集合體(*sociatus*)。(Rep. I: 39)

　　這個定義，由於奧古斯丁在《上帝之城》第19卷的引述以及討
論，而成為西方政治思想史最著名的界說之一。然而要完整理解此
界說的真義並非易事。首先，"*res publica*"一詞在拉丁文的含意甚
廣，包含了公共事務、公共生活乃至「共和國」或「國家」的意
涵。而現行的中文本翻譯成《論共和國》，可以說是用狹義的共和
概念來理解西塞羅廣義的共和主義。事實上，西塞羅的*res publica*
若要以現代英文詞彙取得相應的觀念，則以英譯本向來所選擇的
"commonwealth"最為恰當，本章以下將譯為「邦國」[11]，因為西塞
羅運用此詞彙來說明具有法律基礎的正當性統治，所以表達出某種
現代意義的憲政主義色彩(Zetzel, 1999: xxxvii-xxxviii)。

　　在前述定義中，*res publica*先被定義為"*res populi* "，亦即人民
的事務(假如強調羅馬私法的概念，甚至可以說是「人民的事
物」)。如同Asmis(2004: 577)所述，這個定義是一種「雙重界定」
(double definition)[12]，也就是將*res publica*界定為*res populi*之後，再
進一步界定「人民」(*populus*)的觀念。所以這個定義的後半段，乃
是對於人民組合成具有正當性邦國時之樣態進一步的釐清；而西塞

11　筆者在此援引張佛泉(1993，「凡例」)的用法。

12　值得注意的是，本書第一章第五節所述亞里斯多德對公民身分的第三個定
　　義，也是一種「雙重定義」：先界定公民身分乃是城邦中有權參加議事和審
　　判職能的人；然後再界定城邦是為了「自足生活」而由足夠數量的公民所組
　　成的集團(*Pol.*, 1275b 18-20)。

羅對於「人民」的界定與解說，進一步再分成兩個層次：在「一般類別」的層次，人民是「人類的聚合」或「人類的聚眾」；而其特殊屬性則是：並非任何人類的聚眾都構成「人民」；唯有「對法律有共通的同意」以及「分享效用或利益」這兩個條件同時被滿足時，才構成一個「人民」，也才有人民的事務或公共的事務，方才構成邦國。

　　在說明了以上用語及相關概念後，我們可以將西塞羅的定義表述爲下面幾個命題[13]：

　　(A)公共事務乃是人民的事務；
　　(B)人民乃是許多人以特定方式聚合起來的集合體，其屬
　　　　性有二：
　　　(B1)法律的協議性；
　　　(B2)利益的共同性。

　　所以，(B1)以及(B2)兩個屬性，就形成了西塞羅對於公共事務所提出的兩項正當性判準。其中第一個「法律的協議性」判準最爲重要，它意指著形成邦國的所有人民，對於邦國或政治共同體的法律，應該基於彼此同意的法權（包括自然法以及實證法），產生一致性的協議。這個正當性的判準，乃是西塞羅運用羅馬法權的概念，提出取代亞里斯多德目的論所述「城邦係公民追求良善生活」的古典表述。必須強調的是，西塞羅的「法律」概念包含了神聖法、自然法以及符合理性的實證法。他在《法律篇》指出，法律乃

13　此哲學說明方式係參考 Malcolm Schofield, "Cicero's Definition of *Res Publica*," in Schofield, 1999: 178-194, 特別是頁183-187的分析。

是「某種憑藉令行與禁止的智慧管理整個世界的永恆事務」（Leg., II: 8）。而對於實證法，他則強調：

> 　　毫無疑問，法律的制訂是為了保障公民的幸福，國家的繁昌和人們安寧而幸福的生活；那些首先通過這類法規的人曾經向人民宣布，他們將提議和制訂這樣的法規，只要它們被人民贊成和接受，人民便可生活在榮耀和幸福之中。顯然，他們便把這些制訂和通過的條規稱作法律。由此可以看出，當那些違背自己的諾言和聲名，而給人民制訂有害的、不公正的法規的人立法時，他們什麼都可以制訂，只不過這並不是法律。闡釋「法律」（*lex*）這一術語本身可以清楚地看出，它包含有公正、正確地進行選擇（*legere*）的意思。（Leg., II: 11）。

　　在這個文本的上半段所闡釋基源法規被創設的過程，吾人明確地看到立法家、人民為共同生活的幸福而制訂公正法律。這個過程解釋了在 *res publica* 定義中，西塞羅所強調人民對於法律產生協議或一致性同意的實際進程。

　　至於「利益的共同性」也有著羅馬法的基礎，它意指當人民的聚眾形成共同的合意集合體時，需要對於彼此共享的利益有著共同的分配原則，方不至於因為爭權奪利而導致集合體的瓦解[14]。而人民源於利益的共同性，以法律之協議為基礎所形成的「集合體」，如Asmis所述，西塞羅的共和理論係基於羅馬法之中關於「合夥關係」（*societas*; partnership）的政治化：

14　對於利益或效用（*utilitas*）概念，本書第三章第四節將有進一步闡釋。

採用了如公共事務，法律的協議性，利益的共同性、以及集合體等元素，西塞羅建構了一個基於某種合夥關係的國家概念。這種合夥關係與其它種類的差異在於，它包含了整個公民共和體；而它與其它種類合夥關係的相同之處在於對貢獻以及回報的公平分配原則。（Asmis, 2004: 580）

而西塞羅在這個定義之後，馬上指出「這個聯合的首要原因不在於人的軟弱性，而在於人的某種天生的聚合性」（Rep., I: 39）。這個命題，說明了人類集合體在利益的共同性或共享方面，乃是一種自然天性。這一方面反映了亞里斯多德《政治學》第1卷的共同體發生學概念；另一方面可與波利比烏斯加以對照。因為如前節所述，波利比烏斯主張原始君主制發生的基本原因，在於人類的軟弱而導致體力較強或性格較為勇毅者成為最初的支配者，使得君主支配產生基源的力量。西塞羅則認為是人的天生聚合性（而非軟弱性）構成了人民集合的根本動因，這意味著人民（而非君主）是政治共同體的基源力量。

西塞羅運用的羅馬法權以及利益觀念，表面上看來，似乎不及亞里斯多德運用良善生活之目的對城邦做出倫理引導的主張來得高尚。然而，若吾人進一步省思西塞羅關於法律協議性以及利益共同性的兩個正當性標準，以及他稍後對於邦國最高權力歸屬的討論，將可以察覺，西塞羅的法權觀念反而對於統治者或統治團體，形成了一個比倫理慣行更為確定的法權正當性判準以約束統治者的治理，並對亞里斯多德所述「正體」與「變體」的政制產生了關鍵的修正。

在定義了 *res publica* 之後，西塞羅進一步提出此定義所蘊含的制度內涵：

　　任何一個如我所描繪的作為人們的這種聯合的人民（*populus*），任何一個作為人民的組織形式的公民社會（*civitas*），任何一個如我說作為人民的事業的邦國（*res publica*），為了能長久地存在下去，都需要某種審議性機構（*consilio*）來管理。首先，這種機構總是應該產生於公民社會形成的那種始因。其次，應該把這樣的職能或者授與一個人，或者授與挑選出來的一些人，或者由許多人，即由所有的人來承擔。由此，當全部事務的最高權力為一人掌握時，我們稱這位唯一的掌權者為國王，我們稱這樣的國家政體為王政（*regnum*）。當全部事務的最高權力為一些挑選出來的人掌握時，我們稱這樣的城邦是由貴族統治（*civitas optimatium*）。而平民的城邦（*civitas popularis*）（因為人們就這樣稱呼）及其一切權力則歸人民。這三種政體中的每一種，只要仍然保持著當初以國家這種社會組織把人們結合起來的那種關係，儘管它不是真正完善的，並且在我看來當然也不是最好的，不過它仍然能夠讓人接受，雖然其中一種可能比另一種要好些。因為無論是公正而智慧的國王，或是挑選出來的傑出公民，或是人民本身，儘管後者最不值得稱讚，只要不摻入不公正和貪欲，顯然仍然可能以一種並非不穩固的體制存在。（Rep. I: 41-42）

　　對西塞羅所提出的政治觀念，我們分兩個議題加以討論。首先，西塞羅在前五行提出了一個邦國或公共事務作為人民事務的進一步延伸：任何長治久安的政治共同體，都需要某種「審議性機構」（*consilio*）來管理；而且「這種機構總是應該產生於公民社會形成的那種始因」。後面這個條件是將審議性機構的存在理據，關聯

回*res publica*定義中對於法律的協議性和利益的共同性作爲人民集合體原始成因的觀點。換言之，西塞羅在*res publica*定義中所說的「人民的事務」，在邦國中需要通過某種審議機構來加以處理。但西塞羅刻意運用「審議性機構」(*consilio*或其單數型態*consilium*)在拉丁文中寬廣的語意空間：包括判斷、協議、審議職能以及審議機構等(Zetzel, 1999: xxxviii; Schofield, 1999: 189-193)。這個審議性機構的概念，對照於前章所述亞里斯多德所區分的三種基本政治職能(審議、官職、以及司法審判)，顯然對應於其中的審議職能。而在亞里斯多德思想中，此一政治職能意指民主的公民身分所蘊含的參與公民會議以及司法審判。所以如前章所述，亞里斯多德在進入城邦「政制」的討論時，對於城邦的最高統治權力，提出了「統治團體」的概念，並強調統治團體即爲政制。相對於此，西塞羅對於公共事務的治理，以「審議性機構」加以稱呼，顯然是將審議的部分的職能擴而充之，使得它成爲涵攝其它政治職能的根本機制。

　　在前述引文的第五行以後，就進入了西塞羅基於*res publica*以及*consilium*的觀念所發展出的政體理論。對比於審議機構作爲公民社會產生的基源性始因，西塞羅進一步將公共事務的「最高權力」的掌握者區分爲一人、被選舉出來的一些人、或人民掌握，而分別產生了王政、貴族制，以及平民的城邦。西塞羅前述的文本，勢必產生「審議性機構」以及「掌握公共事務的最高權力」兩個觀念競合的問題。既然審議性機構乃是公民社會產生的始因，它是否即爲處理公共事務的最高機構？基於西塞羅前述文本，顯然他並不抱持此種觀點。那麼，審議性機構與最高的政治權力間之關係應該爲何？

　　對於這個詮釋西塞羅政治理論的關鍵問題，我們採取Schofield(1999: 191)以及Asmis(2004: 589)兩位學者的研究成果，主

張審議性機構作為公民社會產生的始因，永遠在全體人民的手中；
而政治權力，是一種「信託」(entrusted)的權力，是通過人民的同
意而託付到統治者手中的。對這個詮釋觀點，這兩位學者都以西塞
羅在《論共和國》第2卷所述的羅馬憲政發展史所顯示的特定分析
觀點作為佐證。在西塞羅的論述中，羅馬城的奠基者羅慕洛斯之所
以成為第一個國王，乃因他「體力和血性勇氣都超過其他人，所有
現在城市所在的地方都非常樂意地、自願地服從他」(Rep., II: 4)。
這個稱王的過程，雖接近於波利比烏斯所描述原始君主的霸權崛
起，但西塞羅卻強調人民自願服從的關鍵要素。而羅慕洛斯也為羅
馬奠立了兩個極為重要的國家礎石——占卜以及元老院(Rep., II:
17)，後者乃是採用了萊克古斯在斯巴達混合政體中所建立的原
則：如果能使所有秀異傑出人士的權威與國王的絕對統治加以結
合，那麼王政的個人權力便能更妥當地治理國家(Rep., II: 15)。羅
馬的第二位國王努瑪(Numa Pompilius)並非羅馬公民，而是羅馬人
依據元老院的建議，選擇來擔任國王的一位外族人。關鍵在於：

> 他來到羅馬後，儘管人民已經在庫里亞會議上決定要求他
> 出任國王，但他仍然讓庫里亞會議通過法律確定他的權力。
> (Rep., II: 25)

這在羅馬憲政史中，確立了由人民選任國王的憲政慣例。此後
歷任的國王都對此慣例加以遵守，唯一的例外是第六任的賽爾維烏
斯(Servius Tulius)，「據傳賽爾維烏斯‧圖利烏斯是第一位未經人
民投票而繼承王位的人」(Rep., II: 37)。即使賽爾維烏斯缺乏此種
憲政的正當性，但據西塞羅所述，他仍然進行了重要的政治改革，
平衡貴族與平民，使得「一方面沒有任何人失去表決權，另一方面

又只有那些特別關心國家處於良好狀態的人，才在表決中發生最大的作用」（Rep., II: 22）。而羅馬之所以能夠在王政時期奠立良好的基礎，正在於國王的權力、貴族元老院的權威以及人民的同意權力間的憲政慣例，使得良好的政治決定得以形成。

所以，羅馬的「祖宗成法」所形構的憲政古制，乃是一種最佳的政制。在前述歷史性的分析基礎下，吾人可以回頭檢視西塞羅的政體理論。他基本上接受了波利比烏斯的見解，認為王政、貴族制以及平民之治三種簡單政體，「沒有哪一種不順著一條急速傾斜、容易滑倒的道路通向這種或那種鄰近的墮落」（Rep., I: 44），也就是必然會墮落為變體政制。與波利比烏斯相同，他認為這樣的變化會形成「國家政體的輪迴與循環交替變遷」（Rep., I: 45）。而唯有具備智慧的政治家，能夠建構第四種政治共同體，「它由前面談到的那三種政體恰當而衡平地混合而成」（Rep., I: 45）。

對於羅馬的混合憲政體制，西塞羅表述如下：

> 你們要牢牢記住我剛開始說過的話：假如一個國家不在權力、義務和職責間有衡平的分配，使得官員們擁有足夠的權力（power），傑出貴族的審議意見（consilio）具有足夠的權威（authority），而人民享有足夠的自由（liberty），那麼這個國家的狀態便不可能保持穩定。（Rep., II: 57）[15]

---

15 西塞羅在第1卷提出另一個表述：「這三種基本的國家政體中，在我看來以王政制最為優越；但有一種政體比王政制更優越，它乃是由三種良好的國家政體平衡、適度地混合而成的。要知道，最好是一個國家既包含某種可以說是卓越的、王政制的因素；同時把一些事務分出託付給傑出的貴族的權威；把另一些事情留給民眾協商，按他們的意願決定。」（Rep., I: 69）這樣的混合憲政，被稱為具有公平性以及穩定性的「合適地混合而成的國家政體」。

　　簡而言之，執政官及高級行政官員擁有充足的權力、世家貴族在元老院中的審議(*consilio*)具有充足的權威，而人民通過選舉以及護民官等機制能夠保持其自由，乃是羅馬混合憲政的完美圖像。

　　西塞羅這個看似均衡完美的共和主義憲政的政治想像，有幾個特色值得提出討論。首先，由「審議」職能在混合政制中的配置，可看出西塞羅強調被安置於貴族元老院的審議作用，似乎表示他對貴族在羅馬政治傳統中所扮演的領導性角色的偏好。的確，在論述貴族制時，他指出：

> 　　如果自由的人民選舉一些人，把他們自己託付給那些人，並且由於考慮到自身的安全利益，只選擇那些最優秀的人，那麼公民社會的利益無疑會被委託給最優秀者審議(*consilium*)之，特別是當自然本身做出了這樣的安排，即不僅讓具備德行與勇毅者統治較為軟弱的人，而且讓較為軟弱的人自願聽命於最優秀的人。(Rep., I: 51)

　　雖然以上文本可以看出西塞羅對貴族制的偏好，但他對混合憲政的整體想像，仍然著重於三個統治力量的均衡；更重要的是，他將「審議」元素同時賦予人民以及君王。一方面，他在最基本的層次將*res publica*定義爲*res populi*，使得最基源的「審議」一定是由人民審議政治領導者(無論是選擇王政，或選擇貴族，甚或決定人民自我統治)[16]。另一方面，在總結羅慕洛斯的貢獻時，西塞羅觀察

16　這個思想史的線索非常重要，似乎可以視爲是某種「基源民主」理論的前身。之後在中古後期，通過亞里斯多德《政治學》以及羅馬法的影響力，逐漸產生了人民作爲一個整體的人民主權(popular sovereignty)論述，最後在霍布斯的基源民主理論中，得到完整的表述與批判。請參閱蕭高彥，2009。

到「由於一個人的審議能力(*consilio*)，一個新的民族不但出現了，並且已不是搖籃中啼哭的嬰兒，而是已經成年，甚至完全成熟」(Rep., II: 21)。此處所運用屬於國王的審議能力，西塞羅在第1書中曾經界定如下：

> 如果人的心靈中存在著王權般的力量，那便是一元統治，即審議(*consilio*)之治，要知道，審議乃是心靈最優秀的部分；而當審議處於統治地位時，便不可能有情慾、憤怒和暴戾的位置。(Rep., I: 60)

換言之，*res publica*定義中的審議機構或能力，也可以是單一的國王所擁有。另外，西塞羅透過西庇歐之口，提出在三種簡單政體中，王政最為優越的說法(Rep., I: 69)。將這幾個面向綜合來看，筆者認為西塞羅雖然代表著羅馬貴族階層的政治意識，但他仍然基於亞里斯多德以及波利比烏斯的政治分析，將羅馬「混合政制」的特徵做出了均衡的描繪，使得三種政治力量都能夠滿足於它們在羅馬*res publica*之中所扮演的關鍵性角色，從而產生向心力而維持共和的長治久安。

另外一個值得分析的議題，乃是「變體」政制在西塞羅以法律為基礎的*res publica*概念中，取得了一個全新的詮釋角度。在亞里斯多德甚至波利比烏斯的經驗分析中，當君主、貴族、或人民統治時，若只顧及自己私有的利益而罔顧公益時，就構成變體政制。在亞里斯多德系統中，這是經驗層次的政治分析，而在波利比烏斯的系統中，則構成政體循環的基本邏輯。西塞羅雖然在略述政體循環的概念，以證成羅馬混合憲政的優越性時，支持政體循環論(Rep., I: 45)，但他以法律為基礎的共同體理論，卻會推導出一個相當激

進的哲學觀點：無論君主、貴族或人民，當他們的治理不以法律爲基礎時，便違反了共同體生成的基本原因；如此一來，他們的統治正當性便完全消解；或用西塞羅的話語而言，他們所統治的邦國不構成一個 *res publica*。這個觀點首先在《論共和國》第2卷的憲政史中浮現；該卷分析王政時期最後一位統治者塔昆家族的暴行，導致羅馬貴族在布魯特斯領導下揭竿起義，推翻君主制，進入了共和時期。在討論這段歷史時，西塞羅運用了亞里斯多德的觀點，指出一個國王，假如成爲奴隸主一樣的「主人」時，政治共同體就由正體轉爲變體；這正是希臘人所稱的「僭主」(Rep., II: 47)。西塞羅進一步指出：

> 簡直難以想像有什麼動物比這種僭主更可惡、更醜陋、更令天神和凡人憎惡。儘管他具有人的外型，但他的習性殘暴實超過各種最兇殘的動物。事實上，有誰會照常稱呼這樣一個不希望與自己的公民們，甚至與整個人類有任何法的共同性，有任何仁愛的社會聯繫的人爲人？(Rep., II: 48)

由西塞羅對於僭主或暴君的討論可以清楚地看出，作爲變體的君主政體，它就偏離了「法律的協議性」，也就是 *res publica* 的始因；這樣的變異性，他再用柏拉圖對於僭主所描繪的圖像加以具體化，但關鍵在於此種逾越法律協議性的領導人，就不再與其他的人民具有社會的聯繫。

當然，接下來的問題有二：首先，除了僭主之外，是否其它的變體政制也遵循著同樣的邏輯而成爲消解 *res publica* 的非正當統治？其次，對於這種解除與其他人民社會、法律以及正義的聯繫的非正當統治者，人民應該採取什麼行動？對於第一個問題，即是西

塞羅在第2卷所稱會有更適合的脈絡，來討論「當問題本身要求我們譴責那些即使在國家獲得自由之後，仍想成爲國家的主宰者的時候」(Rep., II: 3)。在文本層次，應該指向《論共和國》第3卷43段以下的討論。在此脈絡，西塞羅明確指出，當「一個人的暴力壓迫之下，既不存在任何法的聯繫，也不存在聚合在一起的人們，即人民之間的任何意見一致的聯合」之時，即與作爲人民事務的*res publica*完全無法相容(Rep., III: 43)。他更強調地說，「應該說哪裡有僭主，哪裡便不僅不存在如我昨天說的有缺陷的邦國，而是如今天分析的那樣，根本就不存在任何邦國」(ibid.)。這個邏輯亦適用於寡頭制，他以羅馬共和時期的十人政團(*decemvirs*)爲例，在他們第三年的支配下，否定了任何人民上述的權力，而導致自由以及「人民的事務」之蕩然無存(Rep., III: 44-45)。即使是人民，當他們自己自身掌握權力而實施統治，卻逾越了法律與正義的範圍時，雖然係人民支配，但也無法構成「人民的事務」：

> 我不明白，國家這一名稱怎麼會更適合於由民眾主宰的政權？因為首先我覺得，那裡並不存在人民，西庇歐，正如你很好地界說那樣，它不是由法律的協議結合起來的，而是一個集體僭主，如同它是一個人那樣，而且它甚至更可惡，因為沒有什麼野獸比這種模仿人的外型和名稱的野獸更兇殘。(Rep., III: 45)

所以，作爲變體政制的僭主、寡頭以及暴民統治，都已經違反了政治共同體創建時的根本理據。而西塞羅的法權式*res publica*觀念，實已突破了亞里斯多德、波利比烏斯的「統治團體」理論，將政府提高到一個以法權爲基礎的層次。

　　那麼，在變體政制發生時，人民可以採取什麼樣的政治行動？對此，雖然西塞羅尚未建立人民的反抗權或革命權的系統理論（這要在中古後期、現代早期，才在宗教改革的脈絡中發展出來）；但西塞羅對此議題的討論的確蘊含了「暴君放伐論」之雛形。在闡釋羅馬在塔昆統治下，由王政墮落為僭主制，而被布魯特斯率貴族推翻的歷史後，對此共和創建，西塞羅提出了如下的觀察：

　　　　盧基烏斯‧布魯特斯，一位才能和德行均超群出眾的人，終於讓人民擺脫了這一不公正的、殘暴奴役的枷鎖。儘管布魯特斯當時是一個沒有擔任公職的公民，但他擔當起了全部國家事務（res publica），並且在這個國家第一次證明，為了保衛公民們的自由，任何人都不是無職責的私人。（Rep., II: 46）

　　換言之，三種變體政制，由於悖離了社會、法律以及正義的規範，任何共同體成員都可以起而反抗。此時的關鍵議題是自由，也就是在羅馬混合憲政表述中，保留給人民的政治價值。但在此文本可看出，政治自由是和res publica所有階層的全體公民息息相關的。所以，自由構成了共和國的基本價值，而如西塞羅所宣稱，「自由並非有一個公正的主人，而是沒有主人的支配」（Rep., II: 43）。這是西塞羅共和理論在羅馬法權的觀念之上，所建立起的重要理論，印證了當代史家史金納所稱的「新羅馬自由觀念」，以及哲學家Philip Pettit所發揮的共和自由作為一種非支配的概念。

四、結語

　　本章以波利比烏斯羅馬史第6卷以及西塞羅《論共和國》和

《論法律》爲本，闡釋了羅馬政治思想在西方共和主義史所產生的奠基作用。其中的關鍵，在於混合憲政的理念，通過波利比烏斯的致用史學加以普遍化、形式化，而被西塞羅所採用，而在自然法的基礎上，建立了羅馬式共和理論的體系，並且應用到羅馬憲政史的詮釋之中。

值得注意的是，西塞羅與波利比烏斯對於羅馬混合憲政的說明，雖然採取類似的觀念以及說明，但在基本取向上仍然有所差異。波利比烏斯比較強調在權力分立的政制之中，通過某種心理上互相疑懼以及制度性的相互制衡或牽制，產生在政府組織中混合的效果。相對地，在西塞羅的論述中，乃採取比較積極的表述方式，將羅馬「祖宗成法」所流傳下來的一些基本政治價值，分別歸屬到不同的統治團體，從而產生了前述對於權力、審議和權威、以及自由的完美平衡。西塞羅混合政制的圖像，如同《論共和國》第2書的羅馬憲政史，都反映了西塞羅作爲羅馬思想家的一種自我理解方式。這樣的精神，如同鄂蘭在討論美國革命的羅馬共和基礎時所指出，是一種對於基礎的尊重、昇華，從而產生政治的能動性，並擴而廣之(augment)的眞正共和精神(Arendt, 1977: 121-122)。

西塞羅撰寫《論共和國》時，尚處於羅馬共和最後期政治動盪數年之前，所以他對於共和體制仍然懷抱著重新建立和諧的政治秩序之理想。然而不旋踵，發生了凱撒(Caesar)、龐培(Pompey)與克拉蘇(Grassus)前三雄(First Triumvirate)間激烈的政治鬥爭。西塞羅也因捲入政爭，而在西元前43年被暗殺；至於羅馬共和也正式在西元前31年結束，進入了屋大維所創建的元首制(princep)。此後，雖然共和價值的某些元素仍然殘存於羅馬政治文化之中，但很快地便發展出帝政時期的政治思想，而使羅馬共和主義逐漸被淹沒，這也反映在波利比烏斯的羅馬史以及西塞羅《論共和國》二書的命運之

中。

波利比烏斯的《羅馬史》雖然持續存在，並且在拜占庭時期被傳抄以及摘錄，但內容逐漸有所失散，最後40卷約殘存了19卷左右。該書在中古時期乏人問津，一直到15世紀的佛羅倫斯，才由人文主義者Leonardo Bruni Aretino約於1418年所運用，以敘述第一次布匿戰爭的歷史。之後，波利比烏斯羅馬史的文本慢慢被發掘並重見天日[17]。其中最重要的第6卷，在馬基維利撰寫《李維羅馬史疏義》之前，正廣爲佛羅倫斯人文主義者所討論，所以，馬基維利在《疏義》第1卷第2章，討論共和國的種類與羅馬共和所屬的類別時，幾乎完全抄錄了波利比烏斯的論述。[18]至於西塞羅《論共和國》一書的命運，則更加戲劇化，如前所述，它在中古時期完全佚失，一直到19世紀上半葉，才在偶然的機運下，在抄錄奧古斯丁的羊皮紙下發現了部分文本。

換言之，在15-16世紀，西方共和主義思想在義大利復興時，波利比烏斯扮演了相當重要的角色，也促使混合憲政制度成爲主導現代共和主義的核心觀念。相對地，西塞羅《論共和國》的體系則沒有發生應有的影響。然而這個歷史的缺憾，並非完全無法彌補，因爲西塞羅在過世前一年爲其子的倫理與政治教育撰寫了《論義務》一書，這本鉅著保存良好，並成爲西方人文主義的核心經典，其中關於政治德行的討論，更影響了中古乃至於文藝復興時代的人文主義者。所以，馬基維利在建立現代共和主義時，在政治德行部分，有意識地與西塞羅對話，並嘗試重構一種新的政治道德觀，這是本書下一章的主要課題。

---

17 請參考F.W. Walbank爲企鵝叢刊Ian Scott-Kilvert的譯本導言所作的說明（Polybius, 1979a: 35-36）。

18 關於此議題，請參閱 J.H. Hexter, 1956。

第三章

西塞羅與馬基維利
論政治德行[1]

1　本章為節省徵引篇幅，引用原典縮寫如下：

Off.: Cicero, *De Officiis*, Latin Text with an English Translation by Walter Miller, Cambridge, Mass.: Harvard Univ. Press,1990. (本章縮寫為*Off.*，並以段數徵引之，例如*Off.*, II:1即代表第2書第1段，以便於參考其它譯本)。

Inv.: Cicero. *De invention*, De Optiomo Genere Oratorum, Topica, Tran. H. M. Hubbell. Cambridge, Mass.: Harvard Univ. Press, 1976.

P: *The Prince*, tran. Harvey C. Mansfield, Chicago: University of Chicago Press, 1985(本章縮寫為P，並以章節數徵引之，例如P.20:1即代表20章第1段，以便於參考其它譯本)。」

D: *Discourses on Livy*, tran. Harvey C. Mansfield & Nathan Tarcov, Chicago: University of Chicago Press,1996. (本章縮寫為D，徵引方式同上)。

一、前言

　　政治行動是否應符合某些行為準則？這些準則與日常生活所依循的道德標準是否一致？這不僅為現代多元社會在評價政治人物的操守與行為時所必須先行釐清的問題，它們同時也是各種政治理論體系所必須面對的根本議題。現代西方關於道德與政治關係的討論往往追溯到馬基維利的思想。他是第一位主張政治的自主性，也就是政治不僅在實然層次依循著權力的邏輯而運作，而且在規範層次亦有著獨立於道德領域以外存在理據之近代思想家(Croce, 1946: 45)。著名的自由主義者柏林(Isaiah Berlin)雖然對Croce的「政治自主性」之詮釋有所保留(Berlin, 1981: 35, 44-45)，但他也基於價值多元主義的立場，指出馬基維利乃是第一位衝決西方一元論形上學網羅的思想家，而其政治哲學也應由此角度加以分析(ibid., 54-58)。

　　然而，馬基維利的政治道德論述唯有與古典傳統比較分析，其原創性方有可能彰顯。是以，本章的主旨，不在於由當代理論的角度重構馬基維利的政治道德觀[2]，而在於將他的主張置於古典政治思想的脈絡，詳細檢視二者之異同與論述之理據。馬基維利思想與古典共和主義有深刻的關連乃是近年來思想史家的共識，也有許多探討馬基維利思想的學術著作援引羅馬共和主義作品加以對照。在傳統研究之中，馬基維利的《君主論》往往被放在中古後期「君主明鑑」(mirror-for-princes)的傳統加以討論[3]。英國史家史金納則在其巨著《近代政治思想的基礎》之中，基於14世紀以降佛羅倫斯人

2　Bobbio(2000)由當代政治理論的角度探討道德與政治關係之議題，並對思想史各派理論提供了簡要的回顧。

3　這方面最為細緻的著作乃是Gilbert, 1968。

文主義傳統，對馬基維利的兩本主要作品做出了詳盡的分析
（Skinner, 1978（1）: 113-189）。在其後之著作中，史金納將西塞羅的
《論義務》與馬基維利思想加以對照分析（Skinner, 1984: 208-210,
214- 216; 1986: 241- 243; Skinner & Price, 1988: xiv-xx）。1990年代以
後，史金納以修辭學（rhetoric）爲重點，分析古典主義傳統以及霍布
斯對此傳統之批判（Skinner, 1996）。雖然此書之重點並非馬基維利
思想，但史金納明確指出古典修辭學傳統中「議事演說」體裁
（*genus deliberativum*）的重要性：對西塞羅而言，此種演說之目的乃
在於具有效益之高尚性（ibid., 43）；但馬基維利由於主張在治國術之
中，具有效益的政策其實與高尚性沒有關連，從而推翻了古典傳統
（ibid., 44）。

　　史金納此種修辭學導向的分析，由其學生Maurizio Viroli（1998:
73-113）運用於馬基維利思想加以詮釋。但Viroli與乃師不同，主張
馬基維利完全繼承西塞羅的傳統。對於史金納所指出馬基維利政治
道德論的原創性，Viroli則根據西塞羅早期作品，主張古典主義早
已提出了類似的觀點（ibid., 84-90）。另外，文學批評學者近來也著
手以修辭學的角度分析馬基維利思想（Ascoli & Kahn, 1993; Kahn,
1994），這是一個獨立於史金納所屬「劍橋學派」之外發展出來的
研究取向，由於與當代文學理論有關，相當值得注意。

　　本章的分析取向採取史金納之立場，主張馬基維利與古典傳統
之決裂。爲了證成這個觀點，我們將以西塞羅的名著《論義務》
（*De Officiis*）爲本，首先論述西塞羅所提出的「高尚性」與「效益」
的二元架構，及其對政治德行之分析，這構成古典人文主義政治倫
理的基本信念。然後在此基礎上，進一步探討馬基維利如何批判西
塞羅所建立的古典傳統，並基於政治領域的「必要性」所需之有效
眞理，建構全新的政治道德論。對二者之文本與理據作詳細的分析

後，最後提出兩種不同型態的政治道德觀：一為規範論，另一則為秩序論。西塞羅以自然法為本，並用法學式論證來解決價值衝突，乃規範論之典範；馬基維利則關注在無秩序的腐化狀態中，政治行動者如何創造政治秩序以及其所應依循之行動準則，乃為現代秩序論之鼻祖，並對西洋近代政治思想的發展產生了深遠影響。

二、西塞羅論述的脈絡及分析架構

西塞羅於西元前44年，也就是在凱撒（Julius Caesar, 100-44 B.C.）被刺，共和政體陷入最終危機的時期，開始撰述《論義務》一書。鑑於羅馬共和後期長期的派系戰爭，西塞羅本人亦涉入反凱撒陣營[4]，於是他藉由《論義務》的論述，試圖重構羅馬的政治倫理觀，特別是對於榮耀（*gloria*）的追求如何可能符合社會正義，以避免墮入與個人追求權位相結合的困境。換言之，《論義務》一書乃是西塞羅以希臘化時代哲學來重新改造羅馬共和傳統的政治價值的努力（Atkins, 2000: 513）。一般對《論義務》的研究往往集中於考證其與各哲學派別間之關係[5]；但就本章之目的而言，將著重於西塞羅的主張與羅馬政治價值間之關係。

羅馬政治最重要的領導階層乃是貴族世家，其核心之政治價值為榮耀觀念。對於此價值系統（所謂的 *mos maiorum*「祖宗成法」），史學家Donald Earl（1967: 35）做了簡要的說明：

4　關於西塞羅與凱撒之間複雜的政治關係，請參閱Fuhrmann 1992: 132-163，而對《論義務》一書之歷史背景分析則可見於同書頁183-190。

5　由於西塞羅自述援引哲人Panaetius的論點，於是《論義務》與Panaetius已佚失的倫理著作間之關係遂成為考證上一個重要課題。關於此議題，請參考Griffin and Atkins 1991, pp.xvii-xxi之討論。

羅馬貴族的理念，就其最早之表述而言，包含了贏得公共
職務以及參與公共生活，並通過這些方式來完成服務國家的
偉大行為，以獲取超群的榮耀。這並不僅是貴族個人的事
務，更是攸關整個家族（包含了現有成員、已逝先祖以及尚未
出生的後世子孫）全體的事務。此種理想所產生的行為準則，
在實踐上同時是外顯性（extrovert）以及排他性（exclusive）的：
其外顯性乃在於強調行動以及作為；其排他性乃在於關注在
行動者個別家庭，以及唯有服務於國家才是貴族能力適當的
發揮場所。

在此種世界觀之中，政治德行以及追求榮耀的偉大行動乃結合
為一。然而，當我們深入檢討此種價值系統，將察覺其內在的不穩
定性，而對羅馬史家以及哲學家而言，這正是導致共和制度衰亡的
主要原因。其不穩定性源於Earl所指出的排他性競爭取向，因為在
激烈的競爭之中，所謂符合國家的公共利益以及確保個人優越地位
的私人野心往往無法做出明確的區別[6]。另一方面，由於榮耀一定
是由其他人（無論其為貴族同儕或者是一般平民）所賦予的肯認，很
難將個人聲名之中真正淵源於德行的成分，與通過示好和利益交換
所得到的讚譽擁戴加以區分。西塞羅認為，凱撒的崛起正是利用這
兩個傳統羅馬政治價值的內在不穩定性，來成就其個人擴張權位的
野心。隱藏在《論義務》背後的實踐意圖，便是批判凱撒等派系首
腦腐化共和政制的活動（Atkins, 2000: 508）。
　　西塞羅指出，對於榮譽（honor）之追求，當與政治權力和個人

6　對此種不穩定性與西塞羅思想之關係，Long(1995: 216-217)提出了精闢的分
　　析。

榮耀相結合時，便像經濟領域內漫無止境追求財富的貪婪(avarice)一樣，會陷入狂熱狀態而傷害了正義這個根本的社會價值(*Off.*, I: 24-26)。然而，追求榮耀是羅馬傳統的根本價值，西塞羅並未如其後基督教思想家奧古斯丁(Augustine of Hippo, 354-430 A.D.)一般，將之視爲人性自大侮慢的罪惡淵藪而完全棄絕，而是巧妙地運用羅馬共和的另一基本價值——自由(*liberta*)來加以對抗。他指出，追求榮耀誠然爲具備偉大精神人物的特性，但此種人也必須同時是良善與正直的，否則，他們追求卓越的意志便會超越常軌，變成追求個人權勢的唯我獨尊，甚至轉化爲至高無上的一人統治(*Off.*, I: 64)。換言之，過分強烈追求榮耀的欲望將導致共和政制的解體與政治自由的喪失，腐化回歸於一人統治的王政體制，而這正是羅馬公民最痛恨的奴役狀態(Wirszubski, 1968: 5)。

　　爲了證成此種符合正義的榮耀觀，西塞羅遂援引希臘化時代的哲學，特別是斯多葛學派之自然法理論，來重構羅馬的政治價值體系[7]。《論義務》的基本論旨乃是由類似中國「義利之辯」的二元架構——西塞羅稱之爲「**高尚性**」與「**效益**」(*honestas vs. utilitas*)之對比——來重新檢視四種基本德行：智慧、正義、勇氣以及節制。高尚事務乃是其自身具有值得追求的價值而成爲行動目的；而所謂的效益則是其本身不具有內在價值，但是恰當地運用可以促成人類社會生活以及個人利益增進之手段。

　　西塞羅提出了兩個獨特的分析觀點，一方面修正了羅馬傳統的價值體系，另一方面也形成了西方傳統探索政治道德的重要參考架構：第一，西塞羅雖然將四種基本德行視爲「高尚性」之根源(*Off.*,

---

7　對於希臘化時代的政治哲學以及其形上學、倫理學背景，陳思賢(1999)作了
　　詳盡的分析。

I: 15)，但是他以羅馬特有的法律精神詳細討論正義觀念，特別是誠信原則以及私有財產的不可侵犯性，以作為政治領域之倫理基礎；第二，他修正希臘思想中的「節制」觀念，將之擴充為一個獨特的「合宜性」(*decorum*; seemliness)理想，也就是用社會或他者的角度，來評價個人行為是否具有倫理的恰當性。我們於次節討論西塞羅的基本德行論，然後於第四節檢討其效益理論。

三、西塞羅論基本德行

西塞羅在《論義務》一書中並未對德行(*virtus*)一詞做出界定，但在早期他曾將之界定為「德行乃精神與自然及理性之權衡相和諧的習慣」(*Inv.*, II: 159)。《論義務》對智慧的描述，著重於羅馬傳統所強調的政治明智，但仍兼顧希臘傳統所論的哲學智慧。西塞羅強調哲學生活不及於追求德行的實踐生活，而指出「認識和觀察自然如果不繼之以對事物的任何行動，那麼這種認識和觀察便是不完善的、未完成的。這種行動特別表現在對人類利益的維護，因此它與人類社會直接有關，從而應該視它比認識更為重要」(*Off.*, I: 153; II: 5-18)[8]。

對於勇氣這個在羅馬傳統價值體系中被認為最能帶來榮耀的德行，西塞羅則通過對所謂「偉大的精神」(*magnitudo animi*; greatness of spirit)之討論來減低其份量(*Off.*, I: 13; I: 63-92)。他清楚地理解到人性有一種尋求超卓優越的欲望(impulse towards preeminence, *Off.*, I: 13)，這使得人們對於公共事務中不公正的律令加以反抗；但假若

8　有關哲學生活與實踐生活的評價，還牽涉到希臘化時代反城邦思想所主張的「閒逸」(*otium*)與哲學生活的親和性(陳思賢，1999：200)。西塞羅基於羅馬的經世進取理想而拒斥閒逸的優越性。

不以善的觀念進行導正，此種欲望將很容易超出常軌，成為追求個人獨一的超卓狀態，甚至企圖成為一人統治者，進而導致共和體制的腐化衰亡(*Off.*, I: 64)。

　　為了矯正羅馬傳統榮耀觀的內在困難，西塞羅藉由斯多噶學派對於克制欲望與恐懼而達成的心靈自由，也就是堅定(constancy)與尊嚴(dignity)，來重新界定偉大精神的兩種特質。此種文明化的勇氣觀，表現於統治活動的重要性凌駕於戰爭勝利所帶來的榮耀(*Off.*, I: 74)；也唯有如此，勇氣才能與「高尚性」相結合(*Off.*, I: 79)。西塞羅引用柏拉圖的理論，指出擔任國家公職者，一方面必須維護公民的利益而非其自身之利益，另一方面則應維護國家整體而非其中特定部分的利益(*Off.*, I: 85)。西塞羅並用羅馬法來為柏拉圖的觀點另尋理論基礎，指出公共事務的管理乃是一種「**信託**」關係 (*tutela*; guardianship)，所以應該維護的是託付者而非受託者的利益(*Off.*, I: 85)[9]。基於此，西塞羅強調領導國家的人應像法律一樣，以衡平 (*aequitate,* equity)而非憤怒來進行懲罰(*Off.*, I: 89)。

　　西塞羅在《論義務》中，對於另兩種基本德行，也就是正義以及「合宜性」的討論，篇幅遠大於智慧以及勇氣，由此可看出他所秉持的核心價值。在正義方面，他認為有三個基本原則：第一，避免傷害原則，也就是除非自己受到不公正的對待，任何人都不應當傷害其他人(*Off.*, I: 20)；第二，私有財產原則，意指維護公共利益的公共性以及個人利益的私有性，使之各得其所(*Off.*, I: 20-21)；第三，誠信原則(*fides*)，也就是對承諾和契約的遵行與守信(*Off.*, I: 23)。西塞羅認為這三個正義原則乃是任何具有正當性的社會政治

9　換言之，西塞羅的思想區別了政治社群(或邦國)與政府，前者必須由人民參與政治事務之審議，但貴族菁英則基於人民的信託而施行統治。請參考 Wood, 1988: 132-142以及本書第二章第三節之討論。

組織之基本構成要件。

　　西塞羅正義論述的基礎乃是有關社會(*societas*)的形成以及運作所需要的德行(*Off.*, I: 50-60)。他採取了亞里斯多德《政治學》第1書所鋪陳的理論，提出人類社會之形成乃基於一些可普遍看到的原則，而社會的紐帶是「理性和語言，它們通過教導、學習、溝通、討論以及判斷，使人們加以調和(*conciliat*)」[10](*Off.*, I: 50)。另一方面，西塞羅指出，「人們儘管由天性引導而聚合起來，但是他們正是希望保護自己的財產而尋求城市作爲保障」(*Off.*, II: 73)。換言之，共同生活之目的，在於依據誠信原則保障私有財產以及債務之償還，是以他堅決反對當時部分政治領導人運用免除人民債務的方式取得群眾支持(*Off.*, II: 84)。政治共同體不可動搖的兩個基礎乃是和睦(*concordium*)以及衡平(*aequitatem*)，而其具體表徵乃在於國家能保障每個人可以自由而無憂無慮地保有自己的財產(*Off.*, II: 78)[11]。

　　即使是戰爭，也應當以正義爲本，以和平爲目的。西塞羅指出，衝突有兩種處理狀態方式，一種是通過協商，另外一種以武力進行；前者符合人的本性，而後者乃是野獸的。只有在無法用協商解決爭端的情況下，才可以使用武力進行戰爭。戰爭既是爲了維護和平生活不受侵害，戰爭之進行以及勝利後對被武力征服的敵人，也應當用符合正義的方式加以對待(*Off.*, I: 34-38)。

　　不正義的行爲則有兩種可能根源：一爲貪婪(avarice)，也就是以不公正的行爲來取得強烈希望得到的東西；另一爲恐懼(fear)，

10　此處的「調和」觀念正是《論共和國》第1書41節中所論的對於政治事務之審議(*concilium*)，請參考本書第二章第二節以及蔡英文1999: 80-81之討論。

11　關於西塞羅的財產理論，請參閱Wood, 1988: 111-115以及Long, 1995: 234-235之分析。

即擔心如果自己不先用不公正的手段傷害別人時，他人會用不公正的手段使自己遭受不測。而不公正的手段有兩種型態：

> 有兩種行使不公正的方式，一是使用暴力，二是進行欺騙；欺騙像是小狐狸的伎倆，而暴力則有如獅子的行為。這兩種方式對人最不適合，而欺騙更應該受到憎惡。在所有的不公正行為中，莫過於有些人在做最大的欺騙，卻想讓自己看起來是高尚的人。(*Off.*, I: 41)

對於違反正義原則的人，西塞羅提出了一個「雙刀論證」。不正義的行為違反了自然法，同時也破壞了人類共同的社會生活所必需之基礎。所以，假如違反正義的人認為他的行為並沒有任何違反自然之處，那吾人便不可能和這樣一個泯滅人性的人進行論辯(*Off.*, III: 26)。而另一方面，假如他認為不正義的行為雖然應該避免，但是貧窮與死亡乃是更為不利的情境，那麼，他便是認知錯誤，將身體與財富的損失看得比心靈的損失更為嚴重。在政治理論的層次上，第一種駁倒不正義的論證較為重要，這也正是西塞羅「暴君放伐論」的基礎：由於暴君的一人統治違反了「正義」這個社會所得以存在的理據，是以公民與暴君之間不存在社會關連；暴君既以違反自然的野獸方式遂行其個人支配，則公民用武力討伐暴君乃是完全正當的(*Off.*, III: 32)。

西塞羅所論述的第四種基本德行乃是「合宜性」。這是一個較不易清楚界定的德行，西塞羅說明如下：

> 合宜可分為兩類。我們知道有一種普遍的合宜，它存在於一切高尚的活動之中；另一種附屬於它，涉及高尚行動的個

別面向。對前者習慣上界定為：合宜是一種人依其本性區別
於其他動物而產生的、卓越(*excellentiae*)相一致的特性。至
於說到整體的個別面向，人們對它這樣界定：它是一種於本
性相一致的合宜性，節制與克己在其中以某種符合家世身分
的尊嚴表現之。(*Off.*, I: 96)

此種合宜性是一種社會性質的德行，也就是在其他人眼中，行
為者依據符合其身世角色所應有的行動方式而產生的行為規範。西
塞羅列舉了行動的衡平(*aquabilitas; Off.*, I: 111)、由於機會或情勢所
賦予的角色(*tempus; Off.*, I: 115)、由行動者自身所決定擔當的角色
(*accommodamus; Off.*, I: 115)、尊嚴(*dignitas; Off.*, I: 130)、嚴肅
(*gravitas; Off.*, I: 134)等。他並指出，有三個基本原則統攝這些社會
德行：第一，讓欲望服從理性；第二，注意所期望完成的事務重要
性之程度，並讓自己的努力切合事務所要求的程度，既無過之亦無
不及；第三，注意一切會影響自己高尚儀表與尊貴身分的事務，維
持自己的合宜性(*Off.*, I: 141)[12]。

對於這個看來頗為「他律」的社會合宜性，西塞羅卻賦予了重
大的理論地位：他用來討論四基德的架構，也就是「高尚性」與
「效用」的二元對立之中，高尚性正是以此種合宜度加以界定：
「合宜性此一概念的實質在於它不可能與高尚性分離，因為**凡是合
宜的都是高尚的，凡是高尚的都是合宜的**」(*Off.*, I: 93；粗體為筆者

12　西塞羅此處所欲鋪陳的觀點，以鄂蘭(Arendt, 1958: 199-207)的話來說，政治
　　世界作為一個公共領域，乃是一表象世界。它乃是人們以語言和行動所構成
　　的表象空間，先於任何形式化的憲政體制以及政治組織。當然，我們也可以
　　用亞里斯多德的倫理慣行(*ethos*)或者黑格爾的倫理生活(*Sittlichkeit*)加以理
　　解，將西塞羅所陳述的合宜性作為社群之中所共同接受的倫理標準。

所加)。西塞羅承認,此處要對高尚與合宜的區別作出清楚的說明並不容易,反而是直觀的理解較有可能,因為「凡合宜事務之顯現,必有高尚為其先導」(*Off.*, I: 94)。

西塞羅進一步主張,此種社會合宜性構成了政治行動終極的重要判準,即使是維護國家利益與公共目的之政治行動,也不能超越合宜性所設下的限度:

> 有些事情是如此的醜陋,或者是可鄙,以致於有智慧之人甚至為了拯救國家也不會去做。……就這樣,智慧之人不會為了國家去做那些事情,國家也不會為了自己要求去做那些事情。不過事情本身提供了更加有利的解決辦法,因為不可能出現這樣的情勢,以致於要求智慧之人為國家做出其中任何一件事情。(*Off.*, I: 159)

這乃是西塞羅的古典理論用倫理標準來範圍政治行動最重要的文本。對他而言,社會倫理所建構的合宜性以及符合自然法的正義與誠信諸原則,都是社會所賴以存在的基礎;所以不可能設想需要使用違反社會存在理據的行動來達成政治社會的創建與維護。是以,西塞羅反對用不正義的暴力來創建政治制度,即使對羅馬的創建者羅慕洛斯,西塞羅也批判他犯了錯誤(*Off.*, III: 41)。

理解西塞羅如何將自然法、人類社會以及個人義務加以結合最為清晰的分析角度,是他的「角色」概念。英譯本的"role"以及中譯本「角色」一詞,乃是翻譯西塞羅所運用的"*persona*"一詞而來;在羅馬這原指戲劇演員所使用的面具,也有法律上的「個人」或「人格」的意義,西塞羅將之用來描述政治行動者在實踐自然法的權衡、滿足社會期待時所應扮演的角色。他指出:

　　還必須明白，自然好像賦予我們兩種角色。一種角色是共同的，由於我們全都具有理性和使我們超越於野獸的優勢，由此而產生一切高尚和合宜，由此我們探究認識義務的方法。至於另一種角色，他被賦予個人。要知道，正如人的身體存在巨大的差異一樣……心靈方面同樣存在甚至更大的差異……不過每個人都應該保持自己的特性，當然不是惡習，而是他特有的性格，以便更容易保持我們正在探究的合宜性……除了我上面提到的兩種角色外，還應該提到第三種角色，由某種機會或情勢賦予的角色，甚至第四種角色，由我們自己決定擔當的角色。要知道，王權、治權、顯貴身分、官職、財富、影響以及一切與之相反的東西，它們都有賴於機遇，受情勢支配，但是我們自己想飾演什麼角色，卻則由我們的願望決定。(*Off.*, I: 107-115)

　　從這個摘錄的文本，我們可以清楚地看到，西塞羅運用角色或「人格」一詞，指涉人類社會管轄程度不同所導引出的倫理義務，包括最為普遍、任何人都應該遵守的自然法及其本性；其個人之獨特秉性；由機運所造成的不同差異性(包括社會政治地位的重大差異)；最後則是個人的願望以及選擇。對於西塞羅而言，要善盡每一個人該有的義務，就是將這些「角色」或「面具」戴上之後，能夠在公共領域中發揮自己的德行，扮演好每一個角色內在蘊含的社會期望。事實上，對他而言，行動者的德行，除了有能力洞察事物中真實與合宜的面向，並且將其慾望服從於理性；另外還需「以節制、審慎的態度結交與我們共同生活的人們，使我們能夠依靠他們的努力，充分、富足地擁有本性需要的一切，並且在他們的幫助下避免我們可能遭到的不利，懲罰企圖傷害我們的人，並且對他們進行合乎公正和人道的懲

處」(*Off.*, II: 18.)。

所以西塞羅的「角色」或「人格」理論，在人的內在道德以及外在社會的倫理義務之間，鋪陳了一個緊密的聯繫。事實上，任何具有公共意義的官職，也是一種角色扮演；所以西塞羅在分析官員、一般平民以及外邦人的不同義務時，特別強調官員的職責在於「認識到他代表國家，應該保持國家的尊嚴和榮耀，維護法律，確定法權正義、銘記這些是信託給他們的責任」(*Off.*, I: 124)，而官員「認識到他代表國家」的論述，按原文精確地翻譯應為「他採取城邦的*persona*」。這樣的觀念，在馬基維利的政治秩序論中泯滅於無形，因為馬基維利將政治的範疇重新界定為政治行動者為了維護個人支配的目的，運用力量、德行、狡智，及採取所有可能行動的場域。因此這是一個實力的領域，沒有「角色」或人格的問題。反而是之後的霍布斯，在《利維坦》第16章重新運用這個觀念，並且用社會契約的架構分析主權者作為人民的代表，也就是主權者採取了人民的*persona*之獨特理論，完成了現代國家的虛擬人格理論(Skinner, 2002a, 3: 177-208)。

四、西塞羅論效益

《論義務》第1書的主要內容便是以高尚性的角度來分析並重構四種基本德行，期望能據以改革羅馬共和的政治價值。第2書則討論環繞著「效益」所產生的工具性德行。由於社會生活乃是人與人互動而產生的，是以不可免地有著效益的層次，也就是如何讓其他人協助我們以完成我們自身的利益(*Off.*, II: 20-21)。換言之，假如前述符合高尚性的四基德乃是就其本性即為值得追求的德行，此處之效益則是在社會交換關係之中所形成的行為準則。

值得注意的是，西塞羅著墨最多的並非商業活動所需要的公平

與交互性(對西塞羅而言，此一議題屬於正義的德行之範疇)，而是傳統羅馬貴族最重視的「榮耀」。他把此一價值重新界定為政治領袖與平民所形成的一種上與下的交換關係。西塞羅指出，「最高、最完美的榮耀」(*Off.*, II: 31)淵源於下述三個基礎：群眾的愛戴、他們的信任，以及他們認為你應享尊榮而產生的欽佩感。要取得群眾這三種支持，政治領袖乃是透過交換而達到的：民眾的愛戴與善意乃是靠領袖能持續提供善行服務，這與慷慨大度(liberality)有著密不可分的關係；民眾的信任乃是由於政治領袖具備了公正與政治明智，能夠洞察事務的可能發展，並做出妥善決定加以因應；至於要讓民眾產生欽佩愛戴的情感，則要適時表現某些特殊而突出的美德，因為人們通常欽佩一切超越他們想像的特殊品行(*Off.*, II: 31-36)。而西塞羅總括取得榮耀的三種方式，強調三者都必須符合正義的原則(*Off.*, II: 38-39)。

在分別陳述了高尚性與效益，具有內在善的本性之德行以及基於社會交換所產生的行為準則後，西塞羅在《論義務》第3書進一步闡釋，當二者相衝突時，行動者如何抉擇的問題(*Off.*, I: 9)。他強調，真正有智慧的人，是不會將高尚的行為與和它相衝突的利益加以比較，因為這既不符合美德之要求，也不符合羅馬傳統所強調的虔敬(piety)。但是，在具體的情境中，行動的本質往往具有不確定性，特別是有些通常被視為不高尚的行動，結果可能並非可鄙的。最明顯的例證便在於誅殺暴君：殺人——特別是殺死自己的朋友——乃是極端可鄙而不高尚的行為；但是若殺死的是一個暴君，則儘管他是自己的朋友，羅馬人民仍然將之視為光輝的事蹟(*Off.*, III: 19)。布魯特斯刺殺凱撒的行動便因為誅殺暴君的高尚性而得到證成。所以，真正需要的，是當表面上的利益與高尚性似乎產生衝突時，有必要追尋一種準則(*formula*)來使行動者做出正確無誤的判斷

(*Off.*, III: 19)。由於此處用來解決價值衝突的「準則」乃採擷自羅馬法的程序，是以《論義務》第3書基本上採取一種**法學式論證**來解決價值衝突的潛在可能(Long, 1995: 237)[13]。

在討論過各種法律層次的具體例證後，西塞羅提出一個一般性的原則：

> 對於所有的事物僅有一種尺度(*regela*)，希望你(按：指西塞羅之子)能深刻理解它：或者令人覺得有利的事情不可能是可鄙的；若它真的是可鄙的，便不可能顯得是有利的(*Off.*, III: 81)。

這個結論與一般人對此問題的直接反應顯然有所不同。常人直觀的反應大概是：同時符合高尚性與效益的目標，也就是當公共利益與個人利益相結合時，這是我們應該戮力追求的目標；當二者背離時，我們應追求符合高尚性的行動，而不去追求只具效益卻不符合高尚性的目標。

然而，西塞羅並未採取這樣的常人直覺觀點。他的主張乃是，不高尚的事務不可能帶來效益，因為這種可能乃是理性在從事思辯時所恥於採取的觀點(*Off.*, III: 49-50)。西塞羅力主，依據自然的律則，真實的效益必然蘊涵著符合自然的高尚性：

> 每當我們遇見某種利益的表象時，我們必然會為其所動；但是如果當你經過仔細觀察，發覺有不高尚的鄙陋與那種產

13　若依修辭學的觀點，則西塞羅在《論義務》前二書所運用的乃是議事演說，而第3書則轉變成法庭演說(judicial speech)的體裁。

生利益的影像的東西結合在一起時，這時不是應該放棄有益
的東西，而是應該理解，凡有鄙陋存在，便不會存在有效
益。因為不可能有什麼比不高尚的鄙陋更違背自然——因為
自然希望一切正當、合宜以及穩定的事物，否定相反的事物
——並且沒有什麼比利益更符合自然，因此利益和鄙陋便不
可能同時並存於同一個事物之中（*Off.*, III: 35）。

換言之，真實的利益和高尚性的標準是相同的（*Off.*, III: 74）。
當不符合高尚性與德行之標準時，便沒有利益可言。其原因在於，
此種背離了高尚性的利益，只是一種利益的虛假表象，它把行動者
推向違反自然、違反社會的不正義之途，摧毀了人們所據以過群居
的社會生活之根本原則。最常見的例子便是對於財富以及權力無止
境的貪婪，後者更造成了在自由國家尋求建立一人統治的毀滅性後
果（*Off.*, III: 36）。任何此種表面的利益都將因為不符合「高尚性」
而遭人唾棄[14]。

西塞羅此種「不存在背離高尚性的利益」之主張，必須基於其

---

14 在早期修辭學作品中（*Inv.*, II: 156-176），西塞羅羅列四個議事演說的目的，
除了高尚性與效益之外，尚有必要性（necessity）以及情緒（affection），而以前
者較具理論意義。所謂的必要性乃是「沒有力量可以抵抗的東西」，他繼續
將之區分為完全無法抵禦的必要性以及可以通過明智行動加以克服的必要性
（*Inv.* II: 170-173）。西塞羅指出「最大的必要似乎是高尚；其次乃是安全；
第三也最不重要的則是便利」（*Inv.* II: 173）。顯然地，《論義務》所運用的
二元架構修正了其早期四個議事演說目的之分析架構。特別值得注意的是，
在《論義務》一書之中，必要性雖然被稱為是除了智慧以外其他三種德行的
目標，但此處的必要性已經被涵攝於西塞羅的社會觀念之下：「其他三種德
行的任務在於籌備和提供維持生命所需要的各種物質，以便保持人類社會和
聯繫」（*Off.*, I: 17）。

社會觀以及自然法理論方有可能適當理解。筆者已經指出，他用法學判斷的方式處理價值衝突的問題，這預設了一個具有規範意義而且有效運作的法律系統作為判斷的根據。而所有企圖追求「與高尚性相背離的利益」此種違背自然目標的人，西塞羅將其行為動機歸因於法律上的惡意(*malitia*)，並強調此種惡意絕對不能與明智(*prudentia*)相混淆。因為明智之用乃在於區別善與惡，而惡意乃是刻意地將可鄙的惡事置於善之上，以滿足其不法利益(*Off.*, III: 71)。後者是一種基於貪婪所發生的詐欺(*astutia*)，不僅應為實證法所制裁，也因為其違反理性而為自然法與哲學所禁止(*Off.*, III: 68-69)。西塞羅之前已經論述，符合正義的法律乃是社會的基本連結，而其根源於自然法更是人類理性與人性的合理表現(*Off.*, I: 22-23)。

　　另一方面，西塞羅似乎認為運作良好的政治共同體中，基於社會倫理所形成的「合宜性」判準一定會產生內在價值以及規範能力，使得公民必會採取符合「合宜性」的行為，而合宜性的社會標準與高尚性必然完全相符。是以，符合社會規範而將為個人帶來效益的行為，必然是符合高尚性的[15]。

15　從哲學的角度而言，西塞羅的觀點類似於柏拉圖傳統所主張的，任何存在物都是善的，沒有存在於善之外的罪惡(evil)。罪惡不是獨立自存的實體，而只能是善的闕如(deprivation)。轉化成西塞羅的語彙，即人的行動目的必然是追求具有高尚性的善，因為任何具有效益的結果都是根源於高尚性的善(*Off.*, III: 101)。所謂人能去追求不具有高尚性的效益(也就是罪惡)時，他已經摒棄其人性本然之理性，走上「非人的」野獸之途(*Off.*, III: 21,26)。在這個意義上，西塞羅可以說是不自覺地運用了柏拉圖主義關於善的理論於政治德行論述之中。Marcia Colish分析《君主論》與《論義務》的關係時，認為西塞羅已經將高尚性轉化為效益，從而鋪陳了馬基維利思想之基礎(Colish, 1978: 213-215)。這似乎對《論義務》的根本旨趣有所誤解。在這個議題

西塞羅的理想政治家乃為一**共和之保護者**。他們的偉大作為包括了：

> 首先努力爭取做到每個人能夠依據公平的法律以及審判擁有自己的財產，避免奪取一些人的財產贈與另外一些人的所謂慷慨大度；讓較為貧窮的人不會由於地位低下而受到壓迫，讓忌妒之心不至於阻礙富人擁有或重新取得自己的財產；此外不論在戰時或平時讓每個人都能盡其可能增加共和國的權力、領土和收入。（*Off.*, II: 85）。

唯有此種日常履行並符合正義的政治行動，才能帶來真實偉大的榮耀，同時為國家帶來巨大的利益並取得人民的感激[16]。《論義務》一書所提出來的理想政治家圖像，乃是以Aratus of Sicyon為典範（*Off.*, III: 81-83）。他推翻了Sicyon原有的僭主之後，面臨的主要政治問題在於前任僭主統治期間財產權的變化。在現在占有者事實上的使用權以及原先擁有者所提出的償還要求之間，他尋求一個各方均能接受的解決方案。他到托勒密國王處取得了鉅額的金錢幫助，並回去建立一個委員會，評估所有權改變的狀態之後，說服一些人接受金錢的補償而放棄其當前的使用權，而另一些人則願意接受金錢的補償而取消恢復其原有的所有權訴求。Aratus遂得以重建該城的和睦（*concordia*）。對於這位政治家，西塞羅傾心讚嘆，認為他具備了真正的智慧以及「最高的理性」（*summa ratio*），而能「不

（續）————————————————
上，Atkin的說明較為允當（Atkin, 2000: 506-507）。

16　當然，西塞羅這個圖像不免有美化之嫌，遑論統治者向宗主國借貸後的償還問題。

引起公民間的利益矛盾，並讓所有人處於同一個公平原則之下」
（*Off.*, II: 83），並且依照誠信以及債務償還兩個維護社會的根本原則
來達成政治的和諧。「共和之保護者」的對立面乃凱撒這類摧毀共
和體制的政治人物，「他渴望作人民的國王和所有民族的主人，並
且已經做到這一點。如果有人認為這樣的貪欲是高尚的，那他必是
失去了理智，因為他竟然稱讚法律和自由的死亡，認為可惡而卑鄙
地壓制法律和自由是帶來榮耀的行為」（*Off.*, III: 83）。

　　總結三、四兩節所述西塞羅對羅馬政治價值體系所作的修正，
有三個重要的理論特色值得注意。第一，他預設了共和政制的正當
性以及羅馬法規範的有效性。價值的重構乃是為了讓這些制度更加
穩固，而非重新建立體制或證成其它的政治價值。第二，西塞羅雖
然試圖修正羅馬傳統的榮耀觀，但其根本意向還是在於保守並維護
羅馬的社會階層，所以才有維護私有財產以及所謂「階層和諧」
（*concordia ordinum*）的主張(Long, 1995: 214)。第三，由於預設了良
序社會的存在，他用「合宜性」來調解德行本身的內在善以及德行
本身所帶來的聲名。從現代道德理論觀之，前者是一種著重自律的
內在理論，後者則明顯地偏向他律，也就是他人意見中關於行動者
德行的判斷。前者或許較有哲學深度；但在政治領域中，後者的重
要性遠遠超過前者，因為如此才有可能吸引群眾之追隨。

五、馬基維利政治道德論的基本取向

　　西塞羅未曾討論的課題乃是，在缺乏具有正當性的政治體制和
規範效力的法律體系時，如何論述政治德行以及調解相衝突的政治
價值。馬基維利思想系統的出發點，正在於如何在絕對腐化或失序
狀態，建立有效並具有正當性的政治統治。對馬基維利而言，在創

建政治秩序時，不能夠也不應當依據常軌的道德規範來行動，而必須尋找政治世界的內在邏輯作爲其行動之律則。他因而認爲前此所有撰述類似《君主明鑑》的思想家都是活在自己想像的道德世界之中，與政治事務的本質毫不相干。在《君主論》第15到19章之中，馬基維利有系統地提出了與古典傳統決裂的政治道德論。通過修辭學上所運用的「正反辯難」（disputation）技巧，分析政治領導人所應備之政治品格：在慷慨與吝嗇、殘酷與仁慈、被臣民所愛戴或爲其所畏懼、重視然諾或不守信用等修辭學者常處理的議題上，馬基維利有意識地顛覆了古典傳統所標舉的價值[17]。馬基維利自謂其根本意圖乃是「寫一些對於那些通達的人是有用的東西，我覺得似乎進入事物的有效眞理，比去談論關於事物的想像更爲恰當」（P.15: 1）。他所追求的「**有效眞理**」（effectual truth）與古典政治哲學傳統追求之眞理有著巨大差異，自不待言（Mansfield, 1996: 19）。更加值得注意的是，馬基維利此處所論述的「有用的事物」（*cosa utile*; something useful），正是西塞羅所討論的效益（*utilitas*），只不過馬基維利刻意顛覆西塞羅爲「眞實的」高尚性與效益所建立的統攝之價值體系。

　　對馬基維利而言，「攫取」（acquisition）乃是人性最基本的行爲動因：

　　攫取的欲望的確是很自然而通常的情事。人們在能力範圍內如此做時，總會為此受到讚揚而不會受到非難。但是，若他們力有不逮，卻硬要去做時，這便是錯誤之所在而將受到

17　15到19章乃是《君主論》最具理論性的部分，關於這幾章與全書其它部分間之關係，以及馬基維利可能的撰寫過程，請參考Felix Gilbert, 1997: 198-204。

非難。(P. 3: 12)

一般而言，攫取行動不外乎兩種目的：榮耀以及財富(P. 25: 2)。馬基維利所關心的重點有二：第一，在人們追求這些相同目的的時候，何以有人成功有人失敗，而究竟有無一個較為普遍的「有效真理」來教導政治人物達到他們的目的；第二，在取得財富以及政治權力時，除了成功與否之外，還牽涉到其他人的評價(讚揚或者是非難)。雖然馬基維利並不認為這些評價有何內在價值，但由於它們牽涉到政治行動者的聲譽以及榮耀，因而會對其統治的正當性有所影響，是以馬基維利也須對此提出符合「有效真理」的分析。

為了追求政治世界的有效真理而放棄西塞羅式的高尚性理念之後，馬基維利如何處理政治行動的動機以及目的？一究其實，他所提出的替代性理念乃是「必要性」(necessitas)這個範疇。馬基維利主張，人類事務並非靜止不動，而是處在一種恆動的狀態，若非興起便是衰亡。必要性將為行動者帶來一些並非理性所能預見的事態(D. I. 6: 4)。也就是說，必要性與理性相對立，意味著在政治領域中由於機運以及偶然性而對行動者所產生的限制，新君主的德行便在於能夠克服必要性的限制[18]。就本文之主旨而言，關鍵問題乃在於馬基維利的必要性觀念與西塞羅的高尚性之差異，以及二者所構

---

18 「必要性」此一觀念之重要性向為研究者所重視(Skinner & Price 1988: 107-108)。De Grazia(1989: 195-199)對此議題有基於馬基維利自然觀念所提出的詳盡說明。德國史家Meinecke(1962: 37-41)更以necessitas為樞紐，嘗試建立馬基維利思想與近代國家理性傳統的聯繫。中文資料方面，請參考張旺山(1995)對此國家理性傳統之討論。

成的政治德行之異同[19]。

「必要性」一詞在《君主論》第一次出現時，乃用以描述所謂不具傳統正當性新君主國之中，統治者所面臨的根本政治困難：

　　那裡的變動主要是來源於一切新君主國所自然而有的困難。這就是，人們因為希望改變自己的境遇，願意更換他們的統治者，並且這種希望促使他們拿起武器來反抗他們的統治者。可是在這件事情上，他們被欺騙了，因為後來的經驗

19　Viroli企圖將馬基維利的必要性觀念追溯到西塞羅早期的修辭學作品，從而降低馬基維利思想所蘊含的道德疑義(Viroli, 1998: 84-85, 96-97)。他認爲馬基維利既非哲學家探究政治界的眞理，也非政治權力的科學家開啓了現代權力政治的先河，而是依循修辭學的傳統提出「一個好人對於政治事務應該提供的見解。當他強調國家安全危殆之時，道德的考量應該存而不論，或當他重新描述德行與邪惡時……他只不過是遵從羅馬修辭學大師的典範而已」(Viroli, 1998: 94)。Viroli提出的見解相當新穎，因爲其他以修辭學傳統爲本的詮釋者亦主張馬基維利運用修辭學的技巧來顛覆古典人文主義傳統(Kahn, 1994: 32)。Viroli詮釋的最大問題在於，他過分依賴*Rhetorica ad Herennium*一書，但此書從1492年起便被懷疑並非西塞羅本人的作品，與馬基維利同時代的著名人文主義學者Erasmus也認爲此書爲僞書(Skinner, 1996: 32-33)。換言之，Viroli的詮釋所依賴的並非西塞羅本人之文本。本章註15已經討論西塞羅本人早期所著*De Invention*之見解，視高尙性爲最重要的必要性，與《論義務》之分析取向並無根本矛盾。進一步而言，《論義務》係西塞羅去世前一年最晚期之作品，後期成熟見解的重要性理當凌駕前期作品，遑論作者不明的僞書。另一方面，史金納指出*Rhetorica ad Herennium*的作者雖有所爭議，但由於其論述清楚而仍然被廣泛地作爲教科書。問題在於，如果*Rhetorica ad Herennium*果眞廣泛爲學者所硏讀，且眞如Viroli所述與馬基維利思想差異不大，則何以《君主論》刊行之後會造成巨大的爭議以及宗教、道德上的嫌惡？對於這些問題，Viroli並沒有做出充足的說明。是以他所提出的見解雖可加以參考，但其證據尙無法推翻主流詮釋所主張的馬基維利思想顛覆了古典主義傳統。

顯示其境遇比以前更加惡劣。這種情況是由另一個自然的，通常是必要的情境(necessity)所造成的，因為新的君主，由於新的攫取(acquision)所帶來的軍事占領和無數損害(injuries)，不可避免地會得罪新的屬民(P. 3: 1)。

攫取既為人性最基本的行為動機，因而被西塞羅所拒斥的人性貪婪的層面，遂成為對馬基維利而言最重要的行動因素。馬基維利進一步指出，傷害乃是新君主攫取統治權、創建政治秩序時所不可免的必要性。這個看似不證自明的事實陳述卻隱含著對古典正義觀的棄絕，因為避免傷害乃是西塞羅界定正義的第一原則。馬基維利的文本強調傷害之不可免，也就是**不正義成為新君主無法避免的必要性**。換言之，西塞羅最為強調的正義德行，被馬基維利認為不符合政治現實之必要性而完全放棄(Skinner, 1984: 216)。西塞羅所倡導的符合高尚性之效益，對馬基維利而言，不啻為緣木求魚，基於想像的德行觀。

六、馬基維利論政治德行

在西塞羅所論述的四種基本德行，正義已被馬基維利完全放棄，而以統治者個人維持其支配以及地位的安全與福祉加以取代。對「智慧」這個重要德行，馬基維利也做出了相應的修正。西塞羅在討論此一德行時，往往智慧與明智並舉，也就是在強調羅馬所著重的明智之政治判斷外，尚未完全忽略希臘哲學傳統所建立的，依據理性以及哲學思辨追求真理智慧。馬基維利所主張的明智乃是徹底實務取向的：

在事物的秩序中，人們在避免一種不利狀態的同時，難免遭到另一種不利；但明智正存在於能夠辨識到各種不利的性質，進而選擇害處較少的作為善的（good）。（P. 21: 6）

政治領域中之善僅有相對的意涵，也就是對行動者害處較小的手段，而明智便在於正確地辨識出這些害處較小的途徑並加以實行。但假如事態嚴重到並非符合一般道德標準的行動所能解決時，新君主不能遲疑，必須走上「為惡之途」（P. 18: 5）。

馬基維利反諷地運用了西塞羅所提出的著名比喻，並將其道德內涵完全逆轉。戰鬥的方式有兩種，一為法律，一為武力。人類的鬥爭雖以法律為主，但政治場域終極地以武力為本，也就是回歸野獸的戰鬥方式（P. 18: 2）。然而，馬基維利並不認為新君王的力量僅存在於純粹的武力而已，因為獅子也常常無法躲過陷阱以保護自己；而唯有結合獅子的力量以及狐狸的狡獪才能立於不敗之地。馬基維利所提出新君主的行為準則，由於其明白主張要模仿野獸的所謂「德行」，徹底顛覆了西塞羅所總結的古典主義將統治者聖化為德行表率的觀點。

馬基維利並直接挑戰西塞羅關於愛戴較恐懼更能鞏固統治者地位的說法（Off., II: 23），指出君主無法避免一定程度的殘酷，因為人民本身便有著對統治者不滿而加以變更的自然想法，這是任何統治者都必須加以壓制的（P. 17）。重要的是，殘酷的舉措必須運用得當，在攫取權力後迅速有效使用，而非長期、緩慢地持續運用。馬基維利指出，關鍵在於讓人民對統治者有所恐懼而非僅止於愛戴，但恐懼不能夠轉化成為憎恨。只要君主不剝奪公民的財產或覬覦公民妻小的榮譽，則一般平民是不會憎恨統治者的。

對馬基維利而言，政治德行真正的根源應在於勇氣，或西塞羅

所描述的「偉大的精神」(*Off*, I: 13)，馬基維利則將之稱爲「精神的德行」(*virtù dello animo*, virtue of spirit; P. 6: 2)。在討論最高境界的政治領導人，也就是如以色列的摩西(Moses)、波斯的塞魯斯(Cyrus)、羅馬的羅慕洛斯(Romulus)以及希臘的息修斯(Thessus)等偉大立法家的最高德行時，馬基維利指出：

> 當我們研究他們生平的行動的時候就會知道：除了獲有機會外，他們並沒有依靠什麼幸運，機會為他們提供了質料，讓他們把它塑造為他們所喜歡的任何形式。如果沒有這種機會，他們精神的德行就會浪費掉，但是，如果沒有那樣的德行，有機會也會被白白地放過。(P. 6: 2)

在《君主論》第6章到第9章之中，「德行」一詞出現頻繁，而其意義不像西塞羅的作品有著統一的指涉(與自然和理性權衡相符之習慣)，而是依照馬基維利已經去道德化的政治圖像，將許多不同型態成功的政治領導人之特質均描繪爲德行。是以，前述層次最高最偉大的立法家們具備有「卓越的德行」(excellent virtue)，使得他們能夠察覺機會，並使得其祖國獲致繁盛，而爲他們的德行增光(ennobled)(P. 6: 3)。其次，運用非常手段來達成境內和平與秩序的Cesare Borgia，也被描繪爲具備了「如此的殘暴以及如此的德行」(such ferocity and virtue)而能夠爲他自己的權力奠定良好的基礎，並給原來紛亂不堪衝突不斷的領地帶來和平與秩序(P. 7: 6)。而在標題爲「論以犯罪之道獲得君權的人們」的第8章之中，馬基維利將古代西西里僭主Agathocles描述爲一方面在其一生無時無刻都過著罪惡的生活，但是其罪惡的行徑又同時「在精神與身體兩方面具有

巨大的德行」(P. 8: 2)[20]。在論述「平民共和國」時，則指出在其中運用貴族與平民衝突而崛起的政治領袖，並非完全依靠德行或機運，而是靠著一種「幸運的狡智」(una astuzia fortunata)，利用貴族以及平民各自所具有的秉性(humors)來完成自己的地位。此種狡智也讓我們想到西塞羅(Off., III: 68-70)在批判的不合法的惡意詐欺

20　馬基維利在論斷Agathocles時，雖然指稱「屠殺市民、出賣朋友，缺乏信用，毫無惻隱之心，沒有宗教信仰，是不能稱作具有德行(virtù)的；因爲這些方法能取得統治權(empire)，但無法取得榮耀(gloria)」。然而有趣的是，馬基維利馬上接著說「如果考慮到Agathocles出入危殆之境的德行(virtù)，以及忍受困難、克服逆境的偉大精神(greatness of spirit)，我們就覺得沒有理由認爲他比任何一個卓越的將領遜色」(P. 8: 2)。Mansfield(1996: 18-19)指出，馬基維利刻意在文本布下Agathocles究竟是否能被稱爲具有德行的疑義。一般中英文譯本往往依據常理而將此處「德行」一詞用「能力」等較爲中性的語彙帶過，反而掩蓋了馬基維利文本所刻意留存的疑義。對於Agathocles究竟是否具有德行，學者之間有著廣泛的爭議，但往往牽涉到詮釋者自身之價值判斷：如果詮釋者認爲馬基維利主張非道德的政治，則此文本中德行一詞的歧義便可被解釋；但若詮釋者認爲馬基維利仍有更高遠的共善理想，則會強調此文本的前半段，也就是Agathocles「不能稱作具有德行」。前一種立場可見於Mansfield；後一種立場則可見於Allan Gilbert, 1968: 136-139。關於這個爭議，我們認爲Kahn(1994: 25-36)依據文學批評理論之中表象、模仿以及反諷等觀念所提出的詮釋最爲周延。他指出，馬基維利其實是非道德的權力政治論者，但同時又運用修辭學原則加以掩蓋，以避免引發讀者閱讀時強烈的道德嫌惡。Kahn進一步分析，馬基維利在前一章(君主論第7章)詳細描述了Borgia如何派遣Remirro到Romagna實施鐵腕統治並恢復了秩序，卻引起當地人民的憎恨時，Borgia馬上將Remirro誅殺並曝屍廣場以滿足人民的願望。與現實政治的邏輯相同，馬基維利在陳述了Agathocles的罪行與「德行」之後，同樣必須在論述層次否定其「德行」以避免讀者的憎恨。Agathocles之於馬基維利，正如同Remirro之於Borgia，後者在運用完前者後便必須將之否定，以滿足旁觀者(讀者或Romagna人民)之願望。這是馬基維利「文本政治」(textual politics)與現實政治雙重辯證的重要技巧。

時所提到的狡智（*astutias*）。

換言之，馬基維利將政治去道德化，德行僅意味著達到政治目標必須具備的個人能力以及特質。卓越政治行動者之德行在必要性的限制中能夠轉化限制成為機會，因而得以創造政治秩序。是以，馬基維利基於創建政治秩序所面臨的政治必要性，重新詮釋古典傳統之德行觀，完全摒棄了西塞羅所建立用正義來規範德行的主張。

七、馬基維利主義與現象世界的政治邏輯

在論述馬基維利對正義、智慧以及勇氣三種德行之重構後，下一個課題乃是，他如何將西塞羅的「合宜性」觀念加以逆轉，說明政治乃為一表象世界，以及其中手段與目的之辯證關係。我們在第三節已經分析，對西塞羅而言，人類的政治活動永遠無法脫離追求他人肯認的面向；只要正確地理解社會生活的本質，則個人所追求的聲譽便應該符合社會性並因此取得他人的讚譽，這也正是「合宜性」的根本特質。對馬基維利而言，政治除了創造秩序的存在意義之外，同時也是一個表象世界，其原因在於政治領導人本身的聲譽會影響其政治統治之有效性與正當性。《君主論》第15到19章中，馬基維利關心的重點並非君王是否真的需要具有這些政治品格，而是他「必須看起來像是擁有這些德行」（P.18: 5），使得他們能夠得到讚揚。君王的品格之所以成為一個議題，純粹是因為他們位居高位，而其所表現出來的性格特質會為他們帶來毀譽（P. 15: 2）。馬基維利指出，主要的原因在於「一般人在進行判斷時，都是依靠雙眼而非依靠雙手，因為每一個人都能夠看到你，但是很少有人能夠接觸你；每一個人都看到你的外表是怎樣地，只有很少數的能夠摸透實際上的你」（P. 18: 6）。換言之，馬基維利並非基於某種本體論來

區分政治世界的表象與本質，而是從政治世界不可免地會有個人與集體意見之形成，產生關於君王品德方面定型化的聲譽而加以考量。

對馬基維利而言，政治行動者面臨一個無所遁逃的基本困境：政治世界的本然乃是行動者運用德行以及武力，以克服其所面對的必要性限制，而且這些政治行動往往超越世俗道德的範圍之外；然而，一般人又會基於他們用眼睛判斷的取向來衡量政治行動者，並對其品德做出評斷。如何在這兩種相衝突的需求之間取得一個平衡點？從這個角度來看，馬基維利現實主義的另一面向便表露無遺：君主並不需要真正擁有一般人所認定的品德，但他必須看起來像是具有這些品行；也就是說，他必須將他並不具備此等品德的事實加以掩蓋，而做一個「偉大的偽裝者和假好人」（great pretender and dissembler; P. 18: 3）。

馬基維利指出，在政治世界中領袖看起來顯得具備這些品行會帶來重大的效益，但假如他們真的實際上具備這些品行而且依之行事，那反而會有害，因為後者無法具備克服機運變遷時所需要的精神上之德行（P. 18: 5）。是以政治的「有效真理」意味著，當必要性的限制大到政治行動者不能不放棄這些品行時，他能夠不受世俗成見的限制而毅然地加以放棄。他必須理解：

> 一位君主，尤其是一位新的君主，不能夠遵從那些被認為是好人所應做的所有事情，因為他要保持國家（maintain his state），常常不得不背離誠信（faith），背離慈悲（charity），背乎人道，違反宗教。因此，一位君主必須有一種精神準備，隨時順應機運的風向和事物變化的情況而與時俱變。如同我前面所說過的，可能的話不要背離良善（good），但是當被必

要性所驅迫的話，他就要懂得如何進入罪惡之途。(P. 18: 5)

　　馬基維利的這個論述，提出了與傳統理論徹底決裂的政治道德論述。在標題爲「論君主應當怎樣守信」的著名篇章中(P. 18)，更直接挑戰羅馬法的誠信原則(而如本章第三節所述，西塞羅視誠信爲正義的根本原則之一)以及基督教的慈悲精神，而使後世對所謂的「馬基維利主義」(Machiavellism)產生了極大的嫌惡並使之蒙受萬古之罵名。

　　一般所謂馬基維利主義的核心，乃是「以目的證成手段」(The end justifies the means.)，而在台灣早期通行的譯本之中，何欣的譯文爲「目的使手段成爲合理合法的」，也就是可以爲達目的不擇手段之主張。但吾人若仔細研讀馬基維利之文本，將發現所謂的「以目的證成手段」，並非馬基維利之原文。此關鍵文本忠實地翻譯應如下：

　　　　所有人類行動，特別是君主的行動，由於其不能向法院提出控訴，人們就注意其目的(fine; end)。所以，一位君主如果能夠征服並且保持那個國家的話，他所採取的手段(means)總會被人們認爲是光榮的(honorable)，並且將受到每一個人的讚揚。因爲庸俗的大眾(vulgar)總是被表象(appearance)以及事物的結果(evento; outcome)所吸引。(P. 18: 6)

　　馬基維利的論述，有三個值得注意的特點。首先，他所強調的重點，乃是推倒西塞羅所謂高尚性與效益必然結合的古典主張。馬基維利不但將高尚性與效益加以區隔，並且將不具高尚性的效益與光榮結合；這是馬基維利主義在思想史上眞正的劃時代意義。被一

般人認爲是光榮的目的乃爲「征服並保有國家」，以及達成此目的必須之手段，二者均不帶有古典主義所強調的正義等社會價值之道德色彩。De Grazia(1989: 299)將馬基維利所傳遞的道德觀念與基督教的金科玉律(the golden rule)相對比：耶穌教導人的乃是「你想要別人怎麼待你，你就怎樣對待人」（"Do unto others as you would have them do unto you."）；馬基維利則主張「別人怎麼待你，你便怎樣對待人」（"Do unto others as they would do unto you."）[21]。

　　第二個值得注意之處是，馬基維利強調任何爲了保持統治地位所採取的手段，必定會被「庸俗的大眾」認爲是光榮的。對他而言，新君主所處的政治領域作爲一現象世界，其旁觀者並非如西塞羅所處羅馬共和的儕輩貴族菁英以及公民領袖，而是一般的平民。政治行動者攫取權力與財富的活動會受到旁觀者的評價，在羅馬體制之內，自然以貴族的「祖宗成法」作爲評價標準。但在馬基維利所描繪的政治世界中，已經不再具有穩定的價值系統，所謂「庸俗的大眾」作爲旁觀者取代了貴族菁英的角色時，政治領導人的表現必須符合群眾心態，如此除了成功之外，還能夠得到群眾的支持與讚揚。

　　由此角度分析，馬基維利所提倡的新政治道德乃是根源於他在

21　許多政治思想家將此金科玉律做文字之更動，使其文義以符合自己的政治哲學見解。例如霍布斯在《利維坦》第15章35段中，用「你不想自己怎麼被對待，就不要如此待人」（"Do not that to another, which you would not have done to yourself."）來作爲檢視自然法的標準；而盧梭則在《不平等起源論》第1部分38段提出，自然狀態中基於憐憫心(pity)的行爲格律乃是「爲自己謀利益，儘可能地不損害他人」（"Do your good with the least possible harm to others."）。孔子的「己所不欲，勿施於人」也是一個常常被拿來對比的格律。當然，這些格律只是表示思想系統的某些面向，不能據以作比較後作過度推論。

《李維羅馬史疏義》所提出的革命性主張：共和國欲維持其政治自由，必須持續擴張，取得財富，而這又有賴於將一般平民吸納到政治領域之中作為最重要的資源(D. I. 6)。這個政治參與的主張，相對於古典共和主義傳統，賦予了平民遠為重要的政治作用。古典傳統所提出的「混合憲政」雖然亦標榜人民作為構成國家的元素之一，但是實際上執行政務的仍為貴族菁英。

　　馬基維利否定西塞羅所述，存在於貴族菁英與平民之間的「信託」關係以及基於此所建立的以階層和諧為理想之政治共同體。馬基維利強調，平民與貴族的持續衝突乃是羅馬共和得以繁盛強大的主要原因(D. I. 3-6)。他所主張的共和體制為一「平民邦國」（popular state），並認定唯有平民積極參與政治過程共和國方有可能獲致偉大榮光，這不啻為現代「民粹主義」的根源(cf. De Alvarez, 1999: 92-97, 139-140)。

　　唯有在此觀點之下，吾人方能詮解馬基維利在《李維羅馬史疏義》之中對人民特殊屬性的詳細探討(D. I. 44, 47, 53 -58)。其中最重要的一個特質乃是，人民所特有的「具體性格」：馬基維利指出，人民對其切身的利益(特別是財產以及妻小之清譽)均能洞察，但在一般性的事物之上卻往往容易有所蒙蔽而被欺騙(D. I. 47)。其原因在於《君主論》第18章所述，一般人只依靠眼睛做判斷。這個特質構成了新君主必須奉行的行動格律：絕對不要任意剝奪屬民的財產以及其妻小之清譽[22]；而在必要時需要運用人民在一般性的層次容易被欺騙的特質，遂行符合其政治目的之「新道德」。馬基維利「新道德」的根本主張在於：因為群眾總是會被表象以及事物的

22　由此亦可看出，馬基維利雖然主張維護私有財產，但是他並非基於西塞羅式的法律協議；其主張純粹基於政治權宜的考量。

結果所吸引，而將政治行動者任何足以達成其目標的手段認為是光榮的；是以新時代的政治人物必須運用此種特殊的心態方能取得榮耀。任何訴諸超越性政治價值的行動（例如西塞羅所論的符合自然法之正義），當其無法說服群眾時便是毫無效用的。

馬基維利論述第三個值得注意的特點是，他強調沒有更高的法院可讓政治行動者加以訴求，來證成其行為的正當性。換言之，政治世界除了行動成功的結果以及群眾評價所構的表象世界之外，沒有超越性的本質或理念世界可以用來作為權衡政治行動正當與否的終極標準。相對於西塞羅前述以「法學式論證」來解決政治價值衝突的分析取向，吾人可說馬基維利強調政治意志與決斷的優先性（Held, 1996: 115-116）。西塞羅認為政治人物應具備符合正義與自然法等社會德行，而當效益與高尚性有所衝突時，要依據法律的思辯途徑拒斥所謂不具有高尚性之效益。這個觀點預設了政治共同體成員對於基本價值以及衝突解決的程序有所共識，也就是*res publica*定義中的「法律之協議性」以及「利益之共同性」。馬基維利則主張，當共同體的成員缺乏此等共識，甚至政治秩序完全闕如時，便不可能通過西塞羅所設想的法律性「準則」加以解決，而必須要運用他自己所論述的政治道德在行動中的自我證成，這形成了與古典自然觀截然不同的歷史觀。

史家波考克曾指出，共和主義思想由於注重特殊性以及有限事物在時間中之變遷，從而奠定了現代歷史意識之基礎（Pocock, 1975: viii）。黑格爾的名言「世界歷史即為一世界法庭」便充分表達出馬基維利思想的這個面向：

　　國家在它們的相互關係中都是特殊物，因此，在這種關係中，激情、利益、目的、才能與德行、暴力、不法和罪惡等

內在特殊性和外在偶然性，就以最大規模和極度動盪的騷亂
而出現。……從這種辯證法產生出普遍精神，即世界精神，
它既不受限制，同時又創造著自己；正是這種精神，在作為
世界法庭的世界歷史中，對這些有限精神行使著它的權利，
它高於一切的權利。（Hegel, 1991: 371, 第340節）

　　但當世界歷史，而非任何特定社群或價值結構成為判斷政治行
動之根據時，成功與存在便成為真實光榮的必要條件。不像荷馬史
詩中，對於勝利者阿基里斯(Achilles)以及戰敗者Hector的行動和榮
耀同等地頌揚(Arendt, 1977: 51-52)，在一個歷史化的政治世界中，
不成功者的光榮不會被一般人所稱頌。然而，馬基維利還未走向黑
格爾式的歷史主義，將「偉大的歷史個體」視為普遍精神的推手；
而仍然保持著一種倫理上的緊張性：一方面成功是榮耀的前提，另
一方面馬基維利亦強調，成功的政治行動者不但無法符合一般人所
稱揚的品行，而且往往成為「所有人類生活方式的敵人」(D. I. 26:
1)，也就是西塞羅所論人類社會價值的敵人。

八、規範論與秩序論：政治道德的兩種典範

　　歸納本章對西塞羅以及馬基維利政治道德論述之比較分析，可
區分出兩種不同型態的政治道德觀：一為規範論，另一則為秩序
論。西塞羅的政治道德論述，由於強調自然法以及正義，並用法學
式論證來解決價值衝突，乃規範論之典範。他以羅馬貴族階級「祖
宗成法」的傳統價值觀為本，而嘗試在政治現實變遷之後加以修
正。其根本意圖乃在於承認傳統價值的規範基礎，而在必要時援引
其它思想資源加以適度的修正。為了矯正羅馬追求榮耀以及個人傑

出所導致的政治不穩定，西塞羅援引斯多葛主義的內在善主張來調解合宜性以及高尚性。然而，西塞羅所提出的理論修正是否成功，即使在古典學者之間亦有爭議。A.A. Long即指出：

> 西塞羅將可接受的榮耀與正義和群眾認可相結合的企圖是失敗的。他所提供的證明或許充足地顯示出真實的榮耀（或者群眾認可），使得政治家需要有正義的聲名。但這並未顯示此種聲名與真實的正義是結合在一起的。西塞羅所能提供的至多僅是一種敬虔的態度，主張「真實的榮耀」不能通過正義的僞裝而加以取得。（Long, 1995: 230）

相對於西塞羅之規範論，馬基維利的政治道德論述並不預設任何既存的政治秩序，或以現有的價值體系爲基礎而加以修正。他關懷的終極問題乃是在無秩序的腐化狀態中，行動者如何創造政治秩序以及其所應依循之行動準則。我們可稱此種取向爲秩序論，因爲在其中秩序的創造行動優位於道德規範。規範論與秩序論之出發點以及關懷焦點完全不同，所獲致之結論有異自無足爲奇：西塞羅心目中理想的政治家爲共和之保護者，馬基維利則以共和創建者以及新君主等有能力創造政治秩序之行動者爲典範。我們只要比較《論義務》一書中所褒揚的Aratus of Sicyon以及《君主論》中稱頌的Cesare Borgia，或比較《論義務》與《李維羅馬史疏義》對羅慕洛斯功過作出完全相反的論斷，便不難察覺兩種典範之差異。

當代政治理論家鄂蘭(Arendt, 1977: 90-141)曾經指出唯有羅馬才成功地將作爲基礎的傳統、權威以及宗教三個重要的統治元素結合在一起。而羅馬式的保守主義，將個人的行動視爲是先祖傳下的基業之「擴大」(*augere*; augment)，所以羅馬的政治文化能夠避免

從柏拉圖以降，西方思想家分析政治秩序的正當性時所慣常採取的取向：尋找某種超越性根源或理念作為判準，然後以暴力的手段改變現有的政治秩序，以期符合該超越性判準。

由本章之分析，可看出西塞羅的確具有鄂蘭所描述羅馬政治心靈的特性，但她對馬基維利之論斷則仍有商榷餘地。西塞羅將共和體制視為祖宗所創造之基業，而在共和危機之末期嘗試重構新的政治價值來加以恢復。羅馬作為永恆的城市、世界或歐洲的首都，而具有無上榮光之時，此種保守式的思考是可以令人理解的。然而歷史的巨輪不斷向前輾進，不旋踵而凱撒的侄兒屋大維(C. Octavius, 63 B.C.-14 A.D.)將受到羅馬平民的愛戴而登上首席執政官之位，並逐漸將共和體制轉化成實質為帝政的「元首制」(princep)。在西元410年哥德人劫掠羅馬之後，所謂羅馬的基礎與權威等保守式的思考便不再可能。奧古斯丁的《上帝之城》便是此種秩序瓦解的時刻，以基督教原則徹底改造希臘羅馬以降的政治社群觀。對他而言，羅馬人所重視的榮耀只不過是一種蔑視上帝作為存在根源的傲慢，不但不是值得追求的德行，根本就是罪惡的根源。奧古斯丁並直接批判西塞羅對res publica所提出的定義，認為沒有通過更高的對象之信仰，不可能產生對於正義的共識協議。故他以對上帝之愛為中介所形成的上帝之城以及彼世的救贖為核心，建構了中古的政治社群觀念[23]。

當中古神學政治秩序式微，近代思想家開始重新面對政治秩序的建構以及其所蘊含的道德議題時，不可能如古典時期的目的論或中古的超越性宗教權威為基礎，而必須在世俗化的條件下，以此世

---

[23]　關於這個思想轉變，請參考Earl, 1967: 122-128之討論。中文資料請參考蔡英文，1999: 90-94。

導向重新進行理論建構。然而，鄂蘭(Arendt, 1977: 159-160)指出，世俗化雖然將政治社會諸領域由教會的管轄解放出來，但這並未讓俗世領域自動地重生，獲致古典時期的崇高性。相反地，世俗化反而產生了一個普遍性的正當性危機：現代思想家必須填補原由基督教所提供的絕對基礎，否則政治秩序與法律規範將缺乏穩定的基礎。

　　基於這個分析觀點，馬基維利秩序論的政治道德觀之原創性乃得以充分展現。他所提出秩序創建超越一般道德的主張，乃是下一章將處理的議題。

第四章

馬基維利論現代共和的政治秩序[1]

1　本章為節省徵引篇幅，引用原典縮寫如下：

　　P: *The Prince*, tran. Harvey C. Mansfield, Chicago: University of Chicago Press, 1985(本章縮寫為P，並以章節數徵引之，例如P.20:1即代表20章第1段，以便於參考其它譯本)。

　　D: *Discourses on Livy*, tran. Harvey C. Mansfield & Nathan Tarcov, Chicago: University of Chicago Press,1996. (本章縮寫為D，徵引方式同上)。

　　CW: Machiavelli, *Chief Works and Others*. Tran. Allan Gilbert. 3vols. Durham: Duke University Press, 1965.

一、前言

　　檢視當代共和主義復興的過程，有兩個相關因素：第一是歷史學者對於美國立憲精神的詮釋，逐漸由強調洛克式個人主義與自由主義之影響，轉而強調公民共和主義的重要性；第二則是透過對於文藝復興時代人文主義的政治思潮，特別是馬基維利思想之重新詮釋，而逐漸恢復在自由主義影響下被遺忘的公民共和主義傳統(Haakonssen, 1993: 568)。經由思想史家波考克(Pocock, 1975)與史金納(Skinner, 1978, 1984, 1990, 1998)的歷史研究與理論辯護，將公民共和主義由遺忘的狀態喚醒，帶回當代政治哲學的論述中。

　　馬基維利思想之重新詮釋是當代共和主義思潮復興的主因之一，然而馬基維利思想之內涵，在政治思想史研究上向來是眾說紛紜，莫衷一是。Markus Fischer(1995: 1-36, esp. 3-7)嘗試用兩組標準來分類眾多的馬基維利詮釋：第一組標準乃是方法論層次的，爭議點在於馬基維利的政治理論究竟是開啓了現代政治「科學」的前身，抑或是該理論本身便是對於人類政治活動的一種價值判斷；另一組標準是關於其實質的政治理念，爭議點在於其政治主張究係公民共和主義抑或是現代權力政治(power politics)。造成詮釋上如此紛雜的主因乃由於馬基維利重視探討關於政治的「有效真理」，著重事件的具體因果關係，從而不易由此種具體的論述之中抽繹出一般性的原則。馬基維利的兩本主要著作《君主論》以及《李維羅馬史疏義》似乎蘊含了相當不同的政治觀，要將二者的關係做適當的詮釋是一個困難的課題，卻也是任何一個研究者不得不面對的挑戰。本章的目的乃是檢視馬基維利的文本，探究其政治秩序觀念之內涵及其原創性。馬基維利思想應該盡量避免被歸類於特定的意識

型態陣營，因為思想家的原創性往往在此種特定取向的詮釋中消失殆盡。本章所欲探究的主題，乃是馬基維利所預設的政治秩序觀，以及人類行動政治性的基本判準(Meier, 1990: 4-5, 17-18)。無論是君主治術或公民自我統治的政治藝術，都預設了某種政治圖像。在馬基維利思想中，公民共和自由有著崇高的價值，但《君主論》所處理的一人統治(one man rule)卻同時是貫穿《李維羅馬史疏義》的核心論述之一。這兩者的關係將是本章研究的主要課題，通過釐清二者之關連，將可深入理解馬基維利的政治觀。

二、馬基維利政治秩序論之相關文獻

如前所述，馬基維利思想之內涵詮釋向呈百家爭鳴的局面，而其中較為一般人所熟知的看法，則為Benedetto Croce（1946: 45)所提出的，「馬基維利發現了政治的必要性及自主性，也就是超越了(或低於)道德性善惡的政治觀念」。Croce認為此種政治觀的可能性與內涵，以及其對當時宗教性、道德化政治思想之批判為馬基維利原創之處。在這個意義之上，馬基維利實開啟了近代政治思想之新局，也對神聖法與中古經院哲學所發展的自然法體系做了徹底的決裂。值得注意的是，此種對於馬基維利思想所標舉政治自主性的一般見解，卻對公民共和主義詮釋者帶來相當程度的困擾。因為「政治自主性」之理解將馬基維利思想關聯到其後近代政治有關「國家理性」、權力政治、以及革命等概念，而公民共和主義者則嘗試將馬基維利思想關聯回14世紀以降義大利人文主義的政治思潮，並向前追溯至亞里斯多德及西塞羅所型塑的公民共和主義傳統。這樣的爭議在表面上看來，僅是思想淵源與思想之影響兩個不同的面向，也就是「觀念史」、「概念史」以及「影響史」間之差

異(張旺山，1995：78-80)，然而此三者間之歧異，事實上深刻影響
了馬基維利思想眞義之詮釋，其中尤以本章所欲探討之政治秩序觀
爲然。

　　基於人文主義精神與共和主義對政治的理解，J.H. Whitfield在
其具有開創意義的兩篇短文"The Politics of Machiavelli"(Whitfield,
1969: 163-179)以及"On Machiavell's Use of *Ordini*"(ibid., 1969: 141-
162)中，建立了討論這個議題的基本脈絡，而且明白標舉公民共和
主義的制度觀。關於馬基維利的政治觀，他指出在《君主論》一書
中從未出現與「政治」(*politico-*)這個字根相關聯的任何辭彙，而
在《李維羅馬史疏義》中則出現了七次，且在這些出現的脈絡中，
均與秩序(*ordini*)以及法律(*leggi*)之振興有所關連(ibid., 170-171)。
Whitfield檢視相關文本，說明了馬基維利仍然固守著古典公民共和
主義的基本論旨，亦即「政治的」必然與「公民的」(civil)有所關
連。此種主張可上溯至希臘的政治觀，而據鄂蘭所述，「政治的，
亦即居於城邦之中，乃意味著所有事務均經由言說與說服的過程來
決定，而非經由力量(force)與暴力(violence)來決定」(Arendt, 1958:
26)。Whitfield在討論馬基維利「秩序」一詞之用法時，進一步指出
秩序、法律、以及憲政(*constituzioni*)乃是貫穿馬基維利整個政治思
想的核心理念。他認爲「創建或恢復能夠維繫公民的公共及自由生
活之秩序」是馬基維利思想之主要旨趣，也是馬基維利在價值判斷
上會賦予良善的(*buono*)意涵的政治行動(Whitfield 1969: 146-147)。
換言之，馬基維利的政治觀並非權力政治取向，而是具有關懷政治
自由的理想主義色彩(ibid., 151)，良善秩序(*buoni ordini*)與任何絕
對權力的政治生活事實上全不相容(ibid.,153)。Whitfield認爲此種以
良善秩序爲主軸之價值取向不只存在於《李維羅馬史疏義》中，即
使在《君主論》中仍然存在，絕非如一般人所理解的，《君主論》

以具有絕對權力的政治領導者為分析對象。

　　史學家J.H. Hexter在其"The Predatory Vision: Niccolò Machiavelli, *Il Principe* and *lo stato*"一文中，以相反的角度來詮釋馬基維利的「國家」(*stato*)觀念。他指出，在《君主論》中，馬基維利很少將"*stato*"一詞視為客觀自存的實體，若有提及，則往往是以受格型態出現，而其所關連的動詞大部分是一組具有剝削關係(exploitative relation)的動詞，例如取得、擴張、維繫、失去等等(Hexter, 1973: 156-157)。他將馬基維利的國家觀稱之為「掠奪式」理念，它既突破了中古自然法傳統，也與近代以「國家理性論」詮釋馬基維利的思想(如Meinecke, 1962: 30-45)有所不同，因為馬基維利的*stato*並沒有客觀的存在地位，而是以君主本身地位維繫為前提。Hexter未曾明示指出的，乃是他的分析也顛覆了Whitfield共和主義式論述，因為以維繫個人利益為主軸的掠奪式政治，並不以制度化考量作為觀照點。

　　波考克在其影響深遠的思想史名著*The Machiavellian Moment*之中，則以「政治創新」(political innovation)為核心，嘗試詮釋馬基維利思想之整體立場(Pocock, 1975: 156-218)。他認為Hexter的說法並不能取代共和主義的詮釋，因為《君主論》中所鋪陳「君主個人以非正當化政治為核心的治國術」乃是一種短程的思考方式，在長期的歷史進程觀照下，便很容易顯現出其基本的困境：由於無法制度化，新君主的政治權力必定會隨著個人生命的結束或客觀環境的變化(所謂機運的變化)而土崩瓦解(ibid., 175-176)。Pocock指出，如欲追求長期的政治穩定，只有兩個途徑，一是將個人支配變成一種習俗傳統，另一則是公民共和主義所鋪陳出的超越歷史常規之政治社群，Pocock將之稱為「德行之政治化」(politicization of virtue)，也就是在政治參與之中，使得公民的個人德行與政治社群

的政制合而爲一，並克服機運所帶來的變化，而能達到集體的歷史光榮(ibid., 184-185)。

Maurizio Viroli(1990, 1992)則基於Whitfield之說明，試圖採取另一種折衷的詮釋，認爲馬基維利的眞實信念乃是共和主義式的，並舉出前述"political"與"civil"的同一性作爲一項證據(Viroli, 1992: 486)；「公民政治生活」(*uno vivire civile e politico*)乃是排除了暴君與專制政治的可能性所建立的特定的公民自治之政治組織。然而，共和政制僅是政治生活的可能型態之一，廣義的支配關係在馬基維利思想中以"*stato*"加以表達。不過治國術(*arte dello stato*)並非由馬基維利創始，而有著悠久的傳統，只是向來被視爲統治者的密術(*arcana imperii*)不輕易傳播出去。馬基維利《君主論》一書中基於特定的政治需要，也就是博取麥迪西家族的信任，是以他亟欲表達他雖有共和主義之信念，但由於豐富的政治經驗使得他對於麥迪西家族所需要的治國術相當熟稔，甚至具有原創性的見解而能有所貢獻(ibid., 487-488)。

Viroli乃年輕一輩共和主義派學者，但是他所提出的調和式主張，其實仍只是將核心議題再度呈顯，而未對此議題提出**理論性**的解決。這個核心議題正指向本章所欲探究的主題：《君主論》中治國術之終極目標在於新君主如何可能取得並保存其支配地位(acquire and maintain "*lo stato*")；而《李維羅馬史疏義》中所論創建公民共和主義式自由的政治社群所需之政治藝術，二者所蘊含的政治秩序觀究竟是相同的或相異的，而若有所歧異，則二者之關連究竟爲何？

三、馬基維利政治秩序論的基本範疇

　　在回顧了有關馬基維利政治秩序觀的文獻後，將可進一步探討其分析政治秩序所運用的基本範疇。馬基維利雖然對於「政治」並沒有提出本質主義式的定義，但是他對於政治藝術的對象與課題卻有著清楚的說明。在《李維羅馬史疏義》第1書序言之中，他在批評何以現代的君主以及共和國均不嘗試效法古代的典範時，列舉了下列六個關連於政治的課題，包括「創造共和秩序、維繫國家、統治君主國、創造軍事秩序與執行戰爭、審判臣民、以及增加支配權」"ordering republics, maintaining states, governing kingdoms, ordering the military and administrating war, judging subjects, and increasing empire"(D. I. Preface: 2)。任何關於馬基維利政治秩序的詮釋，都必須能夠在建立特定的理解觀點後，將其詮釋關連到此處所列舉的政治課題。

　　對於研究這些政治性議題所採取的角度，馬基維利其實也有清楚的說明。在〈論佛羅倫斯政府之重建〉一文的結尾部分，馬基維利一方面鼓勵教皇理奧十世能不囿於習俗傳統及其他人的意見，徹底改造佛羅倫斯政府以臻於最高的榮耀，但同時他也以夫子自道的方式指出：

　　　　對於那些仍然一心一意追求此種榮耀的人，若他們無法在現實上型塑一個共和國(form a republic in reality)，則他們將在他們的作品中加以完成，如同亞里斯多德、柏拉圖、以及許多其他人所做的。他們希望昭告世人，假如他們並未能如梭倫以及萊克古斯所做的創建自由政府，那並非源於他們的

無知，而是因為他們沒有能力將之付諸實踐。(CW: 114)

　　換言之，如柏拉圖、亞里斯多德、馬基維利這些政治哲學家，他們所缺的並不是治國的能力，而是實踐之可能，這牽涉到馬基維利指出理奧十世能永垂不朽的兩個條件，即「權力」(power)以及「質料」(material)，是政治哲學家所不具備的。後者正指向馬基維利政治思想的第一組基本範疇——**形式**(form)與**質料**之對立。

　　馬基維利思想一個為人所知的特色，乃是強調以政治行動者的德行(*virtù*)來克服機運(*fortuna*)的變化無常，而依據波考克的詮釋，在佛羅倫斯思想史傳統中往往將德行與機運的對立，類比於亞里斯多德思想中形式以及質料的對立關係(Pocock, 1975: 40-41, 77-78, 106-111)。波考克進一步主張，馬基維利政治藝術的基礎正是在於以德行／機運以及形式／質料的架構來探討政治創新的樣態，並以共和政制作為一種最特出的政治創新之本質(ibid., 1975: 169-170, 183-185; cf. Pitkin, 1984: 54-55)。

　　馬基維利的確常運用形式／質料的對立關係，而且往往在具有關鍵性的文本中出現。茲舉其犖犖大者如下：

　　　　當我們研究他們(按指摩西、居魯士、羅慕斯、息修斯等偉大創建者)的行動與生平的時候就會知道：除了獲有機會外，他們並沒有依靠什麼幸運，機會給他們提供質料(matter)，讓他們把它塑造成為他們所喜歡的任何形式(form)。如果沒有這種機會，他們精神上的德行(*la virtù dello animo*)就會浪費掉，但是，如果沒有那樣的德行，有機會也會白白地放過。(P. VI: 2)

　　　　現在考慮了上面討論過的全部事情，並且自己思量：義大

利此時此刻是否為能授予新君主以榮譽的時刻，是否現在有質料(matter)為一位賢明而有德行者提供一個機會，讓他引進能夠為他帶來榮譽並給該社群的人帶來良善(good)的形式(form)。(P. XXVI: 1)

我們可以得到如下的結論：當質料(matter)未腐化之時，衝突及其他紛擾不會帶來傷害；而當質料腐化時，良好秩序的法律亦無所助，除非這些法律被一個具有極端力量的個人所推動，使得質料變成好的。(D. I. 17: 3)

假如有人希望在一共和國中取得權威並賦予其一邪惡的形式(wicked form)，那他必須去找到由於時間而已失序，而且一代一代地導向完全失序的質料。這個發展會成為必然的，除非如前所述，此共和國常常訂好的典範或新的法律而回到其根本原則(*principio*)。(D.III.8:2)

在這些文本中，形式／質料的架構均用來解釋政治共同體之創建，以及腐化的共同體之改革更新，這毫無疑義乃是馬基維利思想之核心，而與前述政治課題息息相關。這些文本亦皆具有關鍵性意義：《君主論》第6章乃其第一部分(第1章至第11章)之論述高峰，說明偉大創建者之德行及其創造活動；《君主論》第26章則為全書之最後一章，呼籲義大利政治家完成統一大業。《李維羅馬史疏義》所引之兩處文本亦皆有類似之性質，只是更為強調質料之被動性及腐化之可能性。

形式與質料必須配合，這是政治現象界一個重要的通則，馬基維利指出，「我們必須在壞的對象與好的對象之上，創造不同的秩序以及生活樣態，因為在相對立的質料之中不能有著相近的形式」(D. I. 18. 4)，「在考慮了時間與人的不相近之後，沒有比相信吾人

能將相同的形式印記在如此相異的質料上更大的錯誤」(CW: 105)。Leslie Walker(1975, 1: 140)認為,馬基維利由中古經院哲學借用了亞里斯多德四因論的架構並將之政治化,因為經院哲學主張形式與質料必須配合,腐化的質料是無法與良好的形式配合的[2]。

　　然而,馬基維利並非一命定論者,也不認為在腐化的質料中絕無可能建立良善的政治秩序;因為若他持有此種觀點,則義大利當時處於完全無秩序的腐化狀態,豈非意味著在義大利無法實現馬基維利式創造秩序的政治理念?事實上,馬基維利論述治國術時大抵遵循了形式/質料相對應的基本原則;然而,創建者的政治藝術明顯地超越了這個一般性律則:操縱人類事務的機運成為純粹的機會(occasion),人民存在於奴役或腐化狀態也不足以構成任何阻礙。Pitkin(1984: 54)指出,創建者超越了歷史的因果律則,成為在政治界之中亞里斯多德式的「不動的主動者」(unmoved mover)。這個理論格局指向馬基維利政治秩序論另外一組基本範疇:「常態」(*ordinario*)以及「**超越常態**」(*straordinario*)的對立,而在這組基本範疇觀照之下引進了馬基維利思想的重要面向,也就是激進的政治改革之可能性。Mansfield(1996: 245)指出,馬基維利刻意地將「常態」(*ordinario*)以及「秩序」(*ordini*)關連起來,因為對他而言,秩序並非僅是合法性對非法之支配,而是將暴力做審慎的計算以及經

2　這個主張可能淵源於亞里斯多德《物理學》第2書所揭櫫的原則,即「質料是對某者而言。因此相對於不同的形式,質料也就不同」(Phy. 194b)。Walker以及波考克等學者已經注意到亞里斯多德四因論對馬基維利思想之影響,但是目前仍欠缺充分的思想史研究顯示馬基維利如何受到亞里斯多德主義之影響。A. London Fell(1983)匯集了亞里斯多德、羅馬法學以及中古經院哲學迄文藝復興的相關論述。但他在實際進行馬基維利思想的詮釋工作時(Fell, 1993),僅指出其可能受到當時著名的新柏拉圖學派學者Ficino的影響(ibid., 44-66),而未對馬基維利的文本提出具有原創性的詮釋。

營而得到的結果。換言之，任何穩定的秩序以及法律常態地運用，都可追溯到一些超越常態的政治時刻，於其中常態的政治秩序被創造出來，或由現存無效的狀態帶回其根源，並重新建立有效性。Mansfield即曾提到，「對公民而言，法律決定了非法的性質；但對明智的君主而言，超越常態才意味著促成常態方式之可能性」(ibid.)。

　　正如同形式／質料之對立般，馬基維利並未對常態／超越常態做出本質主義式的界定，也並未正式地對之做一系統性探討，但吾人仍能由其論述中整理出這組範疇之內涵及重要性。他在分析公共控訴(accusation)制度對於共和體制之重要性時指出，貴族與平民兩個階級，即使在法律約束之下，仍需要有制度內得以宣洩的出口，否則兩方都會尋求超越常態的活動形式而導致共和國的覆亡(D. I. 7: 1)。此種情境造成了政治秩序的內在不穩定性：當個別野心家嘗試用私人的方式結黨營私以取得政治權力時，反對此野心家之公民若無法在法律內找到抑制其野心的公共途徑，則將不得不訴諸超越常態的方式加以對抗，最終導致兵戎相見(D. I. 7: 4)。換言之，馬基維利以*animo*(近於柏拉圖的"*thumos*")爲人性基本傾向，認爲人本身有內在傾向運用超越常態的方式進行政治鬥爭，公共控訴制度正提供了此種傾向一制度內的管道，使得衝突得以加以解決，不至因爲衝突的私化而引起共和的覆亡。馬基維利更進一步主張，爲了要避免個別的政治人物或派系運用超越常態的活動途徑，法律需要定期地實施超越常態的活動，也就是在公共控訴結果確立後，對公民認定有罪者施以具有殺雞儆猴效果的刑殺以矯正腐化的民風(D. I. 7: 2)。

　　此種在常態之中仍須定期發揮超越常態政治力的思想，深刻貫穿了馬基維利政治秩序論的各個面向，從秩序的創建，制度及風俗

習慣的維繫，乃至腐化政治共同體的更新等，都將經由此種超越常態的力量加以完成，其重要性不言可喻。馬基維利在討論立法家、公民自治、以及新君主的活動時，均指出此種超越常態力量的作用，雖然其運作方式有別，進而造成不同的政治效果，但其作為政治變遷(也就是波考克所說的政治創新)之根源卻並無二致。這個超越常態的時刻，乃是先於任何常態政治秩序的起始(*principio*/beginning)，且於其中沒有任何規範的限制。在《李維羅馬史疏義》中馬基維利明白指出，要是常態的秩序本身已經是壞的，則必須以超越常態的方式加以更新，而超越常態的手段他列出兩點：暴力(violence)以及軍隊(arms)(D. I. 18: 4)。在《君主論》中，他也主張：

> 君主必須把自己建立在好的基礎(good foundations)之上，否則必然招致滅亡。而一切國家的主要基礎……乃是良好的法律和良好的軍隊，因為如果沒有良好的軍隊，便不可能有良好的法律，而若有良好的軍隊，便一定會有良好的法律。(P. XII: 1)

評論家往往困惑於軍隊如何可能造成良好的法律(Gilbert, 1968: 65)[3]，而根據筆者的詮釋，唯有依循前引《李維羅馬史疏義》第1書第18章的論點，將軍隊關連於超越常態創造秩序所必須使用的暴力才能建立二者的關係。這個詮釋並可印證《君主論》第18章所論運用法律以及運用武力兩種鬥爭方法之真義。馬基維利指出，運用

3　史金納與Russell Price在劍橋版《君主論》譯本中也指出，或許此處好的法律應了解為好的秩序，馬基維利之立場才較有說服力(Skinner & Price, 1988: 43註a)。

法律的鬥爭方法雖然是人類所特有的，但在現實界中，此種方式往往有所不足，所以常須訴諸屬於野獸的武力鬥爭方式，才得以保持其支配。武力鬥爭的戰爭狀態可以被理解爲任何超越常態性衝突時無法逃避的必然性，而運用法律的鬥爭則是秩序內衝突的常態；此兩者之辯證關係構成馬基維利政治秩序論之主軸之一。

　　馬基維利雖主張「超越常態的活動」以及「武力鬥爭方式」是任何常態化的政治秩序不可或缺的前提基礎，但他並非謳歌暴力至上論，並且深刻地意識到其主張在倫理上之緊張性。馬基維利指出，新君主之道不僅爲基督教道德之敵，而且與任何人類生活方式均不相容。想要從此困境逃離的人都應該隱遁於私人的地位，不應成爲政治人物而毀滅其他人；但任何眞想爲社群謀福祉的政治領袖，卻又不得不採取此種罪惡(evil)，俾求維持自身的地位(D. I. 26)。與亞里斯多德力主的「中道」精神相反，馬基維利認爲那些採取中間路線的人將非常不利，因爲他們既不知如何全然爲惡，亦不知如何全然爲善(D. I. 27)；既無能力完成秩序之創建，也無法維持自己的支配地位，使個人與社群均瀕於危殆。馬基維利的政治倫理指向一個人類政治場域所特有的內在緊張性，也就是政治活動(無論其目的乃在爲善或爲惡)無可避免地將使用超越常態或邪惡的手段，這對任何具有反省力的行動者均將構成無可迴避的良知挑戰，所以也只有非常少的人能夠在政治場域中克服此緊張性，達到眞實的光榮。馬基維利指出，此緊張性之根源在於：

　　　　將城邦重新建立秩序成爲政治的生活方式預設了一個好的人，而經由暴力途徑成爲共和國之君主預設了一個壞的人；我們將發覺下列兩種狀況都非常少發生：其一是一個好的人希望經由壞的方式成爲君主，即使他的目的是好的；其二是

一個壞的人成為君主之後希望從事好的工作，因為以壞的方
式取得權威的人，將不可能在其心靈中思考如何去善用此權
威。（D. I. 18: 4）

馬基維利理想中的政治人物正是能克服政治場域的緊張性，在
超越常態的活動中結合良善的目的以及邪惡的手段，而沒有任何良
心上的不安者。正因為馬基維利認為，凡是成功的政治行動者，無
論是立法者、共和國的全體公民，或新君主都具有這個「超越善惡
之外」的特質。

四、馬基維利論政治秩序之構成

如前節所論，形式／質料以及超越常態／常態秩序的辯證兩組
範疇，乃是馬基維利政治秩序論的基礎，我們可以進一步思考政治
秩序的實際構成方式。馬基維利對於「秩序」一詞有著相當清楚的
界定：

我主張在羅馬有三種政府秩序（order of the government），
或國家秩序，然後才有法律，而此二者加上執政官共同制衡
（check）了公民。國家的秩序包括了人民、元老院、護民官、
執政官的權威，選取與創造行政官員的方式，以及立法的方
式（mode）。這些秩序很少或幾乎不隨著偶發事件而有所變
遷。（D. I. 18: 2）

秩序、法律、以及風俗習慣三個元素構成制衡人性之中腐化傾
向的三個主要力量，而政治藝術的主要課題便是如何在創建以及改

革的時刻，將這三個元素加諸於既存的政治社群成員之上，使形式
與質料能夠在這些超越常態的時刻規定下來。

　　在馬基維利思想中，「質料」乃指涉政治支配的對象，也就是
人民及其所構成的社會關係之總體。大部分政治思想史之研究均指
出，馬基維利的人性論屬於主張人性本惡的悲觀主義陣營(Schmitt,
1976: 59；吳庚，1981：79-80)；值得注意的是，他並非由形而上的
角度論述人性之本質，而是就著立法家創造制度的觀點，主張在創
造秩序時必須「預設所有的人都是壞的，當他們一有機會便會使用
其精神中之邪惡」(D. I. 3: 1)。由此預設出發，馬基維利將人區分
爲兩種基本型態：一種是權貴分子(*uomini grandi*)，一種是一般平
民(*uomini populari*)。這個區分有時被理解爲貴族階層與一般平民
之對立，但事實上，馬基維利所強調的乃是人類精神(*animo*)之
中，兩種最根本的秉性(humor)所顯示的不同樣態(Mansfield, 1996:
24)：權貴分子的主要秉性在於支配他人的權力意志，而一般平民
則追求自由以及不受支配的欲望(D. I. 5: 1)；前者的權力意志很容
易導致侮慢性的心態，而後者追求自由的意志往往演變成對於可能
破壞自由生活者之過度疑慮。由於任何一個共同體之「質料」均由
這兩類人所構成，馬基維利政治藝術的主要課題正在於如何由此種
具有內在矛盾的質料當中建立具統一性且可持續存在的政治秩序。
此外，馬基維利並將這個由人民組成的「質料」區分爲兩種存在樣
態：腐化的以及未被腐化的，腐化與否的主要指標在於人民的社會
關係是否平等。若有極端的不平等存在，特別是在不平等的社會條
件中卻有著一個不事生產的士紳階級時，則爲腐化的表徵。在腐化
的社會條件下，追求自由的共和政制幾乎不可能實現(D. I. 55)，除
非以超越常態的方式重新改造質料。

　　相對於質料，「形式」指的是政治秩序構成後所實際具有的型

態，即如本書第一章所述，在古典政治思想傳統中，「政制」
(*politeia*)構成城邦的形式。而亞里斯多德所關心的問題乃是在城邦
中誰應擁有最高權力(*Pol.* 1279a)，是以他主張掌握此最高權力的不
同統治集團(單個人、少數菁英分子或一般平民)決定了政體之形
式。馬基維利雖然在《李維羅馬史疏義》第1書第2章援引波利比烏
斯的政體循環論，但這並非表示他繼承了亞里斯多德六種形式的政
體論(Mansfield, 1996: 82- 83)。當代學者也有嘗試系統性地重新建
構馬基維利不同形式的政體理論者，如Markus Fischer(1995:183-
233)即以個人統治及制度性統治(以法律爲樞紐)作爲根本區分，重
新整理馬基維利文本，認爲個人統治包括了新君主、教會的君主、
繼承式君主以及混合君主制；而制度性統治則包含了創建、共和國
以及市民的君主國等，他並爲各種統治型態找出內部公民服從以及
政治權威強制的不同機制。在Fischer此種系統性的建構之中，雖然
馬基維利仍以新君主作爲政制變化的根本動因，但在價值上顯然偏
向於制度性統治，可說是相當巧妙地結合了權力政治以及公民共和
主義式的詮釋。

　　然而，此種系統性分類仍有其限制，容易讓人忽略在馬基維利
思想中，「形式」的根源並非僅如亞里斯多德政體論所述存在於
「政制」或城邦統治團體的權力分配結構中，而是存在於創建者的
超卓德行以及行動能力之中。形式存在於政治領導者自己的心中，
並透過行動將之加諸質料之上，從而創造新的政治秩序。馬基維利
明白指出，「當質料未腐化之時，衝突及其他紛擾不會帶來傷害；
而當質料腐化時，良好秩序的法律亦無所助，除非這些法律被一個
具有極端力量(*extrema forza*)的個人所推動，使得質料變成好
的。」(D. I. 17: 3)換言之，相對於質料，政治行動者代表一種能動
的「極端力量」，而能使人民質料成爲善的並服從法律。此種能動

性力量在超越常態的時刻得以引介任何政治形式，如他在《君主論》所說的「除了獲有機會外，他們(按指摩西、居魯士、羅慕洛斯、息修斯等偉大創建者)並沒有依靠什麼幸運，機會給他們提供質料，讓他們把它塑造成為**他們所喜歡的任何**形式」(P. VI: 2-3)，換言之，馬基維利的形式概念，終極地看來，依賴於政治行動者的創造活動本身。

創造者代表四因中之動力因，能夠造成運動或靜止得以開始的本源(*arche*)。然而，創造者心中所思及的形式或許完全根源於其自身，如欲將之於現實世界中實現，則仍遵行一定的途徑，特別是必須尋找克服前述人性悲觀論的主要工具。秩序的創造既然預設了人性本惡的事實，而此種傾向又根源於人類精神活動之本然欲求，馬基維利認為政治無法將此種人性徹底改變(如性善論者所主張的)，是以唯有透過「制衡」的方式，將人邪惡的本性設法導正，而成為可以從中創出造秩序的質料。關鍵的問題，當然是此種「導正」(correction)如何可能(Gilbert, 1968: 43-45)？馬基維利在不同的脈絡中提出數種可以運用的方式。首先，他主張立法家應運用人民質料內部兩種相對立的秉性(權力意志以及追求自由的欲望)，讓二者互相制衡。這個分析觀點引入了馬基維利著名且備受爭議的主張，亦即羅馬貴族及平民的不和(disunion)非但無害，反而構成羅馬共和制度得以繁榮持續擴張的主要原因(D. I. 4-6)。其關鍵性的論證在於，羅馬為了達成光榮而必須擴張，不可免地須將人民引入政治場域之內，而不能如斯巴達及威尼斯，將人民排除於政治場域之外。如此一來，有必要為人民的野心找到適當發洩的管道，以使之成為自由的護衛者(guard)，並制衡貴族的權力意志(D. I. 5: 1)。

第二個重要的制衡機制則是法律，由他稱「法律乃為自由生活方式之神經以及生命」(D. I. 33: 2)可看出(cf. Skinner, 1981: 67-

72)。事實上馬基維利《李維羅馬史疏義》一開始便論述法律的重要性，於第1章將城邦建址之選擇以及法律秩序之創造同時標舉為政治開端(beginning)最重要的兩個課題。為了日後擴張之需要，馬基維利主張建址於豐饒之地方能有足夠之資源，然而必須加以防範由此容易滋生的好逸惡勞惰性以及腐化問題。自然環境既不足以驅迫人辛勤工作，立法家遂必須「創造法律秩序成為一種必要性(necessity)，以限囿(constrain)人的安逸惰性」(D. I. 1: 4)，而馬基維利指出，法律的此種制衡功能具有「設定恰當限度」的作用(D. I. 1: 5)。唯有經由必然性的驅使，人才有完成善業(good work)的動機(D. I. 1: 4; 3: 2; cf. Mansfield, 1996: 13-16)，所以立法家最重要的任務乃是「通過其所獨有的政治權力去型塑法律，以達成共善的目標」(D. I. 9: 3)。

　　然而，徒法不足以自行，為了使法律能持續發生制衡人性的力量，馬基維利認為必須建立相應的風俗習慣使人民得以服從法律秩序，不至回到無秩序前的混亂狀態。基於此點考量，他主張以宗教改變人性，宗教遂成為政治創造者所能運用的第三個制衡機制。馬基維利指出，「努瑪所建立的宗教乃是羅馬城幸福的主要原因之一，因為宗教造成了好的秩序，好的秩序帶來好的機運，而有好的機運則產生了志業的愉快成功」(D. I. 11: 4)。宗教如何可能造成良善秩序？馬基維利認為只有訴求於上帝，一個秩序創造者方有可能引進超越常態的法律於人民的身上，否則，他們是不可能接受的(D. I. 11: 3)；也就是說，馬基維利借重宗教影響人心的力量，以達成引介超越性法律之目的。他同時並反對基督教當時存在的形式，主張回到基督教興起前希臘羅馬的異教(pagan religion)。馬基維利批評基督教為人所知的理由，乃是其為造成當時義大利分裂以及腐化的禍源(D. I. 12; D. II. 2: 2)；但他之所以稱揚異教，則有更深層的

理論原因，即他試圖將異教中獻祭(sacrifice)的儀典政治化，成爲足以在人民心中引起恐懼，進而養成守法習慣的動力。獻祭的政治化反映在馬基維利著名的「殺害布魯特斯之子」觀點中(D. I. 14; D. III. 3)，此爲羅馬共和創建最關鍵性與戲劇化的一刻，這不但是超越常態的創制時刻，且其描述方式事實上相當接近於異教獻祭的儀典。馬基維利在第一次討論「殺害布魯特斯之子」的前一章(D. I. 15)，討論羅馬的敵國Saminates人在戰爭危急時採用最原始的人祭儀典，強迫每一戰士發誓絕不脫逃，看到任何脫逃者均格殺勿論，並發誓絕不將此時的情境洩漏。這個獻祭儀典由於其「景象的野蠻性」(ferocity of the spectacle)，在參與者的心中造成了無比的恐懼，也激發出他們的戰鬥力。要不是他們遇到的是羅馬這一支更加野蠻的民族，此種宗教力量必能造成戰爭的勝利[4]。

　　而馬基維利在說明「殺害布魯特斯之子」時，明指其爲「令人永誌不忘的刑殺」(memorable execution)，因爲「父親在審判席上，不僅判決其子之死，且在場目睹行刑，這在人類對事務的記憶中是非常罕見的事例」(D. III. 3: 1)。Pitkin(1984: 250)指出，馬基維利在此似對聖經中亞伯拉罕與以撒的故事有所影射，這是很有可能的。依據其詮釋，亞伯拉罕能夠基於信仰犧牲其子，這樣超越常態的活動使得耶和華與亞伯拉罕建立了盟約，其子孫後世皆爲上帝之選民而得以繁榮滋長(〈創世紀〉22章)。相對於亞伯拉罕，布魯特斯的行動可謂更加超越常態，其子不像舊約聖經亞伯拉罕獻祭以撒的故事中，由於耶和華在最後一刻的介入，使得以撒得以維持生命並得到永恆的祝禱，而是實際上以死亡作爲新生羅馬共和的獻

4　馬基維利在比較基督教與異教之基本性格時(D. II. 2: 2)，指出異教將世界內之榮耀視爲最高善(*sommo bene*；亦即中古經院哲學之*summum bonum*)，乃得以激發人性中之野蠻性及勇氣，他並強調獻祭儀典於此之重要性。

祭。馬基維利或許用此傳說來抗衡基督教選民說的論述。由布魯特斯的事蹟，可見馬基維利所稱藉由宗教之力能夠引進任何超越常態的法律並使人民服從之，並非虛言。換言之，我們若要詳盡分析馬基維利對統治型態的分類及其中政治領導與人民服從的樣態，可能有必要將法律的建制（常態性秩序）以及宗教的運用（非常態性時刻）同時作為區分標準，方能全面掌握馬基維利政治序論的真實意向 5。

　　而以四因中之目的因而言，馬基維利主張擴大公民參與。即使他對參與之擴張必定意味著衝突之深化有所洞悉，卻不選擇走回亞里斯多德所倡議的小國寡民之城邦政制「自足」理想，而認為羅馬向外擴張的帝國主義政策較能配合全民參與的共和政制。對馬基維利而言，攫取是人性之本然（Mansfield, 1996: 47），唯有擴張所帶來的繁榮昌盛能夠滿足此種本能。希臘政治哲學所主張的「自足」（self-sufficiency）雖然符合目的論哲學對人類活動必須有所界限的觀點，但要確保自足的狀態必須與外在世界徹底隔絕，並維持政治共同體之內完全的平等。觀照人類歷史，這是不太可能發生的情境，因而斯巴達以及雅典都在擴張的過程當中日趨式微，唯有羅馬的共和政制能夠在擴張中持續地維持自由的生活以及繁榮昌盛。對馬基維利而言，由於主宰人類事務者半為德行、半為機運，要想在此變動不居的世界中成功，必須要積極地克服機運的變化，故應採取羅馬的典範所代表的擴張政策，提倡以集體的德行克服機運的變化，而達到真實的榮耀。在這個意義上，馬基維利所建構的是一個現代的公民共和主義論述，在本質上完全突破了亞里斯多德政治統治的

5　馬基維利的討論，應對比於本書第二章所述西塞羅《論共和國》第2卷討論努瑪以及布魯特斯。西塞羅的論述所強調的是人民的同意以及自由抵抗暴政的正當性，毫無馬基維利所強調的「超越常態」性。

古典理念。

　　當秩序與常態建立之後，成員的生活仍然可能隨著各種偶發事件與時間的進程而不斷變遷。因爲對馬基維利而言，人類事務是永遠變動著的(D. I. 7: 4)，所以秩序與法律會逐漸失去原來得以約束人性的制衡力量。法律可以因應現實的需要而與時俱進，但秩序形成之後便很難改變；所以馬基維利強調，隨著事態的變遷，不僅法律需要變革，連根本秩序亦須因時制宜：「假如羅馬希望維繫其自由生活不至腐化，那麼就必須創造新的秩序，正如同在其生命歷程中它創造了新的法律。因爲吾人必須在壞的對象與好的對象之上創造不同的秩序與生活方式；而在完全相反的質料上也無法有相似的形式。」(D. I. 18: 4)

　　值得注意的是，馬基維利此種不斷更新政治秩序的主張，使得他與古典亞里斯多德式 *"politeia"* 以及近代以來憲政主義所主張基本大法不應輕易變革的想法大異其趣。馬基維利的主張是，任何政治秩序(包括共和政制)及良善法律皆無法自然生成，必須有外在的力量加以創造以及持續地加以維持。換言之，馬基維利的共和主義既非如近代自由主義所主張爲了確保個人的消極自由而試圖削減政府的權威，亦非完全如波考克等公民共和主義者所稱，在政治參與之中能夠建立積極意義的政治德行；他所主張的乃人民參與統治活動的共和政制要件符合之後，政治權威的行使仍能如王政一般有效能。換言之，《君主論》中所討論的一人支配仍存在於共和政制之中，但是經過了制度化的中介過程，成爲不與人民政治自由牴觸的政治權威(Crick, 1970: 19)。此種統治權威至少有三種樣態存在：第一，公民自治無法自我生成，必須有創建者透過其英雄德行的轉化而加以創造(D. I. 9-10)；第二，在共和政制平時運作時，此權威由人民所享有，而在緊急狀況發生時，則必須依照憲政的程序指定獨

裁者(dictator)，於特定的時間之內集中政治權力於一身，以期消弭
緊急狀況(D. I. 33-35)；第三，共和政制逐漸腐化時，有必要實行定
期的改革，而「將事務帶回其根源」則有賴於具備德性的政治領袖
楷模所帶來的風行草偃之效(D. III. 1)。

五、公民共和主義和政治決斷論？
──馬基維利政治觀的現代意義

　　本章前言已指出在英語世界當代馬基維利思想詮釋的主軸乃是
公民共和主義。但筆者在探究馬基維利政治秩序論及其所預設的基
本範疇後，主張純粹的公民共和主義並無法窮盡馬基維利思想，因
爲其思想中蘊含了相當濃厚的政治決斷論以及權力政治色彩。這並
不令人意外，因爲在公民共和主義的詮釋由文藝復興史學家(如
Hans Baron, 1988)開始重新提出之前，馬基維利思想向來被視爲近
代權力政治與國家理性論的先聲。然而，筆者亦不主張將馬基維利
再一面倒地推向權力政治論的陣營，因爲他畢竟提出了大量關於共
和政制所應具備的德行基礎等論述，不容抹煞。而我們所關懷的是
理論問題的探討，亦即馬基維利對於政治作爲一種活動領域所特有
的根本原則之見解。最近學者嘗試重新詮釋西洋政治思想中兩個重
要的思想典範，亦即公民共和主義傳統以及近代民族國家所本的地
域占有概念(以施密特所提出的政治決斷論爲代表)(Ely, 1996；蔡
英文，1997)，吾人是否能由本章的論述進一步探究馬基維利政治
秩序觀的精神？對於這個問題，可由公民共和主義對馬基維利的詮
釋有意或無意忽略之處來探究公民共和主義如何壓抑了馬基維利思
想中政治決斷論的成分。這個色彩在波考克以及Pitkin的詮釋之中
最爲明顯，而值得注意的是，他們的研究取向均受到鄂蘭之深刻影

響，筆者認爲波考克及Pitkin乃以不同的方式嘗試克服鄂蘭對馬基維利之批判。

　　鄂蘭在分析西方政治思想中「權威」(authority)概念之時，以馬基維利的創建政治觀作爲古典傳統之終結以及現代革命理念的發軔(Arendt, 1977: 136-141)。她並對馬基維利思想中政治創造必然蘊含著暴力的政治觀念加以分析，指出在此點上馬基維利悖離了羅馬的傳統，不再將創建視爲過去之事件，而是一最高之「目的」，由此證成達成此目的之手段，特別是暴力的手段。鄂蘭於此獨排眾議地指出，馬基維利的政治創造其實接近柏拉圖將政治活動視爲技術性「製造」(making)的結果。而由本章所述馬基維利政治觀的基本範疇爲形式／目的之對立，的確與亞里斯多德在《物理學》第2書所討論的四因論，在自然以及技藝諸領域中之製造活動有相近之處。鄂蘭對馬基維利的批評根植於她在*The Human Condition*之中所鋪陳的哲學人類學的分析架構。她區分人類活動的三個基本樣態：勞動、工作以及行動。勞動乃是人由於具體的需要而對自然所採取一種反覆式的欲望滿足過程；工作則是人類可依其心靈中設想的目的或藍圖而製作出客觀的事物；行動則深植於人的多元性，以及必須透過與他人的平等關係建立起政治性溝通網絡，而從事以語言、表現等爲主軸之互動。這三種活動雖然都是人類存在所必不可免的，但鄂蘭認爲它們仍有高下之別：因爲勞動過程其實只是自然循環的一個部分，而工作以及客觀化的原則過分強化之後，將造成人類世界技術化的結果，唯有行動尊重人類存在所本有的多元性以及隨時自我創新並與他人溝通的根本能力[6]。鄂蘭前述對馬基維利政

6　關於鄂蘭的行動理論，可參考江宜樺，2001，第八、九章，以及蔡英文，2002a。

治觀作爲一種技術性製造概念之批評，事實上呼應了她對工作領域一般性的批評，也就是人的技術製造活動必然導致將外在事物當做其自身之質料與對象，而所謂「將目的加諸質料之上」，乃意味著以暴力的方式改變事物之本然(Arendt, 1958: 139-140)。在這個意義之上鄂蘭強調希臘城邦公民政治活動的實現(*energia*; actuality)性格(ibid., 197-198, 205-207)，而反對含有目的論、製造色彩的立法活動(ibid., 188-190, 194-195)，將之視爲柏拉圖哲王說在西方政治思想史上所創造出影響深遠的負面遺產，而馬基維利之創制說亦爲此負面傳統之一個著例。

　　波考克詮釋的根本意圖，即在於設法克服鄂蘭所指出馬基維利思想中的「製造」色彩。而他採取的詮釋策略有二：一方面壓抑一人統治在公民共和主義中之地位，另一方面則將公民自治的政治社群由政治制度昇華成爲具有歷史意義的超越常態之存在。以第一個面向而言，我們可清楚地看到在處理《李維羅馬史疏義》之專章中(Pocock, 1975: 183-218)，他幾乎沒有碰觸該文之中關於一人統治的論述，例如創建者、改革者、或者是「殺害布魯特斯之子」等重要課題。他將關於一人統治的詮釋放到前一章討論《君主論》的部分(ibid., 167-176)，而將偉大創建者的活動(既能創造也能穩定地制度化)視爲是一種「擬似的解決」"quasi-solution"(ibid., 168)，因爲創建者超卓的存在意味著他完全不受現存政治社會的制約，而波考克徵引亞里斯多德所稱德行卓著、超越城邦限圍之個人爲「野獸或神祇」(ibid., 167)，而對此創建者實際出現之可能性加以質疑。透過這種方式，他強化了馬基維利思想的第二個面向，亦即共和社群的存在意義。特別是成爲足資懷念的集體回憶之對象，達成了歷史榮耀，而這個詮釋完全呼應了鄂蘭對於行動所稱許的終極價值(Arendt, 1958: 198)。

　　Pitkin也採取類似的進程，切斷創建者與公民自治間之理論關連，而稱「創建者乃是馬基維利在閱讀羅馬古史所得的想像上，所投射出的幻想(fantasy)」(Pitkin, 1984: 54)。她進而主張區分馬基維利思想中具有兩種不同取向的政治觀：一是以為一人的創建乃父權式的，無法轉化為平等公民的自我統治；另一取向則不將羅馬的創建視為一人獨自的創造活動，而是一個持續集體共同建構的過程。Pitkin強調後者，主張馬基維利所力主羅馬貴族與平民的衝突乃是政治自由的根源之說法，代表一種「持續創建的過程」(ibid., 276-280)，如此一來便克服了鄂蘭對馬基維利政治觀作為一種單一行動者製造取向理論之嚴厲批評，從而將馬基維利思想鋪陳為一套公民自治自我生成的政治哲學理論，有別於亞里斯多德城邦自然發生論以及創建者一人創造論，而由於其強調人類存在之多元性與開放互動，形成適合現代多元文化情境的公民共和主義政治觀。

　　波考克與Pitkin的詮釋雖然巧妙，但是均刻意減低一人統治在馬基維利公民共和主義論中之樞紐地位，這等於是指出其實馬基維利的思想有著根本的矛盾(由一人創造無法過渡到制度性政治統治)，壓抑此種矛盾，而強調公民自治的自我創造。此種詮釋路徑顯然是有所偏頗的。我們不難想像一個相對立的詮釋，亦即接受同樣的矛盾，但壓抑公民自治，強調其對立面的一人統治在馬基維利思想中之樞紐地位，從而將馬基維利描述為政治決斷論或權力政治論者。事實上Klaus Held(1996)及Mansfield(1996)正是採取此種進程，而Mansfield再進一步以古典政治哲學的角度對馬基維利思想加以批評。

　　事實上，本書第一章討論亞里斯多德共和政制理論時，已經指出他嘗試整合民主式公民身分以及寡頭式統治團體兩種論述，而公民參與和立法家的創建也同時並存。值得注意的是，公民共和主義與政

治決斷論表面上雖爲完全對立的詮釋策略，然而二者卻有著某種深層的親和性：二者均強調超越常態事例的重要性。施密特的「例外狀況」以及其間根本政治「決定」的優先性，已是我們耳熟能詳的課題；而鄂蘭其實亦強調行動以及基於行動所形成的政治領域(公民自治)本身相對於日常生活的超越常態性格(Arendt, 1958: 197)。而波考克將公民自治描繪成超越習俗之外歷史上的光榮時刻，實繼承了鄂蘭思想的基本精神。

假如政治決斷論以及公民共和主義者均強調超越常態活動在政治場域中之重要性，則我們如何理解馬基維利的政治秩序觀究竟較接近哪個典範？或許這個問題自身就是一個錯誤的提問方式，因爲二者所強調的超越常態性在馬基維利思想中本來同時並存，但它們所具有的理論意涵並不相同。政治決斷論所強調的超越常態之決定乃是**具體政治脈絡**中實際上能夠引起政治變遷的權力；而公民共和主義所談的超越常態，則是以**世界史的觀點**來詮釋公民共和這個政治理想本身的特殊性格。這兩者不但有可能結合，而且馬基維利的政治秩序論，更鋪陳了現代共和主義的論述基礎[7]。

7　本書以下所論近代共和主義的進程，包括盧梭、《聯邦論》，以及西耶斯等，都有面對決斷論與規範論的這個議題。除此之外，韋伯的政治思想也繼承了馬基維利的思想遺產，因爲卡理司馬(charisma)的支配方式乃是馬基維利論述一人統治的現代版本(吳庚，1981：79-80)，而公民共和主義的超越常態性，則可見於韋伯將西方城市公民自治列舉在「非正當的支配」的範疇，而作爲西方近代自由觀念的根源。此種結合既能掌握政治場域內在的能動性，又能以世界史宏觀的角度掌握價值性的制度與事務，應是值得進一步探索的問題。在這個課題上，韋伯學者Wilhelm Hennis指出，「韋伯屬於近代政治思想的不同傳統，而與馬基維利、盧梭、托克維爾有所關連」(Hennis, 1988: 196)，筆者完全贊同這個判斷。

第五章

盧梭的民主
共和主義[1]

---

1 本章為節省徵引篇幅，引用原典縮寫如下：

D: "Discourse on the Origin and Foundations of Inequality Among Men," in *The Discourses and Other Early Political Writings*. Tran. Victor Gourevitch. Cambridge: Cambridge University Press, 1997(本章縮寫為D，並以章節數徵引之，例如D.II:1即代表第2章第1段，以便參考其它譯本)。

SC: "Of the Social Contract," in *The Social Contract and Other later Political Writings*. Tran. Victor Gourevitch. Cambridge: Cambridge University Press, 1997(本章縮寫為SC，徵引方式同上)。

SW: "The State of War," in *The Social Contract and Other later Political Writings*. Tran. Victor Gourevitch. Cambridge: Cambridge University Press, 1997(本章縮寫為SW，徵引方式同上)。

一、前言

　　研究現代政治理論，必須先確定所謂的「現代性」(modernity)之意涵，而一般均以自由主義與憲政民主作爲現代政治的主要特質。但近年來由於民族主義以及多元文化論述之衝擊，使得現代性本身成爲重新檢視的理論對象。當代德國思想家哈柏瑪斯(Jürgen Habermas)即指出，法國大革命帶來了新的政治意識以及正當性原則，包括：突破傳統主義的歷史意識、政治被理解爲一種自決(self-determination)以及自我實現(self-realization)的活動等。在此種現代政治意識的衝擊之下，政治制度自然有著相應的巨大變化，其中包括了資本主義經濟系統以及市民社會之發展、現代國家統治機器之逐漸完善、民族國家之發展以及憲政民主制度的完善化(Habermas, 1996: 464-467)。然而這些現代社會政治制度乃根源於不同基礎，在歷史發展中，也因爲特殊的進程而導致完全不同的體制。自從1980年代末期社會主義國家瓦解，市民社會、民主制度乃至民族主義在中歐浴火重生，重新檢視這些現代政治制度之正當性基礎逐重新成爲重大的理論課題。

　　哈柏瑪斯進一步觀察到，政治現代性的各種理論課題，均可追溯到盧梭的政治哲學。誠然，以思想史的角度而言，許多當代政治論述，如激進民主論、民族主義、普遍人權論等，均可在盧梭政治秩序論之中找到理論根源(Habermas, 1996: 472)。然而，在此種紛雜的思想史進程之中，是否能還原盧梭政治哲學之原始樣態？筆者認爲，欲理解共和主義、自由主義、民主政治以及民族主義之複雜關連，實有必要重新釐清這些理念在盧梭系統中的原始意涵。理解原始意涵並非純然基於一種歷史旨趣，而是通過了解盧梭概念建構

的進程，我們得以進一步思索現代政治的困境及出路。

　　本書前兩章論述了馬基維利的共和主義如何突破自然法的範圍；但將公民共和主義論述與近代意志哲學相結合並建立規範意義，則以盧梭思想最具關鍵性。本章切入的角度，正在於「自由政制如何創造以及維持」這個核心議題在盧梭政治思想中，通過社會契約轉化爲現代民主共和主義的理論進程。「自由」爲盧梭政治思想之核心概念已爲中外學者之通見(朱堅章，1972；Masters, 1968: 69-73；Cullen, 1993: 3-30)，故本章不擬複述此一課題，而著重於探討維持政治自由所需的制度，及其生成之條件與過程。盧梭政治秩序論的原創之處，在於將歷史性的「奠基性迷思」加以轉化(沈清松，1995：52-56)，並將前此社會契約思想著重程序主義性格，轉變爲以民主過程的意志形成(democratic will formation)爲核心之理論。

二、普遍意志與政治權利──共和原則之證成

　　盧梭在《社會契約論》開宗明義地宣示其所欲探討者乃「具有正當性(legitimate)以及確定性(sure)的行政規則」。爲此，他說明其建構途徑乃是「人之實然(men as they are)以及法律所可能者(laws as they can be)」。這個綱領式的宣示蘊含了盧梭政治哲學的特殊方法論，也唯有恰當地解讀此方法，吾人方有可能深入地理解盧梭政治秩序論將實然與可能性結合爲一的根本目標。顯然地，盧梭心目中的政治秩序能夠同時結合正當性以及規則的穩定性，但此種結合如何可能？這個問題牽涉到《不平等起源論》的第二部分，盧梭描繪了社會的演化進程，在其中政治制度由於缺乏正當性，從而無法具備穩定之基礎，必定朝向更壞的可能持續發展。《社會契

約論》所揭示的政治秩序原則，便是足以克服此種現實社會政治矛盾的「政治權利之原則」，而這正是《社會契約論》的副標題。

　　《社會契約論》之政治正當性論述預設了盧梭前作《不平等起源論》對社會的批判。後者提出兩個有關現實政治辯證過程的重要主張。第一，盧梭運用「人性」(human nature)一詞時，並不指涉一組特定不變的特質，既非自然人的素樸性，亦非公民國家的道德人。事實上，貫穿《不平等起源論》與《社會契約論》的主要論旨，即爲人性的可變性(Plattner, 1979: 109-110)。筆者認爲，當盧梭於建構社會契約論時，聲稱將考慮「人之實然」(men as they are)(SC. I: 1)，所指的正是此可變性。換言之，盧梭的主要理論取向，並非將人類帶回原始素樸的純粹自然狀態，而是要善用人性可改變的特質，塑造眞正具有正當性與穩定性的政治共同體，克服未加控制的自然在社會中對人類所產生的負面影響。

　　第二，政治乃是足以克服社會不平等的藝術，其方式並非對現實世界不平等狀態加以局部改良，而是要奠立全新的基礎，使得正當的政治權威成爲可能。盧梭將此種政治藝術稱之爲一種可能的藝術，也就是人類運用「完美的立法」(perfect legislation)，克服自然的背反性，創造出人爲的政治世界(SW. 21-24)。盧梭指出「道德事物方面可能性的界線，並不像我們所想像的那麼狹隘」(SC. III. 12: 2)。在說明羅馬共和以及各民族早期歷史中，由人民行使主權的事例後，他強調，「無論如何，這一無可辯駁的事實本身就回答了一切難題。根據存在(existence)來推論可能(possible)，我以爲這是個好方法」(D. III. 12: 5)。可能性的領域乃是社會契約與普遍意志所運作的領域，其構成的根本原則乃是「權利」(*droit*; right)觀念。盧梭如何克服前此社會演化所展現出的惡性辯證，創造出以權利爲依歸的正當性支配？這是本章所欲處理的主要課題。

　　《社會契約論》與《不平等起源論》之關連，盧梭僅以一段簡短的文字加以帶過：「我假定，人類曾達到過此一時點，其中自然狀態不利於人類自我保存的種種障礙(obstacles)，在阻力上已超過了每個個人在那種狀態中爲了自存所能運用的力量(forces)。於是，那種原始狀態便不能繼續維持，而人類如果不改變其生存方式，就會滅亡」(SC. I. 6: 1)。這個社會契約的起點，相應於《不平等起源論》中的戰爭狀態，無論此狀態爲國家發生之前(D. II: 29)，或者爲政治制度辯證發展到極致的專制狀態〔盧梭稱之爲「新自然狀態」(D. II: 56)〕，都是接近於霍布斯所描繪的自然狀態。在霍布斯的思想中，人類得以克服此種自然狀態乃源於每個人均有的對死亡之恐懼(fear of death)，使得人們逐漸了解到不能夠單純地訴諸自保的絕對自然權利，因爲後者會造成每個行爲者均無限地累積自保所需之權力，使得每個人對其他人的威脅益形嚴重，從而不斷升高衝突的可能，而和平將無由獲致。解決之道，在於人類訴求於自然法(natural laws)來追求和平的律令，然後藉由創造一不可侵犯之主權者作爲保障自然法落實於實證法之中，來解決自然法缺乏制裁力(sanction)的根本問題。盧梭很早就指出，自然法學派(包括霍布斯的理論)在討論社會契約時，都預設了行爲者精微的理性能力，這是在自然狀態中的個體所不可能具備的(D. I. 6)。

　　換言之，盧梭所論述的社會契約嘗試克服理性主義的建構方式，而能基於意志主義以清楚且明晰的單一行動來完成政治社會的建構。在一段著名的文本中，他指出其社會契約所欲解決的根本課題乃是：

　　　　要尋找出一種結合的形式，使它能與全部共同的力量來衛護和保障每個結合者的人身(person)和財產(goods)，並且由

於這一結合，而使每一個與所有其他人相聯合的個人又只不
過是在服從自己本人，並且仍然像以往一樣的自由。（SC. I.
6: 4）

盧梭一再強調此處的各條件決定了社會契約作為一種行動的根
本性質（the nature of the act），因此不能有任何的更改，否則社會契
約將無效作廢（SC. I. 6: 5）。此處的措辭讓我們注意到，其社會契約
的真實本質並不在於某種法律所規定的交換性契約關係，而是一種
「行動」[2]。

至於社會契約的基本條款，盧梭做了以下之說明：

我們每個人都將其自身（person）及其全部力量（*puissance,*
power）共同置於普遍意志（*volonté générale,* general will）的最
高指導之下，而且我們在共同體（*corps*）之中接納每一成員作
為全體不可分割的一部分。（SC. I. 6: 9）

盧梭將此社會契約稱之為「結社行動」（act of association），由
此行動能夠從個別的私人中創造出一個集體的道德性共同體，並產
生了此共同體的「統一性」（unity）、「共同的大我」（*moi commun*）、

2　盧梭曾對人的自由行動（free action）提出說明，認為有兩種原因的結合方能
產生此種自主行動，一為道德性原因，亦即決定此行動之意志（*volonté,*
will），另一則是物理性原因，亦即執行此行動的力量（*puissance,* power）。他
做此區分的主要目的在於將政治共同體分出兩種構成元素，而由立法權體現
意志的層面，另由行政權體現力量的層面，唯有二者的結合，才能產生共同
之行動（SC. III. 1: 2）。然而此自由行動理論事實上構成其社會契約的論述基
礎，而不僅限於政府論的議題之上。筆者認為唯有從行動的角度來解析社會
契約論的幾個關鍵環節，方足以恰當理解盧梭思想的特殊性。

「生命」、以及其意志(SC. I. 6: 10)。盧梭進一步論述此公共人格
(*personne publique*, body politic)即爲以前的城邦，也是現在的共和
國(republic)或政治共同體(*corps publique*)；而盧梭所要研究的即爲
此政治共同體之制度以及組成成員的活動。很顯然地，「結社活
動」或社會契約乃是盧梭政治體系當中最根本的活動，也就是自由
的政治共同體之構成。

　　如此所建構出道德性的政治共同體，其最顯著的特質乃是主權者
爲全體人民所構成。這個集體的人民不但具有同一性，而且擁有一個
共同的「普遍意志」(general will)，讓民主共和主義在主權論的層次得
到證成。《社會契約論》最重要的論述策略，就是將之前絕對主義者
如布丹與霍布斯等依據王權所設想出的至高無上主權概念，徹底改造
成爲一個能在民主邦國運作的政治力量。所謂的「普遍意志」，一究
其實，乃是全體公民在放棄其私有性之後，所將產生的、每個人都相
同具有的共同意志；這個意志將永遠關連到政治共同體共善之保存，
並持續克服個人私有利益的浮現，而後者便是共和主義所批判的腐化
現象。

　　正因爲「普遍意志」的概念源自於絕對主義的理論體系，盧梭
雖然將之重構成爲民主共和主義的理論核心要素，但是其主要屬性
卻在在顯示出絕對主義的影響。盧梭對於「普遍意志」屬性的說
明，除了是社群最高的主權者外，還包括「不可轉讓」(SC. II.
1)、「不可分割」(SC. II. 2)、「不可能犯錯誤」(SC. II. 3)、以及
「不可摧毀」(SC. IV. 1)等。基於這些獨特的屬性，吾人可清楚看
到，盧梭民主共和主義的出發點並不在於權力的節制，而是將絕對
主義的支配結構，轉化成爲絕對主義式民主的支配型態。盧梭共和
主義的精義，正在於這個絕對主義的民主化。

　　值得注意的是，盧梭此處所論偏重於法理(juristic)而非事實的

層面，也就是政治正當性之根源。在此意義上，盧梭的政治權利理論，相較於前此所有的非正當性支配，提出了一個根本原則：正當的政治權利只存在於依法統治的國家，而法律僅能是普遍意志的運作。「法律」則被界定爲：

> 當全體人民對全體人民做出規定，它僅考慮其自身，且此時若形成了一種關係，它是某種觀點之下的整個對象相對於另一觀點之下的整個對象間之關係，但全體並沒有任何分裂。也就是當立法的對象以及立法的意志同時具有普遍性時，我將此種行動(act)稱之爲法律。(SC. II. 6: 5)

唯有在依普遍法律統治的國家中，公共利益統治著一切，公共事務(chose publique)[3]才眞能名符其實，這是盧梭現代共和主義的基本主張。盧梭對他的政治權利原則最簡明的一句話乃是「一切正當的政府都是共和制」(Tout Gouvernement légitime est républicain. Every legitimate government is republican. SC. II. 6: 9)；是以我們將「**共和原則**」作爲盧梭政治秩序論基於普遍意志所鋪陳的正當性基礎。

以普遍意志之構成而言，眞正關鍵的行動在於每個參與者將其自身的一切權利全盤讓渡(total alienation)給整個社群(SC. I. 6: 6)。全盤讓渡乃是用以克服到成立社會契約爲止，前此社會不平等所累積的所有結果。透過所有成員同時放棄其所擁有的一切財產、權利以及人身(生命)，此種「突然靈機一動而達成的共同一致」[4]，能

3　這是西塞羅res publica最適切的法譯。

4　筆者僅借用盧梭表達方式，此文本盧梭處理的乃是立法之問題(SC. II. 6: 10)。

夠瞬間由戰爭狀態轉化成為普遍意志所主導的政治共同體。

　　盧梭本人深刻意識到此處的理論困難，因為他在批評格勞秀斯 (Hugo Grotius)的「臣屬之約」時(格勞秀斯主張個人可以讓渡自己的自由使自己成為某個主人的奴隸，準此全體人民亦可轉讓其自由而成為某個國王的臣民)，已經詳細分析批評此一「讓渡」觀念在臣屬之約中的謬誤(SC. I. 4)。盧梭指出，臣屬之約中所讓渡者乃個人之自由，但自由係人作為人之基本特質，而放棄自由無異是放棄作為人之資格，這無法經由任何交換關係而得到等值之補償。是以，自由不能成為契約關係之標的物；臣屬之約實為無效且自相矛盾的約定(SC. I. 4: 6)。然而，「讓渡」此一被盧梭徹底批判的觀念，竟會在兩章之後被他自己加以激進地運用，而主張**全盤**讓渡構成社會契約之基礎。這如何可能？而此論述又如何克服盧梭自己對臣屬之約中自由之讓渡所提出的批判？這是我們必須加以解決之課題。

　　若用黑格爾的語言來說，盧梭的社會契約不啻為一種社會成員集體的自我否定而完成向更高層次「普遍意志」的過渡。唯有通過對每個個人特殊性的徹底否定，方足以克服文明社會長期累積的剝削與不平等。而集體的自我否定下，由於沒有任何一人能承受所讓渡之權力以及意志，所以勢必由另一個更高的第三者承受這些讓渡的事物。這個思考的取向明顯地受到霍布斯之影響，因為後者所稱之主權亦為一更高之第三者。盧梭原創之處乃在於否定了任何一個個人或少數人能夠取得此主權，並成為政治共同體普遍意志之載體。所有成員讓渡出之權力與意志，由於特殊性已被否定，所留下來的乃是共同性，因而指向社群共善(common good)的意志之總體。此種普遍意志不是個人特殊意志或偏好之總和(此為盧梭的 *volonté de tout*, will of all)，而是每個共同體成員均享有的普遍性

(SC. II. 1: 1)。也就是說，通過社會契約，人民由無定形的群眾（multitude）構成了人民（People），成為一個足以依據普遍意志從事自由行動的整體。「全盤讓渡」的兩端，亦即社會契約之兩造，乃是人民的兩種不同存在樣態：群眾透過否定其特殊性而創造出一個政治共同體，在其中唯有人民共同形成的普遍意志，才具有主權者的地位，而人民亦由之而成為一個整體。

　　《社會契約論》的第1書，即在於證明此種人民主權論，而論述方式，學者指出乃是一種政治神學的方式（Schmitt, 1985a: 46-49）。其終極目的在於闡明人民的普遍意志乃是政治領域中至高無上之權力根源，此論述根源於神學中討論上帝作為世界之創造者與支配者的古典議題（ibid., 46），而政治神學乃考察政治領域中「絕對性」（absolute）之根源（Arendt, 1990: 158-165）[5]。盧梭運用「人民與自己訂約使自己成為至高無上之主權者」此一特殊之社會契約，同時說明了政治社群客觀制度以及其正當性之根源。既然社會契約的兩造都是人民，他們所形構的普遍意志以及主權，將永遠在自己手中。所以，盧梭強調主權即為「普遍意志」之運作，除了具有至高無上、不可分割、以及永遠以公共利益為依歸等特性之外，並特別強調主權的不可讓渡性（SC. II. 1）。其原因在於，主權是一種意志，所以權力或可移轉，但意志卻絕不可能轉讓。盧梭由主權的不可讓渡性，進一步推論出主權是不能被代表的（SC. III. 15）。他強調，代表概念起源於中古封建時期，並暗指在這個黑暗時代產生的

5　值得注意的是，在中國介紹盧梭政治思想最早的作品中，"sovereign people" 被翻譯成「帝民」。參見馬君武〈帝民說〉（2000：120-123；原文刊於《民報》第二號〔1905年5月6日〕）。本文的論述雖然相當粗疏，但「帝民」一詞無疑地在清末君主政治的脈絡下明白地凸顯盧梭民主理論的精髓。

制度乃是荒謬而不具有人性尊嚴的。而在古代的共和國，甚至古代的君主國之中，人民是從來沒有代表的觀念。所以，盧梭堅持人民的普遍意志不能夠被代表；公共事務，特別是立法，必須由人民親自爲之。他嘲笑英國的憲政制度：「英國人民自以爲是自由的，他們是大錯特錯了。他們只有在選舉國會議員的期間，才是自由的；議員一旦選出之後，他們就是奴隸，他們就等於零了。」(SC. III. 15: 5)。

　　由於盧梭強烈反對代表觀念以及代議制度，使得其共和主義產生了與古典民主之間的聯繫。這也帶來了康士坦在法國大革命之後，對於盧梭以及雅各賓黨的批評，認定他們誤解了自由的眞諦，將古代參與政治的自由毫無批判地運用於現代商業社會，從而產生了重大的弊端。然而，從思想史的角度而言，盧梭對於代議制度的批判其實並非現代共和主義的主流。本書第七、八兩章將論述，無論是美國立憲先賢對於共和政府的討論，或西耶斯對於現代國家憲政制度的論述，共和的概念都與代議政府關連起來。這是在理解盧梭思想在代表制方面的獨特觀點時，不可不察的思想進程。

　　通過人民主權的論述，盧梭的社會契約論將個人意志關連到普遍意志活動所完成之法律，並構成了「政治生活的原則」(principle of political life; SC. III. 11: 3)。若就《社會契約論》的副標題「政治權利之原則」而言，似乎盧梭的普遍意志、人民主權以及依法統治諸理論已經完成了其政治秩序論之課題：同時結合了人民主權的意志論以及依法統治的形式，構成一完整之政治共同體，並以共和主義作爲唯一的正當性根源。

　　然而，盧梭的論述在證成共和原則後，卻赫然出現了戲劇性的轉折。他指出「確切說來，法律僅爲公民結合的**條件**(conditions of the civil association)」(SC. II. 6: 10)。法律之所以爲市民社會的條

件，乃是因為唯有通過法律來規約具體的事件或個別人之行動，方
能完成社會存在之整體。然而，盧梭的普遍意志論述描繪的，僅是
政治意志以及法律的普遍性，特殊性則尚未處理；而普遍意志，就
其定義而言，不可能直接關連到特殊性之上，因為如此將違反其普
遍性格(SC. II. 4: 4)。普遍意志往特殊性之進程，必須要由前述自由
行動中意志的層次過渡到力量(force)的層次(SC. III. 1: 1)；而在政
治共同體的層次，公共力量雖要由普遍意志所指導，但公共力量既
係「個別的行動」(actes particuliers)，並不屬於法律的管轄範圍，
從而也非主權者能直接控制，因為主權者之行動僅能制定普遍法律
(SC. III. 1: 3)。為了要讓法律所規約的市民社會能夠由純粹的可能
條件發展成完全的現實性，前述的公共力量必須有其自己的「代理
人」(agent)，此即為政府(government)。而由於政府這個新的共同
體(corps; body)的存在理據，引發了普遍意志與政府活動間之可能
矛盾，以及此矛盾如何可能克服的重大理論課題，這是盧梭政府論
(《社會契約論》第3書)的討論焦點。盧梭另一個由普遍通過特殊
的個別行動來完成整體之構成的理論進程，是立法家與民族之型
塑，則將於下一章處理。

三、政府之特殊利益

　　盧梭的政府論，表面上看來接近於古典政治哲學的政體論，也
就是以掌握政治權力者之數量多寡來決定不同的政體，如民主政
體、君主政體以及貴族政體等(SC. III: 3-7)。然而盧梭真正關懷
的，並非如亞里斯多德般，由統治團體之數量與追求共善與否來決
定政體的形式以及其相應的法律，而是各種形式的政府均需具備唯
一的正當性根源。在此議題上，他進一步發展了依法統治的共和原

則，主張民主原則乃任何正當政府的構成要件。但從古典政治哲學
的角度而言，民主乃是一種特定的政體，也就是多數平民統治的政
體，它如何可能成為**所有**政府的正當性根源(Miller, 1984: 105-
122)？

從這個角度觀察，《社會契約論》第3書其實可分成兩部分，
第3章到第9章有著古典政治哲學的外表，亦即不同政體內在構成原
則及存在樣態。但在前兩章以及第10章到第18章，盧梭處理他真正
關切的課題：政府乃是由普遍意志過渡到特殊事務所產生的代理
人，然而當它生成之後，馬上有可能被濫用(abuse)與篡奪
(usurpation)，使得社會契約原來已經克服的特殊利益重新得到滋長
的溫床，並由於政府乃是公共力量的輻輳點，使得整個社會契約所
建立的權利世界可能土崩瓦解。而他在《不平等起源論》中早已批
評政府之濫權為社會不平等加劇之主因，此處盧梭如何加以克服乃
是其激進民主共和論最重大的理論課題。

盧梭將「政府」界定為：

> 政府就是臣民與主權者之間所建立的一個中介體(*corps
> intermédiaire*)，以便二者互相調整，它負責執行法律並維持
> 公民(civil)以及政治(political)自由。(SC. III. 1: 5)

構成此中介體的成員一般稱之為行政官(magistrates)、國王
(kings)、或執政者(governors)，而此中介體整個地被稱為君主
(prince; SC. III. 1: 6)[6]。政府的產生在盧梭系統中帶來了一個新的理
論課題：社會契約論原始的設計乃是破除成員的個別利益與意志，

6　盧梭將政府整體稱為「君主」反映了他對所有統治者之根本敵視。

建立一個具有同質性的政治共同體；但政府現在成為共同體內一個獨特的共同體(*corps*)；若不像傳統君主派理論將此統治者安置於支配性的頂點，則甚難處理此種政治共同體內另有一共同體的奇特情境。盧梭深刻了解這個理論困境，他指出此種「政府作為國家之內的一個新的共同體，截然有別於人民及主權者」(SC. III. 1: 18)的核心議題，在於「這兩種共同體之間有著一種本質上之差異，即國家由於它自身而存在(exists by itself)，而政府則只能是通過主權者而存在(exists through the sovereign)」(SC. III. 1: 19)。

換言之，政府(或盧梭所稱的「君主」)應該僅以普遍意志或法律為其主導，而其力量應僅為公共力量透過政府的體現。然而面臨此種情境的「君主」，極有可能意圖為自己爭取某種絕對與獨立的行動(absolute and independent act)，也就是脫離普遍意志與法律的支配。此時政治共同體的聯繫(普遍意志與法律)便會開始渙散瓦解，而導致一個極端危險的情境：

> 如果君主居然具有了一種比主權者的意志更具動能(more active)的個別意志，並且他竟然使自己所掌握的公共力量服從於此個別意志，從而可說是導致了有兩個主權者——一個是權利上的，而另一個則是事實上的。於此時刻，社會的結合(social union)亦即消逝，而政治共同體也隨即解體。(SC. III. 1: 19)

盧梭在《社會契約論》第3書試圖解決的，即為政府此種「臣屬性整體」(subordinate whole)在政治共同體內所應有之地位，而其重點在於確定政府的存在理據時，必須始終能夠區別以保存國家為目的之公共力量以及以保存自身為目的之個別力量，絕不能犧牲前

者來成就後者，因爲如此將導致政治共同體憲政體制之變更(SC. III. 1: 20)。

　　然而盧梭了解產生此問題之原因在於共同體所需之政治藝術與人性的基本傾向有所衝突。他在意志的層面上分析行政官員具有三種不同的意志：個人之固有意志(傾向於特殊利益)、行政官員之共同意志(common will of the magistrates)(關係到政府或「君主」的利益，盧梭亦將之稱爲團體意志[*volonté de corps*])，以及人民或主權者之意志(SC. III. 2: 5)。他指出，第三種意志無論就國家之整體考量或政府作爲整體的一部分而言，均爲普遍的；而第二種意志則不然，它就與政府之關連而言，可稱之爲普遍的，但就與國家之關係而言則爲私人的。政治藝術與自然秩序相衝突之處在於，在自然秩序中意志愈爲集中則愈具能動性，是以個人意志強於團體意志，而普遍意志最爲微弱；但在完美的立法中，普遍意志必須居於支配性地位，團體意志儘量居於臣屬性角色，而私人意志應當趨近於零(SC. III. 2: 6)。

　　由盧梭此處之論述，吾人可察覺政府的存在有一雙重性格，使得政府權力之濫用幾乎成爲無法避免的結果：政府作爲公共力量集中的輻輳點，其具體力量超過了普遍意志運作所產生的法律；但後者構成政治共同體整體關係之構成要件，又必須克服政府這個更具能動性的危險力量(cf. Shklar, 1985: 200-209)。此理論困境，依吾人之詮釋，其實根植於盧梭社會契約「全盤讓渡」所導致的特殊困難。參與締結社會契約的行動者所讓渡之事物，包含了個人之財產、人身、自然自由、以及自然狀態中之「力量」。社會契約所完成者，乃是將所讓渡之事物中具有普遍性者形構成爲指導政治共同體的普遍意志，並由此克服自然狀態中個人特殊意志所導致的戰爭狀態。然而，盧梭在完成依共和原則建構政治共同體時，同時指出

法律乃市民社會之「條件」。要將條件現實化，勢必要關連於共同
體中個別事務以及成員個別行動之規約；而普遍意志既無法直接關
連於特殊性事務，就必須藉由國家的公共力量加以執行。然而關鍵
問題在於，在盧梭論述中，此處公共力量似乎是由普遍意志實現自
身時所產生的中介性力量，是以政府必須無條件臣屬於普遍意志之
支配。但若細查前節所引述社會契約條款，吾人將可察覺，所讓渡
之事物可區分爲屬於意志的普遍性，與屬於力量的特殊性兩種型
態，而特殊性須由普遍性加以支配。由此亦不難發現，社會契約所
達成者爲普遍意志之形成，但是力量之特殊性本質並未有根本轉
變，並以政府作爲此特殊力量集中的輻輳點，是以政府乃特殊性的
總和。換言之，**自然狀態中每個個人的特殊利益間之衝突，通過社
會契約轉化為普遍意志與政府官員特殊利益的兩元對立結構**；在理
想中，普遍意志應當能支配特殊利益，但在現實中，特殊力量的集
結自然有維護特殊利益之傾向。

　　鄂蘭指出，盧梭面對此情境的解決途徑乃是透過建構一個「敵
人」（enemy），以作爲普遍意志凝聚成員的著力點（Arendt, 1990: 77-
78）。她援引《社會契約論》中非常重要的一個註釋（ibid., 78, 291註
24）：

　　　Argenson爵士說：「每一種利益都具有不同的原則。兩種
　　個別利益的一致是由於與第三種利益相對立而形成的」。他
　　可以補充說，**所有利益的一致是由於與每一個人的利益相對
　　立而形成的**（the agreement of all interests is formed in opposition
　　to the interest of each）。如果完全沒有不同的利益，那麼人們
　　就很難感覺到那種永遠都碰不到障礙的共同利益，一切都將
　　自行運轉，政治也就不成其爲一種藝術了。（SC. II. 3: 2; 粗體

為筆者所加）

　　盧梭的政治本體論，不僅像一般政治群體化過程中所經常使用的「敵友區分」，來構成政治共同體的同一性(cf. Schmitt, 1976; Koselleck, 1985: 159-197)，此處引文蘊含著**將特殊利益化為敵人概念，而成為政治共同體內部之它者**[7]。基於鄂蘭的詮釋，我們認為在盧梭系統中特殊利益之存在，使得普遍意志之支配益形重要，二者事實上成為互相對立但又缺一不可的辯證關係。而由於特殊利益的輻輳點在於政府，是以普遍意志如何支配具有更大能動性之政府，乃盧梭所關切「政治問題」之核心。

　　準此，盧梭的政治本體論勢須有所修正(Charvet, 1974: 128-129)，因為當他依古典目的論的取向，來說明唯有普遍意志能夠依共善來指導國家的力量時，曾指出：

> 如果說個別利益的對立使得社會的建立成為必要，那麼，這些個別利益的一致才使得社會的建立成為可能；正是這些不同利益的共同處才形成了社會聯繫。如果所有這些利益彼此並不具有某些一致之點，那麼就沒有任何社會可能存在。因此，治理社會應當完全根據此共同利益。(SC. II. 1: 1)

　　但根據前述的說明，盧梭還有未曾明示的進一步主張：欲使普遍意志之支配由可能成為現實樣態，則必須有一敵對的它者與之關連，此即特殊利益之整體(政府)；而政治共同體也正由於普遍意志

---

[7]　此種將特殊利益絕對化的神學傾向，並不存在於馬基維利的政治秩序論之中。盧梭的理論影響了其後黑格爾以及青年馬克思的共和主義論述中，關於特殊利益與普遍性相對立之觀點。

與政府的特殊性二者並存，辯證發展成為一具有能動性之行動者。但這如何可能？於此，盧梭發展了複雜的政治神學論證，來說明人民主權與政府的關連。

四、激進民主與政治神學

由於政府作為中介團體的雙重性格，使得普遍意志之控制成為關鍵課題。是故，盧梭在說明政府的特殊性格，以及濫權的必然性之後，必須重新考慮政府設置的過程及其意涵，方有可能解決普遍意志控制政府的問題。而他在此引進了一種公民直接參與的激進民主理念，吾人稱之為「**民主原則**」，成為補充「共和原則」的政治權利之第二原則。

盧梭在《社會契約論》第3書第16章至17章討論「政府的創制」(institution of the government)時，再次批駁了傳統自然法中以臣屬契約來說明建立政府的謬誤，認為此種契約違反了最初的社會契約，因而不可能成立(SC. III. 16)。他進一步指出，政府的創制是一種「複合的行動」(complex act)，其中包含了兩個環節，一為法律之制定，另一則為法律之執行。由前者，主權者規定了政府共同體(*corps de Gouvernement*)依照某種特定形式建立起來，而此種行動便是一種法律。另一環節則由人民任命首領來管理業已確立的政府。值得注意的是，創制政府的複合行動中所包含的兩項環節，是完全不同層次的行動：前者具有普遍性，從而符合盧梭依法統治的共和原則；但後者對特定政府官員的指定，則是一種特殊的活動，而依據普遍意志及法律的定義，此種行動無法由普遍意志及法律自身完成。盧梭本人清楚意識到此處之困難，因此他指出「此一任命只是一種個別行動(particular act)，所以它並非第二種法律，而僅僅

是前一項法律的後果以及政府的一個職能」(SC. III. 17: 3)。此處兩
個行動間之關連構成了盧梭政府論最重要的一個理論辯證：從普遍
意志與法律如何設置政府，也就是由普遍性建立特殊性的辯證發展
過程。

　　盧梭的解決之道，完全依照政治神學的論證進程，主張主權者
作爲普遍意志之主體，能夠將完全相對立的屬性(此處爲普遍性法
律以及特殊活動)加以調解，而達成一種「關係上之轉變」(change
of relation)。這個轉變的關鍵在於：人民作爲主權者，能夠在特定
的情境之下成爲君主或執政官(SC. III. 17: 4)。這是一個極爲重要的
辯證過程，因爲在此之前，盧梭對主權的運作一直強調其普遍性，
是以法律乃人民作爲整體以及國家作爲整體之間所發生的「關
係」；但在政府的創制過程中，爲了克服臣屬契約之謬誤，以及證
成普遍意志之支配地位，盧梭**賦予了普遍者在某種例外狀態中，瞬
間轉變爲特殊存在的可能**。他指出：

> 　　也正是在這裡，才能夠發現政治共同體最令人驚異的性質
> 之一，此性質即它能調解表面上相互矛盾的運動(it reconciles
> apparently contradictory operations)。而在此事例中，這個運
> 動乃經由主權猝然轉化(sudden conversion)爲民主制(Democracy)
> 而告完成；從而，並沒有任何顯明可見的變化，僅僅是由於
> 全體對全體的一種新關係(a new relation of all to all)，公民就
> 變成了行政官員，於是也由普遍的行動過渡到個別的行動，
> 由法律過渡到執行。(SC. III. 17: 5)

　　換言之，唯一符合社會契約的政府建制方式乃是，在社會契約
創造出主權者之後，主權者由於其超越常態的絕對力量，能由普遍

過渡到具體，由主權轉化爲民主，指定特定的政府官員之後，再轉
變回普遍意志的樣態。這個理論進程的原創處，除了賦予主權者一
個眞正至高無上的權力(同時具有制定憲法的權力與運作憲法所制
定的政府權力，亦即同時具有本書第八章所論西耶斯區分的*pouvoir
constituant*以及*pouvoir constitué*)之外，同時賦予民主制以一種**基源
性**功能。民主制不再是如古典政治哲學所論述的，乃由多數平民支
配的特定政體，而是任何政體要建制政府時必須經歷的環節：此基
源民主制可指定一人作爲統治者而構成王政，亦可指定少數人作爲
統治者而構成貴族政體，當然更可指定多數人統治而成爲民主政
府。這樣的理論進程否定了本文第一章所論從亞里斯多德以降，將
政體視爲政治共同體中，由統治團體所形成的憲政體系之觀點，在
現代意志哲學(voluntarism)的基礎上，重新建立了希臘民主派「多
數即整體」的堅強理據，並確立了政府除了全體人民同意之外，不
可能有任何其他的正當性理據。是以，雖然在《社會契約論》第3
書第4章中，盧梭將民主制是爲一種特定的政府體制，提出了許多
批評，甚至說出了「如果有一種神明的人民，他們便可以用民主制
來治理。但那樣一種十全十美的政府是不適於人類的。」之評斷；
但事實上他運用特殊層次否定民主政府的論述，來掩蓋他將民主理
念提昇到基源性正當性唯一可能原則的民主共和主義[8]。

8　施密特(Schmitt, 1985a: 48-49)主張，盧梭的主權論雖運用政治神學之論治方
　　式，但「人民」作爲主權之主體只能以民族意識構成國家之有機整體，缺乏
　　了「決斷」(decisionistic)與「位格」(personalistic)之面向。施密特的觀察，
　　乃基於他認爲只有主張人性本惡的悲觀主義政治哲學系統(如馬基維利、霍
　　布斯、黑格爾以及反對法國大革命之思想家)，方有可能發展決斷論
　　(Schmitt, 1976: 58-59)。盧梭由於「意志必然與行動者之善業相關連」的公
　　設，而必須對普遍意志做出關於質的規定(qualitative determination)，降低了
　　普遍意志的決斷成分(Schmitt, 1985a: 48)。施密特認爲只有絕對王權足以行

　　盧梭並據此進一步建構了其激進民主理論，將所有政府視為一種「臨時政府」(provisional government; SC. III. 16: 7)，他嘗試透過公民的定期集會，重現構成普遍意志以及建制政府的主權者，來抗衡執政者可能濫用政府所擁有之公共力量的必然性。他主張正當的政治共同體必須有定期的公民集會，特別是不需要由政府召集，而在原始公約中即規定的定期集會，而政府不能以任何理由取消或延緩此種公民之定期集會(SC. III. 13: 1)。公民集會乃人民主權直接展現其權能的時刻：

　　　　當人民合法的集會成為主權者共同體(*corps Souverain*)的那個時刻，政府的一切權限便告終止，行政權也就中止(suspend)；於是最渺小的公民身分便和最高級行政官的身分，同樣地神聖以及不可侵犯，因為當被代表的人出現時，便不再有任何代表了。(SC. III. 14: 1)

　　而人民合法集會，即構成政治共同體歷史進程中一種「中斷期間」(intervals of suspension)，構成對於政治共同體的保護(aegis)，以及對於政府的限制。盧梭即依此中斷期間之定期出現來制約政

(續)───────────────
　　使主權之決斷。這個思想史之論斷，顯然低估了盧梭民主共和主義的決斷性格。盧梭的主權者不僅展現於普遍性立法活動，而且能在創制政府時，由普遍者轉變為其對立面，以控制政府之特殊利益。盧梭政治神學的決斷論性格進一步展現在將政府(以及所有統治者)均「敵人化」，導致一切政府均為臨時政府以及反對基本法等激進之主張中。在此議題上，鄂蘭的觀察較為允當。她認為盧梭及受其影響的法國大革命理論家西耶斯的理論問題不在於缺乏決斷成分，而在於過分追求政治領域之絕對根源，反而無法由此單一根源(selfsame source)建構有效之政治權威 (Arendt, 1990: 164-165)。

府；而統治者必然會試圖腐化人民，並以種種說辭抗拒公民的集會。前者乃是普遍意志的唯一力量，後者則是政府的反抗力量或反作用力(force of resistance)。若反作用力不斷滋長，主權之權威便會慢慢消逝而造成政治共同體的傾覆與滅亡(SC. III. 14: 2)[9]；而普遍意志的作用力則透過定期集會之持續舉行而得以維繫。此公民集會之唯一目標乃在於維持社會契約，因此集會必須全體公民對下列兩個議題依序個別地投票：第一，「主權者是否願意保存現有的政府形式」？第二，「人民是否願意讓那些目前實際在擔負行政職務的人們繼續當政」？公民集會的這兩個關鍵提問，一為普遍性，一為特殊性，象徵著全體人民定期地對社會契約之所成，以及政府之所建制的普遍性主權者／特殊性的君主的兩重身分之不斷再現，保障了共和國能定期如馬基維利所述「將事務帶回其根源」。而盧梭在此宣稱：

> 我在這裡假定，我相信我已證明過者，那就是：在國家之中，並沒有任何根本法是不能予以廢止的(revoke)，即使是社會契約也不例外。因為如果全體公民集會起來一致同意毀棄這個契約，我們就不能懷疑這個契約之毀棄實為非常正當(legitimate)的(SC. III. 18: 9)。

此處盧梭回應了《社會契約論》第1書第7章所論主權者不能自我設限，從而可宣告任何根本法甚至社會契約之無效。盧梭未曾說明，若主權者將構成其自身同一性的社會契約都加以宣告無效，那

9　此處盧梭運用牛頓物理學的概念來理解政治界力之作用。而由此亦可知，盧梭作品中何以常常運用「力量」(force)這一觀念。關於此點可參考Masters, 1968: 287。

麼此人民作爲主權者如何可能繼續存在？如此將產生先於社會契約
便存在的主權者，這似乎與盧梭政治秩序論無法相容。我們認爲，
盧梭爲了對抗特殊意志與政府之專斷，強調主權者之能動性與至高
權能，使得自我設限的立憲主義成爲他極力反對的理論取向；這卻
造成了社會契約可以被普遍意志廢止，甚至產生「人民可以自我傷
害」(SC. I. 12: 2)此種奇特的理論困境。然而，公民共和主義傳統
的旨義在於追求能存之久遠並保障自由的政治制度，不應爲了理論
之一致性而犧牲現實政治之穩定性。共和原則與民主原則說明了現
代政治秩序之正當性基礎，但「行政規則之確定性」(SC. I. 1)仍未
得到證成，基於此，盧梭乃引入偉大立法家創建行動的理論，方有
可能說明政治穩定性之根源，我們將於下一章仔細檢視此一議題。

五、盧梭理論建構之檢討

　　基於本章的分析，盧梭對共和以及民主兩項原則的證成，均各
自面臨著特殊的理論困難。我們先就盧梭本人對這些問題的表述加
以說明，再尋求解決之道。

　　第一個理論困難乃是社會契約的型態。盧梭所主張的，並非如
傳統自然法中個人與個人締約或人民與君主間所訂之臣屬契約，而
是成員與其「自身」訂約。所謂的與其自身訂約，指的乃是特殊性
個體與作爲普遍意志一部分的公民成立契約。然而，政治共同體、
普遍意志、與公民身分乃由社會契約創造出來，在訂定社會契約時
似乎不能預先假定其存在。換言之，契約的另一造乃是因社會契約
而生，這是《社會契約論》第一個弔詭(cf. Althusser, 1972: 128-
134)。在這個議題上，盧梭的社會契約完全脫離了傳統的觀點，而
同時具有兩元性格，吾人可比附於盧梭在說明政府建制時所區分的

兩個行動環節：社會契約一方面乃是構成政治共同體的結社行動（契約的另一造也同時因此而生），而另一方面也是同一個體的特殊性與普遍性相互締約，全盤讓渡其特殊之一切屬性及所有物於普遍性之下。前者為一構成性活動，後者則仍是一種交換關係(SC. I. 9:6)。盧梭以這種方式來克服他批評格勞秀斯的臣屬之約時所指出的根本問題：人民在讓渡其自由給君主之前，必須有一構成性活動使得人民成為一個真正構成整體的人民(SC. I. 5:2)，盧梭稱此為社會的真正基礎。

　　《社會契約論》的另一個理論困難在於政府成立時所預設的建制活動。用盧梭的話來說：

> 　　困難在於理解，在政府出現之前，人民何以能有一種政府的行為；而人民既然只能是主權者或者是臣民，如何可能在特定情況之下，成為君主或行政官(SC. III. 17: 4)。

　　仔細觀察此一問題，可以發覺與第一個理論困難有相近的形式。也就是說，在用以解釋某種事態所產生的行為時，卻又預設了該事態之存在。在前例中，社會契約作為個人與其普遍性之自我訂約而產生政治共同體，卻需要預設某種只有政治共同體才能賦予的公民身分。而在此例中，盧梭在說明政府作為一種有別於普遍意志的特殊性中介機構時，卻又預設了人民在沒有政府的狀態下仍有可能從普遍性過渡到特殊決定，從而選定政府官員。前例可稱之為**「構成活動與交換關係之兩難」**；後者則可稱之為**「普遍性與特殊性之衝突」**。

　　我們若對這兩個理論困境仔細加以考察，不難看出盧梭亦無法完全克服他對格勞秀斯所犯之謬誤的批評：要證成人民有可能將自

由與權利讓渡給君主，必須預設一先在之活動。但盧梭自身的理論進程則證明，當我們對此預設之活動加以分析時，似乎無法避免使用此活動已經產生的結果；但用結果來解釋原因，顯然邏輯上是有問題的。

　　這個理論困境指向更根本之政治哲學議題。盧梭所欲證成的，乃是政治權利的正當性原則及其生成。在回顧了《社會契約論》的理論進程後，我們可了解到盧梭企圖以完美的立法(一種人為的創造物)來克服自然的秩序，也就是將政治作為一種技術推到其極限，以克服自然與習俗(convention)的對立。然而盧梭所說的自然，乃是一般意義中的經驗與事物之實然，而他所說的權利原則，乃為規範性的律則。盧梭本人否定古典政治哲學通過目的論使得自然法得以成為萬事萬物律則的理論，而接受了現代觀點，亦即「法律」乃是道德性存在物所特有的行為律則(D. I: 5-6)。盧梭政治秩序論的根本問題乃在於如何將具有正當性的權利原則，建築在符合人自然本性的經驗基礎之上；用他自己的觀念來說，則是由特殊意志過渡到普遍意志如何可能的問題。而**前述兩個理論困局均指向普遍性得以生成與持存，永遠會落在一種預設了它自己存在的循環論證之中**。然而，由盧梭自己對格勞秀斯之自然法理論——將征服權(right of conquest)、在戰爭狀態中殺死敵人的權利以及奴役權等互相關連——稱為「惡性循環」(a vicious circle; SC. I. 4: 12)可看出，盧梭對於理論邏輯的一致性要求相當嚴格。然則吾人是否有可能克服《社會契約論》證成其二個政治原則中所蘊含的「因果置換」之理論問題，不至於犯了傳統自然法學派無法避免的「惡性循環」邏輯謬誤？

　　筆者認為，盧梭雖未能完全克服此處的邏輯矛盾，但他已經刻意地將其中難解之處加以釐清。依據吾人之理解，社會契約以及政

府論中所產生的理論困難，通過立法家創建行動的終極特性而降低。簡單地說，成立社會契約以及創建政府之特殊個人，並非存在於一種與文明狀態相對立的自然狀態，或當代政治哲學所稱的「原子式個人主義」之存在情境。社會契約之發生時刻，乃是《不平等起源論》第二部分所批判的文明狀態，以及其中社會政治之不平等。盧梭雖然對後者提出極其嚴厲之批判，但他亦指出，在政治剝削及戰爭狀態產生之前所曾存在的「自然狀態之最後階段」中，已經有著個人因開始定居而相互接近，並進而在各個地方形成有共同風俗和性格的個別民族。只是這些民族之形成乃基於自然性的原因（生活方式、食物、氣候條件等），而非源於規章和法律(D. I: 15)。如果說其後的政治制度建立乃第二次之「改變人性」(D. II: 57)，立法家乃是於此時介入文明發展的外力，遏止人性在文明社會的自然進程中墮落，而進行**第一次**之「改變人性」(SC. II. 7: 3)。而盧梭本人已說明，改變人性乃是將特殊個人整合到一整體之中，而此處之整體顯然是立法家所創建出來的民族共同體(national body)，而非社會契約所產生的政治共同體。有了立法家所創造之民族共同體為基礎，個人便不再是自然狀態中完全獨立以及文明社會中相互排斥的社會個體，而已具有初步基於自然原因以及立法家所提供的規章制度而完成的同一性。在此基礎上，特殊個人在從事社會契約締約以及政府之建制活動時，前述兩個理論困境即得以消解，因為在從事這些活動的個人是同一民族之成員。至於這樣的解決是否恰當，將是下一章的主要課題。

第六章

盧梭論立法家與民族文化[1]

---

1 本章爲節省徵引篇幅，引用原典縮寫如下：

   C："Constitutional Project for Corsica," in *Rousseau Political Writings*, Tran. F. M. Watkins, pp.277-330. Toronto: Thomas Nelson and Sons Ltd., 1953(本章縮寫爲C，以頁數徵引之)。

   D："Discourse on the Origin and Foundations of Inequality Among Men," in *The Discourses and Other Early Political Writings*. Tran. Victor Gourevitch. Cambridge: Cambridge University Press, 1997(本章縮寫爲D，並以章節數徵引之，例如D.II:1即代表第2章第1段，以便參考其它譯本)。

   GM："Geneva Manuscript," in *The Political Writings of Rousseau*, vol.4. Tran. Judith R. Bush, Roger D. Masters, and Christopher Kelly. Hanover: University Press of New England, 1994(本章縮寫爲GM，徵引方式同上D)。

   P："Considerations on the Government of Poland," in *The Social Contract and Other later Political Writings*. Tran. Victor Gourevitch. Cambridge: Cambridge University Press, 1997(本章縮寫爲P，以頁數徵引之)。

   SC："Of the Social Contract," in *The Social Contract and Other later Political Writings*. Tran. Victor Gourevitch. Cambridge: Cambridge University Press, 1997(本章縮寫爲SC，徵引方式同上)。

   V："Discourse on the Virtue a Hero Most Needs. or On Heroic Virtue," in *The Discourses and Other Early Political Writings*. Tran. Victor Gourevitch. Cambridge: Cambridge University Press, 1997(本章縮寫爲V，徵引方式同上)。

一、前言

在盧梭政治理論之中，人民主權以及立法家兩組觀念之關連，向為一爭議極大之議題。其中之關鍵課題，在於人民主權預設了公民個人與集體意志之自主性(autonomy)，而立法家則似乎帶有傳統政治思想父權論(paternalism)之色彩，此兩組看似矛盾的觀念如何可能在盧梭思想中同時並存，值得詳加探討。

一般而言，強調盧梭思想與現代民主政治和人民主權之關連的研究者，著重於探討社會契約之形式、普遍意志與政治自由之關連等議題；而研究盧梭與現代民族主義之研究者則較為偏重盧梭的立法家、愛國主義、民族文化等論述。前者如John Charvet(1974)在重建盧梭社會政治思想體系時，主要依賴《不平等起源論》中有關自然自由以及社會腐化的論述、《愛彌兒》的自我教育理念、以及社會契約論所建構的道德性政治共同體等論述，而對於立法家以及民族文化之塑造等議題著墨甚少。相對地，研究盧梭與赫德政治思想的F. M. Barnard則以普遍意志與立法家兩個議題的對立關係為主軸，分析並批判盧梭政治理論中所蘊含的兩種正當性概念——審議民主的理性正當性以及民族社群的情感式正當性(Barnard, 1988: 55-67)。

在中文文獻中也有著類似的觀點衝突，惟大部分均偏向社會契約與普遍意志之論述，對立法家諸理論則懷疑有加。張翰書以大量篇幅分析社會契約與「共通意志」[2]之後，簡單地提及盧梭立法家理論，其評論為「上述盧梭的理論，可謂新穎而動聽。但談到實際

2　即*volonté générale*, general will，本書譯為普遍意志。

立法工作時，他的見解卻頗陳腐而令人失望。……盧梭企圖調和自由與權威的勇敢抱負，結果乃變成對古希臘立法家的崇慕。而前言後語，恍若兩人。」(張翰書，1997：47-48)中國大陸學者朱學勤則認為，盧梭將政治國家給道德化，其中立法家(一種先知型半人半神的人物，也就是韋伯的charisma)以古典「牧羊人統治」的方式行使統治，「俯視眾生，只聽從內心的召喚，而他個人內心獨白經過廣場政治的放大，卻能對全社會產生暗示性催眠效果」。如此一來，把統治範圍從公民的外在行為擴及到公民的內心領域，再一次把政治統治改變為道德統治(朱學勤，1997：155-156)。朱堅章的分析則遠較上述之評論中肯，他指出：

> 盧梭顯然以置身政治體系之外的立法家來解決所謂人人參預全意志的形式與實質、實然與應然間的困難。……在形式上法律仍然必須是全體人民人人平等參預的全意志的記錄，非經人民投票通過不能發生效力，但其內容則為立法家之睿智的結晶，並且利用宗教使之實現。……誠然，盧梭的立法家，就今日民主政治的價值觀念而言，頗難令人接受，但是就18世紀的歐洲，而要使人人平等積極參與政治，或可說是唯一可能的設想了。(朱堅章，1972：197)

　　盧梭的社會契約與普遍意志諸理論誠然重要，本書前章亦已詳論其概念架構，但我們不能如部分學者刻意忽視或貶抑他的立法家與民族主義等觀念，因為即使以《社會契約論》而言，這部分理論所占的篇幅超過三分之一以上，若無法得到恰當之詮釋，則將導致部分學者之困惑，完全無法理解盧梭何以花巨大之篇幅闡釋羅馬的

憲政體制[3]。

　　本章將分析盧梭立法家觀念的理論架構，並扣緊立法家的創建活動與普遍意志行使其主權的政治活動間之理論關連，俾能提供對《社會契約論》更為全面性之詮釋。我們將嘗試以黑格爾式的「內在批判」(immanent critique)方法，分析盧梭文本，由其理論建構之脈絡，嘗試深入研究偉大立法家及其創建藝術何以在盧梭完成普遍意志以及國民主權等論述之後，浮現成為另一組平行的理論議題。本章之主旨在於論證盧梭政治秩序論與政治創造論之二元性格：**規範論**即係前章所述之民主共和主義，盧梭在此議題的理論建構奠立了現代政治的正當性原則，主張自主的公民以平等方式締造社會契約、創造並控制政府權力、且在其中完成集體的政治自由以及個人的道德自由。但在**秩序論**層次，則於此公民自主活動所形成的政治領域底層，卻有著偉大立法家的政治藝術，以及超卓能力所形成的基礎(包括型塑風俗習慣與公共輿論、外於憲法的政治機制、民族文化，以及公民)。這個二元性格進一步發展出第二章與第四章所析論的古典和現代共和秩序論。

　　本章在詳細分析此二元體系在盧梭思想之形構後，進一步指出後者乃盧梭思考政治正當性原則的實現(realization)議題時不得不導入的概念。他將馬基維利的政治秩序論述與近代意志哲學相結合，從而把「自由政制如何創造以及維持」這個共和主義的核心議題轉化為近代民族主義文化理論，產生了深遠的影響。

3　請參閱Masters, 1968: 305，註釋21所羅列的C.E. Vauhan、Robert Derathé等學者之意見。

二、立法家：議題的脈絡及其人格特質

　　《社會契約論》雖然區分為四書，但是就其根本意向而言，盧梭意欲處理兩個層次的議題。在《社會契約論》的初稿（通稱為《日內瓦手稿》）中，他明確指出此兩層次之議題：其一為「公民國家的理念」（the idea of the civil state），另一則為「立法家之科學」（science of the Legislator; GM. IV: 6）。前者的目的在於分析權利的構成及其根本原則與運用，後者之目的則在於分析依據權利原則所構成的政治共同體，如何可能生成並維繫其長治久安。在《社會契約論》中，這兩個層次的議題分別被稱之為「政治權利之原則」（principles of political right）以及「政治之律則」（maxims of politics），二者之精神與《日內瓦手稿》並無二致（Masters, 1968: 305-306）。值得注意的是，此兩層次之理論取向其實是互相對立的：在討論政治權利之原則或市民社會的理念，亦即普遍意志之構成與運作時，平等與自由乃是論述的前提；而在處理政治之律則與立法家之科學時，卻由不平等與政治控制作為論述的基礎。二者之關係乃構成理解《社會契約論》的核心問題[4]。

4　關於《社會契約論》的論述結構，可參閱Gildin(1983: 13-17)詳細的討論。筆者則採取一種黑格爾辯證式的理解：第1書1-5章為引論及既有理論之批判；第1書第6章至第2書第6章為「普遍性」政治原則的論述，討論社會契約與普遍意志；第2書7-12章為第一次「特殊性」論述，討論立法家及民族；第3書為第二次「特殊性」論述，討論政府的特殊性及普遍意志控制之道，實際上亦可直接銜接第2書第6章；第4書則為第一次「特殊性」論述的落實，討論羅馬政制與公民宗教。以黑格爾辯證法的角度閱讀，即可知《社會契約論》有著由「普遍性」到「特殊性」，終至「具體」政治現實性的理論結構。是故本書將盧梭的共和主義論述分成兩章來處理。

通過人民主權論述之建構，盧梭的社會契約論將個人意志關連到普遍意志活動所完成之法律，並構成了「政治生活的原則」（principle of political life; SC. III. 11: 3）。若就《社會契約論》的副標題「政治權利之原則」而言，似乎前章所述盧梭的普遍意志、人民主權以及依法統治諸理論已經完成了其政治秩序論之課題：同時結合了人民主權的意志論以及依法統治的形式，構成一完整之政治共同體，並以共和主義作為唯一的正當性根源。

立法家議題之浮現，在於盧梭建構了公民國家的理念後，進一步研究人民訂定法律的可能性。他觀察到，服從法律的人民應為法律之制定者，而只有正在形成結社者方有**權利**規約社會的條件；但這些人是否具有真正相符的**能力**來完成此課題呢？在此盧梭提出相當悲觀的觀察結論，而與《社會契約論》第1書的理論進程大相逕庭。他指出群眾（multitude）並不知道自己真正想要的東西，因為他們不知甚麼東西真正對他們好，這樣的群眾似乎無法執行像系統性立法這樣重大而困難的事業。盧梭進一步提到「普遍意志」觀念的內在緊張性：

> 就其自身而言，人民永遠盼望著自己的幸福，但人民就其自身而言卻無法永遠都看得到自己的幸福。普遍意志永遠是正確的，但是那指導著普遍意志的判斷（judgment）卻並不永遠是明智的（*éclairé*, enlightened），所以必須使它能看到對象之實然，有時還得讓它看到對象所應呈現的假象；必須為它指出一條它所尋求的美好道路；保障它不至於受到特殊意志的誘惑；使它能看清時間與地點；教導它能以遙遠的隱患來平衡當前切身利益之引誘。（SC. II. 6: 10）

　　換言之，無論爲個人或集體，我們都不能假定其意志與善業(good)直接相關，因爲在行動中，不僅是意志的行使而已，而且還有智慧與理性的問題(Melzer, 1990: 240-244)。普遍意志的運作要能夠眞正關連於共善，必須在相應的知性條件之下方有可能，而讓社會體的知性與意志相統一，需要有「公共的啓蒙」(public enlightenment; SC. II. 6: 10)。但是共同體成員無法實現自我啓蒙之任務，必須由一外在更高的力量加以完成，於此盧梭導入了「立法家」(Legislator)的觀念。

　　盧梭雖然提出了社會契約、普遍意志等著重普遍性的觀念，但值得注意的是，他對特殊個人的創造活動亦向來甚爲關注。在早期一篇討論英雄所特有之德行的短文(V)中，盧梭不認爲傳統四基德(正義、節制、勇氣與智慧)能夠用來說明英雄之德行，而唯有用「靈魂之力量」(the force of the soul)方足以形容英雄與一般人或智者相異之處，此種英雄即其後期立法家論之原型(cf. Cameron, 1984; Kelley, 1997)。他區分政治家所具有之智慧、公民所應有之正義、以及哲學家所特有之節制，指出唯有英雄才具有靈魂之力量(V: 16-24)。而盧梭將此力量界定爲「永遠能強力行動的力量」(*pouvoir toujours agir fortement*; always being able to act forcefully; V: 35)。具有靈魂之力量者方足稱之爲自己的主人(*maitre de soi*)，因此得以「將精神加以啓蒙，將天才加以擴大，並且將活力(energy)與元氣(vigor)貫穿到所有其它德行之中」(V: 38)。此自爲主人之英雄在培植其靈魂力量時，終究會達到一特殊時刻，將自己的幸福與其他人的幸福結合爲一，他異於常人的力量便將發揮，而成爲偉大立法家，並完成政治創建之行動。

　　大部分人類永在於當下的情境中，偶爾會有以未來榮耀爲導向與全人類幸福(*heureux*; happiness)爲職志的超卓個體產生。立法家

可以完成連哲學家均無法企及之任務：

> 　　矯正那些鄙夷哲學家的貴族或不聽其忠告的平民。人並非
> 由抽象觀點所統治；唯有強迫人們才能讓他們達到快樂，而
> 且唯有讓他們經驗到快樂，才能夠讓他們喜歡它。（V: 5）

　　也就是說，立法家或英雄的職能乃是能透過其自身的超越性——
——即「靈魂的力量」，從無中創造有，讓從未經歷過幸福的人類能
夠初嚐幸福的滋味並進而自主地珍視並願以死維護之。然而，在未
經歷幸福之前不會真實體悟其珍貴，要讓人們願意第一次爭取幸
福，不能光靠抽象地描述幸福的情境來加以完成；唯一的可行方
式，便是盧梭描述立法家通過宗教等超越力量所達到的「不以暴力
而能約束人、不須說理卻能使人心悅誠服」的結果(SC. II. 7: 9)。

　　盧梭並未將立法家的特殊英雄性格進一步做自然主義式的分
析，而如同亞里斯多德所稱「在人群中之神祇」一般，保留其超越
常態的特性。但可確定的是，其人格特質在於能夠克服自然，基於
其追求未來榮耀的動機，發揮偉大的政治藝術，型塑政治空間以及
民族共同體，使得人類的發展能夠脫離自然性宰制的狀態而臻於自
由。

三、立法家以及政治空間之建構

　　當吾人深入考察前述立法家議題浮現的理論轉折，將注意到這
不僅適用於公民是否有能力自我立法之議題，更令人困惑的將是，
若缺乏智慧與理性，人民何以可能完成社會契約之締結，以克服
《不平等起源論》中所描述社會演化所產生的不平等？

　　事實上，類似的理論困境存在於任何政治創建的時刻，也就是如何由處於腐化的狀態的人民創建出新的政治共同體。盧梭本人清楚地意識到立法家之創建活動所蘊含的理論弔詭：

> 為了使一個新生的民族能夠愛好健全的政治準則（healthy maxims of politics），並遵循國家理性（*raison d'Etat*）的根本規律，**結果必須成為原因**（effect would have to become cause）；使本來應該是制度之產物的社會精神，在創建時便成為主導者，並且使人們在法律出現之前，便已經成為本來應該由於法律才能形成的那種樣子。（SC. II. 7: 9，粗體為筆者所加）

　　此處「**因果置換**」的理論情境意味著盧梭說明立法家之創建活動時，有著非常獨特的、結果必須成為原因之論證方式。而我們在前章討論過，此種理論困局其實相當接近盧梭本人批評格勞秀斯所犯的錯誤：要證成人民有可能將自由與權利讓渡給君主，必須預設一先在之活動（SC. I. 5: 2）。

　　盧梭對於立法家的活動，主要集中於討論民族之創建以及公共輿論之塑造。然而，當吾人仔細閱讀《社會契約論》文本，可察覺他在討論普遍意志之腐化係源於著眼於私人利益的眾意（will of all）在社會中占據優勢；而這種現象之所以發生，最重要的原因在於政治共同體之內產生了派系。盧梭提出了如下的觀察：

> 為了很好地表達普遍意志，最重要的是國家之內不能有派系存在，並且每個公民只能是表示自己的意見。偉大的萊克古斯的獨特而高明的制度便是如此。如果有了派系存在的話，那麼就必須增殖它們的數目並防止它們之間的不平等，

就像梭倫、努瑪、Servius所做的那樣。這種防範方法是使普
遍意志可以永遠處於明智的狀態（éclairé；enlightened）而且人
民永遠不至於受欺騙的唯一好方法。（SC. II. 3: 4）

　　此處所述讓普遍意志處於明智狀態，顯然與前引立法家之「公
共啟蒙」作用相同。本文提及的歷史人物，萊克古斯是斯巴達立法
家，梭倫爲雅典的立法家，努瑪根據馬基維利的說明，則爲創造羅
馬宗教而與羅慕洛斯同列爲羅馬之創制者。此段引文中特別值得注
意的是羅馬王政時期第六位國王Servius，也被列在運用防範派系不
平等的治國術之實踐者。

　　而根據馬基維利《李維羅馬史疏義》的論述，平衡貴族與平民
政治利益，使貴族之野心與平民追求自由的欲望不至妨礙政治共同
體之共善，乃羅馬得以長治久安最重要的因素。然而，馬基維利從
未將Servius列爲重要的立法家型人物，反而將之視爲無法視穿塔昆
家族之野心而失去權力的國王（Machiavelli, 1996: 215-218）。盧梭對
這位國王的評價顯然有所不同。在《社會契約論》第4卷第4章論羅
馬人民大會（Comitia）的文本中，他的討論重點並非以羅慕洛斯所創
建的原始制度爲主，反而詳論羅馬由於異邦人口的移入，打破了原
始阿爾班人與沙賓人的部落平衡狀態，而Servius的主要貢獻便在於
「針對這種危險找到補救的辦法，就是改變劃分方法；他廢除了基
於種族的劃分，代之以另一種根據每個部族在城邦中所居的地區而
進行的劃分」（SC.IV.4：5）[5]。

5　在《社會契約論》第4書第4章，盧梭詳論Servius的改革措施，包括百人團
　　（Century）的徵集、在四個城市部族之外增加鄉村部族，最後達到35個部族之
　　多、以及在傳統的庫里亞制度之外，另外依財富將羅馬人民區分爲六個階
　　級，富人占有過半的階級，而構成羅馬居民過半的無產者卻僅占了最後一

我們認為盧梭將Servius與梭倫、努瑪並舉，表示他們乃同屬於立法家之範疇的政治典範。而從盧梭對Servius的討論，可以看出立法家最重要的職能，乃是基於人民既存的社會分化，創造出一個可行的制度性劃分，使得全民得以參與政治，公民大會有辦法舉行。換言之，立法家係居於文明自然演化最後期所產生的不平等的情境，以及社會契約所創造的道德性政治共同體之間所存在的轉化性力量。盧梭清楚地意識到，若要使人民的意志能夠處於明智的狀態，並非將人民聚集起來開會(無論為從事社會契約之締結或從事立法之活動)即可；各種政治性的劃分以及投票的方式，均將深刻影響政治共同體是否能依據普遍意志實施公民自治之可能：

> 由此可見，除了如此眾多的人民由於投票時各種不同的分配方式所產生的秩序(order)之外，這些分配方式不能被認為是無關重要的，因為每一種區分都會產生效果，影響及於人民對它有利的態度。(SC. IV. 4. 33)

此處盧梭以古代社會由血緣性的氏族團體演化到地緣性的政治組織所發生的重大社會變遷為例，說明古典立法家的職能。而依據筆者的詮釋，這個論述可加以抽象化來說明立法家最重要的政治職能，便是在人民既有的社會狀態(財富、階級區分、血緣團體的政治力量等)與政治共同體所要達成的共善之間，建立一個穩固並可

(續)———

級。這些區分的改變，深刻地影響了羅馬人民聚會所依據的制度區分，其結果造成了三種人民大會：傳統的部族大會(Comitia by Tribes)、百人團大會(Comitia by Centuries)、以及庫里亞大會(Comitia by Curiae)。在這些制度的興革之中，Servius所創造的百人團大會對貴族較為有利，部落大會較有利於平民政府，而庫里亞大會則成為暴君的溫床。

行之久遠的政治劃分(political division)，讓其後的公民大會、普遍
意志等等得以順利運作，不至於被派系所形成的特殊利益所腐化。

我們將立法家此種從事於政治空間最原始劃分的活動，稱之為
政治空間之創造。在人民「質料」的現存狀態以及共善「目的」之
間，通過立法家所創造的種種制度劃分，成為其後公民政治活動所
可能的前提與基礎[6]。而在古希臘最原始的意義而言，法律的確象
徵著某種邊界之確立，特別是將公共領域與私人領域區分開來的制
度最為重要，因為公共領域之中以法律為基礎，自由的政治行動方
為可能，而行動者之德行亦由此才可能發揚光大(Arendt, 1958: 63-
64)。本書第一章也論述了雅典城邦政治空間建立和民主制度興起
的緊密關聯[7]。

四、立法家的創建行動與憲政體制之二元性

盧梭對於立法家治國術之論述可進一步區分為兩個層次：《社

6　這樣的思考(由division來創造order)深刻地影響黑格爾以後的德國哲學，用
　　黑格爾的語彙來說，所謂的判斷(*Urteilung*；judgment)乃是對最原始統一的
　　總念(Notion)做出分割以及特殊化的過程，也就是把德文的*Urteilung*理解為
　　Ur-teilung，即最原始的區分之義(《小邏輯》，第166節)。

7　然而，在本書第一章所述亞里斯多德的城邦理論，無論是《政治學》第1卷
　　的自然發生論，或第3卷的公民身分論，亞里斯多德都沒有論述Cleisthenes所
　　發揮立法家對於政治空間(重新)劃分的重要性。亞里斯多德僅強調民主與寡
　　頭混合之重要性，羅馬共和主義則嘗試混合王政、貴族與民主之元素。然
　　而，盧梭對Servius的論述，其實指向Cleisthenes所創立的藝術，也就是政治
　　空間之創造。何以這一個關鍵的議題被亞里斯多德與西塞羅所忽略？筆者認
　　為，這牽涉到民主政治的激進政治策略，也就是通過政治空間的重新劃分來
　　創造真正的公共空間。亞里斯多德與西塞羅的貴族取向使其迴避採取此策
　　略，但盧梭的民主共和主義則繼承並發揮了這個古典民主的理念。

會契約論》係由政治共同體成員的角度來看待立法家的創建活動；而在《論科西加憲法》以及《論波蘭政府》，盧梭自己採取立法家的立場，對立法家之治國術提出了基於其本然特性所做的系統性說明。此兩層次之差異在於，**對政治共同體而言**，立法家屬於一種外部的力量，也就是說它雖不是憲法構成的一部分，卻能創造並維繫使政治共同體之憲政體制得以持續存在的條件。而立法家之治國術，**就其自身而言**，此種外在性不復存在，而成為相應於「政治權利之原則」規範理念的現實性原則，吾人可稱之為「政治創造之明智」(prudence of political innovation)，也就是盧梭所說的「政治之律則」。以下便就此兩層次略述盧梭的立法家理論。

盧梭指出，立法家的超越常態特性(extraordinary)，不僅在於他是一個天才(genius)，亦在於其職能超越了主權者以及執政官：

> 此職能締造了共和國(constitute the republic)，但又不進入共和國的憲政之內。它乃是一種獨特(particular)與超然(superior)的行動，與人類的支配毫無共同之處。因為號令人的人便不應號令法律，而號令法律者，便不應號令人。(SC. II. 7: 4)

立法家外於憲政制度，但又締造憲政制度以及號令法律；然而盧梭在《社會契約論》前半部已說明，法律乃是普遍意志現實化的結果，是以他以起草法律作為立法家之職責，以避免「在普遍意志之外存在著另外一個法律根源」的困境(SC. II. 7: 7)。關鍵在於，若立法家所起草的法律不為普遍意志所接受，或普遍意志產生一個與立法家草案不同的法律時，此種矛盾如何克服？盧梭的立法家理論的原創處，即在於轉化馬基維利式的一人統治成為一種教化性力

量，而能與公民自我統治的政治活動相結合(Masciulli, 1986: 277-279)。

在《社會契約論》中，立法家最顯著的特色乃在於其作為一種外於政治共同體的更高層次之力量。盧梭指出，「要為人類制定法律，神祇是有其必要的」(SC. II. 7: 1)，「並不是人人都可以代神祇立言，也不是當他自稱為神祇之代言人時，他便能為人們所相信。唯有立法家的偉大靈魂才是真正的奇蹟(true miracle)，從而證明自己之使命」(SC. II. 7: 12)。而在批評俄羅斯彼得大帝的文本中，盧梭對立法家的說明甚至趨近於能夠創造並維繫一切創造物的上帝：「他(彼得大帝)並沒有真正的天才(true genius)，亦即他缺乏那種可以從無之中創造與製造一切(creates and makes everything from nothing)的天才」(SC. II. 8: 5)。換言之，真正偉大的立法家是具有「靈魂之力量」的「偉大靈魂」，其所產生的能動性，乃足以在現實世界中成為政治創新之源頭的真實天才，而此種能力超越了自然秩序的因果律則，足以被稱為一種奇蹟。

然而，偉大立法家的任務並不在於創造出人類已經可以安居樂業的理想國度；因為如此一來，人的自由便失去了意義，自主性原則無法建立，而《社會契約論》第1書所論述的共和正當性原則亦將失去意義。因此，立法家的任務具有一種矛盾的性格：一方面它是超越於所有成員之上的政治力量，但此力量不能直接替代人類自主之選擇，其主要目標乃是在成員未意識到的狀態下，創造出其自主行動(透過社會契約創造普遍意志)得以生成以及持續存在的條件。盧梭指出：

　　吾人發現在立法工作中似乎存在著兩種不相容的事物：它既是超越人力之上的事業(*une entreprise au dessus de la force humaine*; an undertaking beyond human force)，同時，就其執行而言，又是一種形同無物的權威(*une autorité qui n'est rien*; an authority that is nil)。(SC. II. 7: 8)

換言之，此特殊之政治權威能夠將其超越一般人性的巨大力量加以自我隱藏，並藉一種間接的活動方式而達成最大的政治效果(cf. Melzer, 1990: 244-252)。此事業不僅非任何共同體成員所能獨自完成，甚至連其總體力量(也就是普遍意志)亦無法完成。

對照於《社會契約論》第1書所建立的民主共和論，盧梭原已通過社會契約將個人意志關連到由普遍意志活動所完成之法律，而建構了「政治生活的原則」以及激進民主。但在其關於立法家的論述中，我們察覺，普遍意志雖為政治共同體至高無上之主權者、正當性以及法律之根源，卻還有著它所無法完成的政治活動，而須訴諸立法家。究竟有什麼行動是普遍意志所無法完成的？這是我們必須解決的根本問題。

在此議題上，盧梭政治思想存在著一個重要的伏流。在說明主權者無法自我設限的至高權能的論證之中，他預設了主權者不能事先對其自身之**未來活動**加以自我設限(SC. I. 7: 2)。其原因在於主權存在於公民大會，而現在的公民大會雖有絕對之主權，卻不能限制其後公民大會主權之絕對性，是以盧梭指出，「主權權利雖然是完全絕對的、完全神聖的、完全不可侵犯的，卻不會超出，也不能超出普遍協約」(SC. II. 4: 9)。

換言之，主權的絕對性乃是當下的，超越現在時刻主權自我決定之外者，必須由主權持續地做出基本的決斷而持續其絕對性質；對於未來的事態，即使是絕對主權者，亦無從置喙。而由此可看出，**盧梭的主權者永遠存在於現在式的當下時刻，無法規約未來事**

態(Strong, 1994: 91)。對主權者而言，只要其當下之自我決斷能夠成為政治共同體中排除其他意志之最高存在，便證成了其絕對性；但是，政治共同體乃存在於歷史之中，當下的絕對性並無法保證在歷史中永續存在，而這也是普遍意志限制之所在[8]。

在《社會契約論》第1書第6章中，盧梭指出通過社會契約的結社行動產生了具有同一性、共同之大我、生命、以及意志之政治共同體(SC. I. 6: 10)。然而到了第2書第6章，他修正了自己的立場：

> 通過社會契約，我們賦予了政治共同體以存在(existence)和生命(life)；現在就需要由立法來賦予它以運動(movement)和意志(will)。**因為使政治共同體得以形成與統一的原始行動，並未就此決定它為了保存自己所應做的事情。**(SC. II. 6: 1；粗體為筆者所加)

8　事實上，盧梭政治規範論中主權者之絕對性有兩重限制：一為政府論之中已提及的，無法由普遍性過渡到特殊性(請參前章之論述)；另一則為此無法由現在規約未來的存在處境。前者是相對的，因為在創制政府時，基源民主結合了普遍性與特殊性；後者則是絕對的。事實上，後者不僅是盧梭普遍意志論之問題，而係所有決斷論的政治神學的限制。主權作為政治領域之絕對者，僅能**類比**於上帝與世界之關係，二者之主要差異在於時間與歷史。在基督教創世論中，上帝乃超越世俗時間(secular time)之外，居於一「永恆之當下」(*nunc-stan;* eternal now)而能觀照過去、現在、與未來(Pocock, 1975: 7, 39)。相對地，主權者即使能成為政治領域中之絕對者，也不可能如此超越歷史與時間之外。用黑格爾的語彙來說，主權者只能居於客觀精神之內，其存有層次內在於歷史，而低於超越歷史之上的絕對精神。換言之，主權者受制於歷史辯證，也就有著興衰成敗，因而與上帝之永恆持存完全不同。施密特式政治存在主義(political existentialism)中之主權者，終極而言必將面臨如何在歷史中**持續**創造其絕對性之課題。這或許是西方現代性必須借助古典政治哲學的關鍵問題。

　　換言之，社會契約並未確立政治共同體在歷史中的自我保存。
這是一個重要的理論轉折，而這正是立法家的主要志業。

　　基於此，我們察覺了盧梭普遍意志論中一個必須補強的理論環
節：**普遍意志作為主權者，並無法創造其持續存在（未來之事態）所
不可或缺的條件**，而此種政治創造，正是偉大立法家活動之主要課
題。相對於普遍意志永遠存在於當下，立法家的主要特性乃是指向
於未來之識見：「立法者的判斷不能只基於他所見的（what he
sees），而應當依據自己所能預見的（what he foresees）」（SC. II. 10:
2）。也唯有在偉大立法者此種貫穿過去、現在以及未來的實踐智慧
之中，能夠創造出政治共同體以及公民政治活動，得以持續存在並
繁榮滋長的條件。立法家之所以能夠完成此創造活動，其關鍵課題
在於型塑風俗習慣以及公意（public opinion）。盧梭指出：

　　　　除了政治法與民刑法之外，還要加上第四種，而且是一切
　　之中最重要的一種法律；這種法律並非銘刻於大理石或銅表
　　之上，而是銘刻在公民的內心（cœur, heart）之中，它形成了國
　　家真正的憲法（genuine constitution of the state）；它每天都獲
　　得新的力量；當其它法律衰老或消亡的時候，它可以振興或
　　取代那些法律，它可以保持一個民族在創制時之精神
　　（preserves a people in the spirit of its institution），並且在不知
　　不覺中（insensiblement, imperceptibly）以習慣的力量取代權威
　　的力量。我說的就是風尚（moeurs, morals）、習俗（customs），
　　尤其是輿論（opinion）。這是我們的政論家所不認識的，但其
　　他一切方面之成功均有賴於此，這就正是偉大立法家祕密地
　　在專心致力的方面了。儘管他好像把自己局限於制定個別的

規章，其實這些規章都只不過是穹窿頂上不可動搖的拱心石。（SC. II. 12: 5）

型塑風俗習慣及輿論，使普遍意志得以持續存在並妥善發揮其作用，乃是立法家的核心議題，但普遍意志正由於其作爲絕對之主權者，勢必無法接受其恰當行使必須基於一個非由其自身活動所能創造的基礎。爲了避免與普遍意志扞格不入，同時也爲了要維繫政治自由之基本原則，立法家的活動必須是「祕密」地，使普遍意志在「不知不覺」中，能夠爲相應的風俗習慣所型塑（Kelly, 1987: 324-327）。

盧梭對於立法家所提示的課題在於創造與型塑風俗習慣與公共輿論，從而他放棄了馬基維利所標舉立法家及創建者所必須依賴的基礎——暴力以及軍隊。盧梭指出：

由於立法家既不能使用武力，也不能使用說理（reasoning）[9]；因此就有必要訴諸於另一種權威，從而得不以暴力而能約束人、不須說理卻能使人心悅誠服（to rally without violence and to persuade without convincing）。（SC. II. 7: 9）

唯一能達到這種效果的權威乃是宗教，而如同馬基維利，盧梭提出了政治性的公民宗教作爲風俗習慣與公共輿論所依託的基礎（SC. II. 7: 10-11; SC. IV. 8）。並在此基礎之上，盧梭設計了三個以羅

---

[9]　盧梭清楚地意識到一般人民所使用的語言與哲學家是不同的，是以政治行動者不能僅靠理性的力量來說服平民，而要以平民所能接受的方式來從事政治的創造活動（SC. II. 7: 9）。這個問題牽涉到古典政治哲學關於政治領導的重要假定，可參考鄂蘭之討論（Arendt, 1977: 131-132）。

馬共和政制為基礎，用以維繫政治共同體持續存在的政治機制：
護民官制(tribunate; SC. IV. 5)、獨裁制(dictatorship; SC. IV. 6)以及監
察官制(censorship; SC. IV. 7)。

　　無論這些政治制度實際運作的方式為何，有一點是我們必須注
意的：它們均為**外於憲法**(extra-constitutional)的政治制度，其功能
在於維繫憲政體制以及普遍意志的穩定運作(Gildin, 1983: 174-
190)，我們可以將之稱為**憲法的守護者**。盧梭本人在論述個別機制
時，也強調此種外在性格：監察官為公共判斷之宣示者，正如同法
律為普遍意志之宣示(SC. IV. 7: 1)，這等於是持續了立法家的公共
啟蒙任務(SC. II. 6: 10)，而能在政治共同體之內，繼續維繫風俗習
慣與公共輿論。在討論護民官時，則直指其並非憲政體制之一部
分，而係「法律與立法權之保存者(*conservateur*)」(SC. IV. 5: 2)，
其職能在於恢復憲政體制各環節之恰當關係，也就是在政府與人民
間，以及政府與主權者間形成另外一個聯繫或者是中介者(SC. IV.
5: 1)[10]。至於獨裁者則由於重大危機之產生，使得祖國的生存(*salut
de la patrie*)遭受威脅，使得必須冒變更政治秩序以及暫時中止法律
的危險來克服危機。在此種罕見而又極端的情況下，政治共同體才
能用一特殊之行動(*acte particulier*)，將維護公共安全(public
security)的責任託付給一個值得信賴的人，因此而成立之獨裁者係
一委任關係(commission; SC. IV. 6: 3)。在極端狀態中所委任的特別
領袖，雖能使法律沈默並使主權權威暫時中止，他並不因此形成政
治共同體中新的政治權威；盧梭清楚指出，「(最高領袖作為獨裁
者)僅能支配(dominate)而不能代表主權權威；獨裁者可做任何事

10　護民官的中介性乃是外在於憲政體制的；因為在政治共同體之內，政府本身
　　便是主權者與人民間之中介者。

情，但卻不能立法」(SC. IV. 6: 4)[11]。

　　是以，公民宗教、護民官、監察官以及獨裁者等制度構成了維繫政治共同體以及普遍意志運作的必要條件。在討論普遍意志與個人關係時，盧梭曾提出常為人所詬病的一個觀念：為使社會契約不至成為一紙空文，它潛在地包含一種規約，即任何不服從普遍意志之成員，全體則需迫使他服從公意，也就是說「**人被強制自由**」(be forced to be free; SC. I. 7: 8)。我們認為相同的關係發生於公民宗教等外於憲法之制度對於憲政體制之關連：這些「憲法守護者」的主要功能在於強制後者持續地維繫其自由的生活方式，不至於腐化而造成共同體及普遍意志之消滅與覆亡。

五、民族精神與公民結合作為政治現實性之動力

　　從共同體之憲政體制及成員的觀點而言，立法家及其所型塑之風俗習慣與外於憲法之制度乃是一種異己的力量，因而呈現為一種更高的智慧：也就是能洞察人類的全部感情卻又不受任何感情所支配的智慧，且為了未來的光榮(future glory)，能在當下行動卻不尋求當下的滿足(SC. II. 7: 1)。若從立法家自身及其所具有之治國術來

11　此處存在一個值得注意的問題：在馬基維利思想中，政治危機時所不可或缺的獨裁制，其存在理據根源於創建者在創造政治共同體時，必集中所有權力，甚至不惜使用暴力以克服危機。但盧梭在論述偉大立法家時，並未提到此種超越常態暴力之運用以及權力之集中。然而，我們可提出一馬基維利式之問題：由挽救共同體必須依賴獨裁制之事實來推論，盧梭將偉大立法家描繪為不使用武力以及理性的，單純訴諸型塑風俗習慣的間接力量，是否真的足以完成其所欲達到政治創建之課題？據此，教化性力量似乎不足以窮盡立法家活動之樣態。在此議題上，馬基維利與盧梭共和主義的差異明確地彰顯出來。

看，此種外在超越性便不復存在，而構成一種「治理的偉大藝術」
（great art of government; C: 327）。

　　盧梭在《論科西加憲法》的最後一部分(C: 325-329)以及《論
波蘭政府》的前四章中，對此種偉大藝術做了精要的討論。盧梭指
出，由於人性自然地會受到熱情(passions)之宰制，再好的法律也
因此而有被濫用的可能。為了要使憲政制度得以傳之久遠，那麼便
需要藉由立法家的力量，將法律的精神銘刻在公民的心靈之中。激
勵公民心靈的主要途徑乃創造祖國之愛(love of fatherland)，使得公
民與憲政制度緊密地結合起來，而這正是偉大立法家政治藝術的主
旨(P.I:6-7)。盧梭以摩西為例指出，為了型塑祖國之愛，關鍵在於
創建一個民族共同體(*corps de nation*, national body; P.II:3)，因此吾
人可稱立法家的偉大任務乃在於民族之創建。

　　此「**民族原則**」為盧梭秩序論的根本原則，並構成本書前章所
述其規範論中「共和原則」以及「民主原則」所依賴的終極根源。
而正當性所倚的「政治權利原則」也因此得以落實於公民的活動以
及風俗習慣之中。盧梭指出立法家之主要課題在於「國民之創建」
（*instituer un peuple*），他並提出如下之著名說明：

　　　　敢於創建一國民者，可說是必須自己覺得有能力改變人
　　　性；能夠把每個自身都是一個完整而孤立的整體之個人轉化
　　　為一個更大整體的一部分，這個個人就以一定的方式，從整
　　　體裡獲得自己的生命與存在；能夠改變人的構成
　　　（constitution）使之得到強化；能夠以作為全體一部分的道德
　　　性存在，來取代我們人人得之於自然界的生理性以及獨立之
　　　存在。總之，他必須取走人類自身固有之力量(forces)，俾能
　　　賦予他們以他們本身之外的、而且非靠他人之幫助無法運用

的力量。這些自然的力量消滅的越多，則所獲得的力量也就越大、越持久，制度也就越鞏固、越完美。從而每個公民若不靠其餘所有的人，便什麼都不是，也不能完成任何行動；如果整體所獲得的力量等於或者優於全體個人自然力量的總和，那我們可以說，立法已經達到其所能達到最高之完美程度。（SC. II. 7: 3）

在《論波蘭政府》之中，盧梭以摩西、斯巴達的萊克古斯以及羅馬的努瑪為典範，指出他們均有著相近的精神（*esprit, spirit*），「他們均能找尋出可使公民與祖國相結合以及公民間互相結合的聯繫，而此聯繫存在於獨特的慣行，在宗教儀節之中，就其本質而言，永遠是排他性（exclusive）以及民族性（national）的」（P. II: 7）。他進一步指出，基於公民宗教以及民族精神，統治的藝術即在於透過各種公共的儀節、教育以及公共娛樂來激發公民的榮譽感以及力量，並發揮一種「模仿的精神」（spirit of emulation），亦即模仿儀節、公民教育以及娛樂所展現的典範。而在此種集體的模仿之中，民族的特殊性慢慢形成，祖國之愛也得以型塑完成。盧梭拒斥民族特性具有自然之基礎，而主張它是政治藝術的產品，此種能夠穿透人心的治國術，他稱之為「提升靈魂的藝術」（art of ennobling souls; P. III: 6）。

而在《論科西加憲法》中，盧梭使用了更加抽象的理論分析，指出立法家活動的主旨在於能操縱恐懼以及希望兩種最重要的統治工具；法律的懲罰及所創造出來的恐懼雖有其必要，但真正精微之處則在於如何激發整個民族集體性的希望以型塑其認同。他指出「要激發一個民族的活動力，必須提供它偉大的希望，偉大的欲望，以及積極行動的偉大動因」（C: 325）。換言之，民族共同體的

形成不僅在於排他性以及特殊性，更重要的是能創造出巨大的能動性(*mobil,* movement; C: 325)。創造民族能動性的方法，在於巧妙地運用人性之中所不可免的自尊自大之心(*amour propre*)，此自尊心包含了自豪(*orgueil*, pride)以及虛榮(*vanité*)[12]。

　　盧梭特別強調要運用自豪這種情感，因爲它乃是由具有內在偉大或莊嚴美麗等對象之中所產生出來的積極情感；激發此種公民之自豪，便能指導公共輿論(C:326)，也就完成了盧梭在《社會契約論》中所指出，立法家所應完成的「公共啓蒙」志業，從而使得公民的判斷力得以被間接地導引到足以行使普遍意志立法所需之品質，並能服從其自我立法(Kelly, 1993: 522)。

　　換言之，民族的存在，其特質乃是通過特殊性、排他性、以及能動性而成爲歷史進程中得以持續存在的集體行動者。它的終極目標乃是權力(*puissance*)與獨立自主(independence)，而盧梭強調公民共和主義式的政治共同體，正需激發公民此種追求自尊之權力意志，來取代追求財富的欲望(C:326-327)。

12　本來*amour propre*在盧梭思想中代表的是文明社會所產生之惡德，使個人依賴其他人的意見(opinion)而行動，從而喪失自給自足的自然自由(請參照 Charvet: 1974第一章之討論)。然而，在政治著作中，盧梭卻嘗試運用*amour propre*來激發愛國情操與德行。其原因在於，立法家的志業在於型塑輿論 (public opinion)，而輿論爲意見之一種，必定爲他律的。但若缺乏此種他律性之輿論依託，普遍意志亦無法持續存在，這是政治共同體存在之悖論。於是導正此自尊自大，朝向認同共善，而不停留於虛妄之虛榮，遂成爲立法家「改變人性」之主要課題之一。在《政治經濟學》中，盧梭提出如下之觀察：「祖國之愛的確產生了最偉大之奇蹟。這個甜蜜而強烈的感覺，由於結合了自尊自大(*amour proper*)的力量以及德行(virtue)的美，取得了巨大的能量而無損於其形貌。這使得祖國之愛成爲最具英雄性格之熱情(passion)。」 (Rousseau, 1997b: 16)

六、結語

　　盧梭的立法家理論根源於政治哲學傳統，特別是柏拉圖以及馬基維利之政治秩序論(Masters, 1968: 359-368)。事實上，盧梭立法家與普遍意志的兩元體系，是為了調解古典政治哲學將政治作為一種基於真實知識的技藝的觀念與近代意志哲學所主張之政治義務必須基於人民的同意所產生的結果。盧梭在討論立法家時提到柏拉圖的《政治家篇》，在其中柏拉圖主張政治藝術乃是一種「指導性以及生產性的技藝」，因為它創造了政治生活的必要條件，而未建立這些條件所運用的用途或目的。柏拉圖認為只有少數政治菁英才能真實擁有這種統治的知識或技藝。盧梭的立法家概念雖然有著此種柏拉圖主義的色彩，但由他強調立法家之權威必須是間接而自我隱藏的運作方式、能締造共和國但又不進入其憲政體制之內、以及立法家起草法律由人民公決等的種種主張，說明了他對公民自主性意志也同樣地強調。

　　至於馬基維利則強調創建活動必須基於武力以及德行，而為了締造穩定制度，必須採取超越常態道德之外的非常手段加以完成，這也是一般視馬基維利為政治邪惡之導師的原因。盧梭對馬基維利抱持著相當高度的讚揚(SC. Ⅲ. 6: 5)，但其立法家理論的強調重點，卻已由純粹政治武力轉化為教化式以及基源政治劃分的建構者。

　　總結本章論述，盧梭的政治權利論奠基於力量(force)與權利的特殊辯證關係之上。他認為由力量之中無法產生權利，因為類似強者的力量僅是一種物理的力量(physical power)，是以盧梭聲言，

「向力量服從只是一種必要的行動，而非意志的行動。它最多也不
過是一種明智的行動(act of prudence)而已」(SC. I. 3: 1)，而這是無
法真正形成權利義務關係的。盧梭的結論乃是，「力量並不造成權
利，而人們只有對正當的權利才有服從的義務」(SC. I. 3: 4)。但是
盧梭的體系終極地看來，**政治權利仍然依賴於立法家的特殊力量，
只是此種力量已不再是通常的物理力量，而是足以完成偉大行動的
靈魂力量**。從這個角度，吾人便可理解在盧梭致Mirabeau的著名信
函所提出的悖論。盧梭強調政治的最偉大課題，乃是能找到將法律
高於人的政府形式，而若這困難之課題無法完成，則：

> 我認為那麼應當走向另一極端，也就是說，立刻將人儘可
> 能的提高於法律之上，結果建立一種專斷的，甚至是最為專
> 斷的專制統治：我將期望這個專制者能為上帝。總而言之，
> 在最嚴格的民主與最完美的霍布斯主義之間，我看不到可忍
> 受者：人與法律的衝突會導致國家之內永久的內戰，而這是
> 所有政治國家中最壞者。(Rousseau, 1997b: 270)

《社會契約論》即是盧梭對這兩個極端所做的理論調解。

然而，立法家的個人力量只能創造自由生活的條件(民族共同
體)，它並不直接創造自由生活自身(社會契約及政治共同體)，更
不能進入憲政體制之中成為至高無上的統治者。自由生活的創造，
僅能通過成員之間創造普遍意志的社會契約方式才有可能完成，而
統治者也必須由成員依據民主原則加以選定。立法家的力量，唯有
在維繫風俗習慣的公民宗教及監察、護民官等活動中間接存在、或
於自由生活瀕臨瓦解時，通過獨裁者的支配救亡圖存。換言之，靈
魂的力量只能作用於風俗習慣以及公共輿論的塑造，而不能成為直

接的物理性力量，也不能成爲正當性的政治權威自身。

　　終極而言，盧梭的民主共和主義可以分成**自由生活的規範論**以及**自由生活之條件的秩序論**兩部分，而創造後者要依賴於與自由相對立的個人力量，這是盧梭思想的一個根本特質。盧梭論述特殊處，在於將創建者的個人力量嚴格限制於體制之創造以及「憲法守護者」等第二序(second-ordered)的政治制度，而將政治生活完全交付已經創建出來的公民，平等而自由地行使。這樣的兩元體系，似乎也是在「政治創建所必須的超越性特質」以及「公民自我統治的共和主義理想」之間，所做出的理論調解。他將公民共和主義論述與近代意志哲學相結合，從而把「自由政制如何創造以及維持」這個共和主義的核心議題，轉化爲近代民主政治以及民族主義文化理論的兩重結構，產生了深遠之影響。

第七章

《聯邦論》中的兩種共和主義[1]

---

1 FP代表*The Federalist*, ed. Jacob E. Cooke, Middletown: Wesleyan University Press, 1961. 徵引時以¶代表號數,之後再分別註明英文本(e)以及中譯本(c)頁碼。中譯頁碼用「貓頭鷹版」,但筆者常對譯文有所修改。

一、兩種共和主義

馬基維利曾經譏嘲哲學家只會處理「想像的共和國」；盧梭則謂，若他是君主或立法家便不會浪費時間來空談政治權利的原則，而只會致力於行動。在西洋政治思想史的經典之中，真正具有馬基維利或盧梭所想望的現實意義，而且是用立法家的角度全盤處理政治事務的經典作品，首推以普布利烏斯(Publius)為筆名所發表的《聯邦論》。其中的兩位主要作者麥迪遜(James Madison)以及漢彌爾頓(Alexander Hamilton)均參加了費城立憲會議，麥迪遜更在會議中發揮了極為重要的角色，贏得了「美國憲法之父」的美名。依據會議決議，憲法草案需經過當時十三邦中至少九邦人民的批准方能生效，《聯邦論》便是以紐約州為基地，集結當時作者們發表於報紙上的文章，捍衛新憲精神，闡釋其基本原則，以期憲法草案能夠順利地得到批准。

《聯邦論》不僅如一般學者所強調，在美國政治思想的地位僅次於《獨立宣言》以及《憲法》本文；更重要之特色或許在於其多元的分析角度：漢彌爾頓以及麥迪遜參與立憲會議的資格，使得他們絕對可以闡釋憲法的原始精神，這是「立法家的角度」；由於憲法草案猶待批准，必須影響民意以獲得支持，這是「公民的角度」，通過平等地參與公共論述，形成公共理性並凝聚共識；憲法草案公布之後，對於其條文若干法理以及哲理上的批判，使得作者們必須運用「憲法解釋者的角度」來釐清草案中之若干疑點；最後，作者們時常援引古典政治思想的經典作為佐證，其中最重要的首推孟德斯鳩所著《論法的精神》，而由於孟德斯鳩所論述的共和體制之構成原則被憲法草案之批判者(一般稱之為「反聯邦派」

anti-federalist)所援引，作者們必須運用我們現在稱之為詮釋學的方法，釐清古典文本的眞義，是爲「經典詮釋者的角度」。由於這四種角度所交織而成的意義網絡極爲複雜，遂使得後世讀者的詮釋工作困難程度遠超過一般想像之外。

　　由於對《聯邦論》的理解包括了政治思想、公法理論以及歷史的各種詮釋可能，二手文獻繁多，本章嘗試將這本經典放在現代共和主義的思想傳承中加以考察，並分析《聯邦論》之中蘊含著兩種不同取向的共和主義觀念：其一爲憲政共和主義，包括代議政府、聯邦制度以及三權分立的政府組織，通過制衡機制來確保人民的自由以及政府的效能得以同時兼顧；另一則爲民主共和主義，強調在特殊的重大時刻，必須訴諸人民的集體參與政治秩序以及憲政制度之基本構成。自20世紀以來，憲政共和主義乃詮釋《聯邦論》的正統觀點，基於全書第10號對派系的分析，建構出一套全新的現代憲政制度論（Carey, 1989: 6-8）；但自從艾克曼（Bruce Ackerman, 1991: 165-199; 1995）提出新詮釋以來，民主共和主義觀點之影響力逐漸增加。前者是通過對孟德斯鳩政治理論的創造性轉化，後者則承繼了美國革命精神所確立之政治正當性原則。吾人認爲，這兩個看似衝突的論述，在《聯邦論》之中得到了理論的調解：憲政共和式的民主政治，將政治秩序生成的根源——人民主權——在常態化的政治過程中加以隱蔽；但在特殊超越常態的政治時刻，又必須將人民正身（We the People）請出，發揮創造憲政秩序的能動性以解決體制之危機。以下便依這兩種共和主義之辯證爲主軸，來討論《聯邦論》之中憲政主義與人民主權的辯證關係。

二、超越孟德斯鳩：從古代到現代共和

漢彌爾頓在《聯邦論》第1號開宗明義地說明即將討論的內容
大要時，指出：

> 我準備在陸續發表的文章中，討論後列有趣的細節問題：
> 聯盟(Union)對國家繁榮的效用；目前的邦聯政府缺乏效率，
> 不能維持統一體；要達到此一目標，政府最少必須具有新憲
> 法中規定的權力；新憲法符合共和政治的公共原則；新憲法
> 與各州憲法之對比；最後將討論新憲法的採用，對於保護此
> 種政體，保護自由和財產所可能提供的額外保障。(FP ¶1,
> e7/c3)

衡諸其後論述之發展，「新憲法符合共和政治的真正原則」成
為討論的主軸。在共和主義思想史的傳承中，《聯邦論》最主要的
貢獻在於嘗試結合共和主義與代議制度，並通過聯邦原則將公民自
治以及國家統一性之建構同時完成。普布利烏斯能夠完成這個歷史
的轉折，係基於之前孟德斯鳩所提出的理論，並做出創造性的轉
化。普布利烏斯明確地理解並護衛現代性的精神：

> 很多原理的功效古人根本不知道，或是所知有限，但今天
> 我們有了很好的了解。權力在各部門間的正規分配；立法制
> 衡的採用；由一些行為公正的法官組成法庭的制度；由人民
> 選舉立法機構中的代表：這些都是嶄新的發現，或是經過重
> 要改革日趨完善的辦法。通過這些有利的手段，我們可以保

存民治政府（popular system of civil government）的優點，同時避免或減少它的缺點。（FP ¶9, e51/c37）

　　這個文本的上下文，討論孟德斯鳩的聯邦共和國觀念。雖然論者早已指出孟德斯鳩在美國立憲時期重大的影響力（Shklar, 1990），但實際上，普布利烏斯對於孟德斯鳩的論述提出了相當重要的修正，轉化了現代共和主義的進程，值得吾人注意。

　　孟德斯鳩身處於路易十四擴張王權之後的法國舊政權時代，他提出了寬和的君主政體觀念（moderate monarchy），嘗試結合君主在行政方面的決斷能力以及貴族通過代議機構所能發揮的中介制衡力量，來確保政治權力不受濫用。1748 年其《論法的精神》（Montesquieu, 1989）一書刊行之後，轟動一時，通過類似現代比較政治的研究途徑，對於政體的種類、自然法的體系，以及政治與社會風俗和自然條件間之關係等議題，提出了詳細的分析，可說是18世紀政治理論最爲完整的系統性作品。對於共和主義的議題，孟德斯鳩有三個主張與美國立憲時期的憲政論辯特別相關。

　　首先，他依據統治權的「性質」（nature）以及「原則」（principle）2，區分出共和、君主以及專制三種政體，而共和政體又細分爲民主的共和制（在其中全體人民握有最高的政治權力，並直接行使統治）以及貴族政治兩大類。孟德斯鳩主張，民主共和國的原則在於德行，特別是熱愛法律以及祖國，並將公共利益置於個人利益之上（Montesquieu, 1989, 4: 5）。他進一步指出，此種民主共和政體僅在小國寡民的共同體方有可能實現，因爲只有在狹小的領域之內，公民和政治可以有較密切的關係，公共福利也才有可能爲人

2　類似現在所稱的公民文化。

民所理解(ibid., 8: 16)。孟德斯鳩對於民主共和制並提出批判，指出直接民主的運作方式，由於將立法者與法律的執行合而爲一，極有可能導致多數專制的結果：

> 試看這些共和國的公民是處在何等境遇中！同一個機關，既是法律執行者，又享有立法者的全部權力。它可以用它的「一般的意志」(general wills)去蹂躪全國；因為它還有司法權，它又可以用它的「個別的意志」(paricular will)去毀滅每一個公民。在那裡，一切權力合而為一，雖然沒有專制君主的外觀，但人們卻時時感到君主專制的存在。(ibid., 11: 6)[3]

　　孟德斯鳩主張現代世界兩個最重要的變革力量在於貿易的發展以及代議制度的興起；而在這兩個議題上，民主共和制都沒有貢獻。孟德斯鳩運用了類似「知識社會學」的角度，將共和政體劃歸爲前現代的統治型態，其直接民主觀以及公民德行觀均不符合現代廣土眾民國家的需要。

　　其次，孟德斯鳩指出，民主共和政體唯一可以降低前述疆域限制的方法是通過「協約」(convention)的方式聯合起來，建立一個大型的聯邦共和國(federal republic)，而成爲「幾個社會聯合而產生的一個新的社會」(Montesquieu, 1989, 9: 1)。這個主張在美國立憲時期發揮了重要的影響力，因爲美國獨立運動前後十三邦分立的情況，依據當時的理解，正好符合聯邦共和國的統治型態，但強調各邦具有獨立主權的邦聯制度(confederation)。

3　這個文本中所出現的「一般的意志」和「個別的意志」，以及對共和國的批判，可以和盧梭的普遍意志論作爲政治思想史上重要的對比。

　　最後，孟德斯鳩所倡議的三權分立論，深刻地型塑了美國開國先賢的憲政思想，這也是最爲人所知的直接影響。孟德斯鳩以此理論描述當時最爲先進的英國政制，他稱之爲「外表是君主政體，實際上卻是共和政體」(ibid., 5: 19)。由於在孟德斯鳩的觀念中，君主政體的性質乃是有著貴族作爲中介權力，並依照基本法來治理國家的政體(ibid., 2: 4)，所以他對於英國政制的描述實際上便是古典共和主義傳統所提出的「混合憲政」之理想。孟德斯鳩指出：「這就是英格蘭的基本政制：立法機關由兩部分組成，它們通過相互的反對權彼此箝制，二者全都受行政權的約束，行政權又受立法權的約束。」(ibid., 11: 6)他並進一步分析，唯有此種具有權力分立的政府，才是寬和政府(moderate government)，也只有在這樣的國家中，政治自由(比較接近於當代所說的消極自由，而非積極性的民主參與之自由)才有被確保的可能。在自由國家中，人民愛好和平並致力於從事貿易活動。除了制度安排外，孟德斯鳩並進一步分析英國自由政制所形成的民族性格，指出人民的各種激情(passions)在自由的環境中解除了束縛，但是其結果產生了黨派(party)的對立，雖然若有國外威脅的力量產生，個別利益仍將服從更大的公共利益(ibid., 19: 27)。

　　對於孟德斯鳩這三個論述，《聯邦論》的作者在共和政體以及聯邦共和國兩個議題均做出重大修正，進一步建構一個全新的憲政共和理論。而即使對於三權分立理論，美國的開國先賢也將之由古典「混合憲政」的理想轉化爲現代意義之下，政府部門的分工合作以及相互制衡的理論(Diamond, 1992: 33-34, 58-67)。普布利烏斯所作的創造性轉化，在下列三個議題上最爲明顯：(一)共和政體與代表制度之結合、(二)邦聯原則轉化爲聯邦國家，以及(三)黨派政治的重新評價，茲略述如下。

(一)共和政體與代表制度之結合

在孟德斯鳩的分析中，代表觀念與共和政體沒有關連，因為代議制度係中古哥特人(Goth)移居西歐後，因領土之擴大而發展出的貴族與君主政體混合的制度(Montesquieu, 1989, 11:8)。孟德斯鳩力主強化發揮代表制度的精神，特別是在君主制度中，貴族作為中介階級所形成的議事機構，因為這可以制衡君主的濫權。此分析觀點構成孟德斯鳩改良法國君主體制成為寬和政府的最重要主張(Althusser, 1972: 65-74)。

然而，普布利烏斯並未依循孟德斯鳩對代議制度起源的看法，相反地，卻將共和制度與代表制加以結合。麥迪遜在《聯邦論》著名的第10號之中，區別「純粹民主國」(pure democracy)以及「共和國」。所謂純粹民主國指的是「一個包括公民數量不多的社會，這些人集合在一起，親自管理政府事務」(FP ¶10, e161/c44)；共和國則是具有代表制度的政府。二者的主要差別為，在共和國之中政府工作係由公民所選舉出來的少數人管理，而且具有代表制的共和國可以包容較大數量的公民以及較大幅員的國家，而構成了符合現代性的「**擴大共和國**」(extensive republic)，超越了純粹民主之疆域限制。

麥迪遜似乎不願意對孟德斯鳩的理論直接加以批判，而僅指出憲法反對者混淆了共和國以及民主國，並把民主的特性推論到共和制之上，才得到共和政體必須小國寡民的結論(FP ¶14, e83-84/c61-62)。對於代表制度，麥迪遜則強調，其原理雖然是現代歐洲的偉大發明，但「即使在它的地區內，也找不出一個完全建立在這一(代議)原理上的民治政府」(FP ¶14, e84/c62)。換言之，只有美國，才通過「非混合的擴大共和國」(unmixed and extensive republic)之建構，將代議機構與民治政府順利地結合爲符合現代條件的新型共和國家。

(二)邦聯原則轉化爲聯邦國家

爲了繼承立憲前邦聯制之精神，普布利烏斯提出中央與地方政府的二元結構，形成一種「複合共和國」(compound republic; FP ¶51, e351/c254)或「複合政府」(compound government, FP ¶23, e149/c107)，中央與地方政府具有共同權限(concurrent jurisdiction, FP ¶32, e203/c146)或同等權威(co-equal authority, FP ¶34, e209/c151)使得全體的共同利益以及各邦的個別利益均能同時兼顧。這一方面固然反映當時美國邦聯制度之式微，但《聯邦論》的提法也創造了現代憲政國家中央與地方政府分工的雛形。

(三)對於黨派政治的重新評價

在現代詮釋《聯邦論》的文獻中，麥迪遜在第10號所討論的派系或黨派問題往往被標舉爲詮釋全書的出發點，至於其思想淵源則被追溯到英國哲學家休謨(David Hume)的政論作品(Adair, 1998:132-151)。的確，在立憲會議之前麥迪遜的個人筆記中，吾人可以看到他對於當時各邦之內黨派政治的橫行深惡痛絕，並認爲是邦聯制度效能不彰的最大原因。麥迪遜將之歸因於純粹民主國的弊病：由於無論是全體中之少數或多數，由共同的情感或利益所結合起來的黨派，永遠會與其他公民的權利或社會的永久利益相衝突，是以民主制無法避免公民的黨派之爭(FP ¶10, e57/c42)。不過，麥迪遜並未將黨派現象視爲完全不能解決的負面現象，而嘗試將共和政體通過代議制以及聯邦原則的中介，使各州黨派之徒不易密商陰謀，並擴大公民的見解，並對國家的眞實利益做出最好的判斷(FP ¶10, e61/c45)[4]。

三、憲政共和主義：隱蔽的人民

在區分了純粹民主與共和政體，並對孟德斯鳩思想體系做出修正之後，麥迪遜對於共和政體做出了如下的定義：

這是一個一切權力**直接或間接**導源於廣大人民的政體，管理政府的人的任期是一段有限的時期，或其忠實履行職責的期間。[5]（FP ¶39, e251/c182）

他並指出設計政府運作機制的兩大課題，一方面必須使政府有力量，並獲致具有判斷社會共同利益的最高智慧統治者；另一方面則是要讓政府能夠受到控制，也就是使統治者在擔任公職時能夠維持其德行(FP ¶51, e349/c253; ¶57, e384/ c280)。前一要求，麥迪遜稱爲「穩定性和能力」，後一要求則構成「共和主義的自由精神」。後者要求「不只是要求一切權力必須來自人民，而且要求必須使那些獲得人民授權的代表，在短暫的任期內**依賴人民**(dependence on the people)」（FP ¶37, e234/c169）。然而，麥迪遜的論述的主要影響

4　值得注意的是，在孟德斯鳩的論述中，黨派精神是英國三權分立自由政制的結果，但麥迪遜不但將黨派精神歸咎於純粹民主，並倒過來嘗試運用三權分立的憲政設計來降低黨派精神的影響。三權分立制與黨派問題的因果倒轉也形成了一個重要的思想史轉折。

5　中譯本少譯了「或忠實履行職責的期間」的片語，容易引起誤解，因爲美國憲法原始規定，總統作爲民選的官員是可以無限制連選連任，所以在《聯邦論》觀念中，「有限的期間」並非共和政體原則的唯一標準。

卻偏重另一個面向：「無疑地，依賴人民是控制政府最基本的辦法；但是經驗告訴人類，我們還必須採用**輔助的預防辦法**（auxiliary precautions）」（FP ¶51,e349/c253）。事實上，《聯邦論》對於現代憲政主義的主要影響，反而在於通過這些「輔助的預防辦法」之詳細設計，建構了現代憲政共和主義的藍本，其光芒掩蓋了麥迪遜所稱的依賴人民之民主共和主義精神。直到艾克曼才強調民主之面向，其中的相關議題將是以下討論之重點。

　　《聯邦論》的憲政理論已經廣爲人知，本章將不予深入討論[6]。簡而言之，普布利烏斯所提出的「輔助性預防辦法」，包含了四個最主要的機制：代議政府、中央與地方分權的聯邦原則、三權分立彼此制衡，以及司法機構詮釋憲法的權力。我們已經略論了代議政府以及聯邦制兩個政治原則；對於政府的權力，麥迪遜承繼了孟德斯鳩的理論，將之區分爲行政、立法以及司法三個主要的部門，各自有獨立的意志。在組織方面，其成員必須通過互不相干的管道加以任命，以使個別部門人員對於其他部門人員的任用權力縮減到最低程度。爲了防止政府權力集中到同一部門，麥迪遜提出了「**用野心來對抗野心**」（"Ambition must be made to counteract ambition."）這個著名的主張（FP ¶51, e349/c253）[7]。政府每一部門的人員，都必須「具有抵抗其他部門侵犯的憲政途徑與個人動機」，唯有如此，政府權力才能夠被控制，不至於被濫用。另外，由於在共和政體中，立法權必然占有優勢，所以麥迪遜進一步主張，將全國議會區

6　中文文獻可參考錢永祥（2001）以及張福建（2001）。

7　事實上，孟德斯鳩已經指出相同的原則：「一切有權力的人都容易濫用權力，這是萬古不易的一個經驗。有權力的人們使用權力一直到遇有界線的地方才休止。……從事物的性質來說，**要防止濫用權力，就必須以權力約束權力**。」出自《論法的精神》，11：4。

分成為兩院，並同時加強行政部門的力量。通過這些憲政機制的建立，共和主義傳統著重公民德行的論述遂逐漸被轉化為自由主義以及多元主義的利益均勢觀念：在多元化的利益之中折衷調和取得均衡，而由於沒有任何個人或集團的特殊利益可以在憲政體制中取得獨大的地位，權力濫用之可能遂降到最低。

除了三權分立的政府，美國憲政共和主義另外一個重要的特徵是，由於具備了詮釋憲法的特殊使命，司法權在憲政國家之中取得了樞紐性的地位。在憲政秩序**之內**，關於立法機關所制訂的法律或行政機關對於法律之執行是否符合憲法，必須由法院做出終極的判斷。

麥迪遜指出，即使是基於三權分立的政府，仍然有可能發生「篡奪」(usurpation)的狀況：

> 　倘使國會誤解憲法中這一部分的意義，行使與其原意牴觸的權力，後果如何？我的答覆是這與它誤解或擴大任何一項憲法賦予它的權力的後果相同。這與一般權力 (general power) 變為特殊權力時，其中任一者皆受到破壞的情況相同。……此種篡奪行為的成功，有賴於行政和司法部門的合作，後者有權對議會法案加以解釋，而前者則是執行此種法案的機構。(在這種分立的三權結合起來產生濫用權力的篡奪行為時)**最後的補助辦法必然來自人民，他們能夠通過選舉，選出一批更為忠實的代表來廢除這些篡奪者所制訂的法案。** (FP ¶44, e305/c220，黑體強調為筆者所加)

這種人民依據其憲法權利來重選代表並廢除篡奪情況的方式，係民主政治之常軌。所以，對麥迪遜而言，似乎自由主義的權力分

立原則以及共和主義所主張通過民主參與來保障個人權利，二者乃是相輔相成，缺一不可的，這也符合前述「依賴人民」的基本辦法。

　　然而，從麥迪遜對傑佛遜所草擬《維吉尼亞憲法草案》的批判可以看出，麥迪遜對公民憲法權利過分民主化的行使有所保留。傑佛遜的草案規定，「任何時候只要政府三大部門中的兩個表示同意（每一部門均需取得其成員三分之二多數的贊成），認為有必要召開代表大會修改憲法，或糾正破壞憲法的行為，就必須召開這個會議」（FP ¶49, e339/c245；原文見Jefferson,1999:348）。麥迪遜對此議題主張，「糾正破壞憲法的行為」與「修改憲法」乃是兩個不同層次的問題。然而，他不得不承認共和主義的民主原則：

　　　　既然人民是權力的唯一正當性根源，既然政府各部門擁有的權力所根據的憲章也是導源於人民，因此不僅在政府權力需要擴大、縮小、或重新加以安排的時候，應該取決於同一的原始權力，並且在任一部門侵犯其他部門憲法所規定的權威時，也應當訴諸同一個原始權威。這**看來似乎**完全符合共和主義理論的辦法。不同部門既然已經被他們共同的（憲法）授權以完美的協同工作，很明顯地，他們之中沒有任何部門可以宣稱具有獨占或更高的權利來解決它們彼此之間權力界線的問題。假如不去訴諸人民自身，如何防止強者（按：指強勢的政府部門）的越權，或補償弱者所受的損害；畢竟人民作為授權者，其自身才能決定授權的真正意義並強制其遵守。（FP ¶49, e339/ c245-246，中譯文有所修改，黑體強調為筆者所加）

但麥迪遜馬上反對將此共和主義正當性原則運用到糾正政府個別部門破壞憲法的行為之上。是以，麥迪遜與傑佛遜最主要的差別在於：傑佛遜保有人民通過民主機制來糾正政府部門破壞憲法的行為；而麥迪遜則加以否定，認為如此一來政府將喪失所需的穩定性，而且將憲法問題提交社會解決，將激動群眾的情感，產生的結果無法達到憲法的均衡(FP ¶49, e340/ c246-247)。即使某種週期性的訴諸群眾的方式，麥迪遜也加以拒斥(FP ¶50)。值得注意的是，從這個議題，麥迪遜切入了三權分立相互制衡，用野心對抗野心的51號之討論。

然而，麥迪遜前引論述觸及了一個根本的政治問題：**假如憲法體制產生了爭議，誰有權做最後的決定或判斷**？麥迪遜所提出三權分立政府的「輔助性預防辦法」，似乎並未直接回答這個憲政爭議時「誰做判斷？」的根本問題。類似議題曾經出現在漢彌爾頓討論聯邦政府與州政府權限區分的脈絡。憲法草案第1條第8節最後一款授權國會「在行使本憲法賦予合眾國政府或其各部門或其官員的種種權力時，制訂一切必須的和適當的法律」，這個條款產生了極大的爭議(FP ¶33, e206/ c147-148)。漢彌爾頓指出，聯邦政府行使其權力需要制訂法律時，由誰來判斷這些法律的必要性和妥適性？這顯然是在聯邦原則的脈絡中所浮現關於「誰有權做最後的決定或判斷？」之議題。對此，漢彌爾頓提出了兩個回答：

第一，這一問題的發生是根據單純的權力授與以及前述的聲明條款；第二，像其他任何政府一樣，全國政府必須首先判斷其權力之行使是否恰當，而其**選民**(constituents)最後才加以判斷。若聯邦政府超出了其權威範圍，而暴虐地運用其權力，則創造這些權力的**人民**(people)，必須訴諸他們所形

構的標準，並依照事情的嚴重程度以及審慎思慮的狀況，採
取措施來彌補憲法所遭遇的損害。(FP ¶33, e206/ c148-149,
中譯文有所修改，黑體強調為筆者所加)

　　在聯邦原則的脈絡中，「誰做判斷？」的議題轉化為，聯邦政
府依據其自認必須和適當的方式來制訂法律並加以執行，遇有爭議
時也是由聯邦政府決定其妥適性，若仍有不當，方由選民終極地加
以矯正。而在此文本中，人民與選民二者是等同的，這與麥迪遜前
引44號所述「最後的補助辦法必然來自人民，他們能夠通過選舉，
選出一批更為忠實的代表來廢除這些篡奪者所制訂的法案」如出一
轍。

　　由於漢彌爾頓在33號討論的是聯邦與各邦政府間之關係，這樣
的回答是不夠完整的。事實上，既然憲法草案所設計的是一個三權
分立的政府，則在立法時應當由國會判斷其法律的必要性與妥適
性；但是在這個必要性與妥適性產生爭議時(以及推而廣之，其它
政府各機構權限產生爭議時)，做判斷的並非33號籠統指稱的聯邦
政府，而係漢彌爾頓在78號所論述的，為司法機關之職責。換言
之，關鍵性的「政治」問題，在憲政體制之內找到了一個承載者，
也就是司法權；雖然司法權不具有立法機關之意志(will)以及行政
機關之力量(force)，它卻有判斷能力(judgment)，而能在憲政爭議
產生時，依據憲法的文本以及精神，做出恰當的判斷。

　　這樣的解決辦法，是美國憲政共和主義的最具原創性的貢獻之
一。因為在孟德斯鳩的論述中，對於司法權力獨立性所提出的理
由，乃是它與行政或立法任一權力結合時，均必然產生權力濫用的
結果(Montesquieu 1989, 11:6)。但是孟德斯鳩對於司法權自身的本
質並沒有積極的論斷，而指稱「在上述三權中，司法權在某種意義

上可以說是不存在的」(ibid.)。但在美國立憲的討論過程中，由於成文憲法的產生並作為人民意志與行政、立法兩種政府權力之中介，遂使得司法權的積極功能首次被確立下來。《聯邦論》78號對於法院可以宣布一切違反憲法原意的法案無效之討論，便成為美國憲政共和主義的核心論述。

漢彌爾頓指出，政府權力作為被授權的機構（delegated authority），若違反了授權的原意，其法案便必定是無效的。這是一個不證自明的根本原則，因為假如我們接受與憲法牴觸的議會法案可以具有效力，則無異承認「代表大過本人、僕人高於主人、人民的代表優位於人民自身，其結果將是所謂的代表不但可以做未受授權的行為，甚至可以做這些權力所被禁止的事項」(FP ¶78, e524/c380)。當然，關鍵的問題在於由誰來詮釋法案是否違反原始的授權？漢彌爾頓認為，議會作為立法權，不能同時具有解釋法律妥適性的權力，當然「也不可能假定憲法的意思是要使代表能夠以他們的意志取代其選民的意志」。假如我們接受共和主義關於「依賴人民」的原則，那麼在這個議題上，似乎判斷授權原意的行動者，應當是人民本身。然而，漢彌爾頓(如同麥迪遜所撰的49號)並未如此主張；相反地，他指出：

> 比較合理的假設是以法院為人民與議會之間的中介團體（intermediate body），藉以約制後者，使不超出其指定的權力範圍；解釋法律是法院特有的恰當職務。法官認為憲法是一種基本法，證諸事實確是如此。因此，確定憲法的意義和議會制訂的任何特殊法案的意義，乃是法官之職權。若二者之間發生不能調和的衝突，則應以較高社會責任與有效性者為準；換言之，應取憲法而捨法律，應依據人民的意向而非代

理人的意向。(FP ¶78, e525/c380)

　　這個說法有著明顯的理論問題，所以漢彌爾頓馬上加上如此的解釋：「這一結論絕未假設司法權力優位於立法權力，**它只是假設人民的權力優於二者**。只要議會在它所通過的法案中所表現的意志，與人民在憲法中所表達的意志衝突，法官應以後者為準……他們應該以基本法作為判斷的標準。」(FP ¶78, e525/c380)

　　漢彌爾頓的主張，似乎不能如他所說的「絕未假設司法權力優於立法權力」，因為只要設想如下之情況：若立法機關或行政機關對於法院所做出違憲的裁決有所不服，則並沒有更高的權威以解決爭議。換言之，漢彌爾頓所謂「這個結論只假設人民的權力優於二者」在司法權的面向上是有疑義的；我們認為，真正的理據應當是：美國的憲政共和主義了解到立法機構以及行政機構濫權之可能，遂將關於解決憲政爭議權限交到作為體現公共理性以及政治明智的「判斷性機構」[8]。進一步而言，最高法院的釋憲行動，作為一種政治權威，在某種程度上超越了被授權的政府權力之範疇，而係一種持續制憲的機構。

　　綜合本節的論述，無論是麥迪遜「依賴人民」與「輔助的預防辦法」之建構，或是漢彌爾頓關於司法權之說明，均呼應了麥迪遜一個奇特的說法：

8　在這個議題上，鄂蘭用不同的理論進程加以詮釋(Arendt, 1990: 178, 199-201)。她認為美國的最高法院憲政權威意味著人民具有權力(power)，但是司法權具有權威(authority)；這成功的轉化了羅馬共和體制中「權力在人民，權威在元老院」(*potestas in populo, auctorits in senatu*)的權力分配。關於鄂蘭的分析，本書第十章將予討論。

　　古代人既不是不知道代表制的原則，也不是在政治組織方
面完全忽視它。這些政府和美國政府間真正差別並不是**前者
在政府管理工作內完全排除人民代表**，而是**後者在其自身內
完全排除人民的集體力量**(*the total exclusion of the people in
their collective capacity* from any share in the *latter*)。(FP ¶63,
e428/c312，黑體與斜體強調為原文所有)

　　姑且不論麥迪遜此處推翻了他在第10號討論古代純粹民主制缺
乏代表觀念的重要主張，僅就其主張美國憲政共和主義最重要的制
度結果是「在其自身內完全排除人民的集體力量」，便是一個耐人
尋味的格律。因為，作為立憲主體的美國人民(We the People of the
United States)，其集體力量在憲法正常運作時是隱蔽的，他們不被
任何一個「被授權的權威」所代表，而只被他們批准的憲法文本所
「代表」；但是在常態的民主政治中，對於憲法的詮釋不能由人民
自為，而必須由表面上最沒有力量的司法機構，在憲政秩序之內終
極的決定關於憲政的爭議[9]。依據上下文的脈絡，麥迪遜很顯然地
要在人民可能濫用權力的民粹主義以及代表可能出賣人民利益的兩
極之間，確保政治自由，而他的一般性觀點乃是「不僅濫用權力可
以危害自由，濫用自由同樣地可以危害自由」(FP ¶63,
e428/c312)[10]。而以傳統的共和主義觀點而言，最大的差異是將主權

9　依據Ackerman(1991:183)之詮釋，這個文本意味著，在常態的政治活動之中
　　(也就是憲政體制之內的政治活動)，沒有任何一個權力機構(無論是國會、
　　總統或司法機關)可以宣稱代表了全體美國人民的「真實聲音」。
10　我們此處所提出的詮釋，從另一角度呼應了錢永祥(2001: 260-265)的觀點。
　　他主張《聯邦論》的代表理論，由於強調客觀利益以及政治領袖者認識、判
　　斷這些利益的特殊能力，而具有國家理性傳統之特色。

與立法機構加以區分。由於不同的選舉與派任途徑，作為被憲法所授予權威制的政府三權分立機構，和美國人民的整體被區隔開來[11]。

《聯邦論》的憲政共和主義論述似乎留下了一個重要的疑點：憲法作為基本法以及人民集體意志的體現，自然優位於由憲法授權的立法機構；但是遇到與憲法相關的爭議時[12]，判斷者並非人民的正身（如傑佛遜所主張的），而係三權分立政府機構之一的司法機關。然而，司法權不也是被授權的權威（delegated authority）之一嗎？但它卻被賦予了在正常的民主政治中，判斷憲法以及人民意志真意的機構。假如我們借用西耶斯的觀念，漢彌爾頓此處不啻主張，被憲法制定的權力（*pouvoirs constitué*）可以決定憲法爭議，從而代為行使國民制憲權（*pouvoir constituant*），似乎犯了西耶斯所指稱的「惡性循環」（vicious circle）之謬誤。[13]司法至上雖然是美國憲政共和主義最重要的創新，但是否如一些強調民主價值的理論家所言，這樣的進程違反了民主政治的根本原理？這是以下兩節將嘗試解決的問題。

四、民主共和主義：人民正身的展現

如前兩節所述，《聯邦論》提出了憲政共和理念，一方面通過

11　漢彌爾頓便將美國的「有限憲法」（limited constitution）定義為對立法權明白地加以限制的憲法。請參考FP ¶78, e524/c379-380之討論。

12　綜合我們曾經提到的例子，與憲法相關的爭議包括了政府權限的爭議、聯邦與地方政府的爭議以及代議機構的法案是否違憲等。

13　所謂的「惡性循環」，係西耶斯對於法國當時政治改革的困境所指出的，由部分來決定整體之謬誤。詳細論證請參閱本書第八章之討論。

代議制度及三權分立相互制衡等機制，來防止政治人物濫權，而落
實了「以野心對抗野心」的現代憲政主義；但另一方面，普布利烏
斯對於派系問題的疑懼，也讓他們提出了將人民集體力量排除於政
府之外，以避免公民濫用自由的問題。這樣的憲政共和主義是否正
好印證了民主政治支持者所強調的，美國憲政體制具有「抗多數決
困境」(countermajoritarian difficulty)的反民主傾向？這是一個長久
以來便爲美國政治學界所探討的重大議題。近來激進民主論者
Negri(1999: 157)也對此點提出尖銳的批判，認定美國憲法以及《聯
邦論》背離了《獨立宣言》所揭示的公民積極參與政治事務的取
向，將之轉變爲在法律的權威之下從事政治活動。美國制憲權的觀
念，遂由立憲之前的積極、民主取向轉變爲消極、法治的取向。

　　限於篇幅，吾人在此無法處理提出此種批判的眾多文獻；我們
的討論將集中在《聯邦論》文本之探討，因爲在憲政共和主義強調
分權制衡的政府機制之下，《聯邦論》有部分「偉大而晦澀的文
本」(great dark passages)[14]中，展現了普布利烏斯思想的底層，的
確潛藏著「民主共和主義」伏流，值得深入探討。《聯邦論》之中
存在著這個激進民主的面向，這可由漢彌爾頓清楚的陳述得知：
**「共和政治的一項基本原理承認若是人民發現憲法與大眾的幸福發
生矛盾；他們有權可以修改或廢除憲法」**(FP ¶78, e527/c381-382)。
當然，在憲法草案中的確存在著關於憲法批准以及修正程序的規
定，但是此處所蘊含的變更憲法秩序的政治觀念，可能超越了憲政
體制之內的修憲活動。

　　麥迪遜在當時的歷史脈絡中也清楚地認知到，其所護衛的憲政
草案絕對必須符合革命的精神：

14　"great dark passages" 一詞係借用自Ackerman, 1991: 191。

依著自然秩序，第一個要討論的問題是政府的一般型態是
否嚴格符合共和主義的精神？非常明顯，沒有其他形式能夠
適合美國人民的特徵、能夠適合革命的基本原理、能夠適合
那種鼓舞每一個醉心自由者的崇高決心；這種決心要把我們
的一切政治實驗建築在人類的自治能力（self-government）上
面。若是立憲會議提出的計畫不符合共和主義精神，則其擁
護者應該放棄它，因為立憲會議將無法為它辯護。（FP ¶39,
e250/c181）

雖然，如前節所述，麥迪遜馬上將共和制界定爲政府權力「直
接或間接導源於廣大人民的政體」，而將重點轉移到權力間接導源
於人民的憲政共和主義之上。但是麥迪遜明白揭示的「自治能力」
卻不是前節所述憲政共和主義所能完全加以滿足的。特別是在《獨
立宣言》中，明白揭示政府權力必須根源於人民的同意，而當政府
違背這些目標時，人民就有權改變或廢止這些舊體制，並重組新政
府。這一種更爲激進的「依賴人民」，如麥迪遜所言，是控制政府
最基本的辦法。但關鍵的問題在於，此處的「依賴人民」並不只限
於麥迪遜在44號所指稱的，當政府代表發生篡奪行爲時，人民能夠
通過選舉而選出更符合民意的代表，來廢除篡奪者制訂的法案（FP
¶44, e305/c220）。這些是人民在憲政體制之內所享有的基本政治權
利，還沒有牽涉到「改變或廢止政府」的制憲權力。

值得注意的是，麥迪遜並不否認更爲激進的「依賴人民」：雖
然人民整體被排除在憲政體制正常運作的常態政治活動之外，但人
民整體仍將在於憲法的制定以及修改時刻展現：

在美國，大家對憲法與普通法律的分別都有一個很好的了

解。前者係由**人民**制訂而政府不能改變它，後者由政府制訂，政府可以改變它。(FP ¶53, e360/ c261-262，黑體強調為筆者所加)[15]

　　然而這樣的說法，似乎仍有一個需要進一步解決的疑義。在普布利烏斯所宣稱共和主義基本原則必須「依賴人民」時，他所指的是作為「整體」的人民還是作為「分殊」的人民？前者具有改變憲政體制的能力，後者則具有憲法所賦予的政治權利；前者是全體人民的制憲權，後者則是公民所擁有的公民權。在《聯邦論》一書中，並未對這個區別做出概念上的嚴格區分與定義，但是在論述之中卻隱含著這兩種完全不同的政治觀念。於此，我們有必要重新檢視麥迪遜批判傑佛遜《維吉尼亞憲法草案》的49號的論證。麥迪遜對於這個民主共和主義的原則有所保留，因為他反對訴諸人民正身來防止政治部門的越權。然而，在這個反映憲政共和主義精神的論述之中，卻潛藏著兩個關鍵的文本，我們可以看做是一種重要的「例外狀況」：首先，他對於傑佛遜的批判只限於訴諸人民防止政府部門越權；「至於它們(按：指訴諸人民正身)在修改憲法方面的作用，我將不予討論」(FP ¶50, e344/c249)；其次，更重要的是他確認了：

15　這個區別，當然是相對於英國議會主權的政治體制而言，也就是作為最高立法權力的議會，擁有改變政體的充分權力。而既然「議會具有一種超越的、不受控制的權力」(FP ¶53, e361/c262)，我們可以說，在英國人民整體以及代表人民整體的議會，乃是在政治領域直接控制政治事務的上帝，麥迪遜將此種英國政制稱為「具有無限權力的政府」(unlimited government; FP ¶53, e361/ c262)，這與前節所述憲政共和主義完全不同。

此項推理(按：指訴諸人民正身)確實具有很大力量，它證明對於某些重大而超越常態的事件，應該有憲政之途被規劃並開放給人民決定。[16](FP ¶49, e339/c246，筆者對譯文有所修改)。

顯然，麥迪遜承認在「某些重大的事件」發生時，人民具有修改、廢止或創造新的憲政秩序之根本權力。雖然在《聯邦論》之中這個面向不常出現，但是在兩個關鍵議題上——費城立憲會議的正當性基礎及其權限，以及新憲法草案應該得到何種程度人民的同意(也就是如何被批准)，卻是一個麥迪遜無法迴避的關鍵性議題。

麥迪遜在通論性的39號中，為自己的系統論述提出三個基本的議題：確定新政府的真正性質、人民賦予立憲會議多大權力來設計新政府，以及在正規權威(regular authority)有所不足時，人民對國家的責任能夠加以彌補(FP ¶39, e253/c183)[17]。由於第一項係檢討政府的普通權力(ordinary powers, FP ¶39, e253-254/c183-184)，也就是我們已經討論過的聯邦主義以及三權分立兩個憲政原則，此處以後兩個議題比較具有相關性。

《聯邦論》必須訴諸美國革命精神來證成憲法之共和主義原理，實有特殊的歷史因素。關鍵在於制訂憲法草案的「費城會議」(1787)所從事的立憲活動自身正當性基礎的問題。簡而言之，英國軍隊被擊敗後，十三邦於1781年訂立了「邦聯條款」(Articles of Confederation)，並且在1781至1787年之間，為合眾國之基本法。美國實施此種孟德斯鳩所稱聯邦共和國體制，一般稱為邦聯時期。各

16　"A constitutional road to the decision of the people, ought to be marked out, and kept open, for certain great and extraordinary occasions."

17　請參閱Epstein, 1984: 9 對於《聯邦論》內容綱要之整理。

邦均以其成文憲法，擁有公法上的主權。然而，由於北美十三邦已
經因為抵抗英國而形成了命運共同體，所以各邦議會有派遣代表組
織邦聯國會。但由於邦聯國會並非代表人民意志，自身也不擁有主
權，所以沒有徵稅以及直接立法治理人民的政治權力，而必須經過
各邦政府的中介。經過這個時期的政治實踐，其結果是各邦追求自
身之特殊利益，無法形成有效治理。而在十三邦以外西部疆域拓
展時所蘊藏的土地投機問題，更不是各邦所能單獨解決的重大問
題[18]。在此種政治分崩離析，各邦政府黨派利益氾濫的情況下，由
維吉尼亞州發起了一個「安那波利斯會議」(1786)，做成決議，指
派代表，經合眾國國會與各邦會議的同意，來修改邦聯條款。邦聯
國會也決議：「在費城召集各州指派的代表舉行全國會議……其唯
一目的是修改邦聯條款，並且將所做的修改條款呈報國會與各邦立
法機構，其目的在於，在國會同意以及各邦批准之後，能使得聯邦
憲法足以應付政府的急務和保持聯盟(Union)」(FP ¶40, e259/c187-
188)。根據這幾項授權，麥迪遜**推定**費城會議的權力在於建立一個
能夠應付政府與聯盟危機的全國政府，並且改變邦聯條款的形式，
使它們能實現這些目標。

　　費城會議所依據的授權，應當是在《邦聯條款》的體制之內，
設計一個具有能力的全國性政府；但費城會議所擬具的憲法草案卻
取消了各邦所具有的主權。這將使得各邦原來所具有的主權在實質
上被取消，邦聯共和國的政體更動為單一國家(consolidate state)。
問題是：假如費城會議召開之目的是為了修改邦聯條款，則其草擬
新憲法的決議有無逾越其授權？即使以制憲而言，原邦聯條款係經
十三邦議會全部通過而取得有效性，現在實質上廢止邦聯條款的同

18　關於邦聯時期歷史概要，可參考Morgan, 1992: 113-128。

時，新憲草案卻僅需要九邦之同意，新憲法便可生效，這是否讓新
憲法相對於邦聯條款並不具有優越的正當性基礎可以將之取代？最
後，新憲草案第5條對於未來修憲的程序規定，當有參眾兩院三分
之二的議員認爲必要，或三分之二的邦議會提出申請，聯邦議會便
須召開立憲會議提出草案，並得到四分之三邦議會或四分之三的邦
立憲會議批准，修正案便成爲憲法的有效部分。相較於憲法草案第
7條所言「九個邦的立憲會議批准即可在批准的邦之間樹立這部憲
法」的規定，似乎確立憲政秩序的同意程度尙不及未來修憲的程
序，其正當性何在[19]？由於費城會議規定憲法草案需經過邦聯議會
以及至少九個邦人民的通過，從費城會議結束到各州陸續通過的這
段時間，美國的公共輿論便以此關鍵議題爲主軸展開了熱烈的論
辯。

　　麥迪遜在重述了安那波利斯會議以及大陸議會的建議案後，他
歸納出四個結論以及一個重要的演繹。這個結論是：

　　　第一，這個會議(按指費城會議)的目的是要在各邦間建立
　　一個堅強的全國政府；第二，這個政府要能夠應付政府危機
　　並保存聯盟(Union)；第三，實現這些目標的辦法，按(邦聯)
　　議會決議案的說法是修正並增加邦聯條款，或按安那波利斯
　　決議的說法是(對邦聯條款)做出必要的進一步規定；第四，
　　這些修正與新增條款必須呈請會議及各邦，以得到前者的同
　　意以及後者的批准。(FP ¶39, e259/c188)

19　此處所述的正當性問題仍有進一步討論之空間。我們基本上依循Ackerman,
　　1991: 167-169的分析。此分析在Ackerman & Katyal(1995)的文章中，針對相
　　關批判提出了回應，並將其分析做了擴大補充。

　　整理兩個召開費城會議的授權之後，麥迪遜指出，由於這些法
源有好幾種不同的表達方式，而經過「比較與公正的解釋」，可以
推斷（deduce）費城會議所據以行動的權威（或正當性基礎以及目的）
爲[20]：「他們（按：指費城會議代表）要設計一個能夠應付政府與邦
聯危機的全國政府，並改變邦聯條款，使其形式能夠達成這些目
標」（FP ¶39, e259/c188）。

　　麥迪遜此處充分發揮法律解釋的技巧來解決費城會議所面臨的
正當性問題。他在《聯邦論》40號提出兩種不同的辯護策略：立憲
會議作爲「**諮詢建議的權力**」（advisory and recommendatory powers）
抑或是「**制訂美國憲法的真正最高權力**」（real and final powers for
the establishment of a Constitution for the United States）。

　　麥迪遜在大部分的論述中，均將費城會議詮釋爲僅具有「諮詢
建議權力的授權性改革」。由於會議之召開的確具有授權之依據，
是以，麥迪遜強調對於各邦原來所具有的獨立甚至主權，在憲法草
案中都仍規定，在未列舉的情況中由各邦享有各自的主權和管轄權
（FP ¶40, e262/c189-190），所以他強調「制訂憲法的行爲不是一種國
民行爲，而是聯邦行爲」（FP ¶39, e253/c183）。

　　然而，作爲「諮詢建議權力」的費城會議，要實現憲法的有效
性，必須要通過「接受者正式的批准，否則只不過是一紙空文」
（FP ¶40, e264/c190）。關鍵問題在於，此處所謂的「接受者」
（addressed）係指美國人民而非號稱擁有主權的各邦，因此才會有憲
法草案序言中的主詞「我們合眾國人民」（We, the People of United
States）[21]。換言之，通過人民正身及其特別代表對於憲法的批准（而

20　此處所牽涉的議題，並非如中譯本所譯之「立憲會議的權力」，而是意指立
　　憲會議自身的正當性基礎。

21　是以，反聯邦派者Patrick Henry便質疑憲法草案序言中所宣稱「我們合眾國

非原來具有主權的各邦代議機構之批准），顯示出了美國立憲的確蘊含有著一種「正當性的轉化」之過程。如同Samuel Beer(1993: 249-255)的分析，麥迪遜所持之「依賴人民」的觀點其實有兩個面向：一種是在憲政體制之內，人民通過正常選舉所發揮的主權，是一種「**政府性主權者**」(governmental sovereign; ibid., 245)。然而，此處所牽涉到憲法正當性的議題，則已經超越了政府主權的層次，進入Beer所稱的「**制憲性主權者**」(constituent sovereign)的運作層次，也就是「不被任何實證法所約束，但自身規定其自我統治條件的制憲性主權」(ibid.)。

在正當性的轉移之後，麥迪遜提出了他在《聯邦論》之中罕見地，直接處理人民(及其代表所組成的立憲會議)所具有的「制憲性主權」，用麥迪遜自己的話說，即「把立憲會議的權力看做是制訂美國憲法的真正最高權力，並用同一的嚴格態度，同一的標準，對這些權力加以分析和批判」(FP ¶40, e263/c190)。這個時候，已經不是授權改革或諮詢性權力的問題，而是直指政治改革的實質目的，以及目的與手段間之關係。麥迪遜挑戰憲法草案的反對者，直接回應下述之問題：

> 讓他們明白地告訴大家，撇開邦聯條款不論，來建立一個適當的政府，保存聯盟，對於美國人民的幸福而言，是不是一件最重要的事情？讓他們公開的告訴我們，是否應該以改革政府作為手段，來實現保存邦聯條款的目的；抑或是成立

(續)————————————

人民」(We the People)的說法應當改為「我們合眾國各邦」(We the States)。就正當性轉移之議題而言，這是一個關鍵性的爭議。請參考Beer, 1993: 253-254；更完整之討論，則可參閱Corwin,1914。

一個能夠獲致全國幸福的政府原是這些條款的目的，既然這個手段不能達成這個目的，就應拋棄這手段。（FP ¶40, e260/c188）

這個直接的二元對立，乃是用「美國人民的幸福」這個最高的目的，來質疑憲法草案反對者所堅持的《邦聯條款》之程序合法性。這個合法性的主要焦點在於，憲法草案規定所需之批准只要九個邦的人民，而邦聯條款原係由全體十三邦立法機構之全部批准；如此一來，新憲法豈不是將「邦聯制度代表各邦之間的一項鄭重契約，不經組成各州的全體同意而對此制度加以更替」，而產生了「非常複雜微妙的問題」（FP ¶43, e297/c214）？對於跨越邦聯條款所規定的正當性程序，麥迪遜指出：

> 這是由於事實上的絕對需要（absolute necessity）。這種作法根據的是人類自保的偉大原則；根據超越性的自然法以及自然界之上帝，它（按：指自然法）聲明一切政治制度的目標（objects）是社會的安全與幸福，它們（按：指各種政治制度）必須為了這些目標犧牲自己。（FP ¶43, e197/c214，筆者對譯文有所修改）

我們清楚地看出，在邦聯條款過渡到合眾國新憲法的過程中，「人民制訂憲法的真正權力」所依據的是實質目的之正當性，並以此否定了程序的合法性。是以，麥迪遜明白指陳：「我們所追求的最高目標（supreme object）是公善（public good），人民大眾的真正幸福；任何一種政治制度有無價值，就看它是否適宜於完成這個目標。若是憲法草案不利於公共幸福，我們主張拒絕它；若邦聯本身

與公共幸福之間有矛盾，則我主張廢除邦聯。」（FP ¶45, e309/c224）

顯然地，美國立憲時刻的危機性脈絡，正是麥迪遜前述在49號批判分析傑佛遜的《維吉尼亞憲法草案》時，所承認的「對於某些重大而超越常態的事件，應該規劃憲政之途，並開放給人民決定」。換言之，麥迪遜雖然反對用人民自決的辦法來防止政府權力部門的越權行為，但是他顯然必須接受民主共和主義的根本原則：「既然人民是權力的唯一正當性根源，既然政府各部門擁有的權力所根據的憲章是導源於人民，因此，在政府權力需要擴大、縮小、或重新加以安排的時候，也應該取決於同一的原始權力」（FP ¶49, e339/c245）[22]。

於此，我們通過某些「晦澀的文本」的詮釋而彰顯出，在《聯邦論》探討憲政共和主義的主論述之下，潛藏著「人民在特殊的時刻具有制憲主權」的民主共和主義。無論對麥迪遜或漢彌爾頓而言，這均為不可違背的理論出發點，也是憲政體制所依賴的正當性基礎。而正在這一部分的討論中，我們不只看到麥迪遜需要訴諸人民正身，而且在運用法解釋學時，必須依賴本書第四章所論馬基維利的根本主張：在政治秩序的重大變革中，本質應該重於形式，目的決定手段。只不過這個觀點是放在超越實證法之上的自然法、上帝的神學以及契約語彙來取得其說服力。

五、制憲權的馴化：審議民主或正當性的持續奠基

在確立民主共和主義原則的正當性及適用性之後，麥迪遜可以

22　麥迪遜反對將此民主共和主義的原則運用到處理政府部門的越權行為，但是他應當並未否定此原則在憲政秩序變遷時作為根本的原理。

在一定程度上接受：

> 必須承認在某一點上，立憲會議背離了他們被授權的原意
> （departed from the tenor of their commission）[23]，該會議所提出
> 的計畫並不需要所有各邦議會的批准，只要九邦批准它就可
> 以生效。值得一提的是，此項反對意見雖然看起來似乎最為
> 有理，但在反對立憲會議的大批出版物中，卻很少提到它。
> （FP ¶40, e263/c190）

因而，麥迪遜的結論是採實質正當性優位於形式合法性的觀點：「若是他們（按指立憲會議代表）曾經越權，根據當前情況而言，不僅確實有必要，而且作爲其國家忠實的僕人，在當前環境的需要下，這是他們所必須自由採取的行動。最後還有一點，若『他們提出憲法』這件事，超出了他們的權力範圍以及義務，則只要這個憲法能夠實現美國人民的願望與幸福，我們還是應該接受它」（FP ¶40, e267/c192-193）。

根據麥迪遜此處的說辭，艾克曼（Ackerman, 1991: 173-175）明白指陳，費城會議本身的確係一「不具合法性」（illegal）的機構，但這對於他能夠就著實質的政治目的，來創造一個具有正當性的憲政

---

23 麥迪遜願意直接承認（並非假設條件）費城會議背離了他們授權的初衷；這是非常重大的理論轉變。只需對比於本文已經討論過，漢彌爾頓在78號所言「被授權的權威，若違反了授權的原意，其法案便必定是無效的（that every act of a delegated authority, contrary to the tenor of the commission under which it is exercised, is void），這是一個不證自明的根本原則」（FP ¶78, e524/ c380）便可察覺理論的重要性。值得注意的是 "the tenor of the commission" 一詞同時出現兩個文本，但兩位作者的結論完全不同，而主張違反了授權的原意無礙者爲麥迪遜，益發引人注意。

秩序並無礙。這樣的詮釋，顯然需要解決一個核心問題：**具有制憲主權的人民在行使創造憲法秩序的權力時，有沒有越權的問題**？也就是說，**他們是否具有絕對的權力可以型塑任何其所欲求的政治秩序**[24]？對於這個議題，《聯邦論》並沒有完整的論述。筆者認為對此關鍵議題，有兩個解決可能，其一即艾克曼(Ackerman, 1991: 175-179, 197-199, 266-290)所提出的，普布利烏斯對於制憲**過程**的描述，的確顯示出他對於制憲活動抱持著一種「審議民主」(deliberative democracy)的理想：通過公民自發性的討論溝通以及議決，所形成的憲政制度應當是符合人民共同的幸福，而只有人民本身才能夠判斷什麼制度是符合其幸福的。另一種可能，則比較接近鄂蘭(Arendt, 1990)對美國立憲之詮釋，也就是美國開國先賢的政治觀祖述羅馬的「奠基」(foundation)概念。在《聯邦論》的文本，則為「授權性改革」(authorized innovation)以及「篡奪性改革」(usurped innovation)之區別，並使得立憲之正當性得以延續，不致產生斷裂的問題。

關於審議民主的詮釋觀，我們可以從漢彌爾頓在78號以及麥迪遜在40號較為詳盡的論述中看出端倪。在討論法官作為「憲法的忠實監護人」(faithful guardians of the constitution)時，漢彌爾頓雖然表面上看來是明確主張，多數選民暫時的傾向與憲法規定衝突時，民意代表不可以違反憲法規定而遷就選民的暫時傾向，他並將此稱為有限憲法的精神。然而，在同一個脈絡中他提出了如下的主張：

除非人民曾經通過鄭重以及權威性的行動(solemn and

---

24 對於主張美國立憲傳統迥異於歐陸制憲權觀念者，這無疑地是一個必須面對的關鍵問題。參閱Ackerman(1998: 11-12)對施密特的批評。

authoritative act），對現存憲法加以廢除或修改其形式，否則它對人民的集體和個人便永遠具有約制力量。在這種行動發生以前，代表不得以人民之情感為藉口——甚至真確地知曉——而違背憲法。（FP ¶78, e528/c382）

這個論述所強調的重點在於，在憲法秩序修改或廢除之前應當永遠有效；但是對於憲法秩序的變動，他提出的條件是「人民通過鄭重以及權威性的行動」加以進行。誠如艾克曼（Ackerman, 1991: 195）所強調，漢彌爾頓這個文本沒有使用類似「鄭重、權威性而**合法的程序**」這樣的陳述，也就是說，並非依據憲法草案第5條所規定的憲法修正程序。只要人民真的克服其暫時的情緒傾向，而通過鄭重與權威性的程序進行審議後，法官可以依據這樣匯聚的意見而從事重要的司法判決。換言之，在本章第三節所述的憲政共和主義體系之中，司法權除了具有擬似制憲的權力之外，漢彌爾頓同時也賦予了法官以「遵循人民的鄭重、權威性意志」而做出判決的權力。所以雖然在這個文本中所提的憲法對於人民的**集體**和**個人**永遠具有約束力量，與麥迪遜前述「美國政府在其自身內完全排除人民的集體力量」若合符節；但是人民的集體力量，只要是真正以鄭重和權威性的從事審議表達，卻恰恰構成了麥迪遜在《聯邦論》第49號所述的「某些重大而超越常態的事件」，而必須由人民的原始權力加以決定。

基於此，除了現行憲法秩序所規定合法的修改程序外，普布利烏斯接受某種超越合法程序之外的人民制憲主權之運作，因為費城會議所行使的，正是此種超越合法性程序的制憲活動。除了漢彌爾頓這個簡略的說明外，麥迪遜也就著美國歷史經驗的描述，而接受了此種人民的「非正規的假定的特權」：

要人民自發地採取偕同一致的行動而向著他們的目標前進，是不可能的事情。因此，這些改革必須由有名望的愛國人士提出**非正式且無授權的建議**(*informal and unauthorized propositions*)已開其端。他們必然已經注意到，第一次把各邦團結起來抵抗舊政府威脅所形成的危機的，正是這種非正規的假定的特權(irregular and assumed privilege)。一些人使用它，向人民提出如何實現他們的安全與幸福的計畫；接著，他們組成了委員會和歷屆大陸會議來集中力量，保護他們的權利；之後**一些邦選舉了代表會議**(*Conventions*)來制訂各自的憲法，這就是今天各邦的最高法律。他們一定記得在這一切發展中，從未看見過不合時宜的顧慮和拘泥於普通形式(ordinary forms)的固執，……。他們一定知道，他們授命制訂的憲法，最後將提請**人民自己**(submitted *to the people themselves*)決定。這個代表最高權力的憲法若被否決了，它便永遠完了；若得到批准，它可以消除從前的錯誤與缺點。他們甚至可能曾經想到，在喜歡吹毛求疵者面前，若是他們在執行被授與的權力時有所疏忽，或是提出任何一項超出他們任務許可範圍以外的建議，就會引起責難。（FP ¶40, e265-266/c191-192，黑體及斜體強調為原文所有）

在這個詳細解釋立憲會議如何著重實質甚於形式地落實《獨立宣言》的正當性原則中，我們看到了民主共和主義在制憲活動落實中的實際運作過程[25]。假如我們將之置於共和主義的傳統加以檢視，此種論述最重要的原創性在於**突破了馬基維利宣稱「個人適合**

25　請參閱Ackerman, 1991: 173-175之討論。

創建、人民集體適合維護共和制度」的鐵律，以及盧梭用偉大立法家之手來型塑國民的想法。美國革命以及自由政制之型塑，雖然不免需要「有名望的愛國人士」倡議，但是其後的過程，則是一種審議民主的落實。也就是說，在憲政制度的創建以及未來改變或廢除此制度時，所謂「依賴人民自身」，就其制憲主權的層面而言，乃是回歸到人民在革命時期所展現的民主審議的共和主義精神。

　　以上審議民主取向，是艾克曼的民主共和主義對制憲活動的馴化。但艾克曼的解決途徑，似乎仍無法完全克服 "We the People" 民主決定所導致正當性斷裂的理論困境。艾克曼所忽略的另一面向，則爲鄂蘭（Arendt, 1990: 207-208）所強調的共和主義「擴而廣之」的羅馬權威概念在美國立憲的落實[26]。以《聯邦論》的語彙來說，則爲「授權性改革」的主張。吾人已於前一節說明費城會議法律授權的歷史背景，麥迪遜則進一步在39號最後一段說明憲法草案的性質、正當性基礎、政府普通權力的根源、權力的運用、權力的範圍以及修憲權力的形式個個面向，指出新憲法是國民憲法與聯邦憲法的混合品（FP ¶39, e257/c186）。通過這樣的論述，麥迪遜嘗試說明《邦聯條款》的基本精神，在新憲草案中仍然存在並發揚光大：

　　　　立憲會議所提出憲法的偉大原則，與其說是一種全新的東西，毋寧說是聯邦條款所根據的原則之擴充（expansion）。在後一制度下所發生的不幸，是這些原則太過軟弱，處處受到限制，反對者指責它無效率確係事實，所以必須加以擴大。如此一來，就使新政府的形貌，看來和舊政府完全不同。

26　請參考本書第十章第五節之討論。

（FP ¶40, e262/c190）

這個正當性的擴大與轉移過程，何以並不構成「篡奪性」的政治權力？麥迪遜訴諸《獨立宣言》而陳述了下列共和主義的信念：

> 在所有政府的一切重大改革中，本質應該重於形式（forms ought to give way to substance）。在此種情況中，若毫無變通地拘泥於後者，則人民「改變或廢除政府，以期實現安全和幸福」的超越性以及珍貴的權利，就會變成有名無實，失去意義。（FP ¶40, e265/c191）

在此文本中，麥迪遜將憲政秩序改革的正當性根源追溯到《獨立宣言》所揭示的革命原則，來證成**在當前的危機之中，不遵守《邦聯條款》所規定合法程序有其正當性基礎**。費城會議的召開，表示全國人民已經承認發生了根本的危機，「這種危機使全國發出了幾乎是一致的呼聲，要求進行一項獨特而莊嚴的實驗，來改正產生此一危機的制度上之錯誤」（FP ¶40, e264/c191）。

在美國立憲的討論中，引述《獨立宣言》意義，不但具有正當化作用，而且構成了憲法政治的權威性文本基礎，本書將於第十章檢視鄂蘭對美國立憲詮釋的細節，在此僅將艾克曼關於代表理論的論述加以擴充，以簡要說明本議題的旨趣。艾克曼(1991: 183-186)區別兩種「代表」的樣態：一為「模仿性代表」(mimetic representation)，一為「象徵性代表」(semiotic representation)；前者將代表視為被代表物的直接模本，而後者則通過象徵的中介，能夠像藝術般再現出被代表物的精髓。艾克曼用這個區分來說明，常態政治中的代表為前者，而由於他們只直接代表部分利益，所以不能宣稱代表美國全體人民 "We the People"。相反地，成文憲法的文本體現了在「憲

法時刻」中，全體人民超越個人利益所達成的公共精神，及對政治
原則的共識，成為可大可久的基礎，從而憲法真正地象徵地「代
表」了美國**全體**人民。

　　艾克曼對代表樣態的區分，主要目的在於說明在常態政治過程
中，沒有任何政府機關或代議機構可以宣稱代表全體人民，否則即
構成「篡奪」；但在憲法時刻中這種人民高度動員的審議民主，由
於係人民正身之展現，超越了這兩種代表觀念的框架。然而，筆者
援引麥迪遜關於「授權性改革」的論述，適足以說明在《聯邦論》
的脈絡中，關於憲政的討論辯難仍然不是純粹民主(即使艾克曼所
力主的審議民主亦然)，而也有著「象徵性代表」的中介過程。
《獨立宣言》在美國立憲的論辯中，正具有此種象徵功能。而只有
在公共討論中，具有正當性基礎的「象徵性代表」持續存在，不被
顛覆，才有可能在此基礎上，「擴而廣之」，創造共識，完成憲政
規劃與自由秩序之宏圖[27]。當然，此處所述的二元結構，有著西方
宗教的背景。如同史學家波考克(Pocock, 2005: 56)所指出，美國歷
史假如被視為一種有意識的審議奠基之行動，則此行動可以進一步
區分為兩個行動：1776年的獨立宣言乃是「締約時刻」(moment of
the Covenant)，而1789年憲法的複決則構成了「律法的時刻」
(moment of the Law)。

27　換言之，歷史是一個持續的過程，法權變化亦復如是。 "We the People" 並
　　不是在一種絕對的正當性開端做自我決定，而是在歷史的進程中為了自由的
　　政治體制做持續的奠基工作。這是鄂蘭式共和主義與艾克曼式民主共和主義
　　最大的差異。假如吾人由美國立憲再往前看《獨立宣言》的法權，其是否代
　　表著完全激進的開端？這樣一來便上溯到將近半個世紀美洲殖民地對英國母
　　國的訴願的憲法問題，值得進一步探究(cf. McIlwain, 1958)。

六、結語

　　本章的論述分析了《聯邦論》中所蘊含的兩種不同取向的共和主義觀念：其一爲憲政共和主義，這是較爲人所熟知的主張，其通過代議制度及三權分立相互制衡等機制，來防止政客濫權，而落實了「以野心對抗野心」的現代憲政科學；而普布利烏斯對於派系問題的疑懼，也讓他們提出了將人民集體力量排除於政府之外，以避免公民濫用自由的問題。但另一方面，我們也指出了在此種三權分立的憲政主義之底層，有著另一種民主共和主義的精神，在特殊的重大時刻，眞正落實「依賴人民是控制政府最基本的辦法」之激進民主精神。而在制憲權理論層次，《聯邦論》有著審議民主與正當性持續奠基兩種詮釋觀點，成爲有別於歐陸制憲權傳統的思想典範。

第八章

從共和主義到革命憲政主義：

西耶斯的制憲權概念[1]

1　　爲節省篇幅，本章對西耶斯作品採取下列縮寫：

WTE = *What is Third Estate?* tran., S. E. Finer, New York: Praeger，.並標示英文本頁碼以供參考。我們並未標示中文譯本頁碼，因爲中譯本依據第一版，少了第二版西耶斯所加的材料(英譯本則依據第二版)；對於其譯文，我們也僅加以參考而未直接採用。

RE = *Reasoned Exposition of the Rights of Man and Citizens,* in Goldstein, 1997: 134- 150；法文原本收錄於Sieyès, 1994: 189-206。

一、前言

民主政治、民族主義以及自由憲政主義間之關係，向來是一個最為複雜的議題。民主政治所依賴的正當性原則乃是人民主權論（popular sovereignty）；無獨有偶地，此種關於「人民」或「國民」的政治想像，同時也是現代民族主義的根源(Taylor, 1997: 37-38)。自由主義者則往往強調憲政主義與法治價值的優先性，將人民主權安置於憲政體制之內的政治參與活動。是以，民族自決與民主政治，通過「國民具有制定憲法的終極權力」之前提而產生關連；而自由主義者則將制憲視為體制外的革命活動而有所保留[2]。就台灣公共論述的未來發展而言，無論是那一種政治思潮，顯然均有必要對國民制憲權概念提出精密的理論分析。

考察思想史，「制憲權」(*pouvior constituant*; constituent power) 係法國大革命理論家西耶斯(Emmanuel-Joseph Sieyès, 1748-1836)在其名著《第三等級是什麼？》(*Qu'est-ce que le tiers état? What is the Third Estate?*)中，首先提出並加以系統性分析的憲法政治概念。中文世界除了吳庚師早期的短文外[3]，對於這個極為重要的概念似乎仍鮮見基於政治理論與思想史進行深入分析的作品[4]。本章之目的即在於匡補此項闕漏，對於「國民具有制定憲法的終極權力」之政

---

2 關於國民制憲權與民族主義之複雜關係，可參考Yack 2001以及蔡英文2002b的討論。

3 吳庚，1977。吳師較後期的觀點，可參閱《政治新浪漫主義》，頁124以下。扼要的介紹請參考Furet & Ozouf, 1989: 313-323.

4 就筆者所知，只有公法學者許志雄(2000)依據日本以及歐陸法學文獻所作的引介。

治律則，提出基於政治理論的概念分析；並在思想史層次，檢視西耶斯對盧梭民主共和論之批判，藉以了解在民族主義興起的時代，共和主義論述的形構。

《第三等級是什麼？》發表於1789年法國大革命前夕，被歷史學家塔蒙稱之為「歷史上最成功的政治手冊」（Talmon,1970: 69），並稱許其對現實政治之影響力，甚至超過《共產主義宣言》。全書批判貴族與教士特權，主張第三等級構成國民之整體，並對國民的制憲權提出系統分析。由於西耶斯犀利的筆觸以及深入洞察的理論心靈，遂能把盧梭關於普遍意志作為政治共同體唯一正當性基礎的觀點加以轉化落實。Baczko（1988: 106）便指出，「制憲權的學說將社會契約原則關連到政治實踐，並將這些原則轉化為行動」，並將西耶斯的制憲權理論稱為「法國人民的社會契約」（social contract of the French）[5]。

詮釋西耶斯思想的文獻在取向上可區分為兩個陣營：對其理論採取批判態度的學者，強調西耶斯標舉不受節制的國民主權原則，從而導致了現代「**極權民主**」（totalitarian democracy）[6]；但另一方面，由於西耶斯反對盧梭基於普遍意志的直接民主理念，主張代議制度乃是在現代社會中落實民主唯一可能的機制，亦有學者（如Pasquino, 1994）便據此將西耶斯的理論理解為「**憲政共和主義**」（constitutional republicanism）。他指出，西耶斯在1789-1791年所提出的憲政藍圖和世襲君主制並不相容；另一方面，西耶斯是一個自由

5　Forsyth（1987: 59-65）則強調西耶斯對盧梭思想之批判。

6　持此說者如Talmon（1970: 73）：「社會真實的原則乃是人民無限制之主權」、Finer（1997: 1543）：「民族等同於人民導致了極權民主」，以及Campbell（1963: 10）：「民主的民族主義主張民族統一、人民主權以及代議政府的同一性」等。

主義式的現代共和主義者，因為他所運用的語彙是權利、政府權力的限制，以及代議政府等。這兩個相反的評價顯示出西耶斯思想的複雜與歧義，值得深入探討。

　　本章將指出，上述兩種詮釋觀點均有其限制，並提出**以自由主義為基底的革命憲政主義**(revolutionary constitutionalism)之分析角度，全盤詮釋西耶斯思想的精義。筆者主張，西耶斯的制憲權概念中，蘊含著兩個層次的論述(Máiz, 1990: 3)：其一為**政治／法律論述**(politico-juridical discourse)，另一則為**社會／政治論述**(socio-political discourse)。前者分析國民如何通過制憲權之行使，在其自然權利指導之下創造憲政體制以維護個人自由；後者則論證唯有第三等級構成作為制憲主體之國民整體，並由社會分工所形成的代表，通過國民會議，在現代社會條件下行使制憲權。由於西耶斯的著述並非以學術系統為志業，他往往會在不同的論述層次跳躍，增加解釋上的困難。本章將由制憲權作為政治／法律的範疇為出發點，闡釋其內涵；其次通過與盧梭與鄂蘭的不同觀點之對照，深入探討其中的理論問題；最後再分析西耶斯如何引入社會／政治論述，來解決制憲權在政治／法律層次的理論困難，以及此種解決之時代意義。

二、國民、憲法與制憲權：基本概念之初步考察

　　自1786年夏季，財務大臣卡隆(Charles Alexandre de Calonne)稟告法皇路易十六，若不立即進行財稅改革，國家即將瀕臨破產的窘境起，法國便進入了舊體制解體最後期的政治動盪。由於貴族議會經過長時間的論辯，主張除非通過等級會議(*Estates-General*)的同意，否則拒斥任何增稅的主張，法皇遂不得不召開已經超過150年

都未曾舉行的等級會議。法國的政治人物以及公共輿論便隨著此種特殊的政治環境而動員起來，對於國家處境以及危機解決提出各式各樣的方案以及實踐主張。西耶斯提出制憲權的時代背景，正是此舊體制即將解體，意識型態衝突極為劇烈的最後階段[7]。

由於等級會議係由教士、貴族以及第三等級平民所組成，三個等級各自擁有相同數量的代表且分開議事。在此種情況下，貴族與教士的聯盟可輕易地取得政治議題的主導權。但隨著公共論辯的進行，逐漸產生了對於等級會議自身正當性基礎的爭議：其政治權力分配乃基於傳統社會秩序的理想，是否反映了18世紀新的社會政治實情？假如此種基於中古的政治有機體觀念所實施的等級代表制本身已經成為有疑義的制度，如何建立新的憲政體制並產生政治正當性？

對於法國當時政治改革的困境，西耶斯指出了一種「**惡性循環**」(vicious circle)的基本困境。巧妙地運用了羅馬法諺「任何人均不可為自己事務的法官」(*Nemo debet esse judex in propria causa*)的精神，他指出：

> 你們所看到的法國憲法，它的各部分之間意見不一致是經常發生的。**那麼應當由誰來做出決定呢**？由國民，由必須獨立於任何實證形式的國民來決定。即使國民有了定期的等級會議，這個由憲法建置的機構也不能對於憲政體制做出決定。如果這樣做便是邏輯顛倒(*petitio principii*)的惡性循環。（WTE, 130；黑體強調是筆者所加）

7　關於歷史背景，請參考Lefebvre, 1967以及Sewell, 1994: 2-8。

　　換言之，憲政體制之內的衝突(例如代表行政權的國王以及代表立法權的等級會議)，不能由當事的兩造來判定孰是孰非。因為，政治秩序之內的個別組成要素若有權力對憲政體制做決斷，則無異於部分可以決定整體、被制定的權力成為創造政治秩序的權能、被造物成為創造者；這顯然構成一個惡性循環的邏輯謬誤。此種對於政治危機的針砭有其實踐上的考量，因為如此一來，無論是國王或等級會議都成為憲法所建置的權力機構，沒有權限處理憲政秩序正當性危機時所必須從事的重構工作。

　　西耶斯指出，欲突破此種惡性循環的政治危機，必須回答下述的根本問題：在憲政危機時，「**誰是最高的仲裁者？**」(WTE, 129)，或「**應當由誰來作決斷？**」(WTE, 130)。基於此，其根本主張為：解決憲政危機的唯一可能途徑乃是，由「國民」(nation)[8]整體的特殊代表所組成之國民會議(National Assembly)，作為制憲權的行使主體，必須在政治正當性危機時刻展現，依據人類的自然權利來制定新憲法，解決當下的憲政危機，進入下一階段的常態政治；之後具有制憲權的國民隨即隱沒，迨下次憲政危機再重複同樣的過程。

　　這個看似簡單的主張，蘊含著複雜的理論問題。本節以下分別就國民之構成、制憲權與憲法之關係，以及制憲權的運作等三個議題加以討論，簡單說明西耶斯的基本觀念，再提出較深入的理論分

8　值得注意的是，西耶斯所論述制憲權之主體並非全體公民(*citoyen*; citizen)，而使用了同時具有「國民」與「民族」意涵的nation一詞。西耶斯又於其他文本指出，nation與people同義(Van Desen, 1970: 76, 註5)，所以有不少語意上的疑義。本章第六節將說明，nation一詞所包含「國民」與「民族」的兩重意義是西耶斯結合政治／法律論述以及社會／政治論述的關鍵。以下將視文義以「國民」、「民族」甚至「國民／民族」來翻譯nation一詞。

析。

(一)國民之構成

《第三等級是什麼？》中將「國民」界定為「生活在共同的法律之下並由同一個立法機構所代表的人們之聯合體」(WTE, 58)；這個說法過分簡略，他在《關於人權與公民權的理性闡釋》的說明較為充分：

> 國民乃是參與結社者的總和整體，被法律所統治，而這些法律乃是他們的意志之產物；所有人都具有平等的權利，自由地彼此溝通並進入個別的約定關係。另一方面，統治者由於其統治之事實而形成了由社會所創造的政治體。然而此(政治)體需要被組織以及設定權限；也就是說，需要被構成(*constitué*)。(RE, 198)

這個定義以政治／法律論述為主軸，強調現代意義的平等公民身分(citizenship)，也就是國民乃是由共同的法律以及具有平等政治權利的公民所組成的整體。但由於在當時法國舊體制中，第三等級並不具有與其他等級相同的平等權利，這個定義便產生了強烈的革命意涵。西耶斯完全排斥特權等級的存在理據，主張當任何政治社群的部分成員享有與其他人不同之權利時(例如教士與貴族的特權)，便是自外於國民構成的共同秩序。若他們以歷史等理由捍衛其特權，便等於是堅持「國中之國」或「主權中之小主權」(*imperium in imperio*)，將破壞全民所共同享有的政治秩序，而成為國民之公敵，而非國民之成員(WTE, 58)。

另一方面，潛藏於此政治／法律論述所定義的公民身分之底

層，有著意義完全不同的社會本體論，也就是《第三等級是什麼？》第1章的論述：第三等級自身構成國民的整體。在這個脈絡，西耶斯心目中的國民其實是市民社會布爾喬亞階級的工作與勞務網絡所形成的整體(WTE, 53-55)。然而，布爾喬亞階級只是社會身分而非政治資格，僅能作為政治行動的質料而不具有積極的能動性。如何在當時的政治場域中爭取個人自由之保障(這是市民社會穩定運作不可或缺的基礎)以及政治參與的權利？西耶斯的原創性，便在於用「國民」來政治化布爾喬亞市民身分；而唯有通過此種政治化(亦即社會／政治論述與政治／法律論述的辯證結合)，以資產階級為主體的現代政治革命以及憲政主義方有可能加以同步建構。

(二)制憲權與憲法之關係

　　「政治憲法」(*constitution politique*)是西耶斯政治理論的第二個核心概念。其觀點仍以《關於人權與公民權的理性闡釋》之陳述較為清晰完整：

> 　　政府被區分為幾個部門，分析這些區分屬於憲法。憲法自身同時包含了不同公共權力的形成以及內在組織、它們必須的互動以及交互獨立性，以及最後，雖然具有主動性而能克服障礙卻絕不能產生危險。以上乃憲法一詞的真實意義指涉，也就是所有的公共權力以及它們彼此之間的分離。(RE, 198)

　　換言之，憲法的第一個功能乃是組織政府之公共建制(public establishment)，使得政治共同體具有持續的存在以及行動之可能。

作爲「基本法」的憲法，在組織政府方面首先由國民意志建立一個代表機構，其次是行政機構的建制(WTE, 125)。此外，憲法的第二個功能在於保障公民自由與利益，並防止被授權的公共權力反過來傷害授與其權力的國民(WTE, 123)。西耶斯指出，雖然組織政府是憲法必須首先處理的課題，但在實際上，由於公民的權利乃是人類共同政治生活之目的，因此憲法保障公民權利的功能其實更爲根本(WTE, 125)。

西耶斯堅持社會僅能有一個共同意志以及普遍利益(RE, 143)，也就是通過憲法所完成的法治狀態，法律的主要作用則在於保障既存的事物並防止對於共同利益有害的情況產生。西耶斯對於法律做出了一個傳神的比喻：

> 我將法律比做一個龐大球體之中心；所有公民無一例外，在圓周上均與中心保持同等距離，所占位置相等；所有的人都同等地依存於法律，所有的人都將其自由與財產交由法律保護；這就是我所稱的公民的**普通權利**，在這點上他們完全類同。（WTE, 162，黑體強調為原文所有）

西耶斯對憲法保障個人權利(自由以及財產權)的面向雖然高度肯定，但是他對於憲政變遷卻也同樣看重。關鍵在於，雖然所有憲法均具有保障個人權利的相同目的，但是政府等公共建制卻會因憲政設計而有所不同。當憲政體制中被設置的政府權力機構彼此間有權限上之衝突時，憲法勢必需要修正，而這與制定一個新的憲法並無二致。

憲法秩序的變動不能由體制內被設置的政府機構來決定，而必須回到制定憲法的基源性政治權力。「制憲權」這個西耶斯政治理

論中最具原創性的觀念，正是介於國民以及政治憲法之間的**中介力量**：它一方面是國民意志之運作，另一方面其運作結果即為憲法。值得注意的是，制憲權雖為西耶斯理論體系的核心概念，但他並未對之做出正式的定義。制憲權出現的脈絡，均是對比於憲法所設置的權力：

> 假如我們想對實證法權(*droits positive*)的序列如何根源於國民意志有著明晰的概念，那麼，首先便是憲法性法律，其中規定立法機構以及行政機構的法律為基本法。這些法律被稱為基本法並不意味著它們能夠獨立於國民意志之外，而是因為這些基本法所賦予存在及行動的機關不能夠修正基本法。憲法的兩個面向(按指立法與行政機關)都不是由**被制定的權力**(*pouvoirs constitué*)所創造，而是由**制憲權**所創造。(WTE, 124，黑體強調為筆者所加)[9]

換言之，制憲權乃是在憲法所制定政府權力之外，而且位階在其上之整體權力。假如我們依據西耶斯理論的精神對制憲權加以界定，則應為「**能夠創立憲法的國民意志之整體運作**」。

(三)**制憲權的運作機制**

在闡釋了國民的意義以及制憲權與憲法的關係後，吾人必須進一步分析制憲權的運作機制。在這個議題上，西耶斯的主張簡潔而有力：在憲政危機時，體制內立法機關**一般性**代表的權限僅局限於

9　《關於人權與公民權的理性闡釋》也用此種對照方式闡釋制憲權之理據，請參閱RE, 142-143。

政府治理，因而沒有權限解決體制重構問題；唯有召開由**特殊性**非常態性代表(extraordinary representatives)所組成的國民議會，才能行使制定或修改憲法的終極決斷權(WTE, 130)。他認為由於社會發展，在廣土眾民的現代國家中，全體公民直接參與普遍意志之形成這個盧梭式的理想，實際上是不可行的；是以，國民制憲權之行使必須基於**代表制度**。

　　對代表制，西耶斯提出如下之說明。首先，傳統的等級區別必須加以揚棄，代表的選舉應以區域為原則(WTE, 133-134)。其次，他主張無論是非常態性的國民會議或常態性立法機關，由於代表的作用永遠是代替國民之正身，所以代表機構與被代表的國民應當具有「同樣的**性質**，同樣的**比例**以及同樣的**規則**」(WTE, 137，黑體強調為原文所有)，也就是說任何代表機構都應當是反映其代表對象的小宇宙。但是代表一經選出，便必須代表全體國民而非其特定選區(WTE, 79)[10]。最後，關於國民會議議決的程序，西耶斯認為除了**簡單多數決**之外，不可能有其他方式。他將此稱為「一目了然的原則」，也就是「共同意志乃是多數人的意見，而非少數人的意見」(WTE, 136)。換言之，他認定若將制憲程序規定為超過簡單多數決的絕對多數，將造成少數壟斷決定的局面，反而違反了民主精神[11]。

　　在初步考察了西耶斯制憲權理論的基本概念之後，我們可以進一步深入檢視其理論在政治／法律層次的內涵及意義。

10　參見吳庚，1977，pp. 195-196對於西耶斯代表理論與現代民主政治關係之討論。

11　霍布斯的基源民主論確立並證成了這個政治原則。請參閱蕭高彥，2009。

三、制憲權作為政治／法律概念：
西耶斯的革命憲政主義

　　基於前節所述，西耶斯強調，由非常態性代表所組成的國民會議並**不是**全體國民意志的一般性承載者，而僅具有一種「特殊權力」(*pouvoir special*)，也就是制定憲法的權力。由於此權力之運作超越了憲政規範的常態，西耶斯對之提出較為詳盡的說明：

> 　　它(按指國民會議)在**獨立**於任何憲法型態之上與國民相近。沒有必要採取預防濫權的措施，因為這些代表僅是為了單一的目標而被選任為代表，而且僅在有限的期間之內。我堅持他們不受憲政形式的約束，因為這些形式恰是他們需要做出決斷的。是以，第一，代表的職責在於確立已經產生爭端的憲政形式，若他們受憲政形式之約束，便會自相矛盾。第二，對於已經確立了特定形式的事務，他們沒有發言的權利。第三，他們處於應該親自制定憲法的國民位置。如同國民一樣，他們具有獨立性；如同處於自然狀態下的個人一樣，他們僅需要意欲便足夠了。無論他們以什麼方式被委派，怎麼集會，怎麼進行議決，只要人們能夠知道(國民既然委託他們，又怎能不知道？)他們是基於國民非常態性的委託(*commission extraordinaire des peuples*)，他們的共同意志就與國民自身的共同意志具有同樣的效力。(WTE, 131，黑體強調為原文所有)

　　此一關鍵文本清楚地揭示了，在政治／法律層面，西耶斯制憲

權理論主張國民作爲創造實證法的根源性權力，雖然永遠不會體現在實證法體系之內，且僅在憲政危機時展現；但是當國民意志展現時，現有法秩序便失去效力，靜待國民意志對新的憲政秩序與規範進行決定。筆者將之稱爲「**革命憲政主義**」（revolutionary constitutionalism）的二元體系，在其中制憲權與憲政體制互爲中介：前者創造後者以落實自身；後者通過前者取得適應歷史變遷的動力[12]。此種革命憲政主義主張，在憲政秩序的變遷過程中，必須區分決定秩序的革命時刻以及憲政秩序確立之後的常態政治。此處的革命並不必然指涉用暴力手段推翻現有秩序，而是廣義地指涉全盤更新現有政治秩序[13]。此種二元式的憲政民主觀，將革命時期全體國民意志的行使作爲憲政體制正當性之基礎[14]。但是其自身並不進入憲政體制之內，只能留在憲法之外，等到下一次憲政危機時方才重新展現。在常態政治時期，則是由憲法所設置的權力機構發揮其權限，包括立

---

12 本書前一章所述，美國制憲時期《聯邦論》的兩種共和主義論述，在此得到了理論的綜合。

13 以共和主義之傳統而言，此種定期改革政治秩序的想法應當淵源自馬基維利，特別是《李維羅馬史疏義》第3書所提出的「將事物帶回其根源」以防止腐化的主張。關於此議題可參考本書第四章之討論。

14 在西耶斯之後不久，羅伯士庇爾提出了著名的革命政府（revolutionary government）與憲政政府（constitutional government）之兩元區分：「憲政政府的目的是爲了保存共和；革命政府的目的則爲共和之建立」（Rudé, 1967: 59）。羅伯士庇爾的觀念顯然也有著類似的二元結構；進一步而言，施密特的「政治決斷論」（political decisionism）以及Bruce Ackerman的「二元民主論」（dualist democracy）均有二元主義色彩。這似乎是主張政治創新優先性的理論體系很難避免的思考結構。不過，可以確定的是，因爲西耶斯的革命憲政主義是以自由主義權利概念爲基底，因此絕對不會像羅伯士庇爾所提出的革命道德那樣：爲了純化德行（virtue）對付自由的敵人，而將恐怖（terror）作爲德行一體之兩面（Goldstein, 1997: 567）！

法權依據共同意志在憲法的架構之內所完成的法治狀態，以及行政
機關據此而治理國家的公共事務。

對於西耶斯的革命憲政主義，下列三個理論意涵特別值得加以
討論。

（一）西耶斯的國民制憲權概念並非吾人所熟悉的
「國民主權論」

西耶斯將國民意志之行使界定為制憲權而非主權，這表示對他
而言，制憲權並非主權[15]。這是一個值得注意的重要特質。自1789
年法國《人權與公民權宣言》第3條規定「主權原則本質上只能存
在於國民」以來，國民主權(national sovereignty)便成為現代世界重
要的政治價值之一[16]。然而，西耶斯從未使用「國民主權」概念，
而一致地運用國民制憲權一詞。他對於「主權」一詞抱持著深刻的
懷疑態度，並曾經指出「主權，即使是人民主權，仍為王政與君主
制度殘留的觀念；它是一個摧毀自由的觀念」[17]。

換言之，在西耶斯的體系中，國民意志的對象必須是、也僅能
為憲法。這樣的理論取向其目的在於克服盧梭民主共和主義的內在
問題。對盧梭而言，普遍意志作為主權者，其標的為一般性法律；
對西耶斯而言，國民意志作為制憲權的承載者，其標的為憲法而非
一般性法律，因為後者係立法機構所制訂，而立法機構為憲法所設
置的權力，不得從事制憲的大業。換言之，盧梭以普遍意志作為主

15　事實上，《第三等級是什麼？》一書中並未運用「主權」一詞。Cf. Máiz,
　　1990: 8-10。

16　關於《人權與公民權宣言》的國民主權論，可參考Baker 1994以及Wright
　　1994之詳盡討論。

17　轉引自Máiz, 1990: 8。

權之承載者，乃是在政治共同體**之內**，一切法律正當性之基礎；西
耶斯以國民作爲制憲權之承載者，則是在政治共同體**之外**，一切正
當性之根源。盧梭主張普遍意志直接規定法律的結果，導致了法律
與人民集體意志直接關連，缺乏任何中介。這不但對於個人造成
「強迫使其自由」(forced to be free)的弔詭，並且對於所建置的政
府行政權必須經常性地實施直接民主之控管，造成政治的不穩定
性。相對地，西耶斯的革命憲政主義，由於將制憲權之標的界定爲
憲政體制，有了憲法的中介之後，國民意志便不是經常性的展現在
法秩序之中，而僅在現有憲政體制無法運行的危機時刻方能展現及
運作[18]。

　　在區分了由國民會議所行使的制憲權以及立法機構所行使的立
法權之後，西耶斯遂爲「憲法」這個在盧梭系統中缺乏存在理據的
概念，建立了理論基礎。制憲權因而是一中介性的政治權力，這是
吾人指稱西耶斯體系爲「革命憲政主義」的「憲政主義」面向。

(二)西耶斯的理論乃是正當性與合法性完全分離的二元體系

　　西耶斯指出，假如憲法乃是關於政府組織的根本大法，而憲政
規範又是一切實證法律的根源，則在邏輯上，國民自身顯然獨立於
任何實證法及程序：「如果國民非要通過實證性存在物的方式才能
出現成爲國民，那麼至今都不會有國民之存在。國民只依賴於自然

18　事實上，由盧梭系統的角度來觀察，西耶斯國民制憲權的理論特徵比較接近
　　盧梭的「立法家」觀念，特別是其超越憲政體制的特殊職能：「此職能締造
　　了共和國，但又不進入共和國的憲政之內。它乃是一種獨特與超然的行動，
　　與人類的支配毫無共同之處。因爲號令人的人便不應號令法律，而號令法律
　　者，便不應號令人」(SC.II.7:4)。不過，西耶斯將國民視爲憲政秩序的創造
　　者以及保護者，於是將此種超越性的政治能力交付到集體的國民手中。

權利而形成。相反地，政府只能隸屬於實證權利。國民的一切屬性均僅淵源於它存在的事實」(WTE, 126)。換言之，制憲權的理據乃是，作為正當性根源的國民意志，其意志的運作以及憲法規範具有同一性；這與政府組織由憲法取得其存在的合法性狀況完全不同：

> 政府僅有在具備合憲性時，方能行使實際的權力；它僅有在忠於它被強加的法律時才具有合法性(legal)。國民意志則相反，它僅需要其存在的現實性(*realite pour etre*)便永遠是合法的，而且它是所有合法性的根源(WTE, 126)。[19]

國民意志雖然透過制憲權而創造了憲法，但它永遠外於並高於憲法及其以降所有的實證法。換言之，國民意志乃是一切實證法體系的正當性基礎，後者則僅規約合法性，兩者之區別在於：

> 正當性與合法性在概念上可以作如下的區別：正當性是政治權威或國家權力的存在，經過規範上的認可，或是事實的承認；……合法性與前者不同，指政治權威或國家權力的行使及運用，合乎法定的條件。(吳庚，1981:145)

---

19 西耶斯此一文本所述「國民意志僅需要其存在的現實性便永遠是合法的，而且它是所有合法性的根源」，實際上乃是討論今人所稱的正當性。雖然西耶斯的確運用「正當性」一詞(如WTE, 157、RE, 138)，但他似乎並未對「正當性」與「合法性」兩個觀念作有系統的區分。筆者認為，西耶斯此一文本應理解為：作為憲法規範根源的國民意志永遠是正當的，而憲法必須以國民意志為基礎、政府則必須以憲法為基礎才具有合法性。更重要的是，國民意志由於存在即真理、實然即應然，其基於自然權利的意志運作便等同於實證法之根源，不需要也不能有其他超越性規範或程序原則來規約國民意志之運作。

依據這樣的概念區別，西耶斯的政治理論可以「憲法」觀念爲中點區分爲兩個部分。往前追溯，憲法必須以國民意志作爲正當性的唯一可能來源；往後推導，則一切憲法法規以及實證法律均需以憲法作爲其合法性基礎。所以，國民意志具有實質的正當性，憲法則提供了形式的合法性。當現有的合法性體系產生危機時，可以召開代表國民意志的國民會議重新奠定政治秩序的正當性基礎，但國民意志不得介入其後依據憲法所推導出的合法性法律體系。唯有在憲法所制訂的權力之間產生根本矛盾或憲政破毀等情況發生時，必須回歸制憲權這個正當性的根源，重新啓動國民意志的整體運作，來改革或制定新的憲法。

(三)制憲權除了國民的自然權利外，不受任何現存憲政程序與實證法律的限制，從而國民意志乃是實然與應然的結合

此點爲詮釋西耶斯制憲權概念最爲重要之樞紐。西耶斯的兩元體系中，關鍵議題顯然在於：在國民行使制憲權的時刻，其自身通過革命行動建立新體制的正當性基礎爲何？西耶斯的回答將是，制憲權係國民的自然權利，高於一切實證的憲法秩序與實證法律之上。進一步而言，在此種二元體系之中，創造者(制憲權)以及受造物(憲法)能夠關連起來之關鍵在於，國民意志乃是應然與實然的結合：

> 國民存在於一切之前，它是一切之本源。**它的意志永遠是正當的**，因爲它自身便是法律。在國民之前和其上的，只有**自然權利**(*droits naturel*)。[20](WTE, 124，黑體強調爲筆者所

20　值得注意的是，英譯本與中譯本均將此文本中，構成制憲權或國民意志唯一

加）

　　作為憲法與實證法律根源之國民，本身既然優先於一切法權狀態，所以它處於自然狀態(實然)，而其意志通過制憲權之運作而成為憲法規範(應然)。

　　西耶斯假設反對者可能提出如下的問題：「能不能說，國民可以通過其完全不受節制的意志之初始行動(*premier acte*)，來自我約束，使得其後意志之表達僅通過某種特定的方式？」(WTE, 127)。對這個問題，他斷然予以否定，至於所提出的理據，主要是盧梭式的：國民不能讓渡或放棄行使其意志之權利，所以不能將其自身意志之行使置於任何形式束縛之中。不令人意外地，西耶斯的結論是「國民永遠有自由去修訂其憲法。更重要的是，它不能放棄將具有爭議性的憲法賦予確定性」(WTE, 134)。國民不能訂定程序、規則或法律來範圍其自身意志之運作，因為這將限制了國民的存有樣態。

　　西耶斯進一步主張，「我們必須將世界上各國民／民族理解為身處於社會之外的存在物，或如人們所說，**處於自然狀態**。他們意志的行使乃是自由並獨立於所有的文明型態(*formes civiles*)。它既存在於自然秩序中，其意志僅需具有意志的**自然**特徵，便可發揮意志的全部效用」(WTE, 128，黑體強調為筆者所加)。從這個「自然狀態論」，他強調制憲權的行使即為國民意志之運作，而國民意志

(續)────────────────

　　限制的「自然權利」(*droits natural*)翻譯成「自然法」；這似乎意味著有某些獨立自存的基本規範可以限制制憲權之運作，也就是說無論是制憲或修憲，均有自然法之限制。其結果恰恰顛倒了西耶斯制憲理論的根本主張。筆者認為，西耶斯的*droits natural*是運用了霍布斯natural rights(自然權利)概念，恰與natural laws(自然法)相對立。請參閱《利維坦》第14章。

之運作不受任何實證法之約束，「無論國民用何種方式表達其意志，只要它行使其意志，足矣(*il suffit qu'elle veuille*; it is enough that it wills)[21]；任何形式都是好的，而其意志永遠是最高的法律(*la loi supreme*)」(WTE, 128)。這個特質構成了西耶斯「革命憲政主義」的「革命」面向。

綜合本節論述，西耶斯的革命憲政主義結合了國民意志的民主原則以及憲政主義的程序性格，成為一種辯證發展的系統。然而，在其思想體系中，憲政變遷以及正當性的根源仍在於國民的集體意志，從而在革命時刻優位於憲政規範及程序。西耶斯運用自然狀態理論來描述國民意志的行使(亦即制憲權)優位於任何實證法，並藉此導出兩個極為重要的結論：第一，國民獨立於一切實證性的程序規章之外；第二，國民意志開始運作時，一切實證法便在它的面前失效，因為國民意志乃是所有實證法的根源以及最高主宰(WTE, 128)。通過這樣的理論進程，西耶斯取得了「阿基米德點」克服「惡性循環」，來面對當時關於憲政的政治鬥爭。對於根本的爭議：誰是最終的判斷者以及決斷者？西耶斯的答案再清楚不過：只有國民意志所體現的制憲權，作為憲法以及政府機構存在的正當性根源，才能夠通過改變憲政體制來解決政治衝突。

四、西耶斯制憲權理論的自由主義精神

在闡釋了西耶斯革命憲政主義的基本論旨後，仍有必要進一步

21　施密特也引述西耶斯的這個名句，以德文而言則為*Es genugt, das die Nation will.*來說明制憲權雖然確立了政治統一體的形式，但國民意志的制憲權力本身是沒有具體內容也不受限於法律形式及程序(Schmitt, 1983: 77-80，施密特在頁79引述西耶斯之名句)。

討論其體系的自由主義性格。Luc Ferry和Alain Renaut(1992: 62-66)
曾經稱西耶斯爲盧梭思想的「自由主義批判者」，雖然他們認爲西
耶斯思想仍繼承了太多普遍意志論述的成分而有其限制。筆者認
爲，西耶斯思想的自由主義色彩比Ferry和Renaut所承認者爲多，表
現在以下三個議題最爲明顯：以個人自由與權利爲基礎的市民社會
論述、代議政治的理想，以及以自然權利爲基礎的政治觀念，茲略
述如下。

(一)以個人自由與權利爲基礎的市民社會論述

　　《第三等級是什麼？》一書中，國民制憲權論述基調在於批駁
貴族與教士之特權，故顯現出強烈的革命色彩。但在《關於人權與
公民權的理性闡釋》之中，我們能更清楚地看到西耶斯社會／政治
思想的全貌以及邏輯進程。西耶斯認爲「社會」是人類共同生活最
重要的組織型態，能夠發展自然所賦予人類之能力，而其本質在於
人類的自由以及互利(mutual utility)。是以，任何人類的正當結社都
必須建立在自由、自願以及平等互利的契約之上(RE, 138)。社會的
建立使個人權利迅速發展，西耶斯特別強調的首先是財產權，而其
證成的方式幾乎與洛克的勞動價值理論若合符節；其次則爲個人自
由，特別是通過法治架構確立的群己權界，使得每個人的自由不至
於妨礙其他人的自由。西耶斯明白指出，自由、財產以及社會互動
的福祉構成社會之目的，而爲了持續維護並拓展這些目的，有必要
建置政府作爲實現這些目的之手段。在這些前提之下，西耶斯才進
一步建構了前兩節所述革命憲政主義的體系。

　　秉持著洛克式的自由主義精神，西耶斯主張人類在社會狀態中
已經發展了不可侵犯的自然權利，其主要內容包括對於個人的安
全、自由以及共同福祉之保障。國民意志行使，也就是國民會議所

制訂的憲法，乃是為了確保這些不可侵犯的個人權利；國民的制憲活動相較於公民的個人自由，在本體上並沒有優先性，後者反而是國民意志的必然對象：

> 什麼是國民意志？它是個人意志的產物，就像國民是所有組成者的個人之聚合。不可能去設想一個正當的結社不以共同安全、共同自由以及最後，共同福祉作為目的。（WTE, 156-157）

由這個文本，我們清楚的看到西耶斯的個人主義色彩，這也是在分析制憲權概念表面上的集體決斷成分時，必須正視的理論前提。

在論述國民意志的**對象**時，西耶斯曾指出，「當我們說一群加入聯合的人之所以集會，是為了處理與他們共同相關的事務，這就解釋了促進各成員的唯一動機，說出了一個如此簡單的根本道理，以致越想證明這些道理，結果反而削弱了這些道理」（WTE, 157）。在第二版以後，西耶斯隨即做出進一步的陳述：人民集會之目的乃在於共同事務，而唯有與共同事務有關的集體意志才是公共利益以及共同意志的對象（WTE, 157）。換言之，任何一個正當組合（*association légitime*）之國民意志，其對象無非為「共同安全、共同自由，以及共同福利」等三者（WTE, 156-157）。誠如Forsyth（1987: 105-127）的分析所指出，西耶斯通過革命活動所欲創建的新國家，其目的乃在於確保並增進個人自由，這顯然接近自由主義的理念。Forsyth引用西耶斯下列的筆記作為佐證：

> 政治秩序之目的乃是個人自由，或私人事務（*la chose*

privé）。那些抽象思考政治秩序的人，設想一種不屬於任何個體的公共幸福，這其實是一種自我欺騙，而幾乎所有所謂的共和主義體系都犯了這個錯誤。對他們而言，公共事務只不過是一種抽象的存在，一種迷信，一種需要加以獻祭的偶像。請好好注意：只有個體的幸福才是真正的幸福。（Forsyth, 1987: 63）

　　Forsyth(ibid., 48-58)並強調，西耶斯由於受到古典政治經濟學的影響而克服了盧梭以政治領域為主軸的共和主義理想，轉向以市民社會、社會分化以及個人自由的保障等古典自由主義之理想(cf. Sewell, 1994: 94-108)。

(二)代議政治的理想

　　代表乃是西耶斯政治思想的核心範疇，它也是連結政治／法律論述以及社會／政治論述的樞紐。因為在西耶斯的心目中，代表一方面是地域性選舉所產生的政治信託關係；另一方面又同時是社會分工的自然結果。不像盧梭社會契約論堅決反對代表制，西耶斯將代議制度整合到其憲政體系中，可以說開創了19世紀法國自由主義思想之先河。這與當時狂熱的雅各賓黨人追隨盧梭的腳步，主張信任人民並依賴人民自然的德行，不顧法律制度的客觀機制，有著天壤之別[22]。

22　在1792年以後革命進入雅各賓「自由的專制主義」（despotism of liberty）之恐怖統治時期，西耶斯在他的筆記中非常敏銳地指出，這樣的國家，已經不再是一個**公共性的社群**（*ré-publique*）而是一個**全體性的社群**（*ré-totale*）。此處可以觀察到西塞羅*res publica*共和語彙對於西耶斯的具體影響。可以說西耶斯在雅各賓的專政中，已經感受到20世紀所謂的「全體國家」或極權國家的首

代表觀念的重要性在於，通過代議機關的以及多數決程序的採行，盧梭式追求普遍意志同一性之理想被較為中庸的政治理念所取代。西耶斯雖然仍主張「法律僅能是普遍意志的表達」（RE, 148），但他馬上加上但書，在人口眾多之國家，普遍意志的形成只能通過直接或間接選舉且任期有限的代表機構加以決定，這些代表必須具備兩種重要的特質：個人能力以及公共利益之追求。在這個基礎上，我們方能理解西耶斯強調代議機構中，溝通議決可帶來一種**經過中介的一致性**（*unanimité médiate*）[23]：

> 代議機關成員……聚集起來以便平衡其並修正意見，並由其中粹煉出所有人的啟蒙，一個多數意見，也就是說，創造法律的共同意見。為了產生可欲的結果，這個過程中個人意見的混合發酵確有其必要。是以，意見能夠被協調、讓步以及互相修正是極為根本的，缺乏這些就不存在審議大會（deliberative assembly）了。（Forsyth, 1987: 134）

然而，不像他對制憲權論述所顯示的追根究底之思辯取向，西耶斯對於代表制較為關心實踐議題，也就是通過何種機制能夠使得在國民會議多數決所獲致的共同意志能夠符合全體國民的意志。

西耶斯認定由特殊代表行使制憲權的結果，必定**等同於**在相同條件下由全體國民來行使制憲權所欲實現的公共利益（WTE, 132），這顯然只能是一個期望。要讓兩者真的可能等同起來，至少必須去

（續）———————————————

次出現。請參考Forsyth(1987: 64)的引文。

23　這個詞見RE, 148。

除這個特殊代表機構自身的集團利益(corporate interest)[24]。西耶斯對此困難亦有所意識，才會以修辭的方式指陳貴族無法克服其成員之特殊利益：「貴族表面上高談闊論其榮譽，骨子裡卻是追求其自私的集團利益」(WTE, 145)；並接著說「第三等級(也就是國民)的利益卻必定是具有德行的」。關鍵問題在於：如何讓此種普遍利益能夠真正落實？

他首先指陳，由於國民會議不像君主制度所謂的「統治密術」(*arcana imperii*)或「國家理性」(*raison d'etat*)具備密室政治性格，「國民會議乃是真的在全體公民面前集會並表達其意志，在這種情況下，他們如何可能不按照全民的共同意志行使制憲權？」(WTE, 130)似乎可以說，對西耶斯而言，國民會議作為公開審議的制憲機構，由於其開放性的**劇場性格**，相較於密室政治，已足以確保其與國民意志的同一性，並落實普遍利益。

西耶斯進一步提出孤立(isolating)個人利益的觀念，來確保制憲代表多數決所形成的共同意志與公共福祉能夠相符：

> 在利己主義似乎支配了所有靈魂因而民風日下時，我認為，即使在此種年代中，一個國民的議會也應當組織地十分良好，使這個議會中個人利益始終處於被孤立的狀態，並確保多數人的意志永遠與普遍善(*bien general*)相一致。當憲法有所依托時，此種結果即能被保障。(WTE, 158)

---

24 這個問題在中華民國在台灣的憲政史，由於國民大會的作為，乃是眾所周知的弊病。由早期作為「全國代表」的法統正當性以及選舉正副總統的權力所換取的政治利益，到民主化過程中抽取「修憲租」的惡劣行徑(葉俊榮，2003: 131-134)，均為集團利益凌駕公共利益的著例。

他將利益區分為三類：共同利益(所有公民共享的利益)、集團利益(個人與少數成員聯合起來所產生的利益)，以及個人利益(處於孤立狀態考慮自身所得之利益)[25]。西耶斯所說的透過「孤立」使得個人利益與共同利益不至於互相抵觸，乃意指個人利益的雜多性使得當它們彼此被孤立起來，不互相聯合形成集團利益時，便不至於影響共同利益的形成[26]。這個策略，基本上依循盧梭的觀點：「如果人民能夠充分了解情況並進行討論時，公民彼此之間沒有任何勾結；那麼從大量的小分歧中總可以產生普遍意志，而且討論的結果總會是好的」(SC. II. 3: 3)，也就是普遍意志作為「除掉這些個別意志間正負相抵銷的部分以外，所剩下之總和」(SC. III. 3: 2)。

眞正對於共同利益形成嚴重挑戰的，並非個人利益，而是少數人所形成的集團利益。在這議題上，西耶斯仍然承續了盧梭基本的分析取向，但西耶斯卻面臨著一個盧梭系統所沒有的困境。對盧梭而言，政治共同體之中主要的集團利益包括兩種，其一為少數人所形成的黨派，對此他極力主張加以去除；另一則為行使公權力的政府。而由於政治共同體不可能避免運用政府這個機制來行使統治，遂使盧梭在《社會契約論》第3書以詳盡之篇幅討論如何運用公民大會的激進民主來制衡政府這個政治共同體之中最大的集團，防止其濫權。西耶斯所增加的困難在於國民會議自身的集團利益如何被控制。他對這個困難的議題提出兩點程序上的機制加以預防。一方面，通過國民會議每年改選三分之一且短期之間不得連任的規定，來防堵國民會議自身建立集團精神(*esprit de corps*)，墮落成一種貴

25　這個關於利益的分類以及討論，幾乎完全援引盧梭對此議題之論述(SC. II. 3、SC. III. 2: 5)。

26　關於派系利益與整體利益的關係，顯然是任何關於制憲的討論無法迴避的根本議題。《聯邦論》著名的10號與51號也在處理相同的問題。

族式特權機構的可能(WTE, 160)。另一方面，則必須防止國民會議
以及政府這兩個組織，以及行政與立法兩個組織之間發生關連；也
就是說，它們的各自成員均不得重複(WTE, 159)。在這兩個機制保
障之下，由國民會議代表所行使的制憲權力，方有可能實現國民的
普遍利益，並通過憲法之創造來保障個人自由。

　　以上對於代表制的說明集中在制度層次確保代議機構的決議符
合國民意志自身。可以說，西耶斯把盧梭基於共和主義精神關於利
益的討論運用到自由主義的方向，以確保代表性國民會議可以實現
國民的意志或普遍利益。

(三)基於自然權利的政治觀念

　　若同時考慮西耶斯的自由主義分析取向以及革命憲政主義，會
得到何種政治觀？我們認爲，他關注的焦點既非國民之歷史形成
(因爲這是社會分工的結果)，也不是國民意志應當如何運作(既然
國民意志不能有任何程序上的限制，則只有國民及其代表有權利決
定其意志運作的結果)。西耶斯眞正的關注焦點，從而在於任何憲
法都必須預設**後設規範**之上。這些憲政主義的後設規範，構成了人
類與公民的自然權利，任何實證憲法都不能加以抵觸，而只能用不
同的組織原則加以落實。此種信念似乎爲當時絕大部分法國的革命
領袖所接受，幾乎所有的黨派都有他們自己的「人權與公民權宣
言」草案[27]。因爲這些後設規範雖非政治憲法的內容，卻構成憲法
的「前言」(Preamble)，其有效性直接根源於人類理性，從而爲任
何實證性的成文憲法所必須依循的政治價值。當然，政治形勢的演

27　Goldstein 1997便蒐集了多種版本。至於法國式人權與公民權宣言背後的政治
　　觀，則以Baker(1994: 154-196)的分析最爲深入，其中頁158-160, 168-171對
　　於西耶斯的《人權宣言》觀念在不同時期的發展有深入的討論。

變逐漸朝向誰能夠定義這些自然權利，誰就能夠主導國民制憲權的運作方向；所以連雅各賓黨均提出其人權宣言草案。但無論如何，以西耶斯而言，他在《關於人權與公民權的理性闡釋》中對於人權宣言以及憲政主義的後設規範的分析，基本上是以自由主義作爲核心價值的。

可惜的是，革命憲政主義的自由主義信念無法抵擋革命動能以及雅各賓黨與巴黎無產階級的結合所鼓動的革命熱潮。法國大革命被羅伯士庇爾的「革命政府」以及「德行共和國」訴諸群眾的修辭推向暴力化。在法國，自由主義的理想只有在革命以及拿破崙帝政的廢墟之上，由托克維爾以及康士坦重新開始建構。

五、惡性循環的克服與再現

針對西耶斯的制憲權理論，20世紀重要的共和思想家鄂蘭提出如下之批判：

> 在法國大革命志士中，以理論領域而言超越同儕的西耶斯突破了他滔滔雄辯所言之惡性循環：第一，做出了制憲權與憲法所制定之權力這個著名的區分，以及，第二，將制憲權（也就是國民）置於一永續之自然狀態中。如此一來，他**似乎解決**了兩組問題，一為新權力的正當性問題：憲法所制定權力的權威無法被作為制憲權力的制憲會議所保障，因為後者自身的權力本身並非，也不可能是，合憲性（constitutional）的，因為它先於憲法本身；另一則為新法律的合法性問題：這些法律需要「法源與最高主人」，也就是能夠取得其有效性的「高等法」。權力以及法律二者均植基於國民，或毋寧

說國民的意志，而後者乃永遠外於並高於所有的政府以及法律。（Arendt, 1990: 162-163，黑體強調為筆者所加）

鄂蘭精要地闡釋了西耶斯的分析取向，但卻以「**似乎解決**」的斷語表達對此取向的深刻懷疑。對她而言，西耶斯的解決乃是以民主取代了共和的精神，而民主的意志僅不過是群眾永遠會改變的意志。盧梭與西耶斯均過分強調意志以及法律的同一性，雖然這動員了強大的意識型態能量，但在實際上，無論普遍意志或國民都無法成為法律的穩定基礎，反而是革命過程與變遷動能將成為法律正當性之根源(ibid., 1990: 183)。終極的結果是，宣稱其自身「代表」國民意志的政治領袖，可以輕易地以獨裁者之名擷取了民主革命的果實。是以，鄂蘭指稱，「拿破崙‧波納巴特只不過是一系列民族政治家中，第一位在全體國民的掌聲中宣稱『我便是制憲權』者」(ibid., 163)。

鄂蘭所指陳西耶斯對於「惡性循環」僅完成了表面解決的斷言是否公平？西耶斯究竟是否在理論層次克服了他自己所觀察到其它政治勢力所犯的「惡性循環」？這是一個必須面對的深層理論問題。

西耶斯制憲權論述事實上包含了兩組相互關連卻又各自獨立的主張：第一，在憲政危機的時刻，僅有國民這個超越性的整體可以重新展現自身，締造新的憲政秩序；第二，在實踐層次，只有國民會議的方式可以作為全體國民與民族之正當代表來從事制憲的工作。這兩組問題的差異在於，前者是國民**正身**有何正當性基礎從事制憲活動；而後者則是「**代表**」觀念的理論基礎為何。由於篇幅所限，我們接受第一個主張，集中考察其第二個主張。

的確，依據西耶斯自己的理論架構，其制憲權概念似乎也有某

種「惡性循環」的問題：**行使制憲權的國民會議，畢竟只是由人民的一小部分代表所組成，相對於國民意志的正身，難道它不是一種「被構成的權力」**[28]？這顯然需要依據西耶斯的思想體系來詮釋委託代表關係之本質，方有可能判斷他是否「前門拒狼、後門揖虎」，克服了一個惡性循環卻又讓另一個惡性循環再現。

誠如鄂蘭所指出，在開創政治秩序的時刻，制憲權的正當性基礎不可能來自於既有的政治秩序；而新的秩序尚未形成，也不能作爲當下國民意志運作的法理基礎。代表制之引入表示，非常態時刻所展現的並不是國民的正身，而是能夠完全代表國民意志的代表機構。然而，一個關鍵的理論困境必然浮現：「制憲權必須由代表行使」如何與西耶斯「國民永遠處於自然狀態」的主張相調和？在這個時刻，爲了形成制憲國民會議所進行的地域性代表之選舉，究竟應當依據何種正當性原則？畢竟，很難設想「自然狀態」可以舉行選舉，因爲選舉是一種政治秩序內的活動，其規則以及施行等均需有權責機構加以負責，因而接近「憲法所制定權力」之運作。但如此一來，豈非「制憲權」將依賴於「憲法所制定權力」？基源的權力倒過來依附於派生的權力，這顯然是「惡性循環」之再現。

---

28 西耶斯同時代的Antoine Barnave便提出另一種看法：「制憲權乃是主權的屬性。人民在一個特定的時機轉讓給我們(按：指國民會議)。他們暫時放棄其主權使得我們能夠完成他們對我們的要求(按：指完成制憲的大業)」(Goldstein, 1997: 272)。對Barnave而言，國民會議是由人民主權所構成的權力。事實上，Barnave的說法可能較接近於當時主流觀點。《人權與公民權宣言》開宗明義地用被動語態(Les Représentants du Peuple Français, constitués en Assemblée Nationale,…)來聲明國民會議的代表地位，也就是西耶斯所謂的「被構成的權力」。西耶斯本人當然不會用constitués的表達方式，他的用語是 "Les Représentants de la Nation Français, réunis en Assemblée Nationale, …"。另一個顯著的差別是people與nation。

進一步而言，全體國民依據地域原則選舉代表(我們可將之稱為**構成**制憲權的活動，因為沒有這個選舉，制憲權便無法行使)的正當性基礎假如是蘊含在國民的觀念之中，則國民的理念便不可能像西耶斯所主張的，處於一種超越任何憲政秩序的**自然狀態**；而是本身事實上必須已經構成一種**法權狀態**之實體，並且包含了代表觀念於其中。

換言之，要讓西耶斯的制憲權理論眞正突破惡性循環，則「國民」的屬性除了超越法秩序以上並以自然權利作爲行動準則之外，還必須有通過代表來從事議決制憲活動的第二個屬性。但此種**代表性的國民**(represented nation)如何形成？用何種理論加以證成？這些是我們必須面對的理論課題。

六、國民／民族建構的歧義：從構成論到歷史主義

由於西耶斯的主要目的在於解決現實政治問題，是以，他宣稱在當時舊體制瀕臨瓦解的時刻，既有秩序中被舊的憲政體制所設定的權力機關不具有正當性基礎來解決憲政危機，而必須召開代表全體的國民會議來行使制憲權。西耶斯雖然運用超越性的國民觀念來克服纏繞在實證法體系之內不易解決的惡性循環；但他的國民會議制憲的主張，其實是將這個惡性循環往前推移。

我們認爲，西耶斯的主張，**在政治／法律論述層次**，的確無法克服「惡性循環」；因爲，只要加上時間的面向，則將產生下述**「無限後退」**的邏輯問題：一個國民從不具有憲法的前政治階段，**第一次**從事制憲時，應該依據何種程序來進行？這是社會契約論傳統處理正當性問題，也就是政治共同體通過社會契約形成時，最爲關鍵的議題。

國民首次制憲活動，似乎必須在下列兩種理論可能取向中擇其
一：假如在首次制憲之前，國民還未構成一個具有同一性的政治共
同體，則首次制憲便將是國民主體性的自我構成活動，這正是霍布
斯與盧梭社會契約論所採取的進程；但假如國民在首次制憲之前已
經存在，那麼，這將意味著國民既存在於前政治的狀態，也存在於
首次制憲以後的政治狀態。對於兩種分析取向，我們分別名之為
「**構成論**」以及「**歷史主義**」。國民制憲權的正當性基礎在這兩種
取向之下將完全不同：在構成論的觀點中，首次制憲必定是社會契
約，而且將設定其後憲政秩序變遷時，必須通過國民會議的代表來
行使作為契約的條文之一；而在歷史主義的取向之中，會用某種政
治社會的發展觀點來詮釋首次的制憲。

在這兩種理論取向中，西耶斯不能採取構成論，因為它會導致
一種「**自我設限**」的邏輯困難：首次制憲必須是全部的人參與才具
有正當性基礎，不能由代表行使；但全體國民若規定爾後制憲權之
行使要交由國民會議之代表來執行，這無異於國民對其未來的活動
提出了**程序性的限制**，這違反了西耶斯斷言國民永遠處於自然狀
態，可以依其**任何**意願來創造憲法秩序的主張(WTE, 127)。

換言之，為了彰顯代表性國民會議具有除自然權利以外不受節
制的制憲權，以克服「部分不能決定整體」的「惡性循環」，**西耶
斯必須放棄社會契約論**[29]。他若採取社會契約的構成論，將會面臨

29　關於西耶斯思想中，國民的形成究竟是否通過社會契約，二手文獻仍有不同
　　見解。Forsyth(1986: 62-63)主張西耶斯仍有社會契約的觀念，並列舉此處第
　　一階段一群相當數量而孤立的個人想要統一的願望，以及第二階段共同意志
　　之形成作為佐證，另外一個相關的文本是《關於人類與公民權利的理性闡
　　釋》之中，第24節西耶斯簡單地陳述unanimous will 為政治結合的基本要
　　件。依據本章的論證，筆者認為將這三個文本擴張解釋成社會契約論為國民

如下的**雙重困境**：首先，國民在行使其制憲權之前，必須有一構成性活動使得國民的同一性得以形成，方有可能行使制憲權；但西耶斯制憲權理論並未解釋此種構成性活動，反而預設了此一構成性活動之先在性（即前述「無限後退」的邏輯問題）。其次，社會契約所規定日後制憲由代表行使將成為一個不能逾越的「基本法」，約束了爾後的制憲活動；但這豈不意味著國民並非處於自然狀態，制憲權之行使也有某些規範性的約束（即前述「自我設限」的邏輯問題）？

　　為了讓其制憲權主張能夠得到確切的理論基礎，西耶斯指出必須「回歸根本的原則」，也就是尋找讓社會生活成為可能的道德原則（WTE, 120）。然而，在前述典範轉移之後，西耶斯對於國民／民族之形成所闡釋的根本原則，放棄了社會契約傳統的同意理論，用社會生成或發展理論提出的描述性說明。他將政治社會的形成過程分為三個時期。第一期有一群相當數量的孤立之個人想要統一起來，這個意願就已經構成了一個「國民／民族」，雖然在這個時期仍然是以個人意志為主的活動，但這些國民乃是所有權力之本源，享有所有的權利，只是他們還不知道如何行使集體的政治權利。第二期則開始了共同意志（common will），國民期望將其聯繫加以鞏固，由於權力當存在於個別的個人時將由於分立而趨於無力，是以共同體需要此種共同意志，也因此權力便有了承載者，「權力僅存在於集體（ensemble）之中」（WTE, 121）。在第三期則由於人口繁衍以及分布區域擴展，國民／民族無法如第二期一般集結起來討論共同事務，而必須將行使權力的權限委託給全體國民之代表，這便是現代委託型代議政府（*governmente exercé par procuration*; government

(續)————————————————

　　制憲權的理論前提，有重大的困難，故不採取此種詮釋觀點。

by proxy)體制。第三個時期不再如前一期有著實在的(real)共同意志，而具備著代表性的共同意志。西耶斯強調此種代表性共同意志的特點有二，一方面此共同意志並非完全更非無限地賦予代表，它們僅是國民的大共同意志之一部分；另一方面代表們絕非行使自身所具有的權利，而僅是行使由國民所擁有但委託給他們所行使的共同意志(WTE, 122-123)。

筆者認為，這三個「歷史」時期劃分其實是自然狀態、古代直接民主的政治共同體，以及現代代議政府的「理想型」(ideal type)區分。西耶斯後來提到，民族第一次制憲的行動乃發生在第二期(WTE, 125)。換言之，在第二期「人民期望將其聯繫加以鞏固」(give consistency to their union)便是制訂憲法。值得注意的是，此時代表制度尚未產生。也就是說，雖然西耶斯並未明白地論述，但第二期所制訂的憲法以及所形成的政治共同體應當即為全體公民參與的古代共和，也就是盧梭所嚮往的政治理想。到了第三期，才因為人口增加以及分布領域之擴大而產生了委託關係與代表制度。此處西耶斯作了一個饒富趣味的陳述：

> 共同體並未棄置其表達意志之權利：這是不可讓渡的；共同體只能對這些權利之行使加以委託(commettre; delegate)。**這個原則已經在其他地方加以處理**。(WTE,122，黑體為筆者所加)

西耶斯究竟在何處以理論角度處理委託關係？筆者唯一能找到的可能相關文本如下：

> 我們了解到國民會議的真實目標；它的建置並非為了管理

個別公民的私人事務；它僅從共同利益的觀點來作整體考
量。於此我們可以得出一個自然的結論，那就是公民所享有
之**被代表的權利**，並非因為他們之間的差異，而是他們所共
同享有的特質。（WTE, 161，黑體為筆者所加）

　　他繼續指出，在公民們具有**共同利益**的基礎上才有可能「只有
憑藉這種利益並以這種利益的名義，他們才能要求政治權利，也就
是要求積極參與制訂社會法律；也因此這才能讓公民成為**可被代表**
的特質。」（WTE, 163，黑體為原文所有）然而，此處所論述的是代
議體制之內，被代表者與代表間之關係。這是一個體制內的問題，
若用來說明體制形成的條件(西耶斯前述歷史發展第三期委託型代
議政府的產生)，仍犯了他所批評惡性循環的謬誤。

　　是以，西耶斯真正能夠證成委託關係的，並非公民的共同權利
秩序(也就是公民身分的觀念)，而是在社會中各個成員可以依據自
由與平等精神所發生的互動以及契約、委託等關係(RE, 138)，也就
是社會分工。

　　在分析特權階層對於第三等級的各種攻擊時，西耶斯曾經提到
「有人提出，第三等級的成員不具備足夠的知識和勇氣成為代表，
而必須求助於貴族的才智」(WTE, 77-78)。對於這樣的詭辯，西耶
斯指出第三等級的全體之中具有一些特殊的「**可用階級**」(available
classes)之成員，由於其富裕的生活條件而接受自由教育，培養理性
並關心公共事務的人能夠「以人民的利益為依歸」，因而在每個面
向均足以成為國民的適當代表(WTE, 78)。

　　從這個提法可以看出，對西耶斯而言，國民代表的理論基礎乃
在於現代社會分工的事實，而非在政治／法律層次的選舉委任本
身。西耶斯曾經自豪的宣稱，他比亞當・史密斯(Adam Smith, 1723-

1790)更早發現分工的真實意義：

> 在我的例子中，我從1770年以降便比史密斯走的更遠。我
> 不僅將分工視為**同一個產業**之內，也就是說在同一種**更高的**
> **指導**之下可以作為降低成本以及增加產量最有效的手段；我
> 也同時考量了主要的職業或行業之**分化**能夠成為社會國家
> （social state）真實的進步原則。所有這些僅不過是我所稱的個
> 人之間的**代表性秩序**（representative order）。讓個人被代表乃
> 是文明繁榮的唯一根源。……這是社會國家中自由的自然成
> 長。而此種成長乃自然地伴隨著**代表性工作**的建立（轉引自
> Forsyth,1987: 56，黑體強調為原文所有）

　　在這個關鍵性的文本中，我們清楚地看到了，西耶斯「代表」
的觀念不是在政治／法律的層次完成，而是訴諸分工、進步這些社
會價值[30]。

　　假如此種對於西耶斯思想的進程理解無誤，則前述制憲權在政
治／法律層次所面臨的理論困境，被轉移到另一層次的社會／政治
論述，也就是歷史主義的社會發展論加以解決。我們清楚地觀察
到，在政治／法律論述所界定的個體主義式「國民」（以平等公民
身分為基礎），被等同於社會／政治論述所界定的集體主義式「民
族」（以共同的歷史存在為基礎）；而這正是西耶斯運用 "nation"
一詞的巧妙之處。依據本章的詮釋，西耶斯面對無限後退與自我設
限雙重的理論困境，改採歷史主義觀點，來解釋**代表性**國民的生

30　除了Forsyth 1987: 48-57的論述之外，Sewell 1994:88-108有更為深入的討
　　論。事實上，在英文文獻中，對西耶斯思想作社會哲學取向分析之作品，在
　　數量上遠超過對於「制憲權」觀念的政治／法律分析。

成，以消解構成論中不易解決的理論弔詭。在歷史主義分析取向中，制憲不是**國民**自我構成的活動，而只是既存**民族**賦予其集體生活具體政治型態的共同決定；此時民族之形成將取代國民之構成，但由於在西耶斯的用語中二者皆爲"nation"，遂得以通過這個語意的歧義，完成了典範轉移。

是以，西耶斯並未在相同的理論層次眞正的「解決」無限後退與自我設限的問題，而是採用不同的思考典範：以新興的政治經濟學(特別是其社會分工論)來「取代」或「揚棄」社會契約的構成論述。如此一來，國民／民族的形成變成歷史主義與社會發展論的課題，無限後退與自我設限的謬誤遂得以被**壓抑**與**移轉**[31]。也唯有從這個角度，才能充分理解在《第三等級是什麼？》之中，前述政治社會發展論述所扮演的關鍵作用(WTE, 121-123)。西耶斯對於自然狀態、古代共和以及近代代議政府並不是通過社會契約的政治／法律論述加以建構，而是運用了類似馬克思所提出的歷史唯物論的上層結構與下層結構的二元論來消解制憲權觀念在政治／法律層面難以克服的惡性循環。更確切地說，西耶斯在法國大革命的早期，似乎已經預見了其後黑格爾所提出的市民社會與國家之二元結構，甚至馬克思的社會革命之可能。這並不令人意外，因爲黑格爾和馬克思的政治理論都受到法國大革命深刻的影響。

就本章之論旨而言，西耶斯的歷史發展論表明，國民／民族並非通過制憲權的運作而構成的，因爲在第一期就已經有了民族的存在。而誠如傅科的分析所指陳(Foucault, 2003: 219- 237)，法國大革命前夕由西耶斯所代表的新興資產階級的民族論述，除了法律身分之外，還成爲一種歷史性的存在；而且此民族歷史存在的條件不再

31　此處我們借用了Althusser (1972:128-134)批判盧梭所用的語彙。

是傳統中貴族與國王所主張的對外戰爭，而是社會生產與勞動的功能。傅科指出，通過西耶斯的文本，我們清楚看到新的政治話語的特徵：確定民族屬性的不再是與其他民族的平行關係，而是從有能力建構國家的個體到國家的實際存在本身間的關係。順著民族／國家的縱軸或者國家的潛在性／現實性的橫軸，民族將得以定性和定位。此種民族主義一方面產生了一種直線性的歷史觀，其「決定性的時刻」——民族集體的決斷時刻——乃是民族作為潛在的整體向國家普遍性的過渡。制憲權創造了國家得以自我控制的結構，使**民族得以成為歷史的行動者**。也在這個意義之上，西耶斯(而不是黑格爾)在政治領域之中創造了歷史主義的辯證法；而這正是前述社會契約構成論朝向歷史主義的典範轉移。當然，歷史主義真正的集大成者仍為黑格爾，他的思想與共和主義傳統之關聯，將是下一章所欲探討的主題。

第九章

歷史理性中的共和理念：

黑格爾與憲政國家

一、前言

　　黑格爾《法哲學原理》[1]的相關文獻不少，但大部分詮釋者主張其政治思想雖極度強調「自由」(*Freiheit*; freedom)的概念，卻缺乏一套完整的政治自由(political liberty)以及共和理論。這個結論不僅爲右派威權主義及左派馬克思主義者所抱持，即使強調黑格爾政治理論中自由主義成分的詮釋家亦不能免[2]。一個值得注意的例外，是Adrian Oldfield(1990: 78-114)的詮釋，他對西方共和主義的思想史分析之中，將黑格爾與馬基維利、盧梭以及托克維爾並列爲現代共和主義的代表性思想家。Oldfield通過歷史作爲自由與精神的進步展現，以及個人自由乃是在倫理共同體之中加以涵養等議題，來闡釋黑格爾的公民共和主義。本章亦以此取向爲基礎，先略述康德的共和主義，並基於此脈絡重構黑格爾理性國家論中的共和主義意涵，包括國家作爲「理性公民共同體」以及「合理愛國主義」等兩個核心命題。

二、德國觀念論與共和主義

　　本書前兩章分析了美國與法國兩大革命過程中，共和主義與現代憲政主義以及代議制度所發生的理論結合，並產生了全新的思想

1　Hegel, 1991. 本章以下徵引此書時縮寫爲PR，並依通例標示節碼(而非頁碼)。

2　參見 Pelczynski, "Political Community and Individual Freedom in Hegel's Philosophy of State," in Pelczynski (ed.), 1984: 71; Ilting, "Hegel's Concept of the State and Marx's Early Critique," in *ibid.*, esp. pp.112-13.

典範。然而，法國大革命中後期雅各賓黨的專政，以及大革命所揭櫫的「自由、平等、博愛」三大原則對於歐洲舊政權所產生的巨大衝擊，導致法國大革命之後的數十年之間，歐洲的政治仍處於動盪不安、革命頻傳的狀態。

在這個「後革命情境」中，德國觀念論巨擘康德與黑格爾建構了精微的哲學體系。就與本書有關的議題而言，康德以及黑格爾對於「共和理念在後革命情境中，可以扮演什麼樣的角色？」的關鍵議題，提出了相當不同的見解。本章以黑格爾的理論為主，但首先說明康德的共和主義架構，因為它對理解黑格爾的國家觀念而言，是不可或缺的。

在哲學層次，康德接受盧梭關於自由以及公民自我立法的基本理念，但嘗試擯除其激進民主之思想傾向，以證成憲政共和主義的理據。康德在《論永久和平》第1項正式條款指出，依據理性原則，任何一個社會依照成員的自由以及平等所建立的憲法，便是「共和制的憲章」，這是所有實存憲法的原始基礎。是以，「每個國家的公民憲法應當是共和制的」（康德，2002：179），表面上，這呼應了盧梭「一切正當政府都是共和制」之觀點。然而，康德進一步區分國家的統治形式（form of state; *forma imperii; Form der Beherrschung*）與政府形式（form of government; *forma regiminis; Form der Regierung*）[3]：前者乃根據掌握國家最高權力的人數，可區別出一人獨治（康德用"*Autocratie*"一詞）[4]、貴族以及民主三種政體；後

---

3 這個區分淵源於布丹(Jean Bodin)的《邦國論六卷》(*Six Books of the Commonwealth*)第2卷對「國家」與「政府」的區分。請參閱Bodin, 1955: 70-75。

4 中譯本翻譯為「專制政體」（康德，2002：179），有待商榷，因易與despotism混淆。在《道德形上學》第一部分法權哲學§51，他進一步說明，"autocratical"與"monarchical"的區別可以參照(Kant, 1996: 479)。

者則根據領袖對人民的治理方式，也就是政府如何依據憲法運用其
完整權力的方式，區別共和與專制(Kant, 1996: 324-325; 479-481)。
康德將共和主義界定為「行政權與立法權分立」的政治原則(*ibid.*,
324)，並強調民主與共和不可混淆，而他認為這正是盧梭所犯的謬
誤。

　　康德主張，對人民而言，政府形式比國家形式還要重要(ibid.,
325)，顯示出他認為權力分立的憲政主義優位於國家最高權力歸屬
之議題。不僅如此，康德還進一步指出，民主制就其概念而言，不
可能為共和制，而必然是一種專制政治。其原因在於，全體人民掌
握行政權力意味著立法以及行政二者結合為一，此即違反了權力分
立的憲政原則。另一方面，康德將代表(representation)界定為任何
共和政府都需具備之機制，因為在權力分立的共和憲政中，行政權
與立法權不能合一，所以其中行政權須為立法權之代表。但民主制
度之中所有公民都要做主人，立法權涵攝了行政權，代表制遂不可
能。質言之，康德就專制以及缺乏代議制形式兩個方向，嘗試推翻
盧梭民主共和主義的「民主」前提[5]。

5　康德此種法學論述是否成功地推翻了盧梭民主共和主義的政治論述，仍有待
　　深入檢討。姑且不論其反對民主之先驗論證顯然存在著時代限制(Bielefeldt,
　　1997: 545-546, 552-553)，即使以康德所提出的國家統治形式與政府形式之二
　　元架構而言，吾人均可依盧梭文本提出相反的論證。在說明共和制時，盧梭
　　特別強調所謂的依法統治乃依據普遍意志行使統治之意；而普遍意志是不可
　　分割、不能被代表的，是以沒有任何個人或一群人能夠宣稱掌握最高主權。
　　在這個意義上，共和制是唯一正當的國家統治形式。對盧梭而言，只有政府
　　的治理權可以授予一個人、少數人行使或全民共同享有，從而有君主、貴族
　　以及民主政府之差別，這正是康德所指稱的政府形式。換言之，康德國家統
　　治形式與政府形式的二元性，與盧梭的觀念完全相反：對盧梭而言，共和是
　　國家統治形式，君主、貴族以及民主則是政府形式；對康德而言，則共和為
　　政府形式，君主、貴族以及民主則為國家統治形式。在原則的應用上，兩位

　　當然本章要旨不在於康德與盧梭之間的辯難，而在於康德的政體理論，與本書所論自亞里斯多德以降西方共和主義之關係。由思想史的角度來觀察康德的政體論，可以觀察到他混合了幾個不同的思想史線索。首先，「國家形式」與「政府形式」的區別，如本章註3所述，係源於布丹的《邦國論六卷》。其次，康德的三種國家形式，其實是祖述亞里斯多德古典的政體理論。而與西方共和主義思想史最有關係的，是他將「政府形式」區別爲「共和」與「專制」的二元對立。這個對立，一方面與古典共和主義所論「正體」與「變體」政制遙相應和，但另一方面專制的概念，乃是由孟德斯鳩正式提出而成爲一個獨立的政體範疇。不過，康德將「共和」與「專制」相對立，則是其理論創見；而他將共和制的本質界定爲「行政權與立法權分立」的政治原則，則是針對孟德斯鳩三權分立的架構中，特別提出行政權與立法權必須分離的重要性。相反地，在專制政府中，則是「國家恣意執行它自己所制訂的法律」，亦即個人意志凌駕了公共意志。所以，在康德的架構中，「共和」便與「憲政主義」（constitutionalism）的權力分立原則劃上了等號。

　　康德的《論永久和平》刊行於1795年，與黑格爾的《法哲學原理》距離約25年，就在這段期間，大革命的浪潮逐漸停歇，德國也以普魯士的政治改革爲首，開始邁向中央集權的現代國家。而德國憲政傳統於19世紀發展出的「君主立憲制」理論（constitutional monarchy），則與黑格爾的政治哲學密切相關。重點在於，從20世

（續）────────────────────────

　　思想家均認爲君主政體可以爲共和制，但其理據完全相反：盧梭認爲在人民主權的共和正當統治確立之後，由全體人民設置一人行使行政權的君主政府；康德則主張在確立掌握國家最高權力爲君主一人的正當統治後，具有立法權與行政權分立制度設計的即爲共和憲政體制。這個微妙的差異，代表了民主共和主義與憲政共和主義的重大分野，不可不察。

紀以後的角度來看，「君主立憲」與「民主共和」構成了互斥的政治選項，所以很少有讀者會將黑格爾的政治哲學由共和主義視野加以詮釋。然而，假如我們基於康德前述的政體論，則黑格爾的理性國家所具有的某些共和特質，將可得到善解。

黑格爾與康德主要的差別在於，黑格爾的理性概念，並不是基於理性的純粹觀念而抽象地提出某些政治的原則或藍圖。黑格爾作為歷史主義的代表人物之一，其「理性」概念具有一種自我實現的力量，而歷史便是此種實現的場域。所以對黑格爾而言，國家既不是康德式理性的純粹觀念，也不是原子式的個人通過社會契約所製造出來的。黑格爾指出：

> 國家制度縱然隨著時代而產生，卻不能視為一種製造物，這一點無疑問是本質的。其實，毋寧說它簡直是自在自為而存在的東西，從而應該被視為神物，永世勿替的東西，因此，它也就超越了製造物的領域。（PR, §273 Rem.）

這一段引文由於所謂的「神物」，往往被認為是黑格爾國家崇拜的具體例證。不過對本書之論旨而言，黑格爾在這個脈絡中所觸及的關鍵問題，其實是前一章所述的制憲權議題。因為，黑格爾在該文本的前兩段中，明確指出「國家制度應由誰來制訂？」這樣一個看似重要的問題，其實是沒有意義的，因為「它假定著不存在任何國家制度，而只存在著集合一起的原子式的群氓。至於群氓怎能通過自身或別人，通過善、思想或權力而達到一種國家制度，那只得聽其自便了，因為概念與群氓是根本風馬牛不相及的」（PR, §273 Rem.）。所以，黑格爾否定任何形式的社會契約論，也拒斥制憲權的概念，但他承認國家的政治制度是民族精神在歷史中的實現（PR,

§274)，所以他的政治理論也應該在這樣的歷史哲學脈絡中加以理解。

三、市民社會的辯證與整合

《法哲學原理》一個重大的理論創見，乃是區分市民社會(civil society)以及國家。市民社會指涉現代商業社會(commercial society)在18世紀興起後所形成的社會秩序。黑格爾指出，近代資本主義型態的經濟社會若任其毫無節制地發展，將會造成貧窮以及財富不平等的滋長。黑格爾的分析架構，是將市民社會區分為三個環節：需要體系、司法、以及警察權與同業公會。需要體系指的是現代經濟社會，其中個人依其需要以及自利心(self-interest)，通過交換關係而形成普遍互相依賴關係(universal inter-dependence)；至於交換關係所產生的爭議，則通過司法體系來解決。

然而，黑格爾市民社會理論分析架構的最後一個元素，與古典自由主義或當代極端自由主義(libertarianism)相較之下，有著根本的差異。在極端自由主義者的分析中，經濟社會和司法體系兩者結合，已可構成一正常運作的國家。黑格爾市民社會理論的第三個環結(包括警察權、同業公會、和等級)，乃是針對經濟社會可能的弊端所提出的整合制度(integrative institutions)，試圖增加個人福祉並強化倫理聚合力。在這層次上，黑格爾的市民社會理論，實已超出了古典自由主義者所主張的最低限度國家(minimal state)或守夜者國家(night-watchman state)。事實上，這些整合制度負有相當重要的政治功能：警察權管理市民社會中各種偶發狀況；等級制度培養群體意識；同業工會則可增進其成員的自我認同和互相肯認(mutual recognition)。儘管具有這些重要的政治功能，黑格爾仍僅將這些整

合制度稱為「外部國家」(external state; PR, §183)，並主張此種外部
國家不足以構成合理的政治生活組織型態，唯有以政治國家
(political state)為基礎的集體生活，才有可能是合於理性的(PR,
§273, §276)。

在討論黑格爾關於政治國家和外部國家的區分之前，必須釐清
相關的理論問題：何以黑格爾將具有政治功能的整合制度排除於政
治國家的基本性規定之外？他為何不將這些制度列為國家組織的構
成要素而使之存在於市民社會中？這些困難，指向一個更為根本的
問題：政治國家的本質為何，使其有別於經濟社會以及社會整合制
度？

黑格爾認為就倫理整合之目的而言，市民社會整合制度所能達
到的效果仍有其限度。他指出，警察權只能就普遍性與特殊的對立
作出相對性(relative)的統一，而同業公會作為一種社會組織則只是
有所局限(restricted)的整體(PR, §229)。依據黑格爾的分析，市民社
會在下列三個層次上仍有其不足之處。首先，經濟社會主要目的在
於滿足個人自利心。基於自利原則而形成的普遍互相依賴關係，誠
然預設了行為者彼此對合理經濟行為之預期，但除了此種工具性格
以外，缺乏更高的價值。在這種觀點下，黑格爾稱市民社會為「需
求國家」(*Nötstaat*; state based on needs; PR, §183)。家庭、等級及同
業公會雖然提供了超越自利觀點的可能性以及建立社會肯認的場
所，但是仍局限於特殊的集團之內，而未能發展成真正普遍性的整
合樣態。

另外，市民社會處於本質與表象分裂的狀態(Ritter, 1982: 64-68,
118-19)，因為在其中，普遍性乃是以經濟規律的型態發揮其作
用，並決定了個人經濟活動之結果；然而個人並未意識到普遍性的
作用，並自認為是獨立的自利之極大化個體(Foster, 1935: 153-54)。

黑格爾稱此種分裂狀態的市民社會為「知性國家」(*Verstandesstaat*;
state based on understanding; PR, §183)。以辯證法的角度來看，這種
目的與手段、普遍性與特殊性倒錯的割離狀態必須得到調解，「知
性國家」有必要過渡到「理性國家」。

市民社會的第三個不足處，即前述僅僅構成一種外部國家。此
處所謂的外部關係有兩層意義：一是整合制度之間缺乏有機性聯
繫，因為它們只是為應付市民社會危機而專設的；二是由於整合制
度(特別是警察權)的政治功能，而對個人呈現出一種外在必然性的
樣態(PR, §261)，個人很容易將這些制度視為外來干涉。

黑格爾對市民社會的三個批評，在當代社群主義者的論述中似
乎得到不少呼應：麥肯泰(MacIntyre, 1984a: 190-95)認為自由主義國
家不是一種實踐(practice)，而只是一種組織(organization)，頗接近
於「需要國家」的說法；沈岱爾(Sandel, 1982: 147-53)主張自由主
義國家只有工具性價值無法形成其理想中的「構成式社群」
(constitutive community)，則類似於黑格爾所稱的「知性國家」及
「外部國家」。但筆者認為，黑格爾對市民社會的批評並不代表他
對自由與憲政原理的全盤否定，而是主張必須將抽象的自由原則落
實到國家制度和公民意識的共和主義觀點。基於此，我們有必要進
一步探討黑格爾的國家觀念。

四、國家作為「理性公民共同體」

確立了市民社會對國家辯證發展的必要性之後，必須進一步探
討現代國家之合理性。黑格爾對這個問題作了如下的說明：

現代國家的原則具有這樣一種驚人的力量和深度，即它使

　　　　主觀性的原則完美起來，成為獨立的個人特殊性的極端，而
　　　　又使它回復到實體性的統一，於是在主觀性的原則本身中保
　　　　存著這個統一。（PR, §260）

　　換言之，對黑格爾而言，現代國家的本質在於主觀自由和實體
性倫理生活的統一。相較於當代社群主義，此種觀點的特殊性在於
不將主體性和倫理關係視為互斥的原則。黑格爾主張，在現代國家
中的主觀自由與倫理生活是相輔相成的。為證成這種觀點，必須進
一步探索在何種意義下自由與倫理生活互補，以及在何種制度安排
下，此相輔相成關係成為政治生活的現實性。
　　《法哲學原理》的國家理論處理兩個相關的基本議題：其一為
合理的現代國家中，其憲政（Verfassung; political constitution）所須具
備有機的權力分立狀態；另一則為在此合理國家中，公民所具有的
一種積極的政治認知，黑格爾稱之為愛國情操（patriotism）。此種愛
國情操是一種公民與理性國家之間所特有的反思式倫理／政治凝聚
力（reflective ethico-political cohesion）。以下先論合理國家的憲政制
度，再論愛國情操理論之內容，
　　在一般理解中，黑格爾的國家觀念是一種「倫理共同體」
（ethical community），其原型乃是以亞里斯多德所述具有倫理基礎
的政治共同體，在現代社會條件下的發展。此種倫理共同體的理念
如何與共和主義傳統接軌？這樣的問題，在社群主義與自由主義的
爭論脈絡中，並不易釐清歷史的真相。因為對自由主義的詮釋者而
言，黑格爾的國家理論，乃是一種基於浪漫主義、歷史主義乃至於
民族主義所發展出來的觀念；相對地，社群主義者習於用浪漫主義
的角度來理解黑格爾（如Charles Taylor）。然而，如本書第一章所
述，亞里斯多德在城邦理論中所提出的「政制」，以及培養具有倫

理德行的公民，本來就構成了西方共和主義思想的淵源。所以，當共和主義的視野被重新開啓之後，黑格爾許多看起來屬於民族主義的保守思想，便可以得到另一種詮釋之可能；而此種共和主義的理解方式，或許更能將黑格爾的國家理論回復到恰當的思想脈絡中加以闡釋。

在《法哲學原理》中，黑格爾對盧梭與孟德斯鳩等兩位本書所討論過的思想家，提出了批判性的觀察。黑格爾完全拒斥盧梭的社會契約論，因爲對黑格爾而言，國家是一種客觀存在的事物，它不能由歷史上事實的起源，或主體的個人意志產生出來。任何契約論所述的個人意志，無論經過何種型態的契約中介所產生的共同體，都不可能具有眞實的普遍性，而只能是某種「共同的東西」(PR, §258 Rem.)。這個批判對於盧梭而言，似乎並不公平，因爲這無異於主張，盧梭的普遍意志，只是多數人的眾意(will of all)。然而，黑格爾對盧梭所提出的批判，可以視爲是黑格爾基於西耶斯以及法國大革命以後歷史主義與社會演化觀念迅速發展的影響下，而對於前一兩個世紀所流行的社會契約論所產生的根本質疑。這反映了時代精神的差異，並未指向眞正的理論議題。

相對地，黑格爾對孟德斯鳩的分析就比較持平，而且具有豐富的理論內涵。在討論政治國家的權力分立原則時，黑格爾論述了傳統的政體分類論，也因而比較詳盡地考察了孟德斯鳩的政治思想。由於孟德斯鳩相當注重歷史，所以在某些根本預設上，與黑格爾具有親和性。黑格爾強調，古代政治理論將國家區分爲君主制、貴族制以及民主制，這是在國家作爲一種統一體而尚未產生內部分化時，所得出的共同體觀念以及政體分類。這樣的政體分類，在歷史發展到現代時期就必須揚棄。這個觀察與孟德斯鳩政體論之精神相近。如本書第七章第二節所述，孟德斯鳩將政體區分爲民主、貴

族、君主以及專制四種，而前兩者又合稱爲共和。黑格爾引述了孟德斯鳩以「德行」作爲民主制的原則、以「節制」爲貴族制之原則，而以「榮譽」爲君主制之原則。其中，黑格爾特別重視民主與君主兩種制度，他指出，孟德斯鳩所謂以榮譽爲基礎的君主制，是以中古後期的封建君主爲本所建構的理想型，而非君主制的內在本質。更重要的是，黑格爾主張孟德斯鳩所述德行僅僅是民主制原則的說法並不眞確；在古代民主中，此種德行是建立在公民的某種「心性」（*Gesinnung*, sentiment; PR, §273 Rem.）[6]之上，也就是說，就古典共和主義而言，「德行」是與「腐化」相對立的一種心性。黑格爾特別強調，孟德斯鳩所主張在民主以外其它政體就不需要德行原則的看法有誤，因爲任何健全的國家都需要有德行的要素。

　　黑格爾對於孟德斯鳩的討論有兩點值得注意：第一，他基本上贊同孟德斯鳩權力分立的政府理論，也就是說，在現代理性國家中，憲法以權力分立作爲基本的特性是符合歷史理性的，並且因此而形成有機體，這與前現代諸政體(民主、君主以及貴族)有別；第二，是黑格爾強調德行要素的普遍重要性，特別是他提到在古代民主中，雖然德行和公民的心性是直接相關的，但德行絕不是如孟德斯鳩所述只有古典民主體制有所需要，而是所有的合理國家都需要，也因此會產生公民的德行心性，亦即愛國情操。而這兩個觀點，構成了以共和主義的思想史視野來理解黑格爾理性國家觀念的主要線索。

　　對黑格爾而言，現代國家的本質在於其憲政，而憲政的基本特質便是依據理性所產生的有機性政治權力分立(PR, §271-272)。所以，在黑格爾的理性國家中，憲政的權力區分爲三個環節：

6　中譯本翻譯爲「情緒」，詳見下節討論。

　　政治國家就這樣把自己分為三種實體性的差別：

　　(1)立法權，即規定和確立普遍物的權力；

　　(2)行政權，即使各個特殊領域和個別事件從屬於普遍物的權力；

　　(3)王權，即作為意志最後決斷的主體性權力，它把被區分出來的各種權力集中於統一的個人，因而它就是整體及君主立憲之頂峰和起點(PR, §273)

　　黑格爾這個政治國家的權力分立原則，表現出君主立憲制的特質。雖然黑格爾本人在討論王權原則(monarchical principle)時，駁斥了人民主權觀念以及共和政府形式(PR, §279, Rem.)。然而，基於第一節所述康德的政體分類，吾人將察覺黑格爾的「國家有機體說」其實和康德的共和原則完全相容。首先，「君主立憲制」在康德的政體分類中，乃是一人獨治的國家形式搭配共和的政府形式，因而具有憲法、權力分立以及代表制等幾個要素，當然不是專制。其次，黑格爾對於人民主權的批判(PR, §279, Rem.)，其基本精神與康德關於民主必定形成專制政府形式的觀點並無二致。最後，在王權之外，黑格爾提出憲政體制權力分立原則時所說，「立法權作為規定和確定普遍物的權力」以及「行政權作為各個特殊領域和個別事件從屬於普遍物的權力」二者之分立，完全符合康德立法權必須與行政權分立的共和原則。所以，吾人不應因黑格爾權力分立原則中缺乏司法權的要素[7]，便批判其理論不符合憲政主義原則。

　　黑格爾主張在現代世界中，唯有立法權(以國會為場所所進行的討論審議、公共輿論之形成、以及立法)才可能是政治自由與愛

7　司法權被黑格爾放入市民社會的第二個環節，cf. PR, §209-§229。

國情操之制度根源。他並以確立普遍法律來界定立法權的主要功能
（PR, §298）。值得注意的是，黑格爾雖明確區分憲法與法律，卻又
賦予二者相當緊密的互動關係。一方面憲法作爲基本規範而非立法
權行使的對象，因爲立法權是憲法的一環（PR, §298）；但另一方
面，立法過程的確可以重新詮釋與反映國家制度的現實狀態，從而
間接地規定了整個國家制度的合理發展方向。

在立法功能之外，黑格爾視等級代表原則爲立法權的另一個重
要面向。立法機構則是市民社會中，由各等級組成的等級會議
（Estate Assembly）。各等級的代表共同審議與決定有關公共事務的
法律與命令，而其職權範圍包括公民的權利義務、有關自治團體與
同業公會運作之規則，以及稅率等（PR, §299）。等級代表原則的主
要作用是將市民社會中，源於社會分化而產生的等級賦予政治功
能，使之成爲國家的一部分。他稱此種作用爲「中介」（PR,
§302），吾人可稱之爲「政治整合」（political integration）。換言之，
立法權有兩個相當不同的作用，一爲立法，一爲政治整合；當黑格
爾提出立法權可以「規定與確立普遍」時（PR, §273），他同時指涉
了普遍性法律規範之建立以及政治整合，使普遍性規範內化於公民
意識之中。

立法機關中有關公共事務的討論以及此等議事記錄之公開，便
形成了現代國家所特有的公共輿論（Öfentlichkeit; public opinion）；政
治自由之實現也就在於公民能自由地對公共事務參與討論。一個國
家要能稱得上是「現代」國家，必須賦予其公民以表達意見及結社
之自由，因爲主觀自由乃是現代世界的根本原理（PR, §153-§154）。
除了作爲意見表達管道之外，公共輿論也是現代國家的公民教育不
可或缺的一環。黑格爾主張自由討論可以使「公共輿論初步達到眞
實的思想，並洞悉國家及其事務的情況和概念，從而初步具有能力

來對它們作出更合乎理性的判斷」(PR, §315)。

　　不過，黑格爾認為公共輿論的真確程度並非倫理生活或主觀自由的必要條件(PR, §317-§319)。大部分詮釋者認為這反映了他對公共輿論的模稜態度(Avineri, 1972: 174; Habermas, 1989a: 120-22)。筆者認為黑格爾的理論，事實上是對於早期啟蒙思想與議會至上主義(parliamentarism)的一種反動。後者基於過度唯理主義的假定，而認為自由討論可以獲致真理[8]。黑格爾則認為公共輿論和公開討論僅能達到比較合理的決策(PR, §315)，因為公民是以普遍的角度考量問題。黑格爾所主張公共輿論存在的理據並不預設實質真理概念，這種對於公民活動(civic engagements)的看法恰恰落在當代有關理論——哈柏瑪斯與社群主義——之中點。哈柏瑪斯主張公共討論必須以嚴格的論證程序進行，其規範性律則為論證的普遍化(universalization)，目的在於達到互相肯認的真理(Habermas, 1990: 62-98)。相對地，社群主義者則認為公共對話的目標是相互理解(Benhabib, 1989-90: 22-23)。黑格爾則強調對話的前提必須是公共空間的建立以及個人中心觀點之揚棄，也就是說，恰當的公共論辯唯有當個人由市民社會的「私人」提升至古典共和主義意義下的國家「公民」時才有可能。黑格爾的原創性也正在於將現代倫理生活植基於公共輿論之上，並將源於共和主義的政治審議原理與倫理，整合成為一種更豐富的社會政治生活型態。此合理國家建立了一種特殊的「具體自由」：

　　　　國家是具體自由的現實；但具體自由在於，個人的單一性

8　關於唯理主義式的議會至上主義，參見Schmitt, 1985b: 33-39。哈柏瑪斯繼承了此一論點(Habermas, 1989a: 117-122)。

　　及其特殊利益不但獲得它們的完全發展，以及它們的權利獲
　　得明白承認……，而且一方面通過自身過渡到普遍物的利
　　益，他方面它們認識和希求普遍物，甚至承認普遍物作為它
　　們自己實體性的精神，並把普遍物作為它們最終目的而進行
　　活動。（PR, §260）

　　此種具體自由一般很容易被誤解為與自主主義不相容的積極自
由，甚至遭致如巴柏所攻擊的黑格爾為極權主義前驅之誤解。但依
據當代政治哲學論述，黑格爾所主張的具體自由實為收納了社會脈
絡(social context)的自由觀念[9]，也可以說是一種制度化的政治自
由。這在精神上接近於公民共和主義，而非近代各種極權主義的意
識型態。黑格爾的理性國家是一種基於認知性觀點所建構的政治共
同體，依據史密斯(Steven B. Smith, 1989a: 234)的詮釋，可稱之為
「**理性公民共同體**」(community of rational citizens)。在此共同體
中，公民以主體際(intersubjective)觀點從事政治事務之討論，以形
成公共輿論並作為立法的根據。如此形成的公共領域，乃是最適合
黑格爾思想體系的共和政治社群。

　　黑格爾的共和理念乃是一種認知式(cognitive)的概念，因為他
堅持在公共領域中，有關政治事務的討論以及政治原理的證成，必
須以主體際的公共角度出發，而不能以維護私人利益的意圖從事討
論。雖然此認知的要件並不必然能形成一個足以為所有公民均接受
的共善之實體概念，但它構成了一政治社群可能形成共享的共善概
念之必要條件。當公民們理解了市民社會的利己觀點和競爭心態會

9　有關社會脈絡與個人自由的關係，參見Charles Taylor, "Atomism," in Taylor,
　　1985: 197-199。

造成「個人私利的戰場，一切人反對一切人的戰場，……私人利益跟社區的特殊事務衝突的舞台」(PR, §289 Rem.)的後果，並了解到所有其他人均同時放棄自我中心觀點之可欲性時，他們應會主動地採取主體際的普遍性觀點。這種轉變接近於本書第五章所述，盧梭社會契約論所陳述的普遍意志之產生過程，有賴於所有參與者同時揚棄其自身之特殊性。然而盧梭的論述仍具有相當濃厚的政治神學色彩，黑格爾則強調認知的轉變。泰勒在論述公領域之產生時，也以類似的認知性觀點分析，主張語言的使用本身已經蘊含著公共觀點之可能[10]。這種從私領域到公領域之提昇，乃是個人際關係(intra-individual relationship；泰勒稱爲for-me-for-you)至主體際關係(泰勒稱爲for-us)之辯證[11]。

　　黑格爾的共和理念與哈柏瑪斯所主張的理想溝通情境有別：後者認爲無條件的普遍化是實踐論辯的後設規範；而黑格爾則主張理性公民仍然從屬於特定的政治社群，所以他們經由公共輿論所獲得的共善概念仍是由此社群成員所共享的規範，而非超越性或絕對普遍善之理念。黑格爾觀念賦予現代共和主義式政治共同體以較強的「構成」性[12]：公民一同從事對於共同規範之追求，乃是他們自我存在以及認同之根源。在此意義上，黑格爾認爲個人與政治共同體的關係如同偶性(accidents或instances)與實體(substance)的關係(PR, §145)。這個很容易被誤認爲極權主義的論點，事實上正表達了理性國家作爲現代倫理生活一環的構成意義；而國家正如同家庭或社

10　Charles Taylor, "Cross-Purposes: The Liberal-Communitarian Debate," in Tylor, 1995: 189-191.

11　*Ibid.*, 198.

12　此處所言之「構成」，乃依沈岱爾所定的意涵(Sandel, 1982: 150-51; 1984a: 86)。

會團體提供個人建立自我認同的脈絡。由於公共輿論所建立的是政治社群之共同規範，黑格爾將它視爲現代國家的基本規定性，而無法接受如哈柏瑪斯將之歸於**社會性**的生活世界之主張。對黑格爾而言，公共領域使國家成爲普遍的根源：以形式義而言，立法機構制定的一般性法律構成形式的普遍性；以實質義而言，公共輿論所型塑的愛國情操構成實質之普遍性。如此構造的「理性公民共同體」具體化了黑格爾的共和理念，同時也使政治規範內化到公民的意識之中，從而超越了個體主義(individualism)與整體主義(holism)的簡單二分：「國家是依照那已被意識到的目的和認識了的基本原理，並且是根據那不只是自在的而且是被意識到的規律而行動的」(PR, §270)，這實爲古典共和*res publica*理念的現代表述。

五、「合理愛國主義」

　　將黑格爾所提出現代倫理生活的主客觀兩元素關聯到我們所探討的愛國情操議題，可發現根本的問題爲：假如自由的自我意識乃現代性之本質，那麼如何在此前提下創造政治共同體的凝聚力[13]？這是社群主義者麥肯泰在"Is Patriotism a Virtue?"一文認爲不可能成立，也是我們基於黑格爾理論必須明確回答之基本議題(MacIntyre, 1984b)。麥肯泰主張愛國主義無法從普遍性的道德原則得到證成，因爲普遍道德預設了從具體社會環境抽離，並以中立的觀點批判地檢視現存政治社會制度之合理性。他認爲愛國主義必須在終極點上採取非批判的立場(ibid., 12-13)，我們可名之爲「豁免

13　關於愛國主義的理論的討論，可參考Dietz, 1989; 歷史回顧則可參閱Huizinga, 1984。

倫理」(ethics of exemption)：一個有意義的價值判斷之所以可能，乃建立於認同某些終極價值的前提之下，而終極價值通過傳統、教育、社會化等方式形成個人認同。這些倫理制度既是自我認同之基礎，則對之做理性批判只會造成懷疑論以及自我認同危機，缺乏正面積極的意義，故須豁免於理性批判之外。麥肯泰進一步主張愛國主義很容易地便建基在豁免倫理之上，因爲它終極地要求爲了公共福祉無條件地犧牲個人特殊利益，而惟有豁免倫理能支持此種無條件的奉獻[14]。

相對於麥肯泰所標榜的純然社群主義式的愛國主義，黑格爾將愛國主義定義爲：

> 政治認知(*politische Gesinnung*; political disposition)，[15]即愛國情操本身，**作為從真理中獲得的信念**(純粹主觀信念不是從真理中產生出來的，它僅僅是意見)**和已經成為習慣的意向，只是國家中各種現存制度的結果，因為在國家中實際上存在著合理性**，它在根據這些制度所進行的活動中表現出來。這種政治認知一般說來就是一種信任，……是這樣一種意識：我的實體性的和特殊的利益包含和保存在把我當作單

---

14 另一位社群主義者泰勒在其所主張的「愛國式自由主義制度」(patriotic liberal regime)中，指出公民被一種「對共享的、直接的共善」(a sense of a shared immediate common good)所鼓舞(Taylor, 1995: 191)。筆者認爲公民意識存在於對彼此共同從事對共善的探索之理解，未必見得需要有一對共同善的相同概念。

15 中譯本將*politische Gesinnung*譯爲「政治情緒」。作者感謝顏厥安教授在評論初稿時的建議，譯爲「政治認知」。不但較合原意，且支持本章之詮釋。在本章第四節黑格爾討論孟德斯鳩的文本中，筆者曾譯爲「心性」，因爲彼處指的是古代直接民主國家中公民的心性或情緒。

個的人來對待的它物(這裡就是國家)的利益和目的中,因此
這個它物對我來說就根本不是它物。我有了這種意識就自由
了。(PR, §268, 黑體強調為筆者所加)

從這段引文我們可看出黑格爾認為愛國情操為一種特殊主義樣
態的信念,而且是一種慣習性的倫理態度。然而他同時強調愛國情
操乃建立於真理之上,且在成為倫理習慣之前是一種意向(*Wollen*;
volition),也就是說乃一種合理意志[16];此種愛國主義乃是合理憲
政體制之結果。換言之,對黑格爾而言,公民意識與政治共同體具
有如下一種互相支持的關係:一個能被稱得上是理性國家的政治共
同體,必會保障公民的福祉與利益;而能運用理性認知的公民亦必
肯認(recognize)國家的此種基礎性角色(foundational role)。此種肯
認形成了愛國情操,也就是使公民與政治共同體緊密結合的凝聚
力。

當國家以合理方式構成時,其公民由於認知到此合理性,便不
會再將國家視為一異化於己的組織,而將理解到合理國家是構成其
自由與各種活動之基礎。這是市民社會整合機制作為外部國家所無
法達到的普遍性。黑格爾主張這種理性認知乃現代國家之中愛國情
操的根源:愛國情操作為公民對其國家的忠誠,在現代國家中植基
於公民認知其所在國家的合理性之後所產生的認同,可以稱之為
「合理愛國主義」。

這種認同的樣態為「信任」(*Zutrauen*; trust),乃是黑格爾在
《法哲學原理》§147節所論,透過個人的反省思考而克服行為者和

16 Oakeshott(1975: 7)指出,黑格爾乃西洋政治思想三大宗之一,「理性意志」
(rational will)論之代言人;另兩個典範為柏拉圖開啟的「理性與自然」(reason
and nature)論,以及霍布斯開創的「意志與人為」(will and artifice)論。

客觀倫理秩序之差別所建立的認同關係。黑格爾切入此問題的方式非常特別，值得吾人深思。他主張在現代理性國家中的個人會培養出一種「倫理性格」，因為他們於其中能建立自我價值感（*Selbstgefuel*; self-awareness），這乃是一種比信仰（*Glaube*; faith）和信任更直接的關係（PR, §147）。表面上看來，這似乎是社群主義者的反原子論或社會構成個人認同基礎之觀點[17]，然而黑格爾的說明卻指向一個相反的方向：

> 信仰和信任是和反思（*Reflexion*）一同開始出現的，並以表象和差別（*Unterschied*; difference）為前提。例如，信仰多神教和是一個多神教徒這兩者並不是一回事。倫理性的東西在其中成為自我意識的現實生命力的那種關係，……誠然可以轉變為信仰和信任的關係，和轉變為由進一步反思而產生的關係，即通過一些有基礎的合理識見（*Enisicht durch Gruende*; insights based on reasons）──這些基礎在開始時可能是某些特殊目的、利益和考慮，……然而恰當地認識（*adaequate Erkenntnis*; adequate cognition）這種同一則屬於能思惟的概念的事。（PR, §147 Rem.；中譯文稍有改動）

這是一段不易解的說明，也是《法哲學原理》一書中唯一以信仰做比擬的文本。對黑格爾而言，所有的認同關係（信仰、信任和自我價值感）都是以行為者和客觀倫理秩序之差別（difference）為前提，但是透過個人的理性認知可以建立其間的關聯。當然，人類的

17　關於社會構成說，除了MacIntyre, 1984b外，請參考Sandel, 1982: 179-83; Taylor, 1985: 197-98。

思維有各種不同的樣態，由特殊目的與利益出發，通過不斷反省思考可以提升到合理認知的層次。在提升的過程中，關鍵在於不自限於「道德觀點」[18]；對黑格爾而言，主體的自我確定性必須在相應的、合理化的政治社會制度中得到證實，也就是通過客觀化過程使個人對自己自由的信念(conviction)轉化成真理(PR, §153)，這是思考的一面。另一方面，合理的典章制度除了其客觀合理性之外，也必須被個人所理解、承認，「使本身已是合理的內容獲得合理的形式，從而對自由思維來說顯得有根據」(PR, Preface, p.11)[19]。

理性認知在政治哲學中有兩個不同層次的意涵。公民的認知乃是認識到其所存在制度的合理性，從而在差別中建立了認同；哲學家的認知則是進一步將國家的合理性與哲學思辯結合：「哲學是探究理性的東西的，正因為如此，它是了解現在的東西和現實的東西」(PR, Preface, p. 20)，愛國情操當然屬於前者，也就是合理公民的政治認知。

從思想史的角度加以觀察，黑格爾的「合理愛國主義」有必要與孟德斯鳩的理論加以比較。如前所述，黑格爾完全理解在孟德斯鳩的政治哲學中，民主指的是古代直接民主，而人民直接參與政治統治的運作，必須具有公民德行，因為腐化的公民團體必然導致民主的衰微。然而，黑格爾在那個脈絡中已經指出，孟德斯鳩所談的民主、貴族以及君主制，分別是古代以及中古封建時期的制度。到了現代，當自由的理念在歷史中發展到了一個新的階段時，在國家有機體之中，公民將會培養出對於普遍物認知的愛國情操。除了吾

18　也就是黑格爾詮釋下康德實踐哲學的觀點——將主體自身的自我確定性作為衡量道德事務的唯一有效判準(PR, §136)。

19　Taylor(1989: 167-171)對主體際共同性(他稱之為"we-identity")之形成所提出的說明，實基於黑格爾的觀點。

人之前所述，愛國情操的基礎，從古代民主的某種公民的「心性」，轉化成為現代公民的理性認知所產生之信任；更重要的是，黑格爾將「公民德行」的議題，抽離了孟德斯鳩民主制的脈絡，成為所有符合歷史理性所建構出的真實國家中，公民所備的主觀意識。在這個層次上，我們一方面需要藉助黑格爾觀念論的意識哲學來理解其愛國主義內涵，但另一方面，也需要由共和主義的思想史角度掌握其理論的精義。

　　綜合本節論述，我們認為黑格爾提出了一種合理的愛國主義，其理論基礎在於主張政治認同可以通過公民的理性認知而建立，若且唯若政治社群有合理的憲政結構。此外，我們也已就合理愛國主義的可能性提出了知識論上的論證。在這個議題上，黑格爾的觀點與麥肯泰所主張的理性批判必會瓦解政治凝聚力的主張，形成了一個強烈的對照。麥肯泰似乎認為公民基於愛國情操所作出的無條件奉獻，是一種直接而未經中介的(unmediated)、非反省的、情感的行為，黑格爾卻指出它可能建立在內化了的合理意志之上，因而是中介了的(mediated)、反思的、合理的愛國主義。

　　支持麥肯泰的論者或許會從可欲性層次質疑合理愛國主義：一個不具備合理憲政結構的政治團體，是否即無法建立恰當的愛國情操？若果真如此，則此種限制極大之概念有何價值？對於這樣的質疑，我們的回答是肯定的：黑格爾並非如保守主義者意圖尋找一種適用於任何實存政治團體的愛國情操，而是對他稱之為「真實的憲政」(*wahre Constitution*; true constitution)所產生之政治凝聚力做理論性探討(黑格爾, 1981, 2: 249-250)。他指出，愛國情操作為政治凝聚力，其基本的屬性為穩定性與持久性(PR, §269)；而讓此凝聚力喪失作用的原因可能是不合理的批評，也可能是特定的愛國主義及其所建基的憲政制度不合理，經不起理性的檢視。麥肯泰則僅強調第

一個原因，有意無意地忽略了第二個原因。對黑格爾而言，一個穩定持久的愛國主義必須兼顧此二層面，尤以後者爲然。因爲自現代主體性自我意識興起之後，運用理性批判地檢視統治之正當性已成沛然莫之可禦的趨勢，抵擋此潮流勢將壓制主體性的自由原則而違反了人心之所嚮。黑格爾所反對的不合理批評乃政治狂熱主義（political phanaticism），因爲從法國大革命的進程中，他觀察到以德性之名而企圖實現不切實際的絕對自由，會造成政治恐怖的相反結果。他在同時代的政治浪漫主義者身上亦看到類似的不負責任之政治倫理觀，故在《法哲學原理》序言中予以嚴厲批判（PR, Preface, pp. 15-17）。然而這些只是自由原則之濫用，並無礙於他將自由標舉爲法律秩序與權利的基礎（PR, §29）。

　　針對合理的國家與憲政制度，黑格爾也提出了明確的判斷標準：它必須是具體自由的現實；包括個人的單一性及其利益得到完全發展且作爲權利得到明白承認，以及個人認識並肯認合理國家爲其存在、活動、以及認同之基礎（PR, §260）。在這個意義上，吾人可說現代國家的本質乃「普遍物同特殊性的完全自由和私人福利相結合」（PR, §260 Add.）。當然，對黑格爾而言，主觀自由原則並非如康德主義者將之視爲「應然」而運用於對憲政組織原則的建構或判斷，而是通過歷史過程實現於各個民族的政治生活中。由於人類歷史不可免地有偶然性（contingencies）與自然（非精神）的因素涉入，各民族與政治團體實現合理性的程度自有差異，歷史則作爲最終裁判所，判定一民族形構其憲政體制時，是否成功地落實了現代性所要求的合理原則。未能落實者即使能成功一時也無法長治久安，因爲它不能形成恰當的政治認同與倫理凝聚力，其標榜的愛國主義只能依賴教條灌輸以及武力恫嚇而強迫人民服從。

　　伏爾泰曾發出這樣的感歎：

　　凡是野心勃勃，想做市長、議員、法官、執政官、獨裁者
的人，都叫嚷著他愛祖國，而其實他愛的只是他自己。……
每個人都願意財產生命有保障；人人都這麼想望著，私人利
益也就成為公共利益了：人們為祖國的繁榮祝願，也只是為
他自己祝願。（Voltaire, 1983: 327-328）。

　　盧梭更直接指陳，「當人民被迫服從而服從時，他們做得對；
但是，一旦人民可以打破自己身上的桎梏並實際打破它時，他們就
做得更對」（SC. I. 1: 2）。

　　不允許人民的理性肯認，就沒有信任及正當性基礎，自然無法
產生真實的愛國情操，而只有表裡不一的虛妄。對於這樣的政治團
體，黑格爾不欲為其找尋愛國主義的基礎，而是讓歷史辯證做其終
結者：

　　如果一個國家的法制所表示的真理已經不符合於它的自在
本性，那麼它的意識或概念與它的現實性就存在著差別，它
的民族精神也就是一個分裂了的存在。有兩種情況可能發
生：這民族或者由於一個內部的強力的爆破，粉碎了那現行
有效的法律制度，或者較平靜地、較緩慢地改變那現行有效
的、但卻已不是真的倫理、已經不能表達民族精神的法律制
度。或者一個民族缺乏理智和力量來做這種改變，因而停留
在較低劣的法律制度上；或者另一個民族完成了它的較高級
的法制，因而就成為一個較卓越的民族，而前一種民族必定
不再為一個民族，並受制於這較卓越的民族。（黑格爾, 1981,
2: 251-252）

一個不能將其憲政制度合理安排的政治團體，並不構成真正的「政治共同體」，因為其人民沒有成為「公民」，他們之間沒有在政治的層面形成有意義的「共同性」。而一個存在與理念悖離的政治團體不須侈言愛國情操，它要面對的是持續的生存危機：改革、革命、甚至屈服於其他民族，也就是解體。這正是一種以歷史理性重構共和主義基本信念的理論計畫。

回到本節開始的問題，我們現在可以理解何以在一個不具備合理憲政結構的政治團體中，即無由產生合理愛國主義。合理愛國主義此概念表面上之限制，正構成其基於歷史辯證的批判性，也是黑格爾的愛國主義論優於麥肯泰社群主義觀點之所在，因為前者提出了明確的，但同時建基於歷史的內在判準來評斷實存政治社群之合理程度。

六、合理愛國主義與歷史辯證

總結上節論述，我們認為愛國情操雖然為特殊主義樣態，但是一個穩定而持久的愛國情操，則端視政治共同體是否建立了合理的憲政制度以及公民對此合理性之認知與肯認，而非建基於麥肯泰所主張的社群主義式豁免倫理。本章並以黑格爾的政治思想為例，說明以理性認知為基礎所形成的愛國主義是可能而且可欲的。

以日常生活的用語來說，麥肯泰所欲證成的愛國情操乃是一種本能信念：「我愛我的國家，因為它是**我的**」；合理愛國主義則欲證成一種經過反思的合理信念：「我愛我的國家，因為它是我的**而且**它有自由的政制」。在黑格爾的體系中，自由乃政治合理性的主要標準自不待言，由我們所提出的詮釋可看出其自由概念，實乃綜合了共和主義的政治自由、自由主義的消極自由、以及社群主義的

社會構成說，而成爲一豐富的政治認同論。回顧歷史，似乎言之成理的愛國主義論述都必須將「我的」國家之存在理由表述爲於政治理想或原則，以及憲政制度對此理想之落實。其原型可見於雅典民主領袖伯利克里斯的〈國殤講辭〉：他從對祖先和土地之敬意開始，但恰當的證成仍植基於雅典自由的國家制度與公民美德。中古時期的愛國主義也必須將基督教的普遍教義與特定政治社群的使命結合起來，而非靠該政治社群之傳統即可(Kantorowicz, 1965: 320-323)；近代以後則自由原則愈加發皇，成爲恰當的愛國情操不可或缺之基礎。

　　除了理性認知的根源外，黑格爾的合理愛國主義還有兩個特點值得吾人注意。第一點乃是他強調愛國主義的**政治性**。這個看似平常的特性卻也正是社群主義，特別是麥肯泰和沈岱爾理論之弱點：對這兩位思想家而言，社群乃指能構成個人認同的目的性(teleological)社會集團(MacIntyre ,1984a: 187-203; Sandel, 1982: 147-154)，但他們卻不像亞里斯多德或黑格爾對不同類型的共同體及其組成原則做細密的探討，從而忽視了個人認同的不同層面以及迥異的形成過程。是以麥肯泰在討論愛國主義時，並未先說明他所理解的政治社群之基本性質以及其所衍生的政治認同爲何，便馬上進入普遍主義與特殊主義的對立，因而造成了上述混淆不同層次議題之結果。他也未說明從其特殊主義的豁免倫理所構成的愛國情操之對象究竟爲何，界線何在：究竟是國家、民族、文化傳統，抑或是地方性社群？在這個議題上，黑格爾的立場非常清楚：愛國主義的認同對象是已經組成政治共同體之民族，其基礎則在憲政體制(Hegel, 1975: 95-97)而非種族等自然性的集團。因爲前者的構成有賴公民活動與客觀精神相契合，後者則自限於自然(非精神)的因素。黑格爾的憲政(*Verfassung*)概念上溯至亞里斯多德的「政制」(*politeia*)，

而如本書第一章所述爲西方共和主義的基本信念：公民德性乃與憲
政之良善與否是相互界定的。惟有在自足的政治共同體或理性國家
中，才可能建立眞實的德行、政治認同、以及愛國情操[20]。政治認
同不是認同於抽象原則，也不是無批判地接受政治團體之習俗傳
統，而是憲政制度與自由意識互相中介的結果：

> 國家是一個被【公民所】意志（gewolte）和認知（gewußte）的
> 統一體。個體在國家中達成其獨立性，因為他爲一認知者
> （Wissend），有能力去分辨自我跟普遍之差別。在家庭裡沒有
> 這種獨立性，因其爲出於自然衝動而使其成員結合起來；只
> 有在國家裡，他們才可能在自我的反省中結合起來。……這
> 實在是理性達到高度發展之階段，國家由此得以成爲在其自
> 身具體的存在。（Hegel, 1975: 101）

　　黑格爾的愛國主義建基於其客觀精神理論（主體的自我確定性
須在客觀的、合理化的政治社會制度中得到證實），我們或可名之
爲「具體主義」，以別於普遍主義以及特殊主義。「具體的統一
體」（concrete unity）不是任何特殊的存在物（particular existence），而
是存在符合其概念的現實性（actuality）。黑格爾強調合理國家必須
爲具體的統一體，實繼承了亞里斯多德的實踐哲學，以政治共同體
的政制與個人的理性言說能力與德行相輔相成（以黑格爾的用語，
則是兩者互相反思／映射[reflection]），同時實現二者之本性爲最高
的政治實踐（Ritter, 1983: 56）。

20　哈柏瑪斯所提出「憲政愛國主義」（constitutional patriotism）的理念，也是基
　　於相近的政治文化考量。請參閱 Habermas, 1989b: 261-62; 1992: 6-7,16-17。

　　第二點乃是黑格爾的愛國主義建基於更恰當的「構成」哲學。社群主義者一直堅持自由主義的政治原則乃建基於一種「原子式個人主義」(atomistic individualism)的基礎上(Taylor, 1985: 189-210)；相對於此，社群主義者則提出發生式敘事(enacted narrative)的主張，意指一種個人認同並非經由主體的意志創造與決定，而是通過對個人所植基的社群傳統對話之後所「發現」(discover)的；此主張一般稱之爲著根論(embedded thesis)。我們認爲社群主義者的著根論仍犯了他們所批判的現代相對主義之謬誤，因爲無法提出判準來解決不同的社群或傳統爭取個人認同時，所無法避免的選擇問題。這是麥肯泰(1984b: 6)批判自由主義道德論不能妥善解決的倫理衝突問題，事實上也無法從社群主義的主要論旨提出對治之道。舉例而言，但丁與馬基維利同樣謳歌祖國，但是但丁強調義大利，馬基維利卻偏重佛羅倫斯[21]；美國黑人不可免地必須在其國家與種族認同間做優先性的考量；在台灣則有國家、省籍、政治、文化等不同層次的認同問題。普遍主義容或無法提出符合普遍律則的具體解答，特殊主義亦無法說明採用何者爲最當，因爲它們都可被視爲構成各當事人的文化傳統或社群。

　　從黑格爾哲學角度來分析，這個問題只能以歷史哲學的方式來解決：判斷一個特定社群倫理主張合理與否，只能根據歷史所提供的內在判準——其憲政制度實現自由理念的程度(Hegel, 1975: 123-24)。這個主張曾被解釋爲命定論，也被後現代主義者視爲「後設敘事」(meta-narrative)的典型代表而遭拒斥(Rorty, 1983: 585)。筆者

21　Cf. Parel, 1986: 41-43。Parel指出，馬基維利雖於《君主論》最後一章大力謳歌義大利之統一，但是由其分析義大利方言的作品可看出他設想的統一乃在佛羅倫斯的文化政治霸權下；但丁則否認任何方言的霸權乃能得出義大利總體之優先性。

認為誠然命定論與目的論式的歷史主義已不再可能，但是任何有系統的社會政治哲學仍建基於對現代性及近代歷史進程的基本理解，如托克維爾所主張平等的發展為「勢所必至，天意使然」（Tocqueville, 1969: 12），韋伯(1991: 144-49)的合理化及世界除魅史觀，或哈柏瑪斯對後傳統意識產生的演化過程之描述(Habermas, 1979: 36-40)。這些理論不是一種實質的、決定式之目的論，而是規約(regulate)實踐對談基本立場的理念(Habermas, 1979: 8, 40-43)。黑格爾自由史觀之精髓在於指出一更高層次的「構成哲學」：不僅社群及傳統構成個人認同的脈絡，歷史作為自由精神的實現過程，更構成特定社群的倫理主張之合理性基礎[22]。這反映出一種以歷史主義重構共和主義基本信念的理論計畫，雖然黑格爾本人亦未必有此意識；但「理性的狡獪」(cunning of reason)的運作，本來就不一定會僅決定於行動者之意圖。

七、結語

本章由黑格爾有關國家憲政的有機區分、立法權、公共輿論及愛國情操的討論之中，重構出「理性公民共同體」以及「合理愛國主義」的共和理念。這個理念提供了聯結黑格爾思想以及當代對於後馬克思主義的激進民主觀念(post-Marxist radical democracy)以及古典共和主義的著力處。

以激進民主主義而言，Chantel Mouffe認為自由主義式公民資格概念(法律地位)和共和主義的公民身分概念(政治參與)均不夠理

22　當然，關鍵問題在於如何減低目的論之份量，卻同時保留自由理念的樞紐地位。Smith(1989b)所提出的「修正黑格爾主義」(revisionist Hegelianism)即著眼於此。

想，因前者過份被動而後者要求過高，無法落實在現代政治生活
中[23]。她提出一種激進民主概念，「將公民權了解爲通過對共和政
治體(*res publica*)的確認而建立的政治認同」[24]。如本章所述，黑格
爾的理性國家與愛國主義理論，正是一套細緻的共和政治體以及認
同理論。而他所強調公共認同須有合理的反思基礎，則與社群主義
的愛國情操理論大異其趣。

　　黑格爾政治理論的重要性在這個背景下清楚地展現出來。由於
他將人類共同生活領域稱爲「客觀精神」(objective spirit)，其中制
度是行動的具體化，故在其政治理論中，憲政制度和政治參與不是
對立的而是相輔相成的[25]。而本章所重構的理性公民共同體之共和
理念，更以權力分立原則所保障的公共空間以及輿論爲基礎，產生
了合理愛國主義[26]。換言之，黑格爾政治理論中蘊含著共和主義的
思想要素，值得深思。

23　Chantel Mouffe, "Democratic Citizenship and the Political Community," in
　　Mouffe (ed.), 1992: 225-39.
24　Ibid., 235.
25　有關黑格爾「客觀精神」的詳細討論，參見 Riedel, 1984: 18-40。此種制度與
　　行動相輔相成的看法根源於亞里斯多德的倫理思想(Ritter, 1982: 164-72;
　　Ritter, 1983)。
26　筆者雖主張特殊利益和自我中心觀點應該從規定普遍法律的立法權之中去
　　除，這並不表示國家不保障特殊福祉。但後者唯有在前者已建立後才能執
　　行。在黑格爾的體系中，行政權也是社會團體與國家互動的場所，其樣態則
　　是普遍規範的具體化。在筆者一篇英文文章(Shaw, 1992)中，對此議題有詳
　　細的論述。

第十章

共和主義、民族主義與憲政理論：

鄂蘭與施密特的隱蔽對話

一、前言

　　卡爾・施密特以及漢娜・鄂蘭為20世紀德國重要的政治思想家。前者活躍於威瑪德國，倡導以民族主義為基礎的政治決斷論，因為二次大戰時支持納粹主義，戰後被聯軍整肅，禁止於大學任教。相對地，鄂蘭乃是海德格(Martin Heidegger)的學生，由於其猶太裔身分，二次大戰時被迫流亡法國，最後定居美國，並以研究極權主義、發揚共和理想而聞名於世。雖然兩位思想家有著共同的德國思想背景，而且核心關懷均為如何於現代社會以及群眾民主中，振興「政治」的自主性；但由於鄂蘭所享有的令譽，使得兩者的比較研究，至少以英文世界而言，數量相對有限。在文本方面，不像另一位猶太裔政治哲學家李奧・史特勞斯(Leo Strauss)有專文評論施密特《政治的概念》一書，可以直接比較二者的思想異同；鄂蘭在刊行的著作中，只有在《極權主義探源》中三次提到施密特[1]。然而，筆者認為，鄂蘭在《論革命》一書中對於美國與法國大革命制憲活動成敗所提出的理論分析，幾乎可以被視為是一個與施密特所進行之「隱蔽對話」(hidden dialogue)[2]。

1　雖然在《極權主義探源》書目中羅列了四本施密特著作(Arendt, 1973: 506)，但實際上以後者1934年的*Staat, Bewegung, Volk* 為主要徵引文本(*ibid.*, 251, 266)。比較值得注意的是鄂蘭在一個註釋中對施密特之評論：「最富興味的是法學家卡爾・施密特，他關於民主終結以及法律政府的精細理論，即使今日仍然讀起來興味盎然。大約在1930年代中葉他便被納粹自己的法政學者，如Hans Frank之流所取代」(*ibid.*, 339)。鄂蘭在此所討論的是在極權政治體系中真正具有原創思想者(如施密特)往往不見容於當道，而為平庸之輩所取代。

2　「隱蔽對話」乃是德國思想史家Meier(1995)用來描述史特勞斯和施密特之

本章嘗試闡釋兩位思想家的典範意涵，而將焦點放在西方共和主義創建理論的脈絡，對二者加以比較分析，並探究兩位思想家如何基於現代民族國家以及共和主義的不同思想史資源，建構各自的憲政論述。施密特以深厚的公法學與政治思想史素養，將馬基維利以降迄於法國大革命的「超越常態之政治決斷論」視爲基礎，建構出一個完整的民族制憲權與同質民主的憲政理論。鄂蘭則將公民權放在羅馬共和古典意義的社會(*societas*)層次，拒斥主權原則的優先性，認爲只要有人們集體地以公共自由作爲行動導向，便可形成體現共同權力的政治體。除了探討兩者對革命制憲的不同觀點，本章將進一步分析，鄂蘭運用羅馬共和思想來批判施密特的政治神學，而鄂蘭將「權威」與「權力」加以分離的概念架構更是對施密特一元式權力觀念(不論是民族的制憲或主權決斷)的挑戰。

二、問題的出發點：馬基維利的政治創建論

如本書第三、四章所論，馬基維利不僅是近代西方共和主義思想的開端，而且以本章所探討的議題而言，其政治創建論也深刻影響了施密特以及鄂蘭的理論建構。馬基維利生於16世紀義大利四分五裂的動盪時代，卻又嚮往著民族統一以及國家建立，從而恢復古羅馬共和的榮光。是以，其政治思想的核心關懷在於：如何在腐化

(續)————————————

間的思想史關係。筆者認爲這也可以用來描述鄂蘭與施密特的思想史關係。如同Beiner(1990: 238-239)所指出，鄂蘭在批評柏拉圖的政治哲學其實是對立於實際政治世界的思考時，很難不令人聯想這是對於史特勞斯所主張的古典政治哲學之批判；同樣地，鄂蘭在《論革命》一書中對於西耶斯的批判(Arendt, 1990: 161-164)，也很難不令人聯想是一個與施密特的隱蔽對話，因爲施密特是20世紀分析制憲權最重要的理論家。

失序的狀態中，創造全新的政治秩序。他強調「必須記住，再沒有
比引介新的秩序更為困難的課題，沒有任何事情比此事之成敗更加
不確定，執行起來更加危險」（《君主論》第6章）。貫穿馬基維利
所撰《君主論》以及《李維羅馬史疏義》兩本巨著的核心議題，正
是「**引介新的秩序**」（introducing new orders）：無論是君主的個人統
治，或者是公民自治的共和政體，均需預設一個政治秩序的創建活
動。

　　馬基維利共和主義論述中，與本章最具關連性的厥為下列主
張：

> 　　這應該是為概括性的規則：除非有某一個人〔單獨〕規
> 劃，任何一個共和國或君主國不曾或很少發生從一開始就規
> 劃妥善或全面改革其古制這樣的事。確實有必要由單獨一個
> 人賦予模式並且讓他一心定奪任何這一類的規範。……此
> 外，即便某一個體有組織〔秩序〕的能力，長治久安卻仍不
> 能仰賴某一個體的雙肩，而需仰賴許多人的呵護，其維繫也
> 有賴於許多人。雖然多數人沒有組織的能力，因為他們由於
> 意見莫衷一是而不曉得怎麼樣才是有益，但是他們在熟悉
> 〔如何運作下〕以後，他們不會同意說放棄就放棄。（D. I. 9:
> 2）

　　在這引文中，馬基維利除了指陳「創建」作為現代共和主義的
核心論旨外，更剖析了一個重大的理論困難：共和國以政治自由為
核心價值，並以公民參政作為最重要的政治理想，但由於公民集體
在意見方面的分歧，無法從事創建共和秩序的艱難課題，而必須通
過一個德行超卓的個體獨立地締造政治秩序；等到共和體制穩定之

後，公民在其中培養自我管理的政治經驗，才會珍惜此種自由生活的基本價值並且願意以死護衛之。馬基維利所指陳的理論困難，簡而言之，即在於「創建」以及「維護」所需的不同力量：共和秩序的創建需要單一個人（*uno solo*），但共和秩序的維護卻需要多數公民集體的參與。這個觀點之所以構成一個困難，其根本原因在於將一人統治的權力集中與共和主義的公民自治辯證地結合起來。以後來康德道德哲學的範疇而言，則無異於宣稱公民自治作爲一種自律性（autonomous）的政治理想，卻需要靠著一種他律性（heteronomous）、甚至父權式的個人力量加以開創（Barnard, 1988）。

馬基維利的分析觀點，並不能單純地歸因於其時代之限制——也就是說在文藝復興時期，現代民主政治以及憲政理論尚未開展——而輕易地加以棄之不顧。筆者認爲，馬基維利的政治創建論述，非但不是歷史限制之下的特殊思考方式，反而是影響西方近代政治思想的典範之一。基於本書第四章之分析，本章將此種思考方式名之爲**「超越常態的政治決斷論」**，其根本精神存在於下列的辯證關係：任何一個常態性的政治秩序（包括共和式的公民自治），都必須在創建時刻依賴於一種超越常態之外，並且與常態活動完全對立的力量，通過權力的集中與決斷來形構程序。

以下便基於這個理論脈絡，檢視施密特以及鄂蘭的憲政思想。本章的主要論旨爲：施密特繼承並發揚了馬基維利以降「超越常態的政治決斷論」思考模式；相對地，鄂蘭則嘗試以美國革命與立憲的歷史經驗，來建構一個可以克服此種決斷論，但又有別於自由憲政主義的羅馬式共和主義論述。

三、施密特的憲政理論：民族之政治決斷與制憲權

施密特以「敵友區分」的政治觀以及「決斷例外狀態」的主權概念而為人所熟知。他對於馬基維利的政治創建理論並未特別加以著墨，但筆者認為其政治決斷論繼承並發揚了馬基維利主義之精髓。特別是施密特在被聯軍整肅並禁止講學之後，由柏林自我放逐到Plettenberg，並將其書齋命名為「San Casciano」，以被麥迪西家族所放逐的晚年馬基維利自況，可見其與馬基維利精神相近之處（Kennedy, 2004: 35）。

在《政治的概念》一書中，施密特除了頌揚馬基維利悲觀的哲學人類學基設外，特別著重馬基維利作為現代民族概念的前身，以及「馬基維利主義」在民族存亡之秋時所發揮的巨大影響力：

> 這種不幸發生在馬基維利身上，如果他是一位為了目的不擇手段的人，他遲早會寫出比他那本聲譽不佳的《君主論》更富啟發性的著作。事實上，馬基維利像他當時的祖國一樣正處於防守態勢，在16世紀，義大利遭受了日耳曼人、法國人、西班牙人和土耳其人的入侵。19世紀初葉——在革命時期和拿破崙法國入侵時期——這種精神防禦的狀態在德國重演。當反抗以人道主義意識型態武裝起來的強大敵人成為日耳曼民族（*Volk*）的重要任務時，馬基維利被費希特和黑格爾恢復了名譽。（Schmitt, 1976: 66；施密特，2003: 193）

以本章之內容而言，施密特對現代憲政主義的內在矛盾之分析，最具重要性。就其《憲法學說》的目次加以觀察，他在第一部

分討論憲法的諸種概念之後，第二部分「近代憲法的**法治國要素**」以及第三部分「近代憲法的**政治要素**」明確地標舉出其憲政思維所強調的對立性。憲政主義法治國的主要內容，包括公民的基本權利、政府的權力分立、代議政治以及政治參與等國民法治國的政治理想；一般均視之爲自由憲政主義的基本內涵，施密特卻獨排眾議地指出：

> 國民法治國致力於壓制政治，用一系列規範來限制國家生活的一切表現，將全部國家活動轉變成權限（*Kompetenzen*），及嚴格限定的、原則上**受限制的**權力。由此可以得出如下結論：國民法治國原則只能構成整個國家憲法的一部分，另一部分則包含著對政治存在形式的實在決斷。所以，當今公民國家的憲法總是包含兩個要素：一是保護公民**不受**國家侵害的法治國原則，二是政治要素，從中可以推斷出實際政體（君主制、寡頭制、民主制或「混合政體」）。（Schmitt, 1983: 41；施密特，2004: 55-56，粗體強調為原文所有）

施密特認定，國民法治國的各項原則不具備積極能動的政治性，而僅有「被動性格」，因為它著重通過對於國家權力的各種限制來保障個人自由。他總結法治國各項政治主張成為兩個基本原則：其一爲「分配原則」，也就是「個人自由領域被預設爲一種先於國家存在的東西，而且個人自由原則上不受限制；相反地，國家干預這個領域的權力原則上要受到限制」，另一則爲「組織原則」，也就是「國家權力有幾個機構共同分享，並被納入一個受限定的權限體系中」（Schmitt, 1983: 126；施密特，2004: 173）。分配原則體現在公民的基本權利之中，而組織原則乃是通過政府的權力

分立讓國家的權力運作具有可測度性(Schmitt, 1983: 131; 施密特，
2004: 179)。

　　對施密特而言，在思想史層次，由16世紀的暴君放伐論者
(monarchomachen)、孟德斯鳩、《聯邦論》、康德，以及19世紀德
國的自由主義者，過份強調這些憲政主義法治國的規範性理想，其
結果導致了自由主義者忽視(或有意漠視)前述近代憲法的「政治要
素」；而施密特憲政理論的主要目的，便在於通過決斷論的重新建
構，恢復「政治要素」在憲政理論中之優越性[3]。此處的政治要
素，包括了國民制憲權以及主權。對施密特而言，國民制憲權之行
使是一種積極的、意志性的行動，如此方有可能創造憲政規範，主
權則是在規範出現例外狀態時做出決斷以重建規範的力量。相對
地，法治國要素則僅限於一些規範理想，自身無法討論憲政秩序開
創之可能。

　　在施密特的《政治神學》中，主權被界定為「在例外狀態中做
出決斷者」(Schmitt, 1985a: 5)，從而具有創造秩序的力量。他並指
出，主權之決斷同時包含了是否發生了例外性的緊急狀態，以及用
何種手段加以排除。施密特並強調，主權者雖然「外於」規範性有
效的法秩序系統，但仍然「屬於」這個系統，因為唯有它才能決定
憲法是否需要被終止施行(ibid., 7)。換言之，主權者所維護的乃是
國家之根本存在及其自保權，這樣的權力自然具有絕對性格而優位
於法規範的有效性(ibid., 12)。主權者之權力，一言以蔽之，乃在於
「例外狀態最為清楚地決定了國家權威的本質。決斷在這裡與法律
規範分道揚鑣，若用一個悖論來表示就是，權威證明了無需在法律
基礎上制定法律」(ibid., 13)。

3　對這一議題，可參考蔡宗珍(2003: 104-115)之詳細討論。

Cristi(1998: 184-185)認為，施密特這個著名的主權理論，亦即通過例外狀態中所做之決斷而創造秩序或法規範的主權定義，在《憲法學說》中有所修正。的確，在《政治神學》中，盧梭的普遍意志與西耶斯的民族，尚被指陳為缺乏位格(personality)的有機式集體(Schmitt, 1985a: 48-49)。這個相當接近馬基維利認定人民無力創造政治秩序的觀點，到了《憲法學說》中，由於施密特重構了國民制憲權與同質性民主的理論，而產生了根本的變化。在施密特較後期思想中，「人民」(*Volk*)具有兩種可能意義：一為憲法之前與憲法之上的人民，另一則為在憲法框架之內行使憲法所規定的政治權利的人民(Schmitt, 1983: 238-239；施密特，2004: 319)。其中「在憲法之前與憲法之上」的性質，顯然等同於前述主權者高於有效法規範的特質，而在這個意義之下的人民所具有的權力即為「制憲權」(*verfassunssgebende Gewalt*)，施密特將之界定如下：

制憲權是一種政治意志，憑藉其權力或權威，制憲權主體能夠對自身政治存在的類型和形式做出具體的總決斷，也就是說，能夠決斷整個政治統一體的存在。一切其他的憲法法規的效力，均來自於這種政治意志的決斷。（Schmitt，1983: 75-76；施密特，2004: 103-104，粗體強調為原文所有）

雖然在前現代的西方政治思想中，上帝或君主可以作為制憲權之主體，但是在1789年法國革命前後的思想轉變中確立了現代政治的根本原則：唯有人民能夠作為制憲權之主體。然而，在憲法之前以及之上的人民，顯然其同一性並非通過憲法而產生，反而是具有創造憲法的行動主體。此種前於憲法的政治主體，即為民族(*Nation*)。民族被定義為：具有種族或文化意義上相關聯合的「人

民」，當他們意識到自身的政治存在，並具有共同的政治意志時，便形成了「民族」(Schmitt,1983:79；施密特，2004:108-109)。施密特在制憲權行使的議題上，幾乎完全繼受了法國革命思想家西耶斯的論述[4]：「民族」既為制憲權之主體，它在政治存在上便先於憲法，也凌駕於一切法規程序之上，所以不可能有一種程序規範來限制制憲權的行使(Schmitt, 1983: 82-83；施密特，2004: 112-114)。以第八章所述西耶斯的觀念而言，則作為制憲權主體的民族永遠處於「自然狀態」，它可以通過不受限制的意志來行使制憲權並創造憲法；而在既存憲法體制所設置的政府權力之間產生無法解決的矛盾衝突時，便需回歸民族的制憲權，重新締造憲政秩序。

　　對於在施密特思想中作為實然存在與應然規範中介的「決斷」，張旺山(2003: 203-210)進一步區分為「主權決斷」與「政治決斷」兩個不同層次，對於理解施密特決斷論相當具有啟發性。依據此區分，民族制憲權顯然應當屬於政治決斷之範疇。然而，存在意義上的敵友區分的政治決斷，如何和型塑憲政規範的制憲權之行使加以關聯？這顯然是一個關鍵性的問題。施密特的解決途徑乃是通過《憲法學說》第1章所提出的「絕對的憲法概念」來加以解決。他指出憲法乃是「政治統一體和秩序的整體狀態(*Gesamtzustand*)」(Schmitt, 1983: 3；施密特，2004: 3)，也就是說，任何做出敵友區分的政治共同體均會具有「被自動給定的具體生存方式(*Daseinweise*)」(Schmitt, 1983: 4；施密特，2004: 4)。在這個意義上，憲法乃是具有政治意識的民族自我決定其存在的整體樣態。施密特並區分此種絕對意義上的憲法之三層含義：第一層含義乃是「憲法＝一個特定

4　這個「繼受」只限於制憲權之行使面向。本書第八章第四節所論西耶斯制憲權中的自由主義精神，施密特完全加以漠視。

國家的政治統一性和社會秩序的具體的整體狀態」（ibid.）；第二層含義則是「憲法＝一種特殊類型的政治和社會秩序」（Schmitt, 1983: 5；施密特，2004: 6），這其實是指涉作為統治形式的政體；第三層含義則指涉「憲法＝政治統一體的動態生成原則」（Schmitt, 1983: 5；施密特，2004: 8）[5]。

　　這個「絕對意義的憲法」是任何一個擁有統一意志的民族必定具備的，在這個先決條件之下，才有可能產生規範意義的憲法系統（Schmitt, 1983:10；施密特，2004: 15）。換言之，民族通過敵友區分的政治決斷而成為一個可以行動(行使制憲權)的主體，從而可以制定該主體所認為恰當的**任何**憲政規範[6]，因為這是民族自我決定其存在之整體樣態，沒有超越性的規範或程序可以約束這個決定，其他民族更不得干涉。施密特援引西耶斯的名言：「民族行使意志，足矣。」（Schmitt, 1983: 79；施密特，2004: 108-109）。

　　除了民族的制憲權，人民在憲法體制之內也應盡量擴大其政治參與權，此乃其理論之民主面向。施密特將「民主」界定為「統治者與被統治者、治理者與被治理者、施令者與服從者的同一性」的政治體制，也就是基於人民的實質平等所實施人民自我統治的制度（Schmitt, 1983: 234-235；施密特，2004: 312-313）。在這樣的同質性

5　關於施密特絕對以及相對憲法概念的區分，請參照蔡宗珍(2003: 86-89)以及張旺山(2005: 128-135)之討論。

6　在《君主論》第6章中，馬基維利指出，對摩西等偉大創建者而言，「機會給他們提供材料，讓他們把它塑造成他們所欲的**任何**形式」；而最後一章激勵麥迪西家族成員從事統一大業時，則謂「義大利現在不乏可以採取**任何**形式表現的材料」。由這兩個關鍵的引文，可以明確地看出施密特式政治決斷論所稱，在存在意義上絕對制憲權主體可以制訂任何憲政規範的思想史淵源。此處《君主論》的引文，筆者依照Mansfield之譯文(Machiavelli, 1985: 23, 104)修改了潘漢典的譯文(馬基維利，1994: 25, 122)。

民主體制中，人民除了選舉代表之外，還可以對實質性的問題做出決斷，也就是通過公民投票的方式直接決定政治事務。施密特甚至描繪了一個永遠並立於憲法之旁的人民，構成了公共領域以及民意，能夠對於各種政治議題做出「喝采」（acclamation），即一種簡單的贊同或不贊同的政治表達（Schmitt, 1983: 242-243；施密特，2004: 324-326）。

施密特這套政治優先的憲政理論之主旨在於批判19-20世紀德國的自由主義思潮。他認爲這些自由主義者在與君主的政治鬥爭中，忽略了政治決斷的重要性，而在立憲君主制度中尋求妥協，通過「法治國」原則的建構，以議會主義來與君主抗衡。其結果導致了德國長期的「非政治化」以及關於制憲權主體決斷之延遲。而在施密特心目之中，法國大革命不但在理論層次提出民族制憲權這個核心概念，而且在政治鬥爭的策略上也正確地堅持政治優位性，成爲現代「民族式民主」（national democracy）的典範。他如此描述法國大革命的時代意義：

> 在1789年的法國革命中，誕生了以自由和民主這兩種不同要素混合而成的近代憲法。這種憲法的思想基設是制憲權學說。……制憲權有一個先決條件：人民是以政治方式存在的實體。「民族」（Nation）一詞精確地描述了政治意識已經覺醒、並擁有行動能力的人民。……但是，在憲法理論的層面上，必須將兩個不同的過程和思想體系互相分開。首先，法國人民將自己建構為制憲權主體；他們意識到自己的政治行動能力，由此而明確接受了現有政治統一體和行動能力的先決條件，並在此一先決條件下自己為自己制訂了一部憲法。這個過程所以如此有效和果決，是因為根本政治決斷的關鍵

在於，人民**意識到**自己作為擁有政治行動能力的主體的身
分，必欲自己決定自己的政治命運。從某種意義上說，法國
人民自己建構了自己……法國革命的第二重意義在於，它產
生了一部國民法治國憲法，及一部對國家權力的行使加以限
制和監督的憲法。這樣一來，它就賦予了法蘭西國家一種新
的、具體的政治生存方式。如果民族作為制憲主體與決斷君
主鬥爭並廢除了絕對王權主義，他們會以同樣絕對的方式取
代絕對君主。在這裡，絕對性延續了下來，其程度並未改
變，甚至還有所提高，因為人民在自己的國家中達到了政治
上的自我同一性。這個過程的**政治**力量導致了國家權力的增
強，導致了極其嚴密的**統一性**和不可分割性。（Schmitt, 1983:
49-51；施密特，2004: 68-70；粗體強調為原文所有）[7]

以上這段引文，精要而深入地闡述了施密特分析法國大革命的
政治意義，此意義存在於「雖然有自由和法治國原則，法國人民關
於政治統一體的思想無時無刻不是決定性的基準點」（Schmitt, 1983:
51；施密特，2004: 70）。

於此，我們清晰地觀察到施密特的決斷論邏輯：具有制憲權的
民族優位於憲法規範，並且通過不受限制的意志運作，創造憲法秩
序。從馬基維利以降深刻影響盧梭乃至西耶斯的「創建理論」，遂
在施密特的理論中得到一個符合現代憲法學理的表述。其中的重大
關鍵在於，馬基維利和盧梭用神話方式所表述創建者或立法家之超
越常態活動，施密特能夠以現代公法學說的詞彙加以重述。人民在

7　中譯本將 *absolutist* 翻譯成「專制」，筆者將之改為「絕對性」以符合原文之
　　精神。

形成「民族」之後，便成為創建制憲活動之主體，從而馬基維利所指陳的人民無法締造共和秩序之主張得以克服。施密特並且運用「主權獨裁」(sovereign dictatorship)的範疇來理解創造憲政規範的制憲國民會議之行動的法學意義(Schmitt, 1983: 59；施密特，2004: 79)，可見在創建活動的**樣態**上，仍延續了馬基維利的觀點，即創建者需要將權力集中到自身。

四、「權力屬於人民，權威存在憲法」： 從政治神學到羅馬共和主義

　　鄂蘭在《論革命》一書中，對於施密特的制憲權理論沒有任何直接的討論；然而，她對於法國革命傳統以及西耶斯的制憲權理論所提出的分析，足以構成一個挑戰施密特制憲權理論的論述。前節所述施密特所頌揚法國大革命的時代意義，鄂蘭卻對其根本原則提出了尖銳的批判：法國大革命代表了一種現代政治的基本格局，群眾民主和菁英操控以「民族」或「人民」之名來實施大規模的暴力變革。鄂蘭所珍視的古典共和主義之平等精神以及政治自由，也在這個過程中蕩然無存。限於篇幅，以下將討論鄂蘭所標舉的現代共和主義根本原則，以及這些原則如何在美國革命得到落實，構成足以與法國大革命相抗衡的理論典範[8]。

　　對鄂蘭而言，馬基維利所代表的現代共和主義過分強調政治秩序創建活動所蘊含的**不連續性**。由於「開端」(beginning)被構思成為歷史或時間中之斷裂點，欲在其間從事開創新局的活動便不可免

8　值得注意的是，施密特在討論制憲權觀念之歷史根源時，否定美國立憲的重要性(Schmitt, 1983: 78-79；施密特，2004: 108)。

地落入缺乏判準的任意性(arbitrariness)之中(Arendt, 1990: 205)。無論是馬基維利的創建者、盧梭的立法家、或西耶斯的民族制憲權，其目的均在於設想一個歷史斷裂時刻，有權力創造新秩序的根源。鄂蘭認爲這是一個完全錯誤的思考方式，因爲這將憲政制度之創建視爲一舉而成的「製造」(making)活動，彷彿我們只要找到具有能力的「製造者」，將權力集中到其手中，便可以創造出一個具有正當性的憲政制度。這樣的思考有什麼問題？鄂蘭認爲這混淆了「權力」(power)以及「權威」(authority)兩個完全不同的觀念，遑論從馬基維利到法國大革命對於「權力」以及「暴力」(violence)亦有所混淆。

鄂蘭指出，從盧梭以降，法國思想界企圖將國王的絕對權力轉化爲人民的主權(Arendt,1990: 183)。這個思考進程，如同施密特所一再強調的，民族作爲制憲主體與君主鬥爭並廢除了絕對主義時，他們會以同樣絕對的方式取代絕對君主。換言之，「絕對性」延續了下來，其程度不僅並未改變，甚至還有所提高，因爲人民在自我統治的國家中達到了政治上的同一性：「這個過程的政治力量導致了國家權力的增強，導致了極其嚴密的統一性和不可分割性。」(Schmitt, 1983: 51；施密特，2004: 70)。然而，鄂蘭反對施密特通過「政治神學」的途徑肯定此種絕對主義的思考方式，並針對此種民主的「絕對性」提出旨趣完全不同的分析(Arendt, 1990:158-165)。

鄂蘭指出法國思想傳統最重要的基設乃基於政治神學，特別是權力與法律同一性的觀點：

他(國王)的意志，因爲被假定代表了上帝在地球的意志，遂成爲法律以及權力共同的根源，而正是此同一的根源(identical origin)讓法律具有權力而權力具有正當性。(Arendt,1997: 156)

　　此種絕對君主時代所建構的政治神學範疇轉化爲人民主權理論
時，便使人民的普遍意志成爲一切政治權力以及正當性的根源
(ibid., 181)。鄂蘭指出，此種集中起來的單一性的權力，容或可以
成爲掃除舊制度的暴力，卻無法成爲建構新秩序的眞實權力。因爲
單一性的權力，必須被假定源於一個實際上未必存在的集體意志
(如盧梭的普遍意志)，然而，意志本身是變動不居的，由此種意志
所產生的法律，雖然被視爲具有正當性，但由於持續地變化，無力
構建政治共同體中公眾生活所需要的穩定制度(若用鄂蘭的話來說
則是無法形成持久的世界性)。

　　鄂蘭認爲法國傳統忽略了古典共和主義對於政治共同體的**永續
性**(perpetuity)之深切關懷。永續的共同體(perpetual union)必須具有
穩定的法律秩序，而爲了確保法律秩序的穩定性，鄂蘭特別強調
「法律的來源」(source of law)和「權力的根源」(origin of power)必
須加以區分，如此一來，法律秩序(包括憲政根本大法)才不會隨著
集體意志的變動，落入不穩定的「不斷革命」進程(ibid., 182-
183)。鄂蘭對盧梭以及西耶斯將「法律的來源」化約到「權力的根
源」所提出的批判，筆者認爲也適用於前述施密特有關於國民制憲
權不受限制的理論。

　　政治共同體需要具備某種持續存在的性格，就像人的生命以及
自保，是一個無可否認的事實。值得注意的是，「永續性」事實上
也是布丹在描述主權時所列舉的最重要特性之一，而在霍布斯的主
權論中也有相同的看法。但鄂蘭基於共和主義傳統，強調以布丹和
霍布斯爲代表的現代國家主權論述，將主權設想爲不受法律限制
(*legibus solutus*)的最高權力，並無法因此便確保政治共同體的永續

存在。鄂蘭對法國大革命所提出的理論批判之關鍵便在於此：從盧梭開始，通過「普遍意志」所形構的民主革命論，並未眞正超越絕對王權時代的主權觀，只不過將超越法律之上的主權者替換爲人民或人民所形成的普遍意志而已。然而，具有主權的人民意志同時成爲政治權力以及法律的根源後，由於意志會不斷地變動，所以法律（甚至憲法）都可以隨時更迭，其結果導致了政治與法律的極度不穩定，甚至暴力化的傾向：

> 當法國革命者說所有的權力均存在於人民時，他們將權力了解爲一種「自然」力量，其根源乃是外於政治領域，並構成一種力量且在革命中轉變爲暴力，如同颶風一般掃除了舊政權的所有制度。此種力量被體認爲一種超越人性之外的，而且也被視爲乃是外於所有政治組織的群眾（multitude）所累積之暴力。（Arendt, 1990:181）

鄂蘭明白地指陳，法律所需要的正當性權威必須獨立於人民的多數意志之外，方有可能施行可大可久的政治治理。美國革命的偉大之處，便是通過實際的歷史經驗以及所發展出的憲政理論，提供了此種權力與權威分離之典範。其憲政體制，在過去兩個多世紀以來遭遇到無數新思潮之衝擊，總能與時俱進，規範著日趨繁榮強大的國家。從馬基維利到盧梭所嚮往卻又無法企及的「永續性」，不需通過對於古代民主的思古幽情，在現實世界中便有此種事實之例證：只有美國革命擺脫了歐洲民族國家的發展進程，也就是擴張以及「不斷革命」的惡性循環。

鄂蘭指出，古典共和主義眞正關懷的焦點其實是法律來源的議題，而法律的來源在於權威而非政治權力，因爲只有權威才能賦予

持久性的正當統治，所以她的關注焦點，除了政治權力的恰當概念之外，更著重於分析政治權威的不同作用[9]。鄂蘭的主要理論目標便在於嘗試將權力與權威都成爲內在於政治領域運作的元素，在人際的行動之間開展落實，所以他由羅馬典範到美國革命，建構了另一種建立憲政權威以落實人民權力的共和理論。由意識型態批判的角度而言，則鄂蘭遵循羅馬的權威概念，可以說是訴諸一個比基督教神學更久遠，政治性更強的傳統。如此一來，施密特所宣稱「現代國家理論中的所有重要概念都是世俗化了的神學概念」(Schmitt, 1985a: 36)之奧義說法，經過鄂蘭的「共和主義系譜學」的解構，其神秘色彩便自然地消解於無形[10]。當然，鄂蘭在此議題上乃遵循馬基維利通過羅馬共和來批判天主教的先例。

在〈何謂權威？〉一文之中(Arendt, 1977: 91-141)，鄂蘭對於馬基維利政治創建論以及現代革命背後所蘊含的行動理論，提出了基於思想史的深入剖析。她認爲，在歐洲核心的政治詞彙中，「權威」乃是特別困難而值得探究的觀念。表面上看來，權威似乎只是表示被統治者服從統治者正當支配的簡單事實；然而，究竟用何種概念架構加以理解，則其複雜困難度遠遠超過常人所能想像。鄂蘭認爲，其中之關鍵在於，唯有羅馬的政治傳統眞正地實現了政治權

9　筆者認爲，盧梭以降的法國革命思想家對這個問題其實是有所意識的，這也是本書第六章所論何以盧梭要在普遍意志之外另立一個具有啓蒙作用的立法家，來教化未必具有正確識見的公民之原因。以鄂蘭的概念架構來說，則普遍意志享有政治權力，而立法家則具有諮詢、教化性的權威。但盧梭這樣的分析取向，導致受其影響的法國傳統將政治權威的承載者，落於一種外於政治或前政治的超越性實體，對於公共領域之中政治行動者的範圍，從而是一種由外而內的行使，很容易成爲暴力的運用。

10　鄂蘭並進一步分析指出基督教的權威觀念承襲了羅馬(Arendt, 1977:125-135)，並利用了柏拉圖的「彼世」觀來增強法律之約束力。

威的完整面向，她稱之爲「權威／傳統／宗教的三位一體」
（Arendt, 1990: 117）。羅馬政治觀念的出發點在於基業的神聖性
（sacredness of foundation；Arendt, 1977: 120），因爲羅馬政治家將其
城邦之創建與祖宗之基業等同起來，並賦予了神聖的宗教性格。在
此基礎之上，傳統以及宗教所致力的，均在於將當前這一代的行動
回溯地關連到祖先所奠定的基業。是以，「權威」究其根源意義而
言，意味著「擴而廣之」（augment，拉丁文字根爲 *augere*）。在羅馬
政治體制中，元老院體現了這個向祖宗基業回溯的權威，因爲元老
院的成員均是具有顯赫政治功業的貴族大家，他們所提供的，乃是
具有智慧的審議與諮商，從而賦予政治決策以正當性。相對地，
「權力」並不屬於元老院，而爲人民所有（ibid., 121-122）。

　　羅馬的政治觀念架構，解決了政治正當性的根本問題：權威之
主要作用，如鄂蘭所言，乃是「賦予世界以恆長性與延續性」，而
由於羅馬的權威向前回溯到祖宗基業，乃得以解決權威運作所需要
的「外於並高於政治權力之力量，並足以作爲政治權威之正當性根
源」（Arendt, 1977: 97），其實可以**內於**政治領域之中，不需要如希
臘柏拉圖的哲王概念、基督教的末世論或中古自然法的**超越性**標
準，將政治置於外在標準之下。

　　鄂蘭進一步指出，馬基維利的政治創建論，雖然是對於羅馬政
治觀念的重新發現（rediscovery），但是在這個重新發現的過程中，
他也做出了完全不符合羅馬眞實精神的重新詮釋（reinterpretation），
並且影響了羅伯士庇爾以降的現代革命觀念：

　　　如同羅馬人，馬基維利與羅伯士庇爾將創建視爲核心的政
　　治行動，通過一個偉大的行動而建立了公共政治領域，從而
　　使得政治成爲可能；但不像對於羅馬人而言，這個行動乃是

過去之事件，馬基維利與羅伯士庇爾則認定，為了這個最高的「目的」，所有的「手段」，特別是暴力的手段，都可以因此而證成。（Arendt, 1977: 139）

換言之，對鄂蘭而言，馬基維利主義所犯的根本錯誤在於，將羅馬存在於歷史延續性根源的「基業」抽離出來，成為一個獨立自存，必須要去實現的「終極目的」。這個終極目的或為義大利之統一(對馬基維利而言)，或為法國共和體制(對羅伯士庇爾而言)，而創建與革命行動便是運用暴力手段來實現這些終極目的。如此一來，「現在」便由歷史延續性當中斷裂而去，無所依傍，而個人或集體遂只能依其意志來從事政治活動。羅馬原始權威概念的有機統一性便完全解體，並形成了決斷論之政治觀。

對於鄂蘭「權力」與「權威」必須加以區隔的主張，可能係與施密特進行「隱蔽對話」的脈絡，筆者認為應當從後者在《憲法學說》論述制憲權時一個重要的註解作為出發點。在本文第三節所引「制憲權是一種政治意志，憑藉其**權力或權威**，制憲權主體能夠對自身政治存在的類型和形式做出具體的總決斷」(Schmitt , 1983: 75-76；施密特，2004: 103-104)這個定義中，施密特對於其中「權力或權威」做出了如下的長註：

對本憲法學的進一步論述來說，沒有必要區分權力（*Macht*）和權威（*Autorität*）這兩個詞。不過，鑑於這個區分對國家學所具有的重要意義，我們不妨稍稍提一下：與權力（必定是實實在在的）相對應的是主權和威嚴之類的概念；相反地，權威指的是一種本質上以連續性因素為基礎的聲望，涉及到傳統和持久性。在每個國家裡，權力和權威兩者都是同時起作用

的。（Schmitt, 1983: 70；施密特，2004:103）

假如我們比較施密特的這個長註以及鄂蘭在〈何謂權威？〉一文當中關於羅馬權威的討論（Arendt, 1977: 122-125），將會發現驚人的相似性：首先，兩位思想家均將權威觀念追溯到羅馬的政治思想，並認為權威依賴於傳統的延續性，特別是兩位均援引德國19世紀羅馬史家Theodor Mommsen在《羅馬公法學》同一個頁碼之討論；其次，二者均提及中古時代羅馬教宗與皇帝間之關係也成為權威與權力相對立的政治結構，而且二者均引用了《拉丁教父全集》59冊西元第5世紀教宗Gelasius一世關於「此世之治理端賴二物：教宗神聖之權威以及帝王的權力」的說法（施密特前引註；Arendt, 1977: 293註40）；最後，施密特討論一次戰後日內瓦的「萬國聯盟」所具有的權力或權威時指出，他可以接受國際法庭擁有權威，但法院的權威因為要受到現行法律的拘束，從而並不具有真正的政治性。而施密特特別引用孟德斯鳩關於司法權概念的著名說法：「在上述三權中，司法權在某種意義上可以說是不存在的」（Montesquieu, 1989: 158）[11]。無獨有偶的是，鄂蘭在《論革命》一書當中所標榜的知識英雄即為孟德斯鳩，而且要將美國最高法院作為權威所在的共和精神，也恰與施密特此處之觀點有所對立。

這些驚人的雷同性，相當程度上構成一個隱蔽對話的文本證據：鄂蘭「權威」與「權力」分離的憲政體系很有可能的確是針對施密特制憲權理論而建構的。撇開思想史而進一步分析，筆者所關心的是理論性議題：對施密特而言，「在每個國家裡，權力和權威

11　在《憲法學說》中譯本中，這句話被翻譯為「從某個方面來看是無效的」，超過了法文原始的意義。

兩者都是同時起作用的」，他並將這個觀念連結到《憲法學說》後
來關於「同一性」與「代表性」的政治形式兩個原則之論述
(Schmitt, 1983: 204-216；施密特，2004: 273-289)[12]。然而，筆者認
爲在《政治神學》中，關於法律與權威的討論更爲相關(Schmitt,
1985a: 32-35)。他反對洛克所提出通過法律提供權威來克服君主個
人命令的傳統主張。施密特指出：

> 　　洛克沒有認識到，法律並不能指明自己賦予誰權威。……
> 法律規定以及決斷規範所指明的只是如何做出決斷，而不是
> 應當由誰做出決斷。在核心權威缺席的情況下，任何人都能
> 訴諸內容的正確性。但是，核心權威並不是從決斷規範中來
> 的，所以，這個問題就成為一個權限(competence)的問題，
> 從某個公理的法律性質的內容出發，既不能提出這個問題，
> 更無法回答這個問題……或許我們可以根據是否意識到法律
> 決斷的規範性質，把法理學思想分為兩類。決斷論(請允許我
> 創造這樣一個詞)類型的經典代表人物是霍布斯。這一類法理
> 思想的特性說明了為什麼恰恰是它，而不是其他類型，揭示
> 出經典型態的對立面：*Auctoritas, non veritas facit legem*(權威
> 而非真理制訂法律)。(Schmitt, 1985a: 27-28；施密特，2003:
> 32-33)

　　換言之，施密特所主張權威與權力「同時產生作用」的觀點，
乃是源於霍布斯在《利維坦》第26章中，將權威與眞理相對立的著

12　由於篇幅的關係，本章無法處理施密特關於政治形式兩個原則的理論。對此
　　議題，可參考蔡宗珍，2003：106-109之討論。

名說法。其結果是，「權威」消融於具有決斷「權力」的政治行動者之中。如同施密特在《托瑪斯・霍布斯國家理論中的利維坦》一書中所言，「這個陳述(按指*Auctoritas, non veritas facit legem*)，顯著之處在於霍布斯的結論：權威與權力之區分不再有效，使得最高權力(*summa potestas*)消融於最高權威(*summa auctoritas*)之中」(Schmitt, 1996: 45)[13]。從羅馬到中古時期的權威與權力分立之二元結構，由於主權國家的興起而產生了根本的轉變。國家的「權威」並不依賴先於國家的權威秩序；其「尊崇與榮典乃源於它組織了一個合理運作的命令系統」(Schmitt, 1996: 47)，而「任何能建立和平、安全秩序者，即為主權者並擁有所有權威」(Schmitt, 2004: 61)。是以，「法律為主權者命令」這個重要命題預設了國家結合了最高權威(*summa auctoritas*)以及最高權力(*summa potestas*)。

13　施密特對霍布斯*auctoritas*的援引，貫穿了《政治神學》(1922)迄於《托瑪斯・霍布斯國家理論中的利維坦》(1938)。唯一的特例是《憲法的守護者》(1931)。在這本書中，施密特否定司法權作為憲法守護者的角色，主張威瑪共和的總統才是當時真正的憲法守護者。在這個議題上，他引用19世紀法國自由主義者康士坦(Benjamin Constant)關於總統可作為「中立性權力」(*pouvoir neutral*)的著名理論。但施密特嚴謹的法學思想使他清楚地意識到，總統此種調解其他政治權力的，並非憲法所賦予的「權力」，而是憲政之「權威」。《憲法的守護者》最後之結論為：「憲法特別試著讓帝國(按：指威瑪共和)總統之**權威**有機會能與德國人民之政治總意結合，並藉此以憲法統一體之守護者、捍衛者及全體德國人的身分而行動。而當前德國的存在及存續即是以此種嘗試之成功為基礎。」(施密特，2005: 284，黑體字強調為筆者所加)。筆者的看法是，霍布斯以降的現代國家理論將權威消融在權力之中成為一元體系，乃是施密特的理論觀點。在《憲法的守護者》之中二者又加以分離並賦予總統以權威的主張，是基於特定憲政狀態所產生的具體看法，未必能推翻他長久所持的一元主義理論。何況，在更後期的霍布斯專書中，施密特又回歸了權威與權力一元體系的觀點(Schmitt, 1996: 44-45, 47)。

施密特此種基於霍布斯式決斷主義的權威與權力一元體系，套用哈靈頓的說法，乃一種「現代治國智慧」（modern prudence）；相對於此，鄂蘭嘗試重構羅馬傳統中二者分離的「古代治國智慧」（ancient prudence），並通過孟德斯鳩的影響，而在美國立憲的過程中得到現代憲政主義的表達方式。對鄂蘭而言，權力和權威必須加以分離：「權力的根源」雖然必須來自人民，但並不能等同於「法律的來源」亦須如此（Arendt, 1990: 182）。後者乃基於某些更高的權威，而在美國立憲時權威便被安置於憲法之中，所以權力和權威具有完全不同政治意義，兩者非但不能如施密特所言必須「同時起作用」，而且必須嚴格地加以分離，在現代公共領域發揚羅馬共和「權力屬於人民，權威存於憲法」的精神，才可能造就一個可大可久、自由的政治共同體。

五、超越決斷式制憲之外：美國立憲的延續性立憲

鄂蘭在〈何謂權威？〉一文的結尾，提出了可以總結《論革命》一書的基本詮釋觀點：

> 或許更為重要的乃是奠基行動（也就是美洲大陸的殖民化），先行於《獨立宣言》；是以，在形構憲法時，可以立基於既存的協約以及協議，確認並將已經存在的政治體合法化，而非創造一個全新的政治體。（Arendt, 1977: 140）

美國特殊的殖民地歷史背景，反而使得其開國先賢得以回歸羅馬的原始精神，並避免了馬基維利「引進新秩序」所導致的政治困境。

　　鄂蘭特別強調歷史的延續性，也就是美國在獨立戰爭以及立憲之前殖民時期的自治經驗的重要性。因為，從〈五月花號協議〉以降，美洲居民已經形成了繁複的自我管理之協議以及制度。當然，她並非主張殖民構成了公民自治或立憲的歷史要件，而是強調在實際從事革命或創建行動**之前**，公民必須要已經具備了基本的政治能力；而美洲人民在殖民時期所逐步建立的自我管理之傳統，正鋪下了美國立憲所不可或缺的基礎（foundation）。

　　美洲殖民時期的自治經驗有兩個重要特性。首先，雖然還沒有形式上的「創建」活動，亦無國家主權由上而下之支配管理，但人民已經可以自發地自我組織從事政治活動；並沒有像霍布斯的社會契約論或西耶斯、施密特制憲權理論所認定，在創建之前乃是缺乏任何秩序的自然狀態。鄂蘭強調「政治」**不需**預設國家主權或敵友區分之決斷；相反地，只要具有理性能力並了解共同生活與集體行動重要性的人們群聚以後，願意平等地允諾守信，公共領域與政治行動便自然浮現：

> 從頭開始，殖民地的居民便自我構成各種「政治體」（civil bodies politic）。進一步而言，這些共同體並不被視為嚴格意義之政府；它們並不蘊含著統治以及將人民區分為統治者與被治者。……這些新的政治體乃真正的「政治社會」（political societies），而他們對於未來的極端重要性乃在於形成了一個政治領域，並**在不具有也不宣稱主權的情況下，得以享有權力，並有資格主張應有之權利**。（Arendt, 1990: 168；粗體強調為筆者所加）

值得注意的是，鄂蘭在此處所發揮的思想史資源，顯然是古典

政治哲學傳統將人視爲政治動物，具有理性並形成共同體的主張，
從而克服了前述馬基維利以降「決斷論」強調斷裂所帶來的問題。
鄂蘭指出羅馬的「社會」（*societas*），其眞義在於「結盟」（alliance）
原則，也就是能夠將散居各處的人們，通過平等的互動以及允諾與
履約的溝通精神，來構成集體生活（ibid., 170）。鄂蘭此處對於結盟
的論述，幾乎可以被視爲是基於本書第二章第三節所述西塞羅的共
和主義來批判施密特的「敵友原則」，並闡釋社會權力形構時所允
諾與履約之平等精神（ibid., 170-71, 175）[14]，所以，美國革命的精義
在於將創建活動導向人類的「建築世界的能力」（world-building
capacity），如此建構出來的憲政體制，便如同人類建築自身之居
所，不僅爲了自己的存在，也是爲了後代子孫[15]。

　　美洲殖民自治經驗的另外一個重點在於，「創建」不再是一個
絕對的開端。也就是說，美國革命立憲的基本特質不是一般理解中
的「革命」：用暴力的手段推倒舊體制，在一個全新的起點開創未
來的政治體制。鄂蘭提別強調美國革命立憲的進程：從尋求被剝奪
的個人權利出發（這還是屬於在舊體制「有限政府」架構中尋求權
利的回復，也就是嚴格意義的"restoration"）；但自《獨立宣言》開
始就脫離了這個「消極自由」的時刻，進入了追求政治自由、人民
公共幸福的參與性「開端啓新」的集體活動。這乃是鄂蘭所定義的
「革命」時刻，以政治參與的積極自由作爲集體行動之動因。這個
革命過程，最終在立憲的時刻，將革命的動能化爲垂之久遠的自由

14　哈柏瑪斯後來將之抽象化成爲「溝通性的權力」概念（Habermas, 1977），雖
　　然Canovan（1983）認爲哈柏瑪斯將鄂蘭行動理論轉化爲以語言爲基礎追求溝
　　通共識的詮釋有其內在問題。
15　鄂蘭此種「社會」典範的歷史延續性觀點，和西耶斯用歷史主義和社會發展
　　來解決社會契約的構成論，其實有著異曲同工之妙。

憲政，整個的革命進程才算完成。美國革命結合了殖民時代已經發展出的社會權力，並通過公民的集體參與、慎思明辨的審議活動之後，藉由自由政制的創建，能夠將社會權力制度化，擴大並且垂之久遠(Arendt, 1990: 154)。當然，在這個分析角度之下，革命的「開端啓新」便不再是徹底打倒舊制度以便創造新體制，而是一種「重新奠基」(re-founding)的工作，從而消解了馬基維利到施密特追尋絕對開端的危險後果。

　　除了殖民地的自治經驗已經鋪下了立憲活動所需要的社會權力基礎外，《獨立宣言》構成另一個美國立憲的正當性根源。由殖民時期的自我管理過渡到革命時期的立憲，乃是在人民權力的基礎上進一步建立權威性憲政制度。在這個過程中，《獨立宣言》扮演了關鍵性的中介角色。因為立憲時期的美國公民，無論其政治立場為何，但對於獨立宣言所宣誓的政治價值，都加以接受。由麥迪遜在《聯邦論》第40號的論述，可以清楚看出訴諸《獨立宣言》的政治影響。《獨立宣言》作為一個文本，連結了殖民時期的政治實踐以及未來的成文憲法。不僅如此，通過此種具有中介的正當性基礎，美國憲法的基礎便不單純是國民意志或直接民主的多數決，而可以獨立發展證成。所以，《獨立宣言》在美國憲政主義所扮演的角色和法國大革命的《人權與公民權宣言》是完全不同的。前者成為政治正當性的基礎之一，從而導向憲政權威的建構；後者則在宣示法國國民的終極權力之後，憲法只不過是加以落實的工具而已。

　　鄂蘭並進一步提出了對於《獨立宣言》的重新詮釋。在傳統的理解中，一般均將《獨立宣言》所宣示的：「我們將下列視為不證自明之真理：人民有追求生命、自由以及追求幸福之不可讓渡的天賦權利」視為洛克天賦人權理論的落實。但鄂蘭卻強調這個聲言中的「**我們**」，也就是說這些不證自明的真理，乃是在特殊歷史情境

下，成為北美13州人民所構成的「我們」所共同持有的信念。從而，美國革命的基礎並非「自然的上帝」或「不證自明的真理」這些超越性的判準，而是「我們」在「奠基行動」中所協同建立的（Arendt, 1990: 192, 196）。換言之，《獨立宣言》構成了立憲活動主要的權威基礎，使得美國立憲活動不再是由真空當中的國族自我構成政府之行動，而是確立一個有效的根本大法（law of the land; ibid., 193）。

對於美國立憲（狹義的制憲活動），鄂蘭同時強調在立憲時期所進行的民主審議活動，以及隨即產生的對於憲法的崇敬之情的集體記憶。鄂蘭在此處刻意地將「立憲活動」和「對立憲之記憶」的重要性同時並舉。立憲活動乃是一群人民集體地、審議式地創造了一個新的憲政體制；而在美國的經驗中，這個創造活動的成果乃是憲法文本。鄂蘭如此說明美國式的立憲活動：

> 那些具有制憲權力（power to constitute），也就是立憲的人們，已經是恰當地通過被構成的機構所選舉出的代表；他們從基層得到了其權威，而當他們堅守羅馬「權力在於人民」的原則時，他們並不是用一種虛構以及絕對的方式從事思考一個高於任何權威並不受任何法律限制的民族，而是通過一個已經在運作的現實為出發點，也就是一個已經組織起來的群眾，其權力之行使乃依照法律並受法律之限制。美國革命志士堅持共和以及民主（或多數統治）的區別，這觸及了法律與權力的徹底分離，二者有著可以被清楚辨識的不同根源、不同正當性以及不同的適用領域。（Arendt, 1990: 166）

更重要的是，當立憲完成之後，美國憲法馬上被視為一個值得

尊崇的文獻，從而提昇到「一種虔敬尊崇的氛圍之中」（ibid., 204）。鄂蘭此處所強調的不僅是立憲行動自身，更在於對行動的集體回憶以及敬虔地轉化所形成的愛國情操。雖然她並未用「公民宗教」來詮釋美國這種崇敬憲法的開國精神，但放在她將宗教與傳統並列的羅馬政治傳統來看，這種精神充分體現了前節所述羅馬的 *religio* 或宗教精神，從而構成了一個足以傳之久遠的憲政傳統與宗教精神結合的典範。

最後，在制度安排層次，美國成文憲法確立了三權分立的政府體制；鄂蘭主張這個全新的政府形式乃是能夠將「權力」擴而廣之的結構，而非一般所認知的限制政府權力的有限政府[16]。以本章的論旨而言，最重要的關鍵乃是對於司法權的討論；因為，美國立憲還通過對於司法部門(特別是最高法院)的設置，完成了兩個重要的憲政成果：**權威的安頓**以及**制憲活動的馴化**。以權威的安頓而言，如前所述，鄂蘭本來已經論述了「權威存於憲法」的觀念，但在討論司法權時，進一步指出，美國憲法權威真正的所在乃是最高法院。關於司法權力，從孟德斯鳩開始引入現代政府組織的討論時，被他稱為「司法權在某種程度上可以說是不存在的」（Montesquieu, 1989: 158）。但如本書第七章第三節的分析，到了美國《聯邦論》78號的論述中，就已經脫離了用「權力」的角度看待司法權：它既無力量(force)也無意志(will)，它所有的只是判斷(judgment)。鄂蘭除了徵引《聯邦論》78號這個著名的說法外，還強調16號所稱「民族權威(national authority)必須通過法庭來表現」。通過對憲法的崇敬，使得「權威」能夠立基於憲法，在制度層次則由最高法院的判

16　鄂蘭的這個分析角度，係透過對孟德斯鳩的重新詮釋所達到的（Arendt, 1990: 148-151）。限於篇幅，本章無法處理鄂蘭對於孟德斯鳩理論以及三權分立政府的論述，關於此議題的簡潔討論可以參考蔡英文，2002a，頁206-208。

斷或判決活動重現了羅馬式的權威決定，並足以取代了施密特的主
權決斷。她除了闡釋美國最高法院體現了獨立於人民權力或意志之
外的權威，更將其判決稱為一種持續的制憲活動。鄂蘭指出：

> 以制度層次而言，其缺乏權力，加上任期的永續性，代表
> 了美國共和之中權威的真正所在乃是最高法院。而且這個權
> 威乃是通過一種**持續的制憲**(continuous constitution-making)
> 而行使的，因為，以Woodrow Wilson的措辭來說，最高法院
> 的確是「一種持續會期的制憲會議」。(Arendt, 1990: 200，
> 粗體強調為筆者所加)

這個關鍵性的文本，讓鄂蘭與施密特的「隱蔽對話」劃下了休
止符，因為從西耶斯迄於施密特那種處於自然狀態的制憲權，因此
而被馴化了。

我們可以觀察到鄂蘭憲政理論的獨特取向：在真正**革命制憲的
時刻**，要將人民的權力馴化，雖然鼓勵人民的政治參與以落實政治
自由，但仍然需要通過可大可久的自由憲政體制的建立，來完成革
命「開端啓新」的艱鉅任務；但是在**憲政體制之內**，反而將最高法
院的裁決稱為是制憲的活動。

若基於制憲權理論傳統加以觀察，鄂蘭此處似乎犯了西耶斯所
批判的邏輯謬誤：最高法院作為政府體制的一環，乃是一種被憲法
所制定的權力，不可能倒過來決定憲法秩序本身(部分不得決定整
體)。鄂蘭當然理解此處的理論問題，但她拒絕用制憲權理論傳統
作為考察的出發點，因為這正是她所欲批判的理論對象。不僅如
此，美國革命以及「持續制憲」所體現的羅馬典範，才能真正解決
纏繞在制憲權理論的政治神學脈絡(堅持開端的絕對性)，真誠地面

對並解決「永續的共同體」之課題。鄂蘭認爲美國革命特殊的歷史環境，以及其開國先賢所採用的政治行動取向，眞正落實了羅馬「權力在於人民，權威則在於元老院」（*potestas in populo, auctoritas in senatu*）的政治觀念（Arendt, 1990: 178），成爲「**權力屬於人民，權威存於憲法**」的現代結構（ibid., 200），而也正基於此種歷史進程，美國革命能夠建立一個**具有權威的自由憲政**，不致淪爲不斷革命或失敗革命的困境之中。在這個脈絡中，她稱許美國開國先賢眞正的落實了羅馬的政治精神（ibid., 201-203）。

六、共和主義與民族主義之憲政原則

　　總結本章論述，施密特基於馬基維利以降迄於法國大革命的「超越常態的政治決斷論」，建構出一個完整的國民制憲權與同質民主的理論。鄂蘭則將公民權放在古典意義的社會層次，拒斥主權原則的優先性，認爲只要有人們集體地以公共自由作爲行動導向，便可形成體現共同權力的政治共同體。鄂蘭認爲民族國家與主權原則對於公民權所做的二元區分（憲法之上的人民與憲法之內的人民）以及制憲權面對歷史斷裂而需通過型塑民族集體意志的理論進程，對於眞正的、公民自發行使其權力的共和主義公民觀，不但無益而且有害。

　　鄂蘭所分析的美國殖民自治與立憲的歷史延續性，提供了一個公民協同一致創造更大的權力基礎的典範，而她所提出的「權威」與「權力」分離的憲政體系，乃是在制度層次克服制憲權思考的決斷主義色彩，而構成鄂蘭思想的原創性。對於決斷主義式的政治創建論述，鄂蘭提出四個對治的理論觀點：第一、她強調歷史的延續性來克服創建活動的任意性；第二、她主張政治體制的確立，必須

基於既存社會權力之賦權（empowerment）；第三、她提出了一個全新的「權力」與「權威」的分離理論，以對抗制憲權理論所強調的「同一性」。第四、立憲不必然是一個單一性的政治決斷，而可以是持續之過程。

　　在憲政**原則**的層次，鄂蘭的理論的確有發人深省之處。對施密特而言，「決斷」乃是終極的價值根源，所作之說明可以概括其基本精神：

> 主權決斷乃是絕對開端，而開端（也就是*arche*之意義），也就是主權決斷。（Schmitt, 2004: 62）

　　而鄂蘭與施密特通過「隱蔽對話」所提出的批判，亦可概括於她對「開端啟新／原則」（*principium*/principle）的說明，總結了她的共和主義期望在憲政制度實現的基本價值：

> 　　對開端啟新的困境而言，存在著一種不需要通過絕對性來打破惡性循環這個似乎所有第一事務均困於其中的解決方式。讓開端啟新之行動得以迴避自身任意性，乃在於它在其自身便具有原則；或更精確地說，開端啟新（*principium*）以及原則（principle）二者，不僅相互關連，而且乃是同時而起（coeval）。開端啟新需要由之取得有效性的絕對性，以及能夠讓開端啟新迴避其內在任意性的乃是此原則，通過它而在世界中可以得到彰顯。（Arendt, 1990: 212）

　　這個「開端啟新／原則」，終極而言乃是開端啟新的創新者能夠在公共領域中開始行動，但此行動的非任意專斷性，必須展現在

其有感召追隨者的能力。也正在於此種行動的世界性中，鄂蘭提出了與施密特「具體決斷論」以及自由主義者追尋超越性原則作為憲法規範的外部標準兩種思考型態均不相同的觀點。我們可以說這是一種**存在主義化的共和主義論述**。而鄂蘭之所以需要採用這樣抽象的哲學語彙，除了受到海德格的影響之外，筆者認為此議題乃是與施密特具有政治存在主義色彩的決斷論在進行「隱蔽對話」，或許是更為重要的原因。同樣在存在主義的脈絡中，鄂蘭透過他者、世界性、協同一致的開端啟新等，嘗試克服決斷論所帶來的任意專斷色彩。

　　然而，鄂蘭這些批判觀點是否構成一套符合現代憲政原則的理論？筆者認為，她畢竟是哲學訓練出身的政治理論家，而不像施密特是公法學者的底子。所以，鄂蘭和施密特的隱蔽對話，終極地看來，乃是嘗試以共和式的多元主義來對抗民族主義以及主權國家單一性的政治權力觀。在這個對話中，鄂蘭通過對於美國革命背後價值重新考察來證成自己的立場，這是一種行動典範的重構，而非真正批判意義的歷史[17]。筆者並不認為鄂蘭的共和主義真的能成為一個完整的憲政理論。因為一方面其目的為一種史詩式的重構，而非如施密特系統式的理論建構[18]；另一方面，共和主義的政治經驗本

17　在這個意義上，筆者認為Scheuerman（1998）所說，鄂蘭受到施密特影響，而對法國革命有錯誤的認知或美國革命有不恰當的理解，這樣的觀點完全誤認了鄂蘭的理論目的。相對地Shklar（1977）用尼采式的「碑銘式歷史」（monumental history）加以理解，追溯人類歷史當中足以傳世的不朽活動之記錄，才比較趨近鄂蘭的撰述旨趣。

18　正因為如此，關於鄂蘭政治哲學對於憲政理論的關連之討論很少，而且有時水準參差不齊。舉例而言，Waldron（2000）雖為當代政治理論名家，但他對於鄂蘭憲政學說的分析，筆者認為並未能掌握其精義。相反地，Burns（1987）比較早期的作品，反而能在整理鄂蘭論證之餘提出基於法學理

來就是歷史的例外狀態：即使美國革命以及立憲展現了鄂蘭心目中開端啓新的精神，但終極而言，仍然有所不足，也就是沒有把眞正的政治自由所需之場域納入到憲政結構之中，方才導致她在《論革命》最後一章分析革命傳統作爲一種「失去的寶藏」並以傑佛遜晚年的論述爲基礎，嘗試建構一種「協議制度」(council system)加以補足[19]。雖然這種具有鳥托邦色彩的理論不易在常態政治中落實，但鄂蘭並不因此而灰心喪志。畢竟，只要有新的人類進入集體生活，便有新的可能。協同一致的開端啓新蘊涵在人性之中，等待適當的歷史條件以及人們的行爲動機加以實現。

(續)————————————————————

　　論的反思。

19　關於鄂蘭的協議制度，請參考江宜樺(2001:220-226)之討論。

第十一章

史金納與共和
自由概念

一、政治自由的意義

　　史金納與波考克乃是引領共和思潮復興的代表性史家，並對文藝復興時代的共和主義振興以及其後對英國以及美國革命之影響，提出了具有開創性的歷史分析。在此之前，學界一般認為共和主義乃是一種過時的意識型態，因為它僅適合於前現代、小規模的政治共同體。共和理想彷彿是一種非歷史的懷舊情懷，缺乏現實意義。波考克與史金納運用其深厚的歷史知識闡明，共和主義並非如此地遙不可及，而毋寧深植於英國與美國的政治文化，只不過其影響力逐漸為自由主義思潮所取代。

　　波考克與史金納之著作雖以歷史分析為主，但均曾就共和主義自由觀對當代政治理論的意義做出分析。波考克接受關於共和主義政治自由觀的通說[1]，認為它是一種強調政治參與和公民德行的積極自由：

> 　　修辭學家與人文主義者所運用的共和辭彙乃是一種積極自由的觀念：它主張人作為政治動物，唯有在公共生活中踐履積極的行動，其本性方能加以完成，而自由意指實現此種公共生活阻礙之不存。是以，城邦所擁有的自由乃在統治（imperium），而公民必須參與統治權以同時達到治理與被治。（Pocock, 1985: 40-41）

1　關於共和自由觀的通說，可參考史學家Jack Hexter之討論。他指出亞里斯多德與馬基維利的政治自由觀為強調參與的積極自由，有別於以權利為核心之消極自由（Hexter, 1979: 294-297）。

對波考克而言,共和主義的著眼點乃是公民自治的政治共同體之存續,而非公民個人自由的極大化。共和思想家對政治權威之分析強調人民參與統治權之行使及其所需之德行,不像自由主義著重於公民必須具有統治者所不能侵犯的權利。

波考克進一步主張,共和論述(republican discourse)與法學論述(juristic discourse)構成了西方政治思想史發展過程中兩個相**對立**的論述(Pocock, 1985: 37-50)。此二論述之核心價值雖然同為「自由」(*libertas*),但前者強調的自由觀是政治自由,主張自由的條件是公民參與統治權之行使以及政治德行之培育;後者則強調消極自由,其本質在於通過法律主治來免除統治者以及其他公民不當的干涉。而由於德行無法被化約為個人權利,波考克力主共和主義的精神與自由主義無法相容。

波考克的分析符合一般認為共和主義與自由主義具有根本差異的觀點。然而,在此議題上,史金納對政治自由的性質及其歷史根源提出了相當不同的詮釋,主張共和自由觀之本質其實在於免除干涉之消極自由,雖然共和思想家進一步強調,要維護此種自由必須培養公民的政治德行方有可能。史金納企圖修正共和主義以補足自由主義權利論述之不足,這與波考克主張共和主義與自由主義無法相容的觀點大異其趣。由於兩位史學家同屬於「劍橋學派」(Cambridge School),且同為振興共和主義思潮的推手,因此他們對於政治自由所提出的不同詮釋,值得深入研究。

在完成其名著《現代政治思想的基礎》(Skinner, 1978)以及為牛津大學大師系列撰寫《馬基維利》小冊子(Skinner, 1981)之後,史金納開始撰寫一系列以歷史分析為經、理論辨正為緯的作品,企圖重新詮釋共和自由觀之現代意義(Skinner, 1983, 1984, 1986, 1990,

1992, 1998)[2]。雖然各篇作品有不同強調重點，但在基本取向上，史金納提出了三個主張：第一，他反對學界認為共和自由為一種積極自由的通說，認為無論就理論之本質或歷史之淵源而言，共和自由所強調的重點，實際上為個人行動不受干涉的消極自由；第二，以馬基維利思想之重新詮釋為本，史金納嘗試將共和自由與積極自由論所預設的自我實現理念或亞里斯多德目的論加以區隔；第三，他主張共和傳統所著重的德行以及善盡公民義務等理想，相較於自由主義過分強調個人權利的觀點，更能處理如何維繫自由制度於不墜的根本課題。然而，史金納認為德行必須通過強制法律加以型塑，並非如一般所論在民主參與過程中培育發展。基於這些觀點，史金納對共和主義自由觀提出了如下的論斷：

> 共和主義思想家**從來沒有訴諸「積極」的社會自由觀**。也就是說，他們從未論證我們乃是具有特定目的之道德存在，以及我們唯有當這些目的實現時才充分地具備了自由。我們已經看到，**他們持有純粹的消極自由觀，也就是在實現我們所選擇目的時阻礙之不存**。進一步而言，他們斷然地明示，任何對這些目的之具體規定均將違反人類追尋目標的多樣性。（Skinner, 1986: 247；黑體強調為筆者所加）

由於史金納的觀點有別於傳統共和主義學者的主張，我們將之稱為「**修正共和主義**」（revisionist republicanism），因為他改變了共和主義傳統政治自由優先的立場，並嘗試結合政治自由與消極自

2　其中Sknner, 1983, 1984兩篇在修訂後收入Skinner, 2002a: 160-185, 186-212。不過，筆者仍採用史金納在1980年代的原始版本，因為原始刊行的版本較易理解其意圖。

由，使得共和主義成爲補足自由主義的論述，而非如波考克所述，共和主義乃與自由主義無法相容之思想典範。

史金納所欲證成具有消極意涵的共和自由觀，顯然根源於柏林(Isaiah Berlin)所區分的積極自由與消極自由之兩元分析架構，以及其後學界一系列的論辯之上。爲了評估史金納之理論，本章首先檢視柏林對於積極自由以及政治自由之批判，然後進一步探討史金納修正共和主義如何針對柏林的批判，提出理論與歷史的理據以重構政治自由論述；最後，檢討史金納的分析如何導致了當代共和論述以德行與法律爲核心的兩種取向，以及其中所蘊含的理論問題。

二、史金納論述之脈絡：柏林的消極自由論

當代關於自由概念之分析，最重要的首推柏林所提出「消極自由」(negative freedom)以及「積極自由」(positive freedom)的著名區分(Berlin, 1969: 118-172; 柏林，1986: 225-295)。對柏林而言，消極自由乃是針對「行動者在何種限度以內應被允許不受他人干涉？」此一問題所提出的答案；而積極自由則牽涉到「行動者應如何做出選擇？」這個完全不同的議題(ibid., 121-122; 中譯本頁229-230)。換言之，消極自由乃是「免於……的自由」(freedom from)，而積極自由乃是「去做……的自由」(freedom to)。在其後的文獻討論中，這兩種自由觀被統稱爲免於被干涉之消極自由以及追求自我作主(self-mastery)之積極自由[3]。

---

[3]　對柏林而言，政治自由與觀念論強調自我決定之形上自由均爲積極自由的不同表現，此種歷史觀點引起了很大的爭議。David Miller便指出，柏林混淆了自由主義、共和主義以及觀念論三種自由概念，並將共和主義的政治自由與觀念論的自主觀念合併處理，以思想史而言並非正確的論斷(Miller, 1991: 2-

　　柏林在區分了自由的兩種觀念之後，進一步將積極自由與西方形上學傳統的一元論(monism)關連起來，主張積極自由的自主觀念意味著將人性區分為理性與欲望兩個部分，理性應當依據正確的原則來指導欲望的部分。對柏林而言，積極自由所蘊含的「形上學核心」乃是通過理性的認知了解並服從必然法則。是以，積極自由觀乃是一種強調理性之自我實現(self-realization)，或「理性解放」(liberation by reason)的學說，著重於自我導向與自我控制，也就是行動者按照理性之指導來作自己應做的事(ibid., 141-144; 中譯本頁254-259)。這與消極自由所強調的阻礙之不存是完全不同的。柏林認為，此種理性主義一元論發源於古希臘思想，一直到馬基維利才開始提出多元的價值觀加以抗衡(ibid., 45-54)[4]。相對於積極自由觀的一元主義精神，自由主義的消極自由乃建立在現代多元價值同時並存的事實之上，並且避免用法律來強制實施特定的道德規範。

　　柏林進一步指出，積極自由的政治觀由於過分強調理性的指導功能，很容易由追求獨立自主的原始理想轉化為父權式的教化政治。他認為這種轉變導致了19世紀以來各種政治意識型態均犯下的謬誤，也就是政治菁英自認為掌握到終極真理，從而將群眾視為必須加以教化改造的材料。由此而形成了各種主張專政的政治運動，不但破壞了消極自由所主張的不受干涉之界限，甚至與積極自由原先所倡議之自主理想亦無法相容。柏林很傳神地用莫札特著名歌劇「魔笛」之中年輕的塔米諾(Tamino)一步步地被密教大宗師薩拉斯特(Sarastro)從黑夜導引至光明的教化歷程，說明此種政治觀的父權

(續)————————————————

　　4)。

4　值得一提的是，柏林將馬基維利視為多元主義的先河，而不重視其共和主義
　　思想。這與劍橋學派的詮釋實大異其趣。

主義本質(ibid., 145-154; 中譯本頁259-271)。

　　柏林的自由理論引起了學術界大量的回應與討論[5]，其中加拿大哲學家泰勒(Charles Taylor)嘗試重新辯護積極自由的根本價值與史金納的理論企圖較有關連(Taylor, 1985: 211-229)。泰勒的立場結合了亞里斯多德式的實踐哲學以及德國思想家赫德(Johann Gottfried Herder, 1744-1803)的歷史主義，並描繪出與柏林完全不同的自由理想。對泰勒而言，消極自由僅僅是一種「機會式觀念」(opportunity concept)，著重於行動者可做選擇的對象數量之多寡，數量越多則自由的程度越高，數量越低則自由的程度也就越低。他認為這種消極自由觀無法恰當理解人類行動的真義，因為數量取向的自由觀念無法處理行動或選擇的價值問題。相對於此，泰勒將積極自由描繪成一種「行使式觀念」(exercise concept)，強調真實的自由乃是行動者在特定脈絡中做出有意義的價值選擇。泰勒的分析取向承續了觀念論傳統所主張的主體之自我決定(self-determination)，而由於它涵括了人類作為行動者所不可或缺的價值判斷能力，泰勒主張這是比消極自由論更為豐富的自由觀念。他進一步指出，唯有在鼓勵公民做價值選擇的社會與文化架構之中，公民才有可能發展此種以「質」為考量的積極自由觀。換言之，積極自由論者應當倡議能夠讓公民行使自我決定的政治制度，而民主的公民自治正是其中最重要的制度之一。在泰勒的分析架構中，共和主義的政治自由觀遂有可能通過詮釋學(強調有意義的行動所需具備的制度基礎)而加以證成(Taylor, 1995: 181-203)。

　　相對於柏林與泰勒的論證，史金納提出了獨樹一格的理論與歷史觀點，主張共和主義自由觀的本質並非積極自由，而為消極自

5　此一論辯具有代表性的作品收錄於Miller, 1991。

由。史金納認為，消極自由以及積極自由兩派學者均誤解了共和主義自由觀之眞諦[6]，因為兩造均假定共和自由將個人自由與公共服務的德行加以關連，這預設了亞里斯多德之目的論以及共善理論（Skinner, 1984: 197; 1986: 240）。史金納認為這個為兩造所共同接受的假定乃是一個歷史錯誤，因為亞里斯多德式之公民觀，也就是共同體成員共享一些倫理目標，並非共和主義論述唯一可能型態。基於此種修正主義立場，史金納說明其根本的意圖在於證成：

> 在更早而現在已遭遺棄的關於社會自由的思想傳統中，消極自由之理念，也就是個人不受干涉而追求他們自己所選擇的目標，乃與德行與公共服務的理念相結合，而這是現今各方都認為不可能或無法自圓其說的立場。（Skinner, 1984: 197）

換言之，對史金納而言，公民共和主義之歷史淵源與亞里斯多德之目的論無涉；而其理論內涵則與積極自由論者所強調的自我實現理念完全不同。支持史金納此種修正共和主義的主要文本乃是《李維羅馬史疏義》，因為在其中馬基維利強調權貴與平民之鬥爭乃維繫公共自由的主要因素，但這兩個階級並不具有共享的倫理目標。馬基維利的公民與社群觀念由於不具目的論色彩，從而顛覆了亞里斯多德式的公民理論，並成為史金納所欲發揚的理論傳統。

6　史金納對柏林之批判，可見於Skinner, 1984:194-197; Skinner, 1986: 236-237; Skinner, 1998: 113-120。而他對泰勒的討論，則可參閱Skinner, 1984: 196-197以及Skinner, 1986: 236-237。

三、史金納對柏林自由論之回應

　　由前節所述，史金納的修正共和主義乃是以柏林的自由理論爲脈絡，並嘗試運用馬基維利思想，來建構新的政治自由觀。爲了重建共和自由論的正當性，史金納對於柏林的觀點提出了非常嚴厲的批判（如Skinner, 1998: 113-117）。在柏林的理論之中，有三個議題是史金納必須加以面對並克服的。第一，柏林將積極自由諸多不良的政治後果歸咎於其所預設的形上學一元主義，而只有以多元主義爲本的消極自由論才有可能克服積極自由所主張的自我實現倫理以及教化政治（Berlin, 1969: 167-172; 柏林，1986: 287-295）。第二，柏林將共和主義傳統的公民自治理念視爲積極自由的一種型態，並強調民主參與與個人自由二者根本沒有概念上之關連（ibid., 129; 中譯本頁239-240）。第三，在兩個傳統中，法律扮演著完全不同的角色。在以消極自由爲導向的社會中，法律的功能乃是規約不同個人行使自由時所可能產生的衝突；而在以積極自由作爲構成原則的社群中，法律乃是合理的行爲準則，因而被賦予了教化功能。兩者最大的差異在於對強制（coercion）的不同觀點：對積極自由之主張者而言，教化性的強制並不違反個人自主性，反而是完成真實自由所不可或缺的手段；但對消極自由主張者而言，法律之功能既非教化亦非解放，其強制性本質不可免地會減少消極自由的範圍，雖然法律有效的運作能夠增加消極自由的總量（ibid., 148; 中譯本頁264-265）。

　　就第一個議題而言，值得注意的是，史金納從未質疑柏林的分析架構（Skinner, 1984: 196-197），特別是柏林將積極自由、自我實現以及形上學一元主義加以關連的理論前提：

　　我同意「積極」自由觀構成一個獨立的概念。此種取向不像新羅馬以及自由主義式分析所主張的，將自由與行動之機會關連起來；「積極」自由觀卻將自由關連於特定型態行動的履行。[7]（Skinner, 1998: 114註22）

　　換言之，雖然史金納嚴厲批評柏林的自由論，但他所主張的修正共和主義，卻是在柏林的分析架構之內所形成的理論計畫。受到柏林之影響，史金納將積極自由的主要問題理解為自我實現倫理觀過分依賴理性的教化作用；據此，史金納的主要目標遂在於建構一個以不受干涉（interference）為導向的政治自由觀念，能夠維持共和主義傳統所倡導的公民德行，卻又同時排除積極自由的自我實現理念（Skinner, 1983:5）。

　　就消極自由與公民自治之關係這個關鍵性議題，史金納則是採取不予回應的迴避態度。柏林對於二者之間並沒有任何邏輯關係有著清楚的分析：

　　　大體說來，自治和其他的政權型態，比較起來，更能保障公民的自由，極端的自由主義者（libertarians）便是持此一理由，來為自治做辯解。但是個人自由和民主統治之間，沒有什麼必然的關連。「誰統治我？」和「政府干涉我多少？」這兩個問題，從邏輯的角度來看，是完全不一樣的問題。總結來說，「消極的」與「積極的」兩種自由概念之間的重大對比，與這個區別正相一致。（Berlin, 1969: 130; 柏林，1986:

7　所謂「特定型態行動之履行」，即前述泰勒「行使式概念」的積極自由，意指基於有意義的價值選擇所採之行動。

239-240；譯文略有修改）

　　柏林以整節的篇幅來討論民主主權何以並不構成消極自由的恰當基礎(ibid., 162-166; 中譯本頁282-287)。此種批判繼承了法國大革命以後，自由主義者對於盧梭式民主共和主義所抱持的疑懼。由19世紀思想家康士坦所提出的古代自由與現代自由之區分(Constant, 1988: 309-328)，一直到20世紀中葉海耶克對政治自由的批判(Hayek, 1960: 13-15)，都採取同樣的分析角度。

　　史金納既然嘗試重建共和主義與消極自由之關係，對此關鍵議題的回應是否定此種批判的效力，並指稱柏林本人犯了邏輯上的謬誤：

> 　　柏林的批判依賴於一個前提，也就是消極自由唯有遭遇強制性的干涉時會遭到破壞。由此，依賴以及缺乏公民自治當然不能被稱之為缺乏自由。**但此種論調能夠成立乃是因為結論已經被放到前提之中。而我嘗試說明的卻正在於這個前提本身需要被重新考慮。**此種個人自由基本上乃是不受干涉的狀態之假定，正是新羅馬自由理論所欲質疑的。（Skinner, 1998: 115-116; 黑體強調為筆者所加）

　　換言之，史金納拒斥柏林對公民自治以及消極自由無法相容的主張，但其回應方式並非理論之重構，而係一種「歷史考古學」，嘗試發掘自由主義所理解的消極自由產生之前，共和主義用另外一種完全不同的方式來理解強制與自由的關係，而主張法律的強制(coercion)並非干涉(interference)，非但不會減損個人自由，而且是個人自由不可或缺的基礎(Skinner, 1983)。通過此種歷史的重新詮

釋，史金納遂將討論的焦點集中於有關自由與強制的關係以及法律在自由國家之中所具有的功能，是以，他真正回應柏林的議題乃是前述柏林對於政治自由所提出的第三個批判。

關於史金納的修正主義計畫，學者之間有著完全不同的評價。John Charvet(1993)提出了一個典型的積極自由主義者之回應。基於盧梭與黑格爾的思想取向，他認為史金納理論之根本問題在於未曾探究自由行動之性質。他相信只要面對這個議題，史金納以及任何消極自由論者都需要解釋「自我決定」的性質。假如像柏林一樣迴避此議題，則自由理論必將是部分而不完整的；史金納的立場也有相同的缺憾。相反地，Alan Patten(1996)則依據羅爾斯的政治自由主義論述批判史金納的「工具性共和主義」(instrumental republicanism)。Patten檢視了史金納批判自由主義的主要論點，包括自由主義者誤解了共善之理想、誤解了消極自由之本質以及自由主義者持有不完美的法律觀念等(Patten, 1996:30-36)。Patten認為這些批判都是對於自由主義論點的過分簡化或錯誤詮釋，因而宣稱「史金納所建構的共和主義，由於無法提出任何具有哲學興味的不同見解，並未能真正改進自由主義者對公民身分以及公民德行的觀點。」(ibid., 36)相對於Charvet與Patten各自以積極或消極自由論為本的批判，美國學者Paul A. Rahe(2000)則提出了一種基於古典政治哲學立場的批判。他主張史金納所標舉和亞里斯多德主義完全不同的「新羅馬」式共和主義(neo-Roman republicanism)，若細究其思想淵源(例如西塞羅的共和論述)，是不可能與亞里斯多德思想加以區隔的。在這個基礎上，Rahe重述了史特勞斯(Leo Strauss)學派的主張，認為馬基維利必須被詮釋為古典傳統的終結者以及現代性之始祖，而不是如史金納所描繪的羅馬共和主義繼承者(Rahe, 2000:280-284)。面臨對史金納「修正主義式計畫」如此分歧的評

價，我們將於以下兩節分析史金納論述的內在邏輯，再提出批判。

四、史金納對馬基維利思想之詮釋

史金納乃是英語世界詮釋馬基維利政治思想的名家。吾人若詳細閱讀其相關作品，可以察覺他的分析實有兩種不同取向。較爲常見的是傳統史學分析方法，也就是劍橋學派所倡議的「脈絡主義」(contextualism)。在此取向中，馬基維利思想乃通過佛羅倫斯人文主義以及淵源自中古的《君主明鑑》(mirror-for-prince)等傳統而加以詮釋。史金納的《現代政治思想的基礎》一書有關馬基維利思想之論述(第1冊4至6章)，正是此種歷史分析的代表(Skinner, 1978(1): 113-189)。但另一方面，史金納討論馬基維利思想時，有時卻刻意從事典範建構，將其公民共和主義描繪成與近代霍布斯以及其後自由主義論述相抗衡的思想典範。第二種取向最明顯的例證在於其短文〈馬基維利與自由之維繫〉，而由於此開出了史金納其後系列論著之基本格局，對我們了解其理論內涵而言，是一篇關鍵性的文本(Skinner, 1983)[8]。

史金納主張在馬基維利思想中共和自由乃是一種消極自由，並以《李維羅馬史疏義》的文本作爲佐證：

> 自由生活有一個共同的效益，當擁有此種生活方式時卻不易爲人所察覺：這效益乃是能夠自由地享用個人財物，不需有任

---

8 Charvet、Patten及Rahe等均未注意到這篇短文的重要性。史金納雖然於較後期的作品中宣稱他修正並強化了早期觀點，並將其意涵加以發揮(Skinner, 1986: 237)，但運用強制法律讓公民達到自由這個關鍵性問題意識乃於此文確立，之後並未修改立場。

何疑懼，也不需要為妻小的榮譽名節有所恐懼。（Machiavelli, 1996: 45; D. I. 16: 3）

　　據此，史金納論斷馬基維利所主張的自由乃是個人能夠追求他們所選擇之目的而不被干涉的消極自由（Skinner, 1984: 205）。他對「自由地享用個人財物，不需有任何疑懼」為何便構成保障個人權利的消極自由，並未有進一步之理論說明，史金納直接宣稱共和主義自由觀能夠「與一般消極的政治自由分析相契合」（Skinner, 1986: 237），甚至認定共和主義思想家「從未訴諸積極的社會自由觀」，因為他們持有一種「純粹的消極自由觀念，也就是在實現我們所選擇目的時阻礙之不存」（Skinner, 1986: 247）。

　　至於史金納另一重要主張，即個人消極自由唯有在共和國之中方有可能得到最佳保障（Skinner, 1983: 4），他依賴於另一文本：

　　　要知道什麼時候人民有著對自由生活的情感是相當容易的，因為由經驗得知，若非處於自由，城邦從來不會在權勢或財富兩方面得到擴張。……但最重要的是考慮到當羅馬廢除君主制得到自由之後，它達到何等令人驚異的偉大。其理由相當容易理解，因為。**城邦的偉大乃根源於共善而非特殊的善**。（Machiavelli, 1996: 129-130; D. II. 2: 1; 黑體強調為筆者所加）

　　對共和主義思想家而言，個人自由的極大化以及對共善之追求非但不會牴觸，反而是互補的。因為只有當公民不將個人對自由之追求凌駕於共善的維護之上，完整的個人自由方有可能維繫。假如個人自由之行使不以共善為基礎，則成為共和主義者所批判的腐化

狀態，而腐化之代價永遠是自由之淪喪以及奴役的降臨(Skinner, 1992: 221)。

上述兩段文本之詮釋揭示了史金納如何藉由馬基維利共和思想之詮釋來完成其修正共和主義計畫。援引馬基維利的《李維羅馬史疏義》是一個相當有效的論述策略。馬基維利對人性抱持著悲觀主義的看法，因為他將腐化視為人性的根本特質。若腐化缺乏適當的節制，則公民追求個人私利之心必定會凌駕於共善的追求之上。權貴(*grandi*)的行為動機往往是其個人野心，枉顧自由體制的價值而追求其個人或派系利益。一般平民(*popolo*)則很容易由於輕忽怠惰而未能履行公民義務。但其實平民對於維繫其個人自由卻有著切身的利害關係，因為權貴者的野心正在於剝奪平民之自由，甚至瓦解自由體制以遂其私欲。權貴者之野心以及平民追求自由的欲望，往往處於衝突狀態(Skinner, 1983: 4)，是以馬基維利主張運用階級衝突作為克服腐化維繫自由政制的主要力量。然而，古典共和主義所標舉最重要的政治價值之一乃是和諧(concord)，馬基維利對階級衝突能夠促進自由體制維繫的主張，乃是其突破古典傳統的創新之處(Skinner, 1978(1): 181)。藉由階級衝突而鞏固的自由政制，自然不帶有目的論式客觀共善的色彩。由此，史金納得以完成將共和自由觀與亞里斯多德幸福論脫鉤的目標。

馬基維利悲觀人性論誠然可以避免目的論與自我實現倫理觀理論問題；但這卻也引發另一個重大的理論課題，也就是自由政制在衝突中持續存在之可能性。用柏拉圖的語彙來說，乃是「政治共統體同一性」(*Republic*, 462a-465c)的課題；而在西塞羅的羅馬共和主義中，正義乃是維繫共和體制和諧最重要的政治德行(*De Officiis*, I: 21, II: 78)。史金納已指出，馬基維利拒斥了西塞羅將正義與共和政體的共善相關連之基本主張(Skinner, 1984: 215)，並強調階級衝突

的作用；然則兩個永遠相衝突的異質性階級，如何可能在揚棄亞里斯多德共善的公民觀以及西塞羅的正義理念之後，還有可能整合成為一個政治共同體，而不致分崩離析？對此關鍵問題，史金納主張，馬基維利所採用的機制乃是建立法律作為自由的護衛者(Skinner, 1983: 9)。史金納運用了盧梭式的觀念來詮釋馬基維利：基於人性有著無法避免的腐化傾向，「法律可以——也必須——被運用來強迫我們自由」(Skinner, 1983: 10)。

　　史金納指出，對馬基維利而言，自由國家能帶來兩個重大利益。其一乃是唯有自由的共和國能夠獲致偉大榮光並且擴張國力取得財富，這是吾人所熟知的主張。第二個重大利益則為史金納獨特的觀點：唯有在共和政體之內，公民消極性的個人自由才能夠得到最佳保障。史金納修正共和主義的主要論旨便在於：

> 　　自由國家有另一個更大的禮物贈予其公民，這便是個人自由，依通常所了解的意義，意味著每個公民乃自由於限制之外（特別是那些源於個人依賴以及奴役所帶來的限制），並因此可以有自由以追求他們所選擇的目標。(Skinner, 1986: 239-240)

　　共和論述的優越之處在於，個人的消極自由乃是通過公民共同維護自由體制的共善而加以完成。欲達此目標，最重要的機制便是強制性的法律，而這正是在史金納依典範建構取向所詮釋的馬基維利思想中，最重要的議題(Skinner, 1983)。法律的重要性在於，它可以遏抑權貴者的野心，而此種野心乃是造成自由政制腐化瓦解的主要原因。由於在自由國家之中，法律維繫了公民的個人自由以及集體的政治自由，它乃是共善的基礎。是以，公民必須通過法律的

強制才有可能獲致眞實的自由，因爲其自然的天性很容易遭到腐化。若缺乏法律的制衡作用，自由國家會因爲公民德行的消逝而有著腐化的危險，個人的消極自由極有可能因此而完全喪失。

　　假如公民德行與共善乃是維繫個人自由不可或缺的基礎，則公民必須致力於維護這些構成其個人消極自由的制度性基礎。當他們不如此行動時，便構成了腐化以及政治非理性的病徵(Skinner, 1984: 249)，在此種狀態下，必須運用法律來強制公民追求共善，以同時保障其個人自由(Skinner, 1983: 13)。史金納主張，共和主義由於確立了此種義務優位於權利的原則，相較於自由主義過分強調個人權利的思考方式，更能確保個人自由所賴以存續的政治制度(Skinner, 1992: 220)。

　　史金納指出，共和主義主張個人自由之維護有賴於法律強制以及公民德行的立場，對自由主義者而言，形成了兩個理論吊詭。其一乃是共和主義將個人自由的維繫與公共服務或公民自治結合起來(Skinner, 1986: 229-230)。其二乃是，所謂的「人被強制自由」(forced to be free)的說法，將個人自由的理想與強制「以更加顯著吊詭的方式」結合起來(Skinner, 1986: 230)。史金納認爲克服這兩個理論弔詭的關鍵，在於**摒棄自由主義將法律強制也視爲干涉之一種的理論預設**(Skinner, 1998: 85)。共和主義思想家視自由與法律強制爲互相補足，因而對維繫個人自由的法律制度之價値有著積極的評價，也更能同時兼顧消極自由與公民義務。

　　確立法律干涉與政治自由之緊密關連，以及共和主義在此議題上優越於自由主義的權利論述之後，史金納基本上重新建構了一套關於「吾人應於政治社會之中如何維持自由？」(Skinner, 1983: 3)這個共和主義的根本課題。而史金納自承，對他而言共和主義乃是用來補足自由主義的理論缺失，而非完全取代自由主義在現代社會

中的規範性價值：

> 　我完全同意羅爾斯的觀點，亦即思考個別公民與國家權利
> 之間的關係時，正確的方式乃是強調所有公民均具有平等的
> 權利去儘可能地追求他們所選取的目標。我所質疑的僅僅是
> 羅爾斯以及特別是他較為狂熱的追求者所假設的，去確保以
> 及極大化自由的價值是否必須將社會義務當作是各種「干
> 涉」。（Skinner, 1992: 215）

五、法律的功能、目的及其根源

　　史金納對馬基維利思想之詮釋，揚棄了波考克等所強調以民主
參與作為培養公民德行場域的傳統觀點，並建立了共和主義法律觀
與政治自由的緊密關係。我們有必要進一步檢視其以法律觀念為核
心的修正共和主義之理論邏輯，本節分別就法律的功能、目的及其
根源加以分析。

　　以法律之**功能**而言，史金納主張自利的公民必須被法律的力量
所強制，方能採取符合公共德行的行為。法律的根本功能遂在於將
公民由他們自利的枷鎖中解放出來，並通過強制而創造了公民自由
的基礎。換言之，法律扮演了型塑公民德行的積極功能：

> 　對馬基維利一派的理論家而言，相反地，法律不只是強制
> 他人而保障了我們的自由，而毋寧是**直接強制我們每一個人**
> **採取某些特定的行動方式**。也就是說，法律被用於強制吾人
> 脫離習慣性的自利行為型態，強制吾人善盡所有的公民義
> 務，也因此能確保吾人自由所依賴的自由政制，從而免於奴

役。(Skinner, 1986: 244-245; 黑體強調為筆者所加)

　　法律通過強制所有公民「採取某些特定的行動方式」而克服了他們的自然腐化傾向，而此種特定行動方式便構成了公民德行。換言之，法律能夠改變人性的腐化狀態，並強制公民採取符合德行的行動，以確保自由與共善。這是史金納所提出的第一種法律觀。

　　然而，此種法律型塑公民德行的觀點，將導致一重大之理論議題：此種觀念取向將很難與積極自由論者的主張加以區別，特別是後者所主張的任性意志(Willkür)乃是人性的自然傾向，而真實的自由必須通過理性的道德律令或者倫理生活之教化來克服任性意志才有可能達成。對於將共和自由視為積極自由的理論家與史家如波考克而言，這並不構成任何的問題；然而，對史金納修正共和自由論之主旨(期望調和消極自由以及公民德行)，卻構成重大的理論挑戰。以史金納前述文本而言，公民德行作為所有公民均應採取的「某些特定行動方式」，與泰勒所描述之「行使式」積極自由差異不大，因為二者均需要行動者克服當下的直接欲望採行某種真正的自由。

　　為了確保修正共和主義之理論基礎，史金納在其他脈絡中運用了**另一種法律觀**：法律的功能並非通過型塑公民德行來徹底改變其公民腐化傾向(盧梭所謂的改變人性)，而是將追求個人利益可能導致的腐化結果加以調解，並導正到公共利益的方向之上(Skinner, 1984: 205)。公民所需要的僅為開明自利，也就是了解到法律的強制乃是為了維護他們的共同自由，而不需要真正改變其腐化之本性。

　　然而，史金納第二種法律觀與自由主義者的法律觀並無二致，其中的關鍵在於，為了證成消極自由不加干涉的基本精神，個人追

求私利的活動不可被干涉，僅能通過法律的強制來調整腐化的**效果**。史金納曾批判自由主義的立場無異於為腐化背書（Skinner, 1986: 244），但是他第二種法律觀卻也有著同樣的困境，除非追求私利的人性被強制而真正地轉變成為符合德行的人性；但這又必須放棄第二種法律觀而回歸到與積極自由論述較為接近的第一種法律觀，也就是作為型塑公民德行的法律理念。

換言之，史金納擺盪在兩種完全不同，甚至互相牴觸的法律觀之間。就是否改變人性這個根本議題而言，這兩種思想取向是無法相容的。但是，史金納的修正主義式計畫卻同時需要這兩種觀念：消極自由的面向需要消極性法律來調整腐化行動之後果，而符合德行的公共服務卻又需要積極性法律作為型塑公民德行的力量。

就法律之**目的**而言，法律強制乃是為了政治自由這個終極目的，是以自由構成了政治社群的共善，基於此，「強制公民使其自由」方有理據。這樣的觀點預設了政治自由通過正當化的過程，成為被全體公民所共同接受之目的。政治自由所具有的此種終極意義，顯然需要加以理論證成；然而詳閱史金納之文本，將可察覺他並未提供應有的論證。他為自己並未證成自由之終極意義辯解為，馬基維利本人僅「斷言」（assert）政治自由之價值而未曾提供充足的證成；而史金納僅從事「報導（report）我所認為馬基維利在其《李維羅馬史疏義》中所呈顯出來對於此課題之信念，而並未宣稱提供了**關於馬基維利自由理論之詮釋**（interpretation）」（Skinner, 1983: 13，註6，黑體強調為原文所有），所以史金納沒有義務去說明一個馬基維利本人未嘗證成的信念價值。

事實上，史金納認為馬基維利未曾證成自由的價值也不完全正確。學者Marcia Colish便指出，馬基維利對自由政制之證成提出了兩個具有原創性的論證。其一乃是自由國家在經濟以及政治方面，

均比被奴役的國家更有活力，也更容易達成累積財富、擴張領土以及獲得榮耀等目的。另一則是在面對外敵入侵時，自由國家之公民為了保持其自主性而願意為祖國而戰(Colish, 1997: 207)。但是，這兩個論證僅僅說明自由所帶來的結果，而並未以嚴格的理論分析來證成自由的內在價值。吾人很難想像能夠基於此種結果式論證（consequentalist argument），來證成運用法律以強制公民使其自由的理論基礎。

　　如前所述，史金納完全接受柏林認為亞里斯多德目的論與積極自由論述密不可分的論點。史金納嘗試將馬基維利自由論鋪陳為消極自由的基本取向，使得他必須放棄亞里斯多德之目的論以及幸福理論，另闢證成政治自由價值之蹊徑。史金納認為，共和主義傳統將政治社群視為一個「政治體」(body politic)的觀點，提供了另外一種證成自由價值的途徑。他指出，共和主義傳統將政治社群視為一有機整體，並具有自身獨立的意志，這與自由主義傳統由程序或工具性的角度來分析社會之觀點有著根本差異(Skinner, 1984: 211; 1986: 239; 1998: 24-30)。而政治自由的內在價值便可以通過政治體需要有獨立自主的意志而加以證成。

　　政治體的獨立自主乃是權貴以及平民均將共同支持的政治目標。但此處所謂的獨立自主有兩種不同的可能詮釋：其一為純粹政治性的觀點，也就是免於外力之奴役的自由狀態，另一則為積極自由論述所主張的自我決定。共和主義傳統向來以免於奴役的政治觀點作為強調重點。然而，史金納並不自限於第一種純政治觀點，乃進一步主張政治體的獨立意志即為所有公民的普遍意志：

　　　　像一個自由人一樣，自由國家也能依據自身意志來追求其所選擇的目標。當我們說一個社群擁有自由的政治體制，也

就是能夠過著自由的生活方式時，意味著其政治體制使得所
有公民的意志——**亦即整個政治體的普遍意志**——去選擇並
決定社群整體所應追求的任何目的。（Skinner, 1992: 217；黑
體強調為筆者所加）

然而，在馬基維利的思想體系中，權貴與一般平民既具有完全
相反的秉性，二者又無時不處於衝突之中，他們如何可能形構一個
共享的普遍意志？在此關鍵議題上，史金納無法以馬基維利為本，
而必須訴諸盧梭的思想。但將政治社群追求獨立的意志等同於所有
公民的普遍意志這個主張，超越了史金納的原始意圖，也就是善盡
公民義務僅具有避免陷入政治奴役的工具性格（Skinner, 1994:
217）。他在此議題引入的盧梭式邏輯顯示出，在政治共同體目的之
議題上，史金納的理論具有構成性自由理論的色彩，而非如
Patten（1996）所批判的「工具性共和主義」。然而，盧梭的普遍意
志只有在前述法律作為改變人性並型塑公民德行的架構之中，方有
可能證成，而且與法律作為不積極干涉個人行為的觀點無法相容。
這也是一般將盧梭所主張的「人被強制自由」視為積極自由論述典
範之主要原因。換言之，史金納所提出通過政治體追求獨立意志來
證成政治自由的終極價值之論證，仍然無法擺脫積極自由論的牽
絆，從而並未能與其修正共和主義相結合。

史金納理論的另外一個重大問題乃是關於法律的**根源**，而在此
議題上，他完全忽略了馬基維利關於政治創建的論述。史金納關注
之焦點集中在如何維繫政治自由，未曾探討自由的憲政體制以及相
關法律如何可能建立的議題。換言之，史金納運用馬基維利思想來
補足自由主義在維繫政治自由方面論述之不足時，其實已經將馬基
維利思想「馴化」，並有意無意地忽略了馬基維利最具爭議性的主

張，也就是必須經由獨裁式的一人統治，方有可能建立自由的共和
國家。若將共和體制與法律的創建等議題存而不論，則所謂自由的
維繫將失去論述的基礎。

　　在《自由主義前之自由》一書中，史金納觸及了此一關於法律
根源的理論困難，但並未能加以解決。他指出，共和體制需要公民
德行以及共善之追求，但這與公民的根本人性有所牴觸，因為馬基
維利悲觀的人性論將腐化以及追求私利視為人性之本然。是以，共
和主義有一重要的憲政主張：

> 　　假如公民德行應被鼓勵，且公共自由能被維繫，則需要有
> 法律**被設計出來**，以強制人民脫離其自然但自我毀滅的傾
> 向，因為這些傾向將損及維繫其自由的必要條件。（Skinner,
> 1998: 33，註103；黑體強調為筆者所加）

　　此處極重要之關鍵為——**這些法律是由何人或何種力量所設
計**？這也是我們所正在討論的法律根源之議題。顯然地，一般平民
由於其腐化以及自我欺騙之傾向，不可能去設計一個自我強制的法
律體制；是以，類似盧梭所描述，所有共同體成員放棄其自然權
利，通過社會契約來建構普遍意志的途徑，在馬基維利系統中是無
法成立的。但另一方面，權貴當然更不可能去設計一套法律制度來
限制他們自身的行動自由或野心。

　　要克服這個關於法律根源的困難，如本書第四章所述，馬基維
利所提出的主張乃是，通過一人統治超越常態的創建行動來建立共
和體制的法律。而維護自由的憲政體制與法律，也只有在公民已經
被超越常態的一人統治手段馴服之後，方有可能鞏固。從這個角度
來觀察，吾人不難理解史金納的主要理論目標，「如何可能在政治

社會中維繫自由？」乃是一種馴化的馬基維利主義(domesticated Machiavellism)。馬基維利最具原創性的三重論述，也就是自由體制的創建、維繫以及持續的改革更新，被史金納擷取其中的維繫部分，並放棄了較具動態性格的創建以及改革更新等兩部分。而在這樣的轉化之後，法律才會在史金納的論述中，具備了遠超過馬基維利體系中所賦予的重要性。史金納採取這樣的分析角度是有些令人驚訝，因為在波考克之詮釋中，馬基維利思想的核心乃在對「政治創新」(political innovation)所提出的系統分析(Pocock, 1975: 160)，而這是史金納所熟知的詮釋觀點(Skinner, 1978(1): 156註1)。

以馬基維利之文本而言，史金納的詮釋也有所偏頗。在他依賴甚深的重要章節(《李維羅馬史疏義》第1書第18章)之中，馬基維利的確指出好的法律(*buono legge*; good laws)之重要性。但是史金納顯然過分擴張馬基維利此處對法律討論的意涵，以支持他自己的自由主義傾向。吾人細審文本，可察覺馬基維利清楚地指出，法律、習俗甚至秩序(也就是政治體制本身)均有可能腐化，而需要定期地加以改良更新。換言之，法律誠然不可或缺，但它絕非史金納所描繪的政治理性之基礎而能強制公民達成自由；後者毋寧是盧梭積極自由論的主張。法律僅是馬基維利治國藝術(*arte dello stato*)的一部分；另一部分則為持續地改革更新原有秩序，這是任何詮釋或運用馬基維利思想不能忽略的。事實上，除了*nomos*之外，馬基維利更強調*dynamis*的重要性：

> 我們可以獲致這樣的結論：當質料(matter)未腐化之時，衝突及其他紛擾不會帶來傷害；而當質料腐化時，**良好秩序的法律亦無所助**，除非這些法律被一個具有極端力量的個人所推動，使得質料變成好的。(Machiavelli, 1996: 48; 黑體強調

為筆者所加）

六、共和主義論述的典範競爭

　　本章詳細分析了史金納修正主義式共和自由觀的脈絡緣起、概念化進程以及其中所蘊含的理論問題，特別是他對於法律之功能、目的與根源的說明與馬基維利的思想精神並不符合。進一步而言，以上所論述史金納對於共和主義自由觀的修正，反映出他放棄了他自己之前對共和主義從事歷史分析時所獲致的重要結論。在《現代政治思想基礎》一書之中，史金納區分了近代政治思想的兩種基本取向。其一著重分析政府機器的效能，另一則強調公共精神的重要性(Skinner, 1978(1): 44-45)，並將馬基維利思想作為公共精神的典範之重要代表。史金納指出，馬基維利思想較接近以布魯尼(Leonardo Bruni)為首的佛羅倫斯公民人文主義(civic humanism)傳統，提倡人民與政治菁英的公共精神與德行。是以，馬基維利強調德行、政治參與以及自由的關係(ibid., 179-180)。但布魯尼之後的人文主義者，由於受到經院哲學的影響，開始「將他們的注意力轉移到檢視政府機器，**自問法律與制度對於保存自由應扮演什麼樣的角色**」(ibid., 170-171；黑體強調為筆者所加)。值得注意的是，此種受到經院哲學影響所產生強調政府機器、法律與制度的轉變，正是史金納重新詮解政治自由時所採取的主軸。

　　換言之，史金納修正主義的共和自由觀所採取之分析取向，乃由公共精神取向轉移到政府機器效能取向。而此種新的分析取向，影響了當代共和主義論述，並導致了共和論述分別以德行與法律為核心的兩種不同取向。波考克主張共和主義的德行論述與自由主義的法學論述相對立，並認為是無法相容的典範(Pocock, 1985: 37-

50)。但史金納有意識地嘗試推翻這個傳統看法，其研究取向影響了不少年輕一代的政治理論以及歷史學者，其中最具代表性的乃是佩提的哲學理論以及Maurizio Viroli對馬基維利思想所提出的新詮釋，兩位學者均強調法律的重要性，而且刻意降低公民德行的份量。

佩提在1990年代初期的作品之中，嘗試賦予史金納歷史取向的觀點以理論深度以及哲學基礎(Pettit, 1993a, 1993b)。他較為重要的主張乃是，自由主義者對「干涉」所抱持的純粹是一種數量導向的概念，而共和主義者所持的則是一種以「質」為主軸的消極自由觀，他稱為「具有彈性的不被干涉狀態」（resilient non-interference）。佩提用一個比喻來說明：自由主義所主張的不被干涉狀態好比是球體不具有軌道的任意移動；而共和主義自由觀則好比是依循軌道而運轉的球體，它不斷移動的狀態構成一種不被干涉的狀態，但其運動所具有的軌道正像是強制法律所發生的導正作用。人的行動在法律主治的社會中，才能有軌道依循不至墮入腐化狀態，並獲致真正的不被干涉之消極自由(Pettit, 1993a: 167-168; 1993b: 20-21)。

然而在其後期作品中，佩提對他的立場有所修正(1997: 21-26)。共和自由所主張的「非支配狀態」（non- domination），乃是與消極自由以及積極自由皆為不同的理念。但佩提強調重點仍在於論證共和理想乃是一種「法律的帝國」（empire of law; Pettit, 1997: 20-21; 174-177），而不是一般所認定的民主參與，他並將後者稱為民粹主義(Pettit, 1997: 8-10)。

在歷史學界，Viroli將史金納的修正主義取向徹底地運用到馬基維利思想的詮釋之中。他宣稱：

馬基維利的共和主義並非強調公民或軍事德行，更非追求

軍事的偉大與掠奪，而是尋求一個良序的共和之理想；也就是說，一種通過法治以及憲政安排，來確保政體內部每一成分均維持恰當之位置所形成的秩序。它追求一種政治與公民生活的原則……以及政治自由的理念。此政治自由觀乃是個人依賴之不存，這是他從法學家、社群自治理論家以及13、14世紀的公民人文主義者所繼承下來的。（Viroli, 1998: 115-116）

　　他進一步反對波考克以及其他傳統共和主義詮釋者，主張馬基維利所抱持的公民德行觀乃是「日常生活的德行，也就是有秩序地實踐公民義務以及遵守法律，遠超過軍事的勇武。共和並非德行的具體化，也不是爲了確保並增進德行的制度；它僅僅是一種需要德行的公民秩序」（Viroli, 1998:138）。馬基維利共和主義的核心範疇乃是「法治」，或以Viroli(1998: 122)所用的語彙而言之「合法性原則」（principle of legality）。在Viroli的論述中，我們清楚地看到法律的重要性完全取代了德行。

　　儘管史金納的修正共和主義產生了相當的影響力，但經由本章的分析，可清楚地看出此種法學式詮釋觀點的限制。史金納修正企圖的基本侷限在於未曾眞正克服柏林的兩元分析架構，而且毫無保留地接受了柏林將積極自由與形上學的一元論關聯之基本假定。史金納基於這個理論脈絡所建構的政治自由觀，企圖同時維護消極自由不受干涉的本質以及公共服務的德行，卻又能擺脫自我實現的目的論倫理觀，導致了不易克服的理論困境[9]。史金納對於法律這個

9　在2000年以後，史金納(Skinner, 2002b)對其主張有所修正，採取佩提的立場，將共和自由稱爲「第三種自由觀」(the third concept of liberty)。他並重新修訂了早期論文，成爲*Visions of Politics*(Skinner, 2002a)。之後，他的注

修正共和主義的核心範疇並未就其功能、目的以及根源提出合理且
一致的理論建構，這清楚地顯示出，馬基維利所強調的民主參與以
及動態的政治德行不應當被忽略。這不僅是史金納修正共和主義之
理論問題，而且爲法學式共和主義所必須嚴肅面對的課題。

(續)————————————————

　　意力轉向霍布斯的自由觀，但仍以共和主義傳統爲脈絡(Skinner, 2008)。本
　　章源於筆者更爲細密論證的英文論文(Shaw, 2003)，史納金對本文以及佩提
　　等學者之回應，請參閱Skinner, 2008: ix。

第十二章

共和主義與台灣
的憲法政治

一、前言：憲法政治的理論

在學理上，「憲法政治」(constitutional politics)指涉的是「對於制訂憲法、維繫憲法以及審議憲法變遷的規範性、概念性以及經驗性的研究」，因其有別於其他政治活動，故被稱為憲法政治(Barber & George, 2001: 1)；而與之相對的則是「常態政治」(normal politics)。在民主政治之中，「何人在何時用何法得到何物？」(Who gets what, when, how?)這個常態性的權力、資源分配以及互動過程，當然預設著參與者基本上接受一組能夠讓此種活動公平地持續進行之基本規範，也就是一個國家的憲政體制。然而，在政治發展過程中，難免因為參與者信念之改變或國家內外處境的變化，而對現行的基本規範加以修改，以期能夠規約下一階段的政治過程，走向更為理想的狀態。所以，憲法政治以及常態政治在概念上或許可以做出清楚地區分，但在實踐上卻往往糾結在一起，也由此而導致在權威的維持與變革的可能間所產生之歷史辯證。

即使吾人接受憲法政治的不可避免性，但台灣自從民主化以後，憲政秩序的變動成為一種常態性現象，仍然是一個饒富實踐與理論興味的關鍵議題。在西元2000年第一次政黨輪替之前，環繞著動員戡亂體制的廢除、總統的選舉方式、總統對行政院長的任命權與立法院同意權、台灣省的存廢，以及國民大會憲政地位的變更等重大議題，歷經了六次修憲。這六次憲法秩序變動的能動性，基本上均源於廢除戒嚴體制與民主化的需要；而經過1990年代初期國民黨激烈的政治鬥爭之後，確立了「修憲而不制憲」以及「以增修條文方式實質取代憲法本章」的兩個憲改基本原則。至於2005年6月份由第一次(也是迄今最後一次)任務型國民大會所通過的憲法修正

案,則是民進黨執政時期唯一一次修憲。此次修憲的關鍵,在於「公投入憲」,也就是未來的修憲必須通過公民複決方可完成;另外立委減半與選制改革也具有重大影響性。

憲政秩序的頻繁變革本身未必值得特殊關注,因為此乃威權國家在民主轉型時常見的現象。台灣民主化以來,憲法政治的特性乃在於**「中華民國憲法」成為一個「本質上被爭議的概念」**(essential contested concept)。此種根本的爭議性,反映了社會深層的歧異:對於中華民國憲法所預設的國家、其於動員戡亂體制以及民主化以來憲政變遷的意義等,有著完全不同的看法,並導致了激烈的意識型態衝突。借用群策會《台灣21世紀國家總目標》的說法,台灣須要「邁向正常國家」,而這個觀點自然預設著目前的台灣或中華民國還不是一個正常國家。此種「非正常性」,乃是20世紀大歷史錯綜複雜的原因所輻輳而成,包括了國共內戰、冷戰時期自由世界與共產國際之對立、國民黨的戒嚴體制、台灣自身的經濟發展與民主化,以及1990年代以後中國之崛起等複雜因素。台灣憲法政治的劇烈變遷,根本原因正在於國家存在理性無法得到國際社會以及國內民眾可以同時接受的定位,從而轉化為一種持續的憲政變遷,迂迴地重塑國民意志,在內部累積變革之能量。

歷經了七次修憲以及數次激烈的總統大選,台灣不但沒有由憲法政治過渡到常態政治的氛圍,社會政治分歧反而更加凸顯激化。藍綠陣營不斷自我強化意識型態並運用媒體政治加以包裝,導致台灣處於一種持續的分裂社會(divided society)或分裂國族(divided nation)的政治存在狀態。依照顏厥安(2004: 64-65)之觀察,乃是「深藍政治力不認為泛綠集團『夠格』(qualified)來領導中華民國;而深綠政治力則不認為中華民國體制夠格來支配台灣這個國家」。這個觀察相當敏銳地呈顯出台灣社會內部深層的政治對立。

絕大部分台灣人民均感受政治共識與社會和解之重要性與急迫性，但如何達成？

本章將嘗試從本書對西方共和主義理論的分析角度，考察台灣的憲法政治論述。我們的出發點是運用Arato（2000: 229-256）分析1990年代東歐憲政變遷時，所提出的理論架構。他基於比較歷史分析的基礎，區分出五種型態的制憲機制：憲法會議（constitutional convention）、主權性制憲會議（sovereign constituent assembly）、一般的代議機構（normally elected legislature）、行政權主導（executive），以及演化型態（evolutionary process）等。而在這些實際的制憲型態背後，Arato指出有四種具有完全不同規範性的理論基礎：革命民主或主權式獨裁（revolutionary democracy or sovereign dictatorship）、共和與法治為主軸的二元民主論（dualist democracy [republican and rule of law position]）、以革命為主軸的二元民主論（dualist democracy [revolutionary position]），以及自由主義式民主（liberal democracy）。這四種規範觀點，分別由西耶斯和施密特、鄂蘭、艾克曼，以及羅爾斯所提出。

從政治理論的角度加以觀察，一個饒富興味的現象在於：這四種理論立場，幾乎皆可以在台灣當前的憲法政治論述中找到相對應的版本。然而，本章並不採取教科書式說明，個別地闡釋這四種理論典範之原始內涵以及在台灣之實際在地樣態。一方面這超越了單一篇章所能處理的篇幅，另一方面筆者亦無意暗示理論的思考可以直接運用到政治行動。只不過，政治行動者總是需要有觀念作為前導，也正在於這個理論與實踐交會之處，在一種非決定論、偶然性的歷史情境下，讓這些理論典範能夠取得在地的面貌。通過一種論述史及其變遷意義之考察，吾人或許可以對台灣未來憲法政治之前景有深一層的認識。

二、制憲與直接民主：國民主權的兩層理論意義

　　要在理論層次討論台灣民主化以後的憲法政治，在概念上應以「國民主權」（national sovereignty）為出發點。依據Suksi（1993:16-21）的研究，為對抗絕對主義的國家主權論（state sovereignty），西方近代政治潮流發展出另外兩種正當化的原則：一為人民主權（popular sovereignty），另一則為國民主權（national sovereignty）。二者之差別在於，國民主權強調代議機構的代表性（符合西耶斯的原始理念），人民主權則盡可能地追求統治者與被治者的同一性（符合盧梭的直接民主精神，以及施密特對民主原則的界定）。

　　國民主權論確立於1789年法國《人權宣言》第3條：「所有主權之原則都源於國民；若非明示地源於國民，則沒有任何團體或個人可以行使任何權威」。以當代民主政治理論而言，則國民主權的內涵可以簡述為「一個群體下最高的政治統治力必須擁有正當性的基礎，且此正當性的基礎只能來自國民，而不是國民以外的機制」[1]。然而，台灣的公共論述在討論國民主權時，往往蘊含著**直接民主**與**國民制憲權**兩個不同層次的指涉。

　　直接民主的歷史淵源悠久，遠遠早於國民制憲權的觀念。現代直接民主的主要理論資源，則是來自盧梭的普遍意志論述。在盧梭的思想中，通過社會契約所構成的民主共和式政治共同體，其主權者僅能是全體公民所形成的普遍意志。他們的集體決定形構了法律，而共和主義的真精神乃在於公民只受自身所創制的法律之治理，也就是公民自治的理想。值得注意的是，在盧梭思想中的「憲

1　此為德國學者Ernst-Wolfgang Böckenförde的見解，轉引自蔡宗珍，1997: 30。

法」並不具備特殊的理論地位，而必須從屬於普遍意志的運作之下。他當然理解，公民普遍意志必須規定共同體的政治關係，這構成一種「政治法」(political law)；但他基於激進民主的精神，主張政治法並不是一種垂諸久遠的「根本大法」(fundamental law)，只要人民的普遍意志改變，政治法便和一般法律相同，隨時可以加以修改或重新建置。這是激進民主傳統的人民主權論述。

國民制憲權觀念的代表性思想家，則是法國大革命思想家西耶斯。在其理論體系中，無論是國民制憲權，或者是憲政體制之內的立法權，都是通過代表機構而行使的：制憲權的行使必須通過非常態性的(也就是台灣學界所稱的「任務型」)國民會議，立法權的行使則為常態性立法機構之職權。換言之，「制憲權」的觀念最初與直接民主及公民複決均無關連，而係現代代議制度的邏輯推演。西耶斯關心的焦點在於創造政治正當性的制憲權之「載體」(bearer)，並主張只有代表全體國民(nation)的制憲國民會議(national assembly)才是唯一可能之載體。此種國民制憲權理論，乃是「國民主權」論述在法國大革命初期的原始意義，與盧梭人民主權論並不相同，也並未主張直接民主。

施密特對於制憲權與民主的憲法學闡釋，則以西耶斯的論述為本，整合盧梭的民主思維，從而完成了理論綜合。對施密特而言，「人民」(Volk)具有兩種可能意義：一為憲法之前與憲法之上的國民，另一則為在憲法框架之內行使憲法所規定的政治權利的公民。其中「在憲法之前與憲法之上」的意義層次，國民所具有的權力即為「制憲權」，也就是「一種政治意志，憑藉其權力或權威，制憲權主體能夠對自身政治存在的類型和形式做出具體的總決斷」(Schmitt , 1983: 75-76；施密特，2004：103-104)。

基於本書第八章以及第十章之論述，在理論層次上，施密特的

憲法學說對台灣最具關連性的主張有三點：第一，制憲權的行使意指具有政治意識的全體國民(也就是民族)，決定其政治共同體或國家的「總體存在狀態」；第二，修憲並非制憲，有不可逾越的界線。對施密特而言，制憲權所完成的是最根本的政治決斷(包括他所分析的「敵友區分」以及「絕對意義的憲法」或「憲章」)，而修憲的機關與程序均是按照憲法的規定，自不可能超越或凌駕制憲者的政治決斷。換言之，修憲僅能修改相對的、個別的「憲法法規」或「憲律」，至於觸及到憲章的根本政治決斷部分，則唯有通過國民制憲權之行使，方得加以重新決定。第三，制憲權無論通過何種機構行使，在法權上均構成「主權獨裁」(sovereign dictatorship)的狀態(Schmitt, 1983: 59-60；施密特，2004:79-80)。當然這並不表示制憲會議可以行使專制統治，而是意味著它在行使其制憲權力時，不受任何限制，之前的法權狀態自動失效，不再具有正當性以及合法性。

三、台灣憲法政治之過去：民主與憲政主義的歷史辯證

　　討論台灣的憲法政治，以前節所述施密特的理論作為出發點有其合理性，因為制憲不僅意味著憲法秩序的斷裂以及開端啟新，它同時也蘊含著新國家的建立，而且是由國民在具有充分的政治意識之下所做出的集體決斷。

　　「國民主權」在威權時代乃是一種政治禁忌，而在解嚴後逐漸浮現，並與本土化的潮流結合，深刻影響了民主化進程。依據前節所引述Suksi(1993:16-21)提出的系統分類，台灣的戒嚴體制屬於「國家主權」(state sovereignty)的範疇，特別是國家的統治機構不符合其統治範圍的事實，以及所謂的「代表」機構不具有真正的民

主代表性(葉俊榮,2003: 5-21)。為對抗此種國家主權論,制憲權觀念乃成為民進黨在1990年代初期的獨立建國主張中,所預設的憲法政治觀念,特別是1991年通過一般所稱的〈台獨黨綱〉,主張:「依照台灣主權現實獨立建國,制訂新憲使法政體系符合台灣社會現實,……基於國民主權原理,建立主權獨立自主的台灣共和國及制訂新憲法的主張,應交由台灣全體住民以公民投票方式選擇決定」。這個黨綱的通過,在當時修憲剛剛啟動的階段引起了廣泛的爭議。然而,在當年12月所舉行,關乎未來修憲權力基礎的第二屆國代區域選舉之中,國民黨的得票率達71%,獲得超過四分之三的修憲表決人數(陳新民,2001: 43-44);這對早期憲改產生了關鍵性的影響,讓國民黨可以獨自主導修憲。相對地,民進黨也開始調整獨立建國論,通過〈台獨黨綱〉之中「台獨目標」以及「民主程序」的內在緊張,由前者轉向後者,從而告別革命,由反體制進入體制(郭正亮,1998: 60-100;陳儀深,2004)。在政治動員的層次,民進黨在1990年代做出了相當程度的調整,通過了新舊世代的論辯(郭正亮,1998: 68-70),在第一次政黨輪替前一年所通過的〈台灣前途決議文〉中,形成民進黨對於「中華民國」延續至今的基本主張,宣示「台灣,固然依目前憲法稱為中華民國,但與中華人民共和國互不隸屬,任何有關獨立現狀的更動,都必須經由台灣全體住民以公民投票的方式決定」。台灣的憲法政治,也進入了民主而非建國為主軸的階段;或更精確地說,制憲成為基於民主政治主權在民的主張,脫離了獨立建國的原始脈絡。

　　台灣民主化過程最重要的結果,是解構了國民黨在黨國體制時期所建立的威權統治以及大中華民族主義,亦即自主國家機器及其所建構出來正當化支配地位的意識型態。這個歷史背景導致了台灣的民主化不僅在於落實自由主義與憲政民主的政治價值,其深層結

構更在於**主權觀念的轉換**，由國家主權轉變為人民／國民主權，也就是一般所稱的本土化以及台灣主體性之建構。正是基於這個深層的結構變遷，在1990年代民進黨開始調整獨立建國論，轉而以民主而非建國為主軸時，仍然產生了民主化與自由憲政主義逐漸分道揚鑣，而與本土化結合發展出前述同質性「國族民主」(national democracy)的潮流。筆者認為，這不僅受到台灣具體歷史條件的影響，也反映了人民主權與憲政主義兩個觀念在理論層次長期以來的緊張關係。

關於民主與憲政主義，法學家麥可曼(Michelman, 1988: 1500-1501)指出，美國憲政主義的政治自由觀念有兩個前提：一為公民自治(government of the people by the people)，一為法治理想(government of the people by laws)。然而，「自治」與「法治」的關係並非和諧無間，而往往存在著緊張性，這構成了人民主權與憲政主義的辯證性格。在實踐上為了化解二者的緊張性，產生了兩種不同取向之可能途徑，麥可曼分別稱之為共和主義式或民主優先的「**法規範創生之政治論**」(jurisgenerative politics)，以及自由主義式法治國的「**保留策略**」(strategy of entrenchment)。對於「法規範創生之政治論」，麥可曼界定如下：

> 視政治為一種過程，在其間自我導向的個人成為公共導向的公民，並且因此而成為人民(people)的成員。正是由於這個構成人民的(公共)特質的過程，可以賦予法律對每一個成員的約束力成為不證自明的特質。(Michelman, 1988: 1502)

這樣的政治過程可以賦予立法的結果以一種「有效性」，而為所有成員所遵守。

　　另一種解決人民主權與憲政主義緊張關係的途徑，則是自由主義者的法治優先論者，其「保留策略」的基本主張爲：

　　　將創建者視爲人民在使自身成爲主權者的同時，於此自我構成的行動中，對於他們自身主權的範圍畫出實質的保留限度，藉此劃分出私人權利的領域，作爲他們（人民集體通過政府代理人的行動）在這個保障的持續期間絕不能加以干涉的範圍。（ibid., 1509）

　　麥可曼進一步指出，對自由主義者而言，此種「保留策略」意味著法律與政治的徹底隔離。法律要在憲法基礎之上，獨立地依據法律理性加以推導與詮釋，避免政治力的干涉。雖然二者均可成爲現代民主政治的根本原則，但兩者所強調的基本精神以及政治觀念卻迥然不同。

　　以下將以此區分爲出發點分析台灣憲法政治，因爲在理論層次，這個區分相當契合台灣民主化過程中，人民主權與憲政主義的緊張關係。我們的分析指出，黨國體制時代所建構的主權概念乃是以中華民國爲主軸的「國家主權論」，在自由化與民主化的進程中產生了改革的兩個不同方向：其一是依據自由主義式的「保留策略」，對於終極政治認同的決斷加以迴避，嘗試解決體制內的問題。此種進程不贊成制憲或激烈的修憲，從而與國民黨維護中華民國體制的維持現狀漸進修憲產生若合符節之處。然而，反對國民黨的政治力量訴諸另一種改變「國家主權論」的方式，嘗試將國家統治機器之正當性尋求更爲實質的基礎，其結果乃是「人民」與「國民」主權觀念之崛起，並在論述的層次，建構了「命運（或生命）共同體」、「新台灣人」以及各種各樣強調台灣主體性以及「愛台

灣」的政治文化論述，以作爲國族建構與憲法政治的基礎。

(一)自由主義的保留策略以及「回歸憲法」

回顧1990年代台灣公共論述的發展，一個相當明顯的趨勢是民主化與本土化的潮流蓋過自由主義，而在台灣公共論壇取得了霸權。此種價值變遷固然不應化約到單一的原因，但筆者認爲這與自由主義者在憲政改革議題上採取前述「保留策略」的理論進程，有相當程度的關連。

自由主義者嘗試影響修憲進程之努力中最具代表性者，體現於1992年第二次修憲前夕，由文崇一等16位知名學者署名發表的〈修憲前夕我們對憲政體制與權力之爭的看法〉[2]。在這篇綜合性的宣言中，自由主義學者提出兩個主張：首先，肯定中華民國現行憲法有學理以及民主政治上之依據，並且施行超過40年而已有實效與尊嚴；必須避免修憲與制憲之爭導致「把憲法基礎拆毀，引發國家認同，憲政體制、政治權力爭執的嚴重危機」，而應當將努力集中在「拆除威權時代所強加於憲法的違章建築」這個主要目的上。其次，針對當時國民黨有關「委任直選」以及「公民直選」總統的爭議，強調「我國憲法所規定的政府體制基本上爲一種內閣制」，而在這樣的設計下總統應該超然，避免介入黨派政爭，也不贊成總統選舉以公民直選方式爲之。在確立這兩個基本原則之後，〈看法〉並進一步對於國民大會、政府體制以及監察院體制的更動等提出詳細分析。我們不擬分析關於憲政體制的具體問題，也無意將多年前的文本端出重炒冷飯。然而，〈看法〉一文所提出的論述，反映不少自由主義學者所構思的「**回歸憲法**」之憲政主義主張，與台灣當

2　參見民國八十一年三月八日《聯合報》第二、三版。

時正方興未艾的國族民主修憲波濤杆格不入。

　　其中的關鍵在於，無論是李登輝路線或者民進黨的制憲主張，均的確嘗試用憲政秩序的變動來引導國家認同的重構。自由主義者所要回歸的，乃是憲法所保障的個人基本權利，與《動員戡亂臨時條款》所凍結的完整參政權，並在體制上回歸到接近內閣制精神的憲法本文。若基於前述「法規範創生之政治論」與「保留策略」的對比加以觀察，〈看法〉的論述型態顯然接近後者，而以保障法治之內的個人自由與權利爲憲法之終極鵠的。然而，自由主義此種「保留策略」嘗試對國家認同以「存而不論」的方式來避免泛政治化結果，對國族主義者而言，其結果恰恰造成了對於中華民國現行體制的默示接受。換言之，自由主義者的修憲主張，由於採用自由主義的對話觀念(Ackerman, 1989: 16-19; Larmore, 1990: 351)，對於不易解決的根本信念問題(如國家認同)採取迴避的方式，導致了部分自由主義者對於認同「中華民國體制」的選擇親和性(elective affinity)，逐漸與強調民主乃至國族主義的新興潮流漸行漸遠。

　　當然，國民黨在1990年代初期強烈反對制憲而以增修條文方式實施修憲的主要原因，並非基於自由主義或憲政民主的政治價值，而的確是懼怕制憲(乃至總統直選)會有流於台獨之可能。這個至今在泛藍陣營仍相當常見的「保衛中華民國」的信念，反而導致了在民主化的歷程中，從來沒有將中華民國的政治符號(國號、國旗)以及基本信念(三民主義、五權憲法)在民主化以及憲政秩序的變動中，實際上置於公民論辯以及集體決定的場域之內，成爲理性論辯的對象，使之脫離黨國威權體制的原始脈絡與束縛，得到公民的實際支持，而重新地獲致「**民主再正當化**」(democratic re-legitimization)。在這個意義上，國民黨堅持修憲的改革路線所運用的也是一種「保留策略」，只不過此處被保留的對象並非個人權

利，而是憲政秩序所立基的政治決斷本身。在這個決斷遭受挑戰時，運用程序方式嘗試加以維護保障，可以說是一種**非政治化的維持現狀策略**。這種取向注定會受到持續不斷的挑戰，因為畢竟中華民國的憲政秩序從未真實地通過當前國民制憲權的創造活動加以正當化。「現狀」或許表面上持續地被保存下來，但在憲政秩序不斷變動的過程中，這個「現狀」早已被拉扯到與其原始意義相距甚遠的狀況了。

(二)法規範創生之政治與「憲法革命」

相對於國民黨之保守主義以及自由主義者的「保留策略」，民進黨以及李登輝路線等國族民主論者自始便是以重新定義現狀作為根本的戰略目標，而多階段修憲相當程度地完成了這個目標。

民進黨的轉變，乃受到1990年代國民黨李登輝本土化路線的社會效應之影響。李登輝路線，隨著他在國民黨的權力鞏固狀態以及他離開國民黨之後的權力位置而有所轉變。但比較能代表其權力頂峰時代核心思維的，是1994年與司馬遼太郎對談時所提出「出生地的悲哀」之「外來政權」論，以迄於1999年的「兩國論」。關於後者，李登輝在接受德國之聲專訪時，略謂「我國並在1991年的修憲……將憲法的地域效力限縮台灣，並承認中華人民共和國在大陸統治權的合法性……1991年修憲以來已將兩岸關係定位在國家與國家，至少是特殊的國與國關係」[3]。類似的論述可見於西元2000年陳水扁競選時的《阿扁憲政政策白皮書》：

> 台灣自1949年以來，就已經以中華民國名義獨立了半個世

3　全文可見黃昭元編，2000: 533-538。本處引文出自頁534。

紀。然由於中華民國憲法還是大中國憲法，不承認台灣主權
獨立國家的事實，所以這一階段台灣的獨立狀態只能說是事
實上（*de facto*）的獨立，還不是法律上（*de jure*）的獨立。1991
年台灣進行修憲，終於將事實上的獨立推進到法律上獨立的
階段。[4]

　　以上李登輝路線以及民進黨在1990年代所分別各自完成的憲法
政治論述，可稱之為「**憲法革命論**」，其核心論旨在於強調1991年
第一次修憲，結束動員戡亂體制並承認對岸統治權的合法性，將憲
法效力範圍限縮至只及於台灣，法理上確立了台灣的主權獨立狀
態，而其邏輯結論乃是：欲改變此種主權獨立狀態，必須經過台灣
人民的公投同意。

　　憲法革命論之要義在於證立1991年修憲已經造成了「**中華民國
同一性的變更**」（黃昭元編，2000:150-152）。若依施密特的制憲權
理論，則更恰當的說法應該是**中華民國憲法所預設的制憲主體同一
性之變更**（Schmitt, 1983: 94；施密特，2004：131）。如同施密特所
指出的，在發生革命時，不僅憲法或憲律可能遭受廢除，制憲權的
主體亦有可能產生變化。有趣的是，施密特在德意志帝國於1918-
1919年革命並更迭為威瑪共和時，傾全力地說明德意志國家的連續
性（Schmitt, 1983: 95-97；施密特，2004：132-135）。在台灣情況則
恰恰相反：在國家的同一性並未有明示的更迭時，透過法律與歷史
詮釋的方式來說明1991年已經產生的制憲權主體之改變：制憲權主
體由全中國人民限縮為台灣人民。而憲法革命論最主要的目的，在

4　西元2000年《阿扁憲政政策白皮書》第一章。學術性的論證可見於許宗力的
　　論文（收錄於黃昭元編，2000: 127-157）。

於證立未來持續修憲乃至在1991年構成(或重構)的制憲主體(國民或民族)，並鋪下了**未來**國民主權行使的基礎。

　　兩國論構成了1990年代末期李登輝路線與民進黨政綱最大之公約數，但因美國的強力反對而未能成為官方正式的法權觀念。國族民主論者否定國民黨所稱「中華民國自1912年以來便已經是主權獨立國家，主權及於全中國，但目前為分裂國家」[5]的「現狀」看法。李登輝路線尚主張「中華民國從1912年建立以來一直都是主權獨立的國家」[6]，但民進黨的憲法革命論述不願將其正當性根源追溯到辛亥革命，而以1949年為台灣在事實上的憲政體制之始(雖然當時的制度違背國民主權原則)，而1991年第一次修憲則為台灣法律上獨立狀態之開端。但兩者之結論則均相同：既然台灣自1991年起就已經是一個在法理上主權獨立的國家，且與之前的中華民國產生了「同一性變更」，則未來自可依據國民總意志，決定其憲政體制，包括領土與國旗等項。這樣的法律／歷史詮釋顯然與自由主義者將第一次修憲(廢除動員戡亂體制)視為回歸憲法的看法大異其趣，也符合麥可曼對於民主優先的法規範屬性之政治論的基本觀點。

5　用許宗力的表述則是「一個中國，中華民國是唯一合法代表，其主權及於全中國，治權目前則僅及於台灣」，見黃昭元編(2000: 135)。對於這個觀點以「分裂國族」(divided nation)所提出的公法詮釋，可參見蘇永欽，2002：157-159，以及蘇永欽，2004。

6　引自黃昭元編，2000：534。

四、陳水扁時期的憲改工程：
「憲法持續革命」或準制憲？

　　第七次憲改的發動，始於陳水扁第一任任期最後，於2003年11月初訪問美國時，在紐約國際人權聯盟所發表的演說。他當時的提法相當具有理論色彩，以美國制憲的先例作爲典範：

> 台灣目前已經建立公平的選舉競爭環境，但台灣的民主鞏固與人權深化，卻仍有賴人民持續努力，以及制度性的完善，其中最主要的關鍵在於修正現行憲政制度的不足性。兩百多年前，美國制憲先賢之一的漢彌爾頓，在制憲大辯論的《聯邦論》一書中就明白指出「當前的邦聯體制不足以維護美國」，……經過美國制憲先賢的討論，終於創造出現在的美國《聯邦憲法》，……台灣現在所面臨的「憲政體制不足性」也類似當時的美國。……這就是為何本人提出「催生台灣新憲法」的主要思維。[7]

　　雖然陳水扁在演講之中強調「催生台灣新憲法」並不涉及「四不一沒有」，而是攸關台灣民主深化以及落實國民主權的重要課題；但以美國制憲作爲典範，以及同一時期其他場關於「以公投決定台灣新憲法的版本及內容，這是制憲而不是修憲」的宣示[8]，可看出其制憲的意向，特別是以2006年世界人權日爲公投新憲之時點

7　民國九十二年十一月二日《中國時報》A2版。
8　民國九十二年十一月十二日《中國時報》A2版。

一事。

經過空前激烈的總統大選以及其間美國對於公投議題的嚴重關切，陳水扁在2004年五二〇就職演說中，已經將憲政變遷方面的主張修正為「推動憲政改造的工程，重建憲政秩序」。他並承諾在實質議題上，此次憲改將不涉及國家主權、領土以及統獨議題；而在程序方面，則將依循現行憲法及增修條文的規定，由人民公投複決未來國會的憲改提案。通過這個宣示，陳水扁正式將「催生台灣新憲法」的「公投制憲」原始主張修正為「公投修憲」。

2004年總統大選之後，由於選舉爭議所導致的膠著動盪之政治局勢，在立法院通過修憲案後終於有所進展，除了國會席次減半與單一選區兩票制的選制改變外，更通過了新的憲法修正程序：廢除國民大會，其後的憲法修改將經立法院四分之一委員提議，四分之三之出席以及出席委員四分之三之決議後，提出憲法修正案後，經人民投票複決，有效同意投票超過選舉人總額之半數，修憲案即通過。至此，各黨共同支持「公投入憲」，確立了其後憲改工程的程序。「任務型國民大會」於6月7日對立法院所提出的憲法修正案進行複決，以249票贊成、48票反對、1張廢票通過，而完成該次修憲工程。在修憲案通過之後，陳水扁隨即宣布此為「第一階段憲改工程」，而未來則將依此次憲改所修正之程序，進行「第二階段憲改」，以三大議題(充實基本人權之保障、決定政府體制和政府權力之劃分、國民經濟條款的存廢)為內涵，期於2006年底「透過公民投票複決第一部新憲法，2008年5月20日新憲法正式實施。」[9]

第七次修憲對未來憲法政治的影響，公共輿論呈現出兩極化的反應，其中有三個議題值得注意。首先，政黨光譜上的兩個小黨

9　《台灣憲政改造工程之意義說帖》。

（台聯黨與親民黨）對於選制改革的激烈反對，這屬於常態政制的範疇，本章不予深論。其次，就合法性而言，第七次的修憲當然是符合程序的；然而任務型國大選舉的投票率相當低（投票率為23.36%），而且是用目前較低門檻的修憲程序通過一個超高門檻的修憲程序。這是該次憲改最重要的理論與實踐議題：在形式上公投入了憲，但所規定的高門檻讓未來的修憲變成極度困難，其前景甚至如民進黨前立法委員林濁水所描繪的：「這樣的修憲通過所謂二階段修憲已成泡影，至於政局將因不民主和權責不明無法修改的體制，將製造無窮無盡的衝突，憲政災難將永恆化，直到人民忍無可忍，發動制憲才能解套。」[10]相對於泛綠對修憲條款成為「禁止修憲條款」的憂慮，泛藍之反應，的確是以此超高門檻來說明「雖然公投入憲，要進行台獨的法理化，雖不能說絕對不可能，但是非常困難」，這個困難度的原因包括了立法院修憲提案的高門檻、領土變更案和修憲程序完全相同，以及除了民進黨與國民黨聯合之外，沒有其他任何政黨聯盟可以達成「法理台獨」（高永光，2005）。

根據本書的觀點，一究其實，第七次修憲乃是基於民進黨與國民黨的「暫訂協議」（*modus vivendi*）：一方面讓公投修憲形式上進入憲法的增修條文以符合民進黨的政治訴求，另一方面則設定超高門檻而在實質上同時滿足了美國對於台海的「現狀」定義以及國民黨的「保留策略」。兩大黨策略性共識的實質考量，則是通過國會席次減半以及單一選區兩票制的選制改變來淘汰具有威脅性的小黨，以促成兩大黨競爭的局面。假如這個對於第七次修憲的評估尚屬正確，則並未跳脫前六次修憲的政黨利益交換以及僅就特定議題進行修改的局限，特別是運用憲法政治的途徑來解決常態政治中權

10　《自由時報》民國九十四年五月三十一日。

力與資源分配的問題。兩大黨此次修憲所依據的共識，乃是嚴格意義的暫訂協議，而非深層意義的憲法共識（constitutional consensus）或交疊共識（overlapping consensus）[11]。高門檻的修憲新程序雖然引發了各種不同的反響，但它入憲後即成為未來憲法政治的前提，除非因為無法運作產生「憲法破毀」而重新回到制憲的進程。從另一個角度來看，高門檻的公民複決或許是一個民主參與的利基，成為下一階段憲政改革的動能。

在第七次修憲前後，陳水扁對憲改工程的說明不時引起爭議；然而，其說法從理論觀點加以檢視仍有其邏輯：他指出改國號的制憲誠然是制憲的一種方式；但「如果不改國號，所有的憲改都不可能制憲，那也絕對不是一個念法律、懂憲法的人所能夠說出來的話」。進一步而言，已經達成共識的廢除國民大會之憲改方案，便是「制憲的一部分，但是大家認為這是可以接受的」，而未來憲改處理是否維持五權憲法，或改為三權分立，只要通過人民的公投複決「也是制憲的範疇，而不是單純修憲而已」[12]。

換言之，「憲政改造工程」有別於「改國號的制憲」，前者可以通過具有程序合法性的修憲，達到重建憲政秩序的「實質制憲」，但同時又不觸及「現狀」既存的國家定位。這是否可能？本章以下將僅就程序的面向檢討陳水扁時期「憲政改造工程」的理論內涵。雖然陳水扁執政的正當性在最後兩年因為貪腐等因素而急速降低，但其「憲政改造工程」係民進黨執政時期比較完整的憲法政治論述，仍然應該加以分析，其中有三點值得觀察：第一，民進黨所主張的修憲，要在憲政規範的層次開創一個新局，是否意味著修

11　關於暫訂協議、憲法共識以及交疊共識，請參考Rawls, 1993: 158-168之討論。

12　以上引文出自民國九十四年二月十五日《中國時報》A3版。

憲將揚棄增修條文的模式,直接修改憲法本文?在宣示了不觸碰國家定位以及「合憲性的修憲」之程序原則後,直接修改憲法本文似乎是未來修憲唯一能有新意之處。第二,「合憲性的修憲」有無界線?正式修改憲法的本文,特別是具有國民根本決斷意涵的相關條文,雖然僅是修憲的名義,然實質上可以達到制憲之實。而暫不觸碰國家定位問題,乃是一個審慎的暫時迴避,這個迴避恰好讓憲政秩序的根本變革成為可能。第三,既然未來的修憲是以深化民主為主要目的,那麼憲改過程必須充分展現民主「培基」(empowerment)的特質,應當通過何種程序或制度加以激發?

由於這個「憲政改造工程」後來並未啟動,以下僅以葉俊榮和張文貞兩位當時發表的代表性作品為例,嘗試釐清其理論意義。葉俊榮在2004年12月總統府國父紀念月會所提出的〈從全球憲法變遷的趨勢看台灣憲政改造的定位〉專題報告中,分析了1980年代末期所啟動的第七波全球新憲浪潮的主要特徵,其中第一個趨勢為制憲修憲的相對化,正是本章關注的焦點。葉俊榮整理出憲政變動的四個模式,包括一次直接制憲、一次大幅修憲、多次漸進修憲,以及漸進階段式制憲。台灣自然屬於多次漸進式修憲的方式,主要目的在於兼顧政治改革和政局穩定的雙重目標。至於漸進階段式制憲則以波蘭與南非為代表。葉俊榮並未明白主張台灣應由多次漸進修憲轉化為漸進階段式制憲;但他對於後者所做的特質描述似乎透露了其偏好:漸進階段式制憲除了能夠兼顧政治改革與政治穩定的目標(這是多次漸進修憲的主要特色),還能夠充分體認到完成一部完整憲法的重要性。

制憲修憲相對化的另外一個面向則展現於憲改的程序。傳統認為制憲才能採取公民複決程序,但現在有些國家修憲也需經過公民複決;而在憲改的幅度上,傳統區分憲法為憲章與憲律,只有制憲

可以「無所不可」，而修憲則有一定的界線(即不能觸及憲章之根本政治決斷)，這個二元區分以及修憲有界線論也在第七波新憲浪潮中被推翻了。

　　葉俊榮的分析顯示出，民進黨在執政時期對前節所述的憲法革命論述所強調「憲法革命已經(在1991年)完成」之觀點做了修正，而成爲一種「憲法持續革命」的論述。此乃基於接受中華民國憲政體制之合法性前提，但通過制憲與修憲相對化以及修憲無界線論(如其所言，政府體制、人權清單、甚至是國名，都可以修改)的方式，來完成憲政秩序的根本變動。我們可將此種新的思維名之爲「**準制憲**」，作爲執政者的民進黨在國際社會以及國內政治兩極化的情況下，一個終極版的憲改策略。

　　葉俊榮提綱挈領式的分析，在張文貞(2004)討論憲改的正當程序一文中[13]，得到了學術性的發展，特別是對於以制憲爲主軸的憲法政治論之批判：如所週知，制憲權作爲創造根本法秩序的權力，其行使不受任何規範的制約而處於「自然狀態」。換言之，當國民制憲權運作時，任何法秩序的規範效力便立即喪失，而回歸到創造憲法規範的國民決斷意志。對於這個從西耶斯到施密特的古典論述，張文貞以鄂蘭《論革命》一書中之批判爲基礎，強調制憲的政治決定必須預設「人民」(people)經由理性的辯論、思考與抉擇，將自身轉化爲「公民」(citizens)，而多數決定之正當性，不能僅是多數實力使然，尙須有理性的基礎。

　　在這個以共和主義爲基礎的立場上，張文貞進一步援引美國當代公法與政治理論學者艾克曼的「二元民主論」(dualist democracy)

13　張文貞後來將本文修訂擴大成兩篇學術論文(張文貞，2006，2009)，但若干具有時代意義的文字被修改刪除。本章引用其原始文本，以理解其時代脈絡。

加以證立。對艾克曼而言，美國憲政主義立基於以公民自治爲優先
的理論，他用「**自由主義革命**」（liberal revolution）的概念來加以形
容，強調在民主的常態政治過程中，需要有特殊的歷史時刻，於其
間公民克服其追求私利的本性，一起探討並確立政治共同體成員應
當追求的集體價值（Ackerman, 1991;1992）。她特別著重艾克曼相當
具爭議性的歷史觀點：美國1787年費城會議超越了原先「修憲」
（修改「邦聯條款」）的授權，變成制憲會議，而且「其對新憲草案
的批准程序規定，也比對邦聯條款的修改程序還來得寬鬆」（張文
貞，2004: 9），並將之稱爲「**以修憲之名、行制憲之實**」（ibid., 10）[14]。
繼受了艾克曼對於費城會議「不合法性」（illegality）的觀點，她認
爲此種越權不致成爲古典政治哲學所說的「竊奪」（usurpation），因
爲新憲制訂過程中間所體現的民主審議基礎足以彌補。基於艾克曼
的觀點，張文貞對當時的憲政改造工程提出如下的規範性主張：

> 如果修憲程序所表彰的規範質素，已經與當時制憲程序的
> 規範質素相當、甚至更加超越時，修憲的內容在規範上就沒
> 有任何不應取代甚至超越原憲法內容規範之處。從這個角度
> 來看，此種憲法的修改，應該沒有任何的界線與拘束。換言
> 之，制憲與修憲的區別或是修憲有無實體界線的論爭，應該
> 要放在程序規範質素的觀點，才能正確地加以理解。（ibid.,
> 12）

這樣的分析觀點呼應了葉俊榮前述制憲與修憲相對化的論旨，
即可以在不全盤否定現行憲法秩序的合法性的同時，通過更爲深、

14　請參考本書第七章第四節的分析。

廣的審議式民主動員，徹底修改現有的憲法規範，這正是艾克曼二元民主論中，可以創造或變更國家根本大法的「憲法時刻」（constitutional moment）。若我們接受了這樣的理論觀點，下一個課題自然是如何創造廣度與深度均達到「憲法時刻」的公民動員以及公共討論，藉以型塑未來的根本大法。

　　不過，在實踐層次，此種二元民主式的「憲法持續革命」或「準制憲」理論似乎注定會遭受來自於兩面之夾擊。一方面在泛綠陣營將會與主張正名制憲的基本教義派有所衝突，因為對制憲國民主權論者而言，此種「合憲性修憲」只不過是一種退卻與妥協。而且在理論層次，施密特的主張，憲法的核心決斷唯有國民明示地行使制憲權方得加以變更，仍然構成對於「憲法持續革命論」或「準制憲論」的有力之挑戰。另一方面，修憲無界線論若觸及憲法本文具有根本政治決斷意義的條文時，不可避免地會與泛藍的「保衛中華民國」所運用的「保留策略」有所衝突。換言之，此種「準制憲」的大規模修憲在未來若能實行，仍將受到兩方的夾擊，除非真的能如二元民主論者所設想的大規模審議式民主的動員，以完成民主正當性。

五、檢討與展望

　　在前言中我們已經指出，歷經了七次修憲以及數次激烈的總統大選，台灣不但沒有由憲法政治過渡到常態政治的氛圍，社會政治分歧反而更加凸顯激化，致使台灣成為一種持續的分裂社會或分裂國族的政治困境。而由於兩方實力相距不遠，不可能也不應當用單一陣營敵我區分的邏輯來建構國民意志的同一性，因為如此一來勢將造成毀滅性的後果。絕大部分台灣人民均感受社會和解之重要性

與急迫性，但如何達成？這考驗著全體人民與政治人物的智慧。

假如本章前述國民主權與憲政主義的緊張關係，以及台灣民主化進程在「法規範創生之政治論」與「保留策略」兩種取向之下的意識型態變遷之分析大體無誤，則對於台灣未來發展成為一個眞正的共和主義的「公民共同體」(*res publica*)之前景若何？筆者認爲，以目前的走向來看，似乎仍需要克服「國族民主」的政治想像，主因在於國族民主所想像的國民同一性，與實際上幾次全國性大選所展現的分裂國族之社會事實並不吻合。關於國民同質性的表象與實在，施密特在論述國族民主時，已經指出統一體共同意識之重要：

> 各種因素都能夠促成國族統一體以及對這個統一體的意識：共同的語言、共同的歷史命運、傳統和記憶、共同的政治目標和希望。語言是一個非常重要的因素，但光是語言並不能發生決定性的作用。重要的是歷史生活的共同性，對這種共同性的意願、重大事件和偉大目標。即便人們不講同一種語言，但真正的革命和勝利的戰爭能夠克服語言上的對立，建立起休戚與共的民族歸屬感。(Schmitt, 1983: 231；施密特，2004: 308)

不僅國族主義抱持著這種觀點，前述共和主義式的「法規範創生之政治論」也必須預設人民的同一性，方有集體行動之可能：

> 在一個自治的主體多元情境下的法規創生之政治論辯，牽涉到爭議性的「重新記憶」，特別是關於一個公共規範性參考點的積累，形成各種陳述、類比以及其它的投入方式。這

些主體從這個積累之上取得認同並因此獲致了道德與政治自由。這個積累構成了他們作為同一個人民或政治共同體的母體（matrix），也就是說，個人可以形成彼此之間有效的說服對話關係，這也正是他們政治自由的中介，足以將過去通過回憶想像的對話行使而投射到未來。是以，共和主義式的政治性法規創建，預設了此種有效規範材料的積累（得以公共地被辨識具有說服力的回憶以及爭議）一直存在著。（Michelman, 1988: 1513-1514）

由於對這種共同性的強調，在施密特的理論中，威瑪憲政體制與第一帝國的連續性，是一個特別被強調處理的議題；美國人民也是從獨立戰爭甚至殖民時代便已經具有共同行動的歷史同一性（Michelman, 1988: 1531）。

基於這個觀點，我們可以理解到共同體論述對於國族民主的重要性。當然，在台灣並不缺乏此種論述，李登輝當年的「生命共同體」以及民進黨的「命運共同體」都是吾人耳熟能詳的觀念。然而關鍵問題在於，民進黨國族民主的論述由於強調1991年構成斷裂與新的開端，使得形成共同體的基礎，不再是歷史性的共同記憶，而是未來新憲運動將凝聚出來的國民總意志。換言之，歷史的斷裂似乎註定要將國族的同一性放在新憲運動自身的動能之上，而無法預設一個共享的歷史記憶。

然而，本書對西耶斯與施密特制憲權理論的分析顯示，**制憲權的行使預設了國族的同一性，它並不能如某些鼓吹者所期望，可以創造出此同一性**。這一點對於台灣當前分裂國族的狀態最為關鍵。誠然，台灣已經在民主實踐之中建立了政治共同體獨特集體意識；但是對於這個共同體的名稱（中華民國國號）以及與中國的關係——

也就是國族同一性首先需要決定的基本政治問題——仍是在台灣社會將引發根本爭議、在國際社會牽動權力均衡的議題。假如這個對於台灣國家認同格局的描述符合實情，則公投制憲或重複性的修憲公投，將不僅是國民主權民主的展現而已，它會觸碰到更深一層的**民族同一性之先在政治決斷**。通過單純的民主程序來形成國民總意志，恐怕會激化社會歧異，而擴大成為敵我分判的政治標準。如此一來，制憲權的運作，不但不能發揮整合的作用，反而會加速衝突的激化。在這種情況下，其支持者所期望之新的憲政秩序正當性恐怕不易建立。

在陳水扁執政後期的政治動盪中，2008年總統大選馬英九與蕭萬長以58.45%得票率，當選正副總統，產生第二次政黨輪替。另外，同年度第七屆國親聯盟共取得81席(71.7%)，成為國會的絕對多數，而掌握了修憲的鑰匙。在選前所發布〈馬英九、蕭萬長憲政改革政策〉的說帖中，在第貳項具體主張方面，提出下列兩個有關憲法政治的主張：

一、確立憲政主義的基本精神：近代西方民主政治得以順利發展，是因為堅守憲政主義的精神。憲政主義主張人人擁有不可剝奪的基本權利、政府權力必須受到節制、法律之前人人平等、一切措施依法而行、行政體系嚴守中立。這些基本原則，是一個民主國家對抗專制暴政或民粹主義的關鍵所在，也是我們追求優質民主的確實保證。

二、實現權責相符的中央政府體制：我們不贊成以修憲或制憲為手段，追求更改國名或藉此刺激選票的短視作為，但有鑑於社會各界對現行中央政府體制的評價不同、對朝向內閣制或總統制發展有分歧意見、並且對國會減半後的議事正

義有所關切，因此我們執政後除將努力行憲，並擬於總統及
立法院改選兩年後，成立憲法評估小組，檢討現行憲法實施
以來的優缺點，以及國會減半後的議事成效。如果朝野能有
普遍共識，我們將推動進一步的憲政改革，以回應國人對憲
政秩序的期待。

　　在這個或許是馬團隊最有系統的憲政論述中，我們可以清楚地
看到民主政治是以憲政主義作爲前提，而憲政民主國家的對立面不
僅是「專制暴政」，還包括「民粹主義」。此種思考取向將憲政作
爲民主政治的基礎，與前述國族主義者將憲法視爲國民總意志的表
達，不啻天壤之別。這樣的觀點，也呼應了本章所論述國民黨在民
主化以後，通過自由主義的保留策略與回歸憲法的基本信念來因應
時局。不過，在執政之前馬團隊雖然已提出反對將修憲與制憲「手
段化」成爲更改國名或刺激選票的作爲；但就公民社會對於中央政
府體制的分歧意見而言，仍然視爲應該被評估以及改革的問題。只
不過文本中所稱的「推動進一步的憲政改革，以回應國人對憲政秩
序的期待」，究竟是修憲或其他方式？並沒有進一步的討論。

　　在第二次政黨輪替之後，馬政府對於憲政改革的想法，因爲擁
有國會的絕對多數，的確有落實的之可能。然而，在其就職演說
中，承續前述自由主義的保留策略以及「回歸憲法」的精神，馬英
九強調「在中華民國總統最神聖的職責就是守護憲法。在一個年輕
的民主國家，遵憲與行憲比修憲更重要」，正式爲李登輝、陳水扁
時期的憲法政治變遷暫時劃下休止符。其施政重點將放在改變之前
的「戒急用忍」國策，馬英九宣示：

　　　　將以最符合台灣主流民意的「不統、不獨、不武」的理

念，在中華民國憲法架構下，維持台灣海峽的現狀。1992
年，兩岸曾經達成「一中各表」的共識，隨後並完成多次協
商，促成兩岸關係順利的發展。……我們今後將繼續在「九
二共識」的基礎上，儘早恢復協商，並秉持「正視現實，開
創未來；擱置爭議，追求雙贏」，尋求共同利益的平衡點。
兩岸走向雙贏的起點，是經貿往來與文化交流的全面正常
化。……未來我們也將與大陸就台灣國際空間與兩岸和平協
議進行協商。

　　於是將之前李登輝與陳水扁時代，以憲法革命或憲政秩序變動
為施政主軸的政治觀念，轉移到現狀之維持以及和平之促進，期使
兩岸在和平的架構中，創造雙贏局面。

　　表面上看來，馬政府以迴避「憲法政治」的方式，轉而選擇處
理實務性的兩岸與國內議題。當然，這激起了民進黨認定，馬政府
在缺乏民主共識基礎上，快速地向中國傾斜，將導致台灣主權的邊
緣化。這樣的批評反映了台灣社會對於兩岸問題的根本分歧，也是
「分裂國族」最重要的表徵之一。然而，依據本書第八章對於西耶
斯制憲權理論的分析，最後必須通過市民社會的發展理論來作為制
憲權「意志主義」的依傍之分析觀點加以觀察，則馬政府的大陸政
策並非僅為事務性、僅及於常態政治的兩岸政策而已。深層而言，
這樣的兩岸政策具有改變結構的力量，將形成一種西塞羅 *res
publica* 所界定的新的利益共同性以及社會效用的聯繫，以台灣為中
心創造一個跨越國界的「市民社會」關係網絡。這樣的市民社會，
將由經濟社會進而產生政治動能，並影響國內民主政治。而如同西
耶斯敏銳的分析所指出，「國民制憲」以及「市民社會歷史發展」
的思想方式，在制憲權的論述中必須有所結合。而在台灣的思想

界，由於對制憲概念執著於主體同一性構築的政治想像，故將兩岸和平交流的市民社會交往策略，視爲是矮化主權的政治自我否定。長期看來，這兩種政治觀念將如何互動，或許是未來台灣的憲法政治在下一階段必須面對的課題。

　　政治是一個多元的場域，本章僅就共和主義歷史形構的觀點，分析台灣民主化以來憲法政治的論述之各種型態。關鍵的問題在於，政治板塊的每一方都有符合自己意識型態以及政治利益的憲法政治觀；但吾人是否有可能找到更廣闊的理論角度或更高的歷史視野，來穿透意識型態的迷霧，建立一個較爲穩定的憲法體制，讓常態政治可以順暢的運作？這個問題很難有單一明白而確定的答案，因爲任何被認爲是答案的解決方案，當擲回政治場域時，注定會被視爲某種政治立場的意識型態反映。即使如此，理性還是驅迫吾人面對歷史偶然性輻輳而成的憲政困境，並探尋可能之解決。在民族主義、自由主義、憲政主義於台灣皆擁有相當廣泛的影響力，以及具體的憲法政治觀的思想資源，目前雖暫時隱遁的「憲法政治」，在未來會以何種面貌再度浮現？且讓吾人拭目以待。

共和主義與
當代社會

　　本書以上各章，從思想史的角度分析西方共和主義的系譜，包括古典共和主義的原始精神，以及馬基維利以來現代共和主義的發展軌跡。以「民主共和主義」與「憲政共和主義」的對立與辯證發展爲主軸，本書詳細地檢視了兩大思想典範的代表性思想家及其理論精義。

　　在極權主義式微，社會主義陣營瓦解，乃至九一一事件後急遽激化的「文明衝突」的當代情境中，任何有前景的政治論述都必須立足於思想資源的歷史性，並向前展望人類社會下一階段發展的可能性。對此當代議題，共和主義究竟對現代公民社會有何意義？

　　共和主義傳統所強調的共善以及德行等較具目的色彩之價值，顯然必須因應多元的價值分歧而有所調整。部分共和主義者結合社群主義的精神，重新證成政治社群可以有其成員共同接受的倫理規範，並且對違反此種規範的成員加以道德制裁(Sandel, 1996)。也有思想家指陳，若非建基於傳統文化的特殊主義，則愛國情操無法加以培養(MacIntyre, 1984b)。然而，此種論證取向似乎忽略了現代社會多元分歧的事實，容易導致少數群體受到文化壓迫。

　　以共和主義與自由主義之關係而言，大部分共和主義者仍然不贊成多元主義(pluralism)以利益團體爲導向的政治觀，因爲後者將個人以及團體的特殊利益視爲政治互動的前提，政治過程僅爲各種利益之匯聚，經過談判與利益交換而達成的暫時性均衡。相對於此，共和主義者仍然堅持特殊利益的可變性，並經過民主的溝通審議轉化爲符合共善的公民德行(Michelman, 1988: 1507-1515; Sunstein, 1988: 1542-1557)。

　　對於個人自由與民主多數決有所衝突這個重大問題，當代政治理論家近來則以「審議民主」(deliberative democracy)重新解析憲政民主國家之中人民意志的形成。在此種觀點中，政治意志並非通過

純粹的多數決或公民的集體決斷便可以形成，而必須符合某些可被理性證成的規範（如Habermas, 1996），或是歷史所發展出並為公民所接受的合理公共文化之政治價值（如Rawls, 1993），從而對盧梭式集體民主的理念有所修正。審議民主雖然並不否定多數決的機制，但正視在參與式民主中，個人未經思慮的偏好容易受到操控的事實，並嘗試開發公民的公共關懷以及整體利益取向之議論能力。審議式民主期望公民對於其主張必須公開陳述足以與其他社群成員從事理性溝通之理由，而非僅僅表達個人的偏好或利益。所以，相對於多元主義將政治視為個人或次級團體利益交換的市場機制，審議民主以「公共論壇」（public forum）作為理性民主的目標（許國賢，2000），這與共和主義的精神相當契合。

除了審議民主之外，本書主張共和主義還有另一種發展的方向。政治自由以及愛國情操這兩個核心價值顯示出，馬基維利式共和主義一個重要的特質乃在於正視政治領域的動態與衝突性格，並強調反抗支配的爭勝精神乃是公民德行之根源。此種對公共精神之強調可以彌補自由主義以及社會主義在這方面的不足之處。

波考克曾將共和主義的歷史意義描繪為對立於傳統政治統治型態的歷史光榮時刻（Pocock, 1975: 49-54, 74-80, 106-112）。共和制度的對立面，在羅馬時期乃是王政，而在馬基維利所處的現代國家萌芽時期，則有著新興國家的絕對君主。這些一人統治的政治意識型態，往往運用一種「奉天承運」的自然主義論述來證成其統治之正當性：君主乃是上承上帝之旨意在人世間行使統治，並構成自然層級的一部分。相對於此種以自然為本所形成的秩序觀念，共和主義以行動為取向，則強調公民自治以及德行之建立，唯有在參與式的共同體之中方有可能；而由於其強調政治平等，遂能突破以層級觀念為基礎的傳統統治觀。在現代民主於18世紀開始逐步取得勝利之

前，共和政制往往存在於規模較小的共同體。由於共和國必須外抗
強鄰，對內又必須遏止統治菁英侵奪政治自由的果實，所以生活於
其中的公民對於其存在的特殊性以及秩序瓦解的可能性往往有著深
刻的認知，是以機運(*fortuna*)等表達政治變遷的觀念在馬基維利思
想中扮演了重要的角色。波考克指出，共和主義此種對於機運以及
特殊性的深切體認，突破了中古經院哲學對普遍性之強調以及傳統
主義對於祖宗大法之敬虔態度，乃是近代歷史意識之根源。

德國思想史家柯賽列克(Koselleck, 1985: 159-197)在分析西方政
治意識的形成過程時，曾闡釋一種「非對稱性對比觀念」(asymmetric
counterconcept)的重要性。他指出，政治認同的形成往往在於建立
社群的界限之後，對於我群政治統治的型態加以普遍化，而將敵對
團體的支配負面化。這個分析架構可以詮釋共和主義的爭勝精神，
乃根源於非對稱權力關係中，弱勢一方基於其可以實施公民自治的
特殊制度情境所發展出的政治意識。是以，針對非對稱權力關係所
展開的抗爭乃是現代共和主義的存在理據。正因為此種權力關係強
弱支配的特殊性，使得其後民族主義運動可以順利地接收古典共和
主義關於獨立自主的政治主張。然而，文化民族主義者往往以特殊
的國情為由，集中於抵禦外侮，而忽略了公民自我統治作為獨立自
主的根本要件。這無異於將非對稱權力關係的特定層次本質化於國
際關係層次，卻掩蓋了國家之內支配關係的事實。但對共和主義而
言，對外抵禦強權與對內實施公民自治乃是自由國家必須同時滿足
的兩個要件。

對馬基維利而言，平民與貴族的衝突創造並鞏固了自由政制。
雖然衝突與對抗無法普遍化而成為目的(共同體的共善)自身，但在
其動態政治觀之中，若共同體之內沒有抗爭的存在，腐化必將隨之
而至。馬基維利的共和論述說明了，即使是異質性社會，只要有適

當的法律規範以及政治領導者互動時尊重公共制度的習性，則仍然
能夠建構一個健全而有活力的共和體制。在這個議題上，佩提的
共和主義論所提出的分析最爲完整。他主張現代政治除了常規性
的選舉民主(electoral democracy)之外，還必須有「爭議民主」
(contestory democracy)加以補足，才符合完整的共和主義憲政設計
(Pettit, 1997: 183-202)。

　　值得注意的是，馬基維利所主張的爭勝精神獲得當代自由主義
與激進民主論者相當之回響。自由主義者格雷(John Gray)接受柏林
所提出的多元價值理論，但反對自由主義者過分強調追求理性共識
的政治目標，而依據馬基維利精神提出一種「爭議式自由主義」
(agonistic liberalism)的主張(Gray, 1995: 64-86)。他強調自由主義並
非符合理性的普遍原則，而是在歐洲近代歷史脈絡，通過對於專制
權力與宗教權威之批判而型塑了自由、平等與寬容之理念，並確立
了人權與法治等根本原則。這些政治價值不是永恆不變的理性基
礎，而是源於歷史偶然所形成的暫定協議；自由主義之政治價值在
當前社會處境中欲維持生機活力，必須持續發揮批判爭議的原始精
神，不僅對其他理論，對自身既有之信念尤其爲然。格雷對馬基維
利爭勝精神之標舉，在當代激進民主理論學者慕芙的作品中，基於
完全不同的理據，亦即尼采式的後現代主義政治觀也加以肯定，認
爲可與激進民主論相互印證(Mouffe, 1992: 19-20)。另外一個可資比
較的例證乃是哈柏瑪斯的民主法治國與公民社會理論。對他而言，
現代市民社會乃是理性化(rationalization)的結果，而國家則是基於
異化的工具理性(instrumental rationality)所發展出的統治機器，二者
無時無刻不處於一種緊張關係之中。他主張溝通性政治權力乃以一
種「包圍」(siege)的方式來制衡國家的政治權力(Habermas, 1996:
486)；也就是說，社會運動雖然無法直接取得國家的支配權力，但

透過不斷的自我組織以及社會團體間之聯合，仍然可以作爲一種間接性的權力，促成政治支配之合理化(ibid., 489)。哈柏瑪斯揚棄了盧梭本質主義的人民主權論述，而以公民社會持續地通過代議機構以外的社會組織與運動來監督國家的官僚化權力，這也是一個運用共和主義精神以防止腐化的做法。

　　共和主義對抗性的政治觀或許無法完全取代自由主義國家已經建立的普遍性架構(憲政民主、法治原則以及程序正義等)，但若以審議民主與爭勝精神作爲共和主義兩個最重要的思想資產，則共和主義仍爲對現代公民社會具有參考價值的思想傳統。共和主義可以在不同的層面上補足憲政民主的運作，並能適度地整合後現代激進政治論之理想。爭勝精神代表著在多元社會之中，有系統地被排斥或支配的群體可以將其訴求政治化，成爲公共領域的政治議題。然而，與後現代激進主義者不同的是，共和主義者將主張，這些訴求政治化之後，相關論辯理據之提出以及矯正或補償性機制之設計等議題，均應基於審議民主的公共理性原則嘗試獲致公民間之共識(Sunstein, 1988: 1573-1575, 1580-1581)。如此，價值衝突以及理性溝通兩個看似不相容的原則，或許在共和主義未來的進一步發展中有得到調解之可能。

參考書目

一、外文部分

Ackerman, Bruce. 1989. "Why Dialogue?" *The Journal of Philosophy*, LXXXVI: 1. pp. 5-22.

Ackerman, Bruce. 1991. *We the People (1): Foundations*. Cambridge, Mass.: Belknap.

Ackerman, Bruce. 1992. *The Future of Liberal Revolution*. New Haven: Yale University Press.

Ackerman, Bruce. 1998. *We the People (2):Transformations*. Cambridge, Mass.: Belknap.

Ackerman, Bruce & Katyal, Neal. 1995. "Our Unconventional Founding," *University of Chicago Law Review*, Spring, 1995, pp. 475-573.

Adair, Douglas. 1998. *Fame and the Founding Fathers*. Indianapolis: Liberty Fund.

Althusser, Louis. 1972. *Politics and History: Montesquieu, Rousseau, Marx*, tran., Ben Brewster. London: NLB.

Arato, *Andrew*. 2000. *Civil Society, Constitution, and Legitimacy*. Oxford: Rowman & Littlefield.

Arendt, Hannah. 1958. *The Human Condition*. Chicago: University of Chicago Press.

Arendt, Hannah. 1973(1951). *The Origins of Totalitarianism*. New York: Harcourt Brace Jovanovich.

Arendt, Hannah. 1977(1961). *Between Past and Future: Eight Exercises in Political Thought*. Harmondsworth: Penguin Books.

Arendt, Hannah. 1990(1963). *On Revolution*. Harmondsworth: Penguin Books.

Aristotle. 1961. *Aristotle's Physics*, tran., Richard Hope. Lincoln: University of Nebraska Press.

Aristotle. 1975. *Nichomachean Ethics*, tran., Martin Ostwald. Indianapolis: The Bobbs-Merrill Company, Inc.

Aristotle. 1984. *The Politics*, tran., Carnes Lord. Chicago: University of Chicago Press.

Aristotle. 1984. *The Athenian Constitution*, tran., P.J. Rhodes. Harmondsworth: Penguin Books.

Aristotle. 1998. *Politics*, tran., C.D.C. Reeve. Indianapolis: Hackett.

Ascoli, Albert R. and Kahn, Victoria. 1993. *Machiavelli and the Discourse of Literature.* Ithaca: Cornell University Press.

Asmis, Elizabeth. 2004. "The State as Partnership: Cicero's Definition of *res publica* in his work on the State," *History of Political Thought*, Vol. XXV. No. 4. pp. 569-599.

Atkins, E. M. 2000. "Cicero," in Christopher Rowe and Malcolm Schofield eds., *The Cambridge History of Greek and Roman Political Thought*. Cambridge: Cambridge University Press, pp. 477-516.

Avineri, Shlomo. 1972. *Hegel's Theory of the Modern State*. Cambridge: Cambridge University Press.

Baczko, Bronislaw. 1988. "Social Contract of the French: Sieyès and Rousseau," *The Journal of Modern History*, Vol. 60, pp. 98-125.

Baker, Keith Michael. 1994. "The Idea of a Declaration of Rights," in Dale van Kley ed., *The French Idea of Freedom: The Old Regime and the Declaration of Rights of 1789.* Stanford: Stanford University Press, pp.154-196.

Barber, Sotirios A. and George, Robert P. eds. 2001. *Constitutional Politics: Essays on Constitution Making, Maintenance, and Change.* Princeton. N.J.: Princeton University Press.

Barnard, F.M. 1988. *Self-Direction and Political Legitimacy: Rousseau and Herder.* New York: Oxford University Press.

Baron, Hans. 1988. "Machiavelli the Republican Citizen and Author of The Prince," in idem., *In Search of Florentine Civic Humanism.* Princeton: Princeton University Press, Vol. 2, pp.101-151.

Bates, Clifford Angell. 2003. *Aristotle's "Best Regime."* Baton Rouge: Louisiana State University Press.

Beer, Samuel H. 1993. *To Make a Nation: The Rediscovery of American Federalism.*

Cambridge, Mass.: Belknap.

Beiner, Ronald. 1990. "Hannah Arendt and Leo Strauss: The Uncommenced Dialogue," *Political Theory*, 18: 2 (May 1990), pp. 238-254.

Benhabib, Seyla. 1989-90. "In the Shadow of Aristotle and Hegel: Communicative Ethics and Current Controversies in Practical Philosophy," *The Philosophical Forum*, XXI: 1-2 (Fall-Winter, 1989-90), pp. 1-31.

Berlin, Isaiah. 1969. *Four Essays on Liberty*. Oxford: Oxford University Press.

Berlin, Isaiah 1981. "The Originality of Machiavelli," in idem, *Against the Current: Essays in the History of Ideas*. Oxford: Oxford University Press, pp. 25-79.

Bielefeldt, Heiner. 1997, "Autonomy and Republicanism: Immanuel Kant's Philosophy of Freedom," *Political Theory*, 25(4), pp. 524-558.

Bobbio, Norberto. 2000. "Ethics and Politics," in *In Praise of Meekness: Essays on Ethics and Politics*. Cambridge: Polity Press, pp. 39-71.

Bodin, Jean. 1955. *Six Books of the Commonwealth*. Oxford: Basil Blackwell.

Burnet, John. 1900. *The Ethics of Aristotle*. London: Methuen.

Burns, Robert. 1987. "Hannah Arendt's Constitutional Though," in James W. Bernauer ed., *Amour Mundi: Explorations in the Faith and Thought of Hannah Arendt*. Boston: Martinus Nijhoff.

Cameron, David R. 1984. "The Hero in Rousseau's Political Thought," *Journal of the History of Ideas*, Vol. XLV, No.3. pp. 397-419.

Campbell, Peter. 1963. "Introduction: Sieyès and What is the Third Estate?" in Sieyès, *What is the Third Estate?* tran., S.E. Finer, New York: Praeger, pp. 3-31.

Canovan, Margaret. 1983. "A Case of Distorted Communication: A Note on Habermas and Arendt," *Political Theory*, 11:1 (Feb., 1983), pp. 105-116.

Carey, George Wescott. 1989. *The Federalist: Design for a Constitutional Republic*. Urbana: University of Illinois Press.

Charvet, John. 1974. *The Social Problem in the Philosophy of Rousseau*. London: Cambridge University Press.

Charvet, John. 1993. "Quentin Skinner on the Idea of Freedom," *Studies in Political Thought*, II(1), pp. 5-16.

Cicero, Marcus Tullius. 1976. *De invention, De Optiomo Genere Oratorum, Topica*, tran., H.

M. Hubbell. Cambridge, Mass.: Harvard University Press.

Cicero, Marcus Tullius. 1988. *De Re Publica, De Legibus*, tran., Clinton Walker Keyes. Cambridge, Mass.: Harvard University Press.

Cicero, Marcus Tullius. 1990. *De Officiis*, tran., Walter Miller. Cambridge, Mass.: Harvard University Press.

Cicero, Marcus Tullius. 1991. *On Duties*, tran., M.T. Griffin & E.M. Atkins. Cambridge: Cambridge University Press.

Cicero, Marcus Tullius. 1999. *On the Commonwealth and on the Laws.* ed., James G. Zetzel. Cambridge: Cambridge University Press.

Colish, Marcia. 1978. "Cicero's *De Officiis* and Machiavelli's *Prince*," *Sixteenth Century Journal*, IX.4, pp.81-93.

Colish, Marcia L. 1997. "The Idea of Liberty in Machiavelli," in John Dunn and Ian Harris eds., *Machiavelli*, Vol. 2. Chelentenham: Edward Elgar. pp. 559-586.

Constant, Benjamin. 1988. *Political Writings*, tran., Biancamaria Fontana. Cambridge: Cambridge University Press.

Cooke, Jacob E. ed. 1961. *The Federalist*. Middletown: Wesleyan University Press.

Corwin, Edward S. 1999 (1914). "WE, THE PEOPLE," in idem., *The Doctrine of Judicial Review*, New Jersey: Law Book Exchange, pp. 81-110.

Crick, Bernard. 1970. "Introduction," in Bernard Crick. ed., *Machiavelli the Discourses*. Harmondsworth: Penguin, pp. 13-69.

Cristi, Renato. 1998. "Carl Schmitt on Sovereignty and Constituent Power," in David Dyzenhaus ed., *Law as Politics*. Durham: Duke University Press, pp. 179-195.

Croce, Benedetto. 1946. *Politics and Morals*. London: George Allen & Unwin.

Cullen, Daniel E. 1993, *Freedom in Rousseau's Political Philosophy.* Dekalb: Northern Illinois University Press.

De Alvarez, Leo Paul S. 1999. *The Machiavellian Enterprise.* DeKalb: Northern University Press.

De Grazia, Sebastian. 1989. *Machiavelli in Hell*. Princeton: Princeton University Press.

Diamond, Martin. 1992. *As Far as Republican Principles Will Admit: Essays by Martin Diamond*, ed., William A. Schambra. Washington D.C.: the AEI Press.

Dietz, Mary. 1989. "Patriotism," in Terence Ball *et al.* eds., *Political Innovation and*

Conceptual Change. Cambridge: Cambridge University Press, pp. 177-93.

Earl, Donald. 1967. T*he Moral and Political Tradition of Rome*. Ithaca: Cornell University Press.

Ely, John. 1996. "The Polis and the Political: Civic and Territorial Views of Association," *Thesis Eleven*, No. 46, pp. 33-65.

Epstein, David F. 1984. *The Political Theory of the Federalist*. Chicago: University of Chicago Press.

Fell, A. London. 1983. *Origins of Legislative Sovereignty and the Legislative State: Classical, Medieval, and Renaissance Foundations of Corasius' Systematic Methodology*. Vol. 2. Cambridge, Mass.: Oelgeschlager.

Fell, A. London. 1993. *Origins of Legislative Sovereignty and the Legislative State: Modern Origins, Developments, and Perspectives Against the Background of "Machiavellism,"* Vol. 5.1. Westport: Praeger.

Ferry, Luc & Renault, Alain. 1992. *Political Philosophy*, Vol.3, *The Rights of Man to the Republican Idea*, tran., Franklin Philip. Chicago: Chicago University Press.

Finer, S.E. 1997. *The History of Government*, Vol. 3, *Empires, Monarchies, and the Modern State*. Oxford: Oxford University Press.

Finley, M.I. 1983. *Politics in Ancient World*. Cambridge: Cambridge University Press.

Finley, M.I. 1988. *Democracy Ancient and Modern*. New Brunswick: Rutgers University Press.

Fischer, Markus. 1995. *Machiavelli: A Systematic Interpretation*. Unpublished Ph.D. Dissertation, Department of Political Science, University of Chicago.

Foster, M.B. 1935. *The Political Philosophies of Plato and Hegel*. Oxford: Oxford University Press.

Forsyth , Murray. 1987. *Reason and Revolution: The Political Thought of the Abbé Sieyes*. Leicester University Press.

Foucault, Michel. 2003. *Society Must Be Defended*. New York: Picador.

Fritz, Kurt von. 1954. *The Theory of the Mixed Constitution in Antiquity*. New York: Columbia University Press.

Furet, François & Ozouf, Mona. eds. 1989. *A Critical Dictionary of the French Revolution*, tran., Arthur Goldhammer. Cambridge, MA: Belknap Press of Harvard University Press.

Fuhrmann, Manfred. 1992. *Cicero and the Roman Republic.* Oxford: Blackwell.

Gardbaum, Stephen A. 1991. "Law, Politics, and Claims of Community," *Michigan Law Review*, 90(4), pp. 685-760.

Gilbert, Allan. 1968 (1938). *Machiavelli's Prince and Its Forerunners.* New York: Barnes & Noble.

Gilbert, Felix. 1997. "The Humanist Concept of the Prince and The Prince of Machiavelli," in John Dunn and Ian Harris eds., *Machiavelli*, Vol.1. Cheltenham: Edward Elgar, pp. 169-204.

Gildin, Hilail. 1983. *Rousseau's Social Contract: The Design of the Argument.* Chicago and London: The University of Chicago Press.

Gray, John. 1995. *Enlightenment's Wake: Politics and Culture at the Close of the Modern Age.* New York: Routledge.

Griffin, M.T. and Atkins E. M. 1991. *Introduction,* in Cicero, *On Duties*, eds. and trans., M. T. Griffin and E. M. Atkins. Cambridge: Cambridge University Press, pp. ix-xxviii.

Goldstein, Marc Allan ed. 1997. *Social and Political Thought of the French Revolution 1788-1797.* New York: Peter Lang.

Haakonssen, Knud. 1993. "Republicanism," in Robert E. Goodin & Philip Pettit. eds., *A Companion to Contemporary Political Philosophy.* Oxford: Basil Blackwell, pp. 568-574.

Habermas, Jürgen. 1977. "Hannah Arendt's Communications Concept of Power," *Social Research,* Vol. 44, pp. 3-24.

Habermas, Jürgen. 1979. "History and Evolution," *Telos*, Vol. 39, pp. 5-44.

Habermas, Jürgen. 1989a. *The Structural Transformation of the Public Sphere.* Cambridge, Mass.: MIT.

Habermas, Jürgen. 1989b. *The New Conservatism: Cultural Criticism and the Historians' Debate.* Cambridge, Mass.: MIT.

Habermas, Jürgen.1990. *Moral Consciousness and Communicative Action.* Cambridge, Mass.: MIT.

Habermas, Jürgen. 1992. "Citizenship and National Identity: Some Reflections on the Future of Europe," *Praxis International* 12:1 (April 1992), pp. 1-19.

Habermas, Jürgen. 1996, *Between Facts and Norms,* tran., William Rehg. Cambridge,

Mass.: The MIT Press.

Hahm, David E. 1995, "Polybius' Applied Political Theory," in André Laks & Malcolm Schofield eds., *Justice and Generosity*. Cambridge: Cambridge University Press, pp. 7-47.

Hahm, David E. 2000, "Kings and Constitutions: Hellenistic Theories," in Christopher Rowe & Malcolm Schofield eds., *The Cambridge History of Greek and Roman Political Thought*. Cambridge: Cambridge University Press, pp. 464- 476.

Hahm, David E. 2009, "The Mixed Constitution in Greek Thought," in Ryan K. Balot ed., *A Companion to Greek and Roman Political Thought*. Malden, Mass.: Wiley-Blackwell. pp.178-198.

Hayek, Friedrich. 1960. *The Constitution of Liberty*. Chicago: University of Chicago Press.

Hegel, G.W.F. 1973-74. *Vorlesungen über Rechtsphilosophie 1818- 1831*. 4 vols. ed., Karl-Heinz Ilting. Stuttgart-Bad Cannstatt: Frommann-Holzboog.

Hegel, G.W.F. 1975. *Lectures on the Philosophy of History Introduction: Reason in History*, tran., H.B. Nisbet. Cambridge: Cambridge University Press.

Hegel, G.W.F. 1977. *Phenomenology of Spirit*, tran., by A.V. Miller. Oxford: Oxford University Press.

Hegel, G.W.F. 1991. *Elements of the Philosophy of Right*, ed., Allen Wood, tran., H.B. Nisbet. Cambridge: Cambridge University Press.

Held, Klaus. 1996. "Civic Prudence in Machiavelli: Toward the Paradigm in the Transformation in Philosophy in the Transition to Modernity," in Reginald Lilly. ed., *The Ancients and the Moderns*. Indiana: Indiana University Press, pp. 115-129.

Hennis, Wilhelm. 1988. *Max Weber: Essays in Reconstruction*, tran., Keith Tribe. London: Allen & Unwin.

Herodotus. 1987. *The History*, tran., David Grene. Chicago : University of Chicago Press.

Hexter J.H. 1956, "Seyssel, Machiavelli, and Polybius VI: The Mystery of the Missing Translation," *Studies in the Renaissance*, Vol. 3, pp. 75-96.

Hexter J.H. 1973. "The Predatory Vision: Niccolò Machiavelli. Il Principe and lo stato" in *The Vision of Politics on the Eve of the Reformation: More, Machiavelli and Seyssell*. New York: Basic Books, pp.150-172.

Hexter, J.H. 1979. *On Historians,* Cambridge. MA: Harvard University Press.

Huizinga, Johan. 1984. "Patriotism and Nationalism in European History," in idem., *Men and Ideas: History, the Middle Ages, the Renaissance*. Princeton: Princeton University Press, pp. 97-155.

Isaac, Jeffrey C. 1988. "Republicanism vs. Liberalism? A Reconsideration," *History of Political Thought* 9(2): 349-377.

Jefferson, Thomas. 1999. *Political Writings*, eds., Joyce Appleby & Terence Ball. Cambridge: Cambridge University Press.

Johnson, Curtis. 1990. *Aristotle's Theory of the State*. New York : St. Martin's Press.

J.A.C.T.(Joint Association of Classical Teachers). 1984. *The World of Athens*. Cambridge; New York: Cambridge University Press.

Kahn, Victoria. 1994. *Machiavellian Rhetoric: From the Counter-Reformation to Milton*. Princeton: Princeton University Press.

Kant, Immanuel. 1996. *Practical Philosophy,* tran., Mary J. Gregor. Cambridge: Cambridge University Press.

Kantorowicz, Ernst H. 1965. "*Pro Patria Mori* in Medieval Political Thought," in idem, *Selected Studies*, Locust Valley, N.Y.: J.J. Augustine Publisher, pp. 308-324.

Kelly, Christopher. 1987. "To Persuade without Convincing: The Language of Rousseau's Legislator," *American Journal of Political Science*, Vol. 31, No. 2, pp. 321-335.

Kelly, Christopher. 1997. "Rousseau's Case for and Against Heroes," *Polity*, Vol. XXX, No. 2. pp. 347-366.

Kelly, Christopher. 1993. "Rousseau on the Foundation of National Cultures," *History of European Ideas*, Vol. 16, No. 4-6. pp. 521-525.

Kennedy, Ellen. 2004. *Constitutional Failure: Carl Schmitt in Weimar*. Durham: Duke University Press.

Koselleck, Reinhart. 1985. *Futures Past: On the Semantics of Historical Time*, tran., Keith Tribe. Cambridge, Mass.: The MIT Press.

Larmore, Charles. 1990. "Political Liberalism," *Political Theory*, 18:3. p. 339- 360.

Lefebvre, Georges. 1967. *The Coming of the French Revolution*, tran., R.R. Palmer, Princeton: Princeton University Press.

Long, A.A. 1995. "Cicero's Politics in *De Officiis*," in André Laks and Malcolm Schofield eds., *Justice and Generosity.* Cambridge: Cambridge University Press, pp. 213-240.

Machiavelli, Niccolò. 1965. *Machiavelli, Chief Works and Other,* tran., Allan Gilbert, 3vols. Durham: Duke University Press.

Machiavelli, Niccolò. 1976. *Il Principe e Altre Opere Politiche.* Milano: Garzanti.

Machiavelli, Nicolò . 1985. *The Prince,* tran., Harvey C. Mansfield. Chicago: University of Chicago Press.

Machiavelli, Nicolò. 1996. *Discourses on Livy,* tran., Harvey C. Mansfield & Nathan Tarcov. Chicago: University of Chicago Press.

MacIntyre, Alasdair. 1984a. *After Virtue.* Notre Dame: University of Notre Dame Press.

MacIntyre, Alasdair. 1984b. *Is Patriotism a Virtue? The Lindley Lecture.* University of Kansas.

Máiz, Ramón. 1990. "Nation and Representation: E.J. Siéyès and the Theory of the State of the French Revolution," Barcelona: Universidad de Santiago de Composeta, Working Paper no.18.可於http://www.diba.es/icps/working_papers/docs/Wp_i_18.pdf下載。

Mansfield, Harvey C. 1989. *Taming the Prince: The Ambivalence of Modern Executive Power.* New York: The Free Press.

Mansfield, Harvey C. 1996. *Machiavelli's Virtue.* Chicago: University of Chicago Press.

Masciulli, Joseph . 1986. "The Armed Founder Versus the Catonic Hero: Machiavelli and Rousseau on Popular Leadership," *Interpretation,* Vol. 14, pp. 265-280.

Masters, Roger D. 1968. *The Political Philosophy of Rousseau.* Princeton: Princeton University Press.

McIlwain, Charles Howard. 1932. *The Growth of Political Thought in the West.* New York: Macmillan.

McIlwain, Charles Howard. 1958. *The American Revolution: A Constitutional Interpretation.* Ithaca: Cornell University Press.

Meier, Christian. 1990. *The Greek Discovery of Politics,* tran., David McLintock. Cambridge, Mass.: Harvard University Press.

Meier, Heinrich. 1995. *Carl Schmitt and Leo Strauss: The Hidden Dialogue,* tran., J. Harvey Lomax. Chicago: The University of Chicago Press.

Meinecke, Fridrich. 1962. *Machiavellism: The Doctrine of Raison d'Etat and Its Place in Modern History,* tran., Douglas Scott. New Haven: Yale University Press.

Meinecke, Friedrich. 1970. *Cosmopolitanism and the National State,* tran., Robert Kimber.

Princeton: Princeton University Press.

Melzer, Arthur M. 1990. *The Natural Goodness of Man: on the System of Rousseau's Thought.* Chicago: The University of Chicago Press.

Michelman, Frank. 1988. "Law's Republic," *Yale Law Journal,* 97, pp. 1493-1527.

Millar, Fergus. 2002. *The Roman Republic in Political Thought.* Hanover: University Press of New England.

Miller, David ed. 1991. *Liberty.* Oxford: Oxford University Press 1991.

Miller, David. 2000. "Naturalism." in *The Cambridge history of Greek and Roman political thought.* ed., Christopher Rowe and Malcolm Schofield. New York: Cambridge University Press.

Miller, James. 1984. *Rousseau: Dreamer of Democracy.* New Haven and London: Yale University Press.

Montesquieu, Baron de. 1989. *The Spirit of the Laws*, eds. & trans., Anne Cohlar *et al.*, Cambridge: Cambridge University Press.

Morgan, Edmund S. 1992. *The Birth of the Republic: 1763-89.* Chicago: University of Chicago Press

Mouffe, Chantal ed. 1992. *Dimensions of Radical Democracy.* London and New York: Verso.

Nadon, Christopher. 1996. "Aristotle and the Republican Paradigm: A Reconsideration of Pocock's *Machiavellian Moment,*" *Review of Politics*, 58: 4, pp. 677-698.

Negri, Antonio. 1999. *Insurgencies: Constituent Power and the Modern State*, tran., Maurizia Boscagli. Minneapolis: University of Minnesota Press.

Oakeshott, Michael. 1975. *Hobbes on Civil Association.* California: University of California Press.

Oakeshott, Michael. 2006. *Lectures in the History of Political Thought*, eds., Terry Nardin & Luke O'Sullivan. Exeter: Imprint Academic.

Oldfield, Adrian. 1990. *Citizenship and Community: Civic Republicanism and the Modern World.* London and New York: Routledge.

Parel, Anthony. 1986. "The Fatherland in Machiavelli," in J.M. Porter and Richard Vernon eds. *Unity, Plurality and Politics: Essays in Honor of F.M. Barnard.* London: Croom Helm, pp. 38-51.

Pasquino, Pasquale. 1994. "The Constitutional Republicanism of Emmanuel Sieyès" in Biancamaria Fontana ed., *The Invention of the Modern Republic.* Cambridge: Cambridge University Press, pp. 107-117

Patten, Alan. 1996. "The Republican Critique of Liberalism," *British Journal of Political Science*, Vol. 26, pp. 25-44.

Pelczynski, Z.A. ed. 1984. *The State and Civil Society: Studies in Hegel's Political Philosophy.* Cambridge: Cambridge University Press.

Pettit, Philip. 1993a. "Liberalism and Republicanism," *Australian Journal of Political Science*, Vol. 28, pp. 162-189.

Pettit, Philip. 1993b. "Negative Liberty, Liberal and Republican" *European Journal of Philosophy*, Vol. 1, pp. 15-38.

Pettit, Philip. 1997. *Republicanism: A Theory of Freedom and Government.* Oxford: Clarendon Press.

Pitkin, Hanna Fenichel. 1984. *Fortune Is a Woman: Gender and Politics in the Thought of Niccolò Machiavelli.* Berkeley and Los Angles : University of California Press.

Plattner , Marc F. 1979. *Rousseau's State of Nature: An Interpretation of the Discourse on Inequality.* Dekalb: Northern Illinois University Press.

Pocock, J.G.A. 1975. *The Machiavellian Moment.* Princeton: Princeton University Press.

Pocock, J.G.A. 1985. *Virtue, Commerce, and History.* Cambridge: Cambridge University Press.

Pocock, J.G.A. 1989. *Politics, Language & Time: Essays on Political Thought and History.* Chicago: University of Chicago Press.

Pocock, J.G.A. 2005. "America's Foundations, Fundamentalisms, and Fundamentals," *Orbis* (Winter 2005), pp. 53-60.

Polybius. 1979a. *The Rise of the Roman Empire*, trans., Ian Scott-Kilvert. Harmondsworth: Penguin Books.

Polybius. 1979b. *The Histories*, Vol. III. tran., W.R. Paton. Cambridge, Mass.: Harvard University Press.

Rahe, Paul A. 2000. "Situating Machiavelli," in James Hankins ed., *Renaissance Civic Humanism,* Cambridge: Cambridge University Press, pp. 270-308.

Rawls, John. 1993. *Political Liberalism.* New York: Columbia University Press.

Riedel, Manfred. 1984. *Between Tradition and Revolution: The Hegelian Transformation of Political Philosophy*, tran., Walter Wright. Cambridge: Cambridge University Press.

Riedel, Manfred. 1996. "In Search of a Civic Union: the Political Theme of European Democracy and Its Primordial Foundation in Greek Philosophy," in Reginald Lilly ed., *The Ancients and the Moderns*. Indiana: Indiana University Press, pp. 19-28.

Ritter, Joachim. 1982. *Hegel and the French Revolution*. Cambridge, Mass.: MIT.

Ritter, Joachim. 1983. "On the Foundations of Practical Philosophy in Aristotle," in D.E. Christensen et. al. eds. *Contemporary German Philosophy*, Vol.2. Pennsylvania: University of Pennsylvania Press, pp. 39-58.

Rorty, Richard. 1983. "Postmodernist Bourgeois Liberalism," *The Journal of Philosophy*, Vol.80, pp. 583-89.

Rousseau, Jean-Jacques. 1953. "Constitutional Project for Corsica," in *Rousseau Political Writings*, tran., F.M. Watkins. Toronto: Thomas Nelson and Sons Ltd, pp. 277-330.

Rousseau, Jean-Jacques. 1994a. *Œuvre Complètes*, Vol. III. *Du Contrat Social et Écrits Politiques*. eds. B.Gagnebin *et al*. Paris: Gallimard.

Rousseau, Jean-Jacques. 1994b. *The Political Writings of Rousseau,* Vol.4. tran., Judith R. Bush, Roger D. Masters, and Christopher Kelly. Hanover: University Press of New England.

Rousseau, Jean-Jacques. 1997a. *The Discourses and Other Early Political Writings*, tran., Victor Gourevitch. Cambridge: Cambridge University Press.

Rousseau, Jean-Jacques. 1997b. *The Social Contract and Other later Political Writings*, tran., Victor Gourevitch. Cambridge: Cambridge University Press.

Rowe, Christopher. 2000. "Aristotelian Constitutions," in *The Cambridge History of Greek and Roman Political Thought*. ed., Christopher Rowe and Malcolm Schofield. New York: Cambridge University Press.

Rudé, George ed. 1967. *Robespierre*. New Jersey: Prentice-Hall.

Sandel, Michael. 1982. *Liberalism and the Limit of Justice.* Cambridge: Cambridge University Press.

Sandel, Michael. 1984a. "The Procedural Republic and the Unencumbered Self," *Political Theory*, 12(1): 81-96.

Sandel, Michael. ed. 1984b. *Liberalism and Its Critics*. Oxford: Basil Blackwell.

Sandel, Michael. 1996. *Democracy's Discontent: America in Search of a Public Philosophy.* Cambridge, Mass.: Harvard University Press.

Saxonhouse, Arlene W. 1996. *Athenian Democracy.* Notre Dame, IN: University of Notre Dame Press.

Schmitt, Carl. 1976. *The Concept of the Political*, tran., George Schwab. Rutgers University Press.

Schmitt, Carl. 1983 (1928). *Verfassungslehre.* Berlin: Duncker & Humblot.

Schmitt, Carl. 1985a. *Political Theology: Four Chapters on the Concept of Sovereignty*, tran., George Schwab. Cambridge, Mass.: The MIT Press.

Schmitt, Carl. 1985b. *The Crisis of Parliamentary Democracy*, tran., Ellen Kennedy. Cambridge, Mass.: MIT.

Schmitt, Carl. 1996. *The Leviathan in State Theory of Thomas Hobbes*, tran., George Schwab Erna Hilfstein. Westport:Greenwood Press.

Schmitt, Carl. 2004. *On the Three Types of Juristic Thought*, tran., Joseph W. Bendersky. Westport: Praegen.

Scheuerman, William. 1998. "Revolutions and Constitutions: Hannah Arendt's Challenge to Carl Schmitt," in David Dyzenhaus ed., *Law as Politics*. Durham: Duke University Press, pp. 252-280.

Schofield, Malcolm. 1999. *Saving the City.* London; New York: Routledge.

Schofield d, Malcolm. 2000. "Aristotle: An Introduction." in *The Cambridge History of Greek and Roman Political Thought.* ed., Christopher Rowe and Malcolm Schofield. New York: Cambridge University Press.

Shaw, Carl K.Y. 1992. "Hegel's Theory of Bureaucracy," *American Political Science Review*, Vol. 86, No. 2, pp. 381-389.

Shaw, Carl K.Y. 1995. "Esoteric Critique of Political Decisionism: Hegel's Theory of Monarchy Revisited," *Journal of National ChengChi University*, Vol. 70, pp. 291-308.

Shaw, Carl K.Y. 1996. "Toward a Reconstruction of Hegel's Ethical Liberalism," *Journal of Social Science and Philosophy*, 8: 2, pp. 305-338.

Shaw, Carl K.Y. 2002. "Modulations of Nationalism across the Taiwan Strait," *Issues and Studies*, Vol. 38, No. 2, pp. 122-147.

Shaw, Carl K.Y. 2003. "Quentin Skinner on the Proper Meaning of Republican Liberty,"

Politics, 23: 1, pp. 46-56.

Shaw, Carl K.Y. 2010. "Civic Republicanism and Democratic Politics: Michael Sandel and Contemporary Theories of Political Community," *EurAmerica: A Journal of European and American Studies*, 40: 4, pp. 923-945.

Sewell, W.H. 1994. *A Rhetoric of Bourgeois Revolution*. Durham and London: Duke University Press.

Shklar, Judith . 1977. "Rethinking the Past," *Social Research* Vol. 44, pp. 80-90.

Shklar, Judith. 1985. *Men and Citizens: A Study of Rousseau's Social Theory*. Cambridge: Cambridge University Press.

Shklar, Judith. 1990. "Montesquieu and the New Republicanism," in Gisela Bock ed., *Machiavelli and Republicanism*. Cambridge: Cambridge University Press, pp. 265-279.

Sieyès, Emmanuel-Joseph. 1964. *What is the Third Estate?* tran., S.E. Finer. New York: Praeger.

Sieyès, Emmanuel-Joseph. 1994. *Ecrits Politiques*, ed., Roberto Zapperi. Paris: Editions des Archives Contemporaines.

Sieyès, Emmanuel-Joseph, 1997. "Reasoned Exposition of the Rights of Man and Citizen," in Marc Allan Goldstein ed., *Social and Political Thought of the French Revolution 1788-1797*. New York: Peter Lang, pp.134-151.

Simpson, Peter L. 1998. *A Philosophical Commentary on the Politics of Aristotle*. Chapel Hill: The University of North Carolina Press.

Skinner, Quentin. 1978. *The Foundations of Modern Political Thought*, 2 Vols. Cambridge: Cambridge University Press.

Skinner, Quentin. 1981. *Machiavelli*. Oxford: Oxford University Press.

Skinner, Quentin. 1983. "Machiavelli on the Maintenance of Liberty," *Politics*, 18(2), pp. 3-15.

Skinner, Quentin. 1984. "The Idea of Negative Liberty: Philosophical and Historical Perspectives," in Richard Rorty *et. al*, eds., *Philosophy in History: Essay on the Historiography of Philosophy*. Cambridge: Cambridge University Press, pp. 193-211.

Skinner, Quentin. 1986. "The Paradoxes of Political Liberty," in S. McMurrin ed., *The Tanner Lectures on Human Value*, Vol. VII. Salt Lake City: University of Utah Press, pp. 225-50.

Skinner, Quentin. 1990. "The Republican Idea of Political Liberty," in Gisela Bock *et. al.* eds. *Machiavelli and Republicanism.* Cambridge: Cambridge University Press, pp. 293-309.

Skinner, Quentin. 1992. "On Justice, the Common Good and the Priority of Liberty," in Chantal Mouffe ed. *Dimension of Radical Democracy: Pluralism, Citizenship, Community.* London: Verso, pp. 211-224.

Skinner, Quentin. 1996. *Reason and Rhetoric in the Philosophy of Hobbes.* Cambridge: Cambridge University Press.

Skinner, Quentin. 1998, *Liberty before Liberalism.* Cambridge: Cambridge University Press.

Skinner, Quentin. 2002a, *Visions of Politics,* 3 Vols. Cambridge: Cambridge University Press.

Skinner, Quentin. 2002b. "A Third Concept of Liberty," *Proceedings of the British Academy,* Vol. 117, pp. 237-268.

Skinner, Quentin. 2008, *Hobbes and Republican Liberty.* Cambridge: Cambridge University Press.

Skinner, Quentin and Price, Russell. 1988. "Introduction" and "Notes on the Vocabulary of The Prince, in Machiavelli," *The Prince,* eds., Skinner and Price. Cambridge University Press, pp. ix-xxiv, 100-113.

Smith, Steven B. 1989a. *Hegel's Critique of Liberalism: Rights in Context.* Chicago: University of Chicago Press.

Smith, Steven B. 1989b. "Hegelianism and the Three Crises of Rationality," *Social Research,* 56: 4, pp. 943-73.

Strauss, Leo. 1964. *The City and Man.* Chicago and London: The University of Chicago Press.

Strong, Tracy B. 1994. *Jean-Jacques Rousseau: The Politics of the Ordinary.* Thousand Oakes: Sage.

Suksi, Markku, 1993. *Bringing in the People: A Comparison of Constitutional Forms and Practices of Referendum.* Dordrecht: Martinus Nijhoff.

Sunstein, Cass. 1988. "Beyond the Republican Revival," *Yale Law Journal,* 97: 1539-1590.

Susemihl, Franz. & Hicks, R.D. 1894. *The Politics of Aristotle: A Revised Text.* London: Macmillan.

Talmon, J.L. 1970. *The Origins of Totalitarian Democracy.* New York: The Norton Library.

Taylor, Charles. 1985. *Philosophy and Human Science: Philosophic Papers*, 2 Vols. Cambridge: Cambridge University Press.

Taylor, Charles. 1995. *Philosophical Arguments.* Cambridge, Mass., Harvard University Press.

Taylor, Charles. 1997. "Nationalism and Modernity," in Robert McKim and Jeff McMahan eds., *The Morality of Nationalism.* Oxford: Oxford University Press, pp. 31-55.

Thomas, Aquinas. 2007. *Commentary on Aristotle's Politics.* Indianapolis: Hackett.

Tocqueville, Alexis de. 1969. *Democracy in America.* tran., George Lawrence. Garden City: Doubleday.

Trompf, G.W. 1979. *Idea of Historical Recurrence in Western Thought: From Antiquity to the Reformation.* Berkeley: University of California Press.

Van Deusen, Glyndon G. 1970. *Sieyes: His Life and His Nationalism.* New York: AMS Press.

Vernant, Jean-Pierre. 1982. *The Origins of Greek Thought.* London: Methuen.

Viroli, Maurizio. 1990. "Machiavelli and the Republican Idea of Politics," in Gisela Bock *et. al.* eds., *Machiavelli and Republicanism.* Cambridge: Cambridge University Press, pp. 143-171.

Viroli, Maurizio. 1992. "The Revolution in the Concept of Politics," *Political Theory*, 20(3), pp. 473-495.

Viroli, Maurizio. 1995. *For Love of Country.* Oxford: Oxford University Press.

Viroli, Maurizio. 1998. *Machiavelli.* Oxford: Oxford University Press.

Voegelin, Eric. 1957. *Order and History*, Vol. 3, *Plato and Aristotle.* Baton Rouge: Louisiana State University Press.

Voltaire. 1983. *Philosophical Dictionary*, tran., T. Besterman. Harmondsworth: Penguin Books.

Walbank, F.W. 1990. *Polybius.* Berkeley: University of California Press.

Waldron, Jeremy. 2000. "Arendt's Constitutional Politics," in Danna Villa ed., *The Cambridge Companion to Hannah Arendt.* Cambridge: Cambridge University Press, pp. 201-219.

Walker, Lesie. 1975. *The Discourses of Niccolò Machiavelli*, 2 Vols. London and Boston: Routledge & Kegen Paul.

Whitfield, J.H. 1969. *Discourses on Machiavelli*. Cambridge: W. Heffer.

Wirszubski, Ch. 1968. *Libertas as a Political Idea at Rome During the Late Republic and Early Principate*. Cambridge: Cambridge University Press.

Wood, Neal. 1988. *Cicero's Social and Political Thought*. Berkeley: University of California Press.

Wright, J.K. 1994. "National Sovereignty and the General Will," in Dale van Kley ed., *The French Idea of Freedom: The Old Regime and the Declaration of Rights of 1789*, Stanford: Stanford University Press, pp.199-233.

Yack, Bernard. 2002. "Popular Sovereignty and Nationalism," *Political Theory*, 29(4), pp. 517-536.

Yarbrough, Jean. 1979. "Republicanism Reconsidered: Some Thought on Foundation and Preservation of the American Republic," *The Review of Politics*, 41, pp. 61-95.

Zetzel, James E.G. ed. 1999. "Introduction," in Marcus Tullius Cicero, *On the Commonwealth and on the Laws*. Cambridge: Cambridge University Press, pp. vii-xli.

二、中文部分

六劃

朱堅章，1972，〈盧梭政治思想中自由觀念的分析〉，《國立政治大學學報》，第六期，頁183-205。

朱學勤，1997，〈教士與帝國一致的制度——盧梭政治哲學分析〉，收錄於黃德偉編著，《盧梭在中國》，香港大學，頁147-164。

江宜樺，1995a，〈政治社群與生命共同體：亞里斯多德城邦理論的若干啓示〉，收錄於陳秀容、江宜樺編，《自由主義》，中央研究院中山人文社會科學研究所，頁39-75。

江宜樺，1995b，〈「政治是什麼？」：試析亞里斯多德的觀點〉，《台灣社會研究季刊》，第十九期，頁165-194。

江宜樺，2001，《自由民主的理路》，台北：聯經。

西耶斯(Emmanuel-Joseph Sieyès)，1991，《論特權、第三等級是什麼？》，馮棠譯，北京：商務。

西塞羅(Marcus Tullius Cicero)，1999，《論義務》，王煥生譯，北京：中國政法大學

出版社。

西塞羅(Marcus Tullius Cicero)，2006，《論共和國》，王煥生譯，上海：上海人民出版社。

西塞羅(Marcus Tullius Cicero)，2006，《論法律》，王煥生譯，上海：上海人民出版社。

七劃

吳庚，1977，〈西雅士〉，《憲政思潮》，第卅九期，頁192-196。

吳庚，1981，《政治的新浪漫主義》，台北：五南。

沈清松，1995，〈盧梭社會契約論的評析：一個奠基性迷思的轉變〉，收錄於張福建、蘇文流主編，《民主理論：古典與現代》，頁51-72。台北：中央研究中山人文社會科學研究所。

八劃

亞里斯多德(Aristotle)，1996(1965)，《政治學》，吳壽彭譯，北京：商務。

亞里斯多德(Aristotle)，2001，《雅典政制》，日知力野譯，上海：人民。

亞里斯多德(Aristotle)，2003，《尼各馬可倫理學》，廖申白譯，北京：商務。

孟德斯鳩(Baron de Montesquieu)，1998，《論法的精神》，張雁深譯，台北：商務。

九劃

施密特(Carl Schmitt)，2003，《政治的概念》，劉宗坤等譯，上海：人民出版社。

施密特(Carl Schmitt)2004，《憲法學說》，劉鋒譯，台北：聯經。

施密特(Carl Schmitt)2005，《憲法的守護者》，李鈞韜、蘇慧婕譯，台北：左岸文化。

柏林(Isaiah Berlin)，1986，《自由四論》，陳曉林譯，台北：聯經。

韋伯(Max Weber)，1991，《學術與政治》，錢永祥編譯，台北：遠流。

十劃

修昔底德(Thucydides)，2004，《伯羅奔尼撒戰爭史》，徐松岩、黃賢全譯，桂林：

廣西師範。

馬君武，2000，《馬君武文選》，曾德珪選編。桂林：廣西師範大學出版社。

馬基維利(Niccolò Machiavelli)，1994，《君主論》，潘漢典譯。北京：商務。

馬基維利(Niccolò Machiavelli)，2003，《李維羅馬史疏義》，呂建忠譯。台北：左岸。

高永光，2005，〈台灣第七次修憲後兩岸關係的可能發展〉，國家政策研究基金會。

十一劃

康德(Immanuel Kant)，2002，《康德歷史哲學論文集》，李明輝譯注，台北：聯經。

張文貞，2004，〈憲改的正當程序：從國民主權與民主原則面向來分析〉，發表於行政院研究發展考核委員會、台大法律學院公法研究中心主辦之「新世紀台灣憲政研討會」。

張文貞，2006，〈公民複決修憲在當代憲政主義上的意涵〉，《台灣民主季刊》第三卷第二期，頁87-118。

張文貞，2009，〈審議民主與國民主權之合致或悖離？——美國制憲經驗的分析〉，收錄於蕭高彥主編，《憲政基本價值》，中央研究院人文社會科學研究中心，頁31-60。

張佛泉，1993，《自由與人權》，台北：台灣商務。

張旺山，1995，〈馬基維理革命：「國家理性」觀念初探之一〉，收錄於陳秀容、江宜樺主編，《政治社群》，台北：中央研究院中山人文社會科學研究所，頁77-102。

張旺山，2003，〈史密特的決斷論〉，《人文及社會科學集刊》，第十五卷十二期，頁185-219。

張旺山，2005，〈國家的靈魂：論史密特的主權觀念〉，《政治與社會哲學評論》，第十二期，頁95-140。

張福建，2001，〈在自由主義與共和主義之外〉，收錄於蔡英文，張福建編，《自由主義》，中央研究院中山人文社會科學研究所，頁25-52。

張翰書，1997，〈盧騷〉，收錄於黃德偉編著，《盧梭在中國》，香港大學，頁147-164。

許志雄，2000，〈制憲權的法理〉，收於氏著《憲法秩序之變動》，台北：元照，頁

43-93。

許國賢，2000，〈商議式民主與民主想像〉，《政治科學論叢》，第十三期，頁61-92。

郭正亮，1998，《民進黨轉型之痛》，台北：天下。

郭秋永，2001，《當代三大民主理論》，台北：聯經。

陳思賢，1993，《從王治到共和：古老習慣，自然權利，公民道德與三次英國革命》，作者自刊。

陳思賢，1999，〈近代自由主義政治的古典前驅：希臘化時代反城邦政治與自然法的興起〉，《政治科學論叢》，第十期，頁195-226。

陳新民，2002，《1990年-2000年臺灣修憲紀實：十年憲政發展之見證》，台北：學林文化。

陳儀深，2004，〈台灣制憲運動的回顧〉，發表於《台灣新憲法國際研討會》，群策會，2004年11月。

十二劃

黃昭元編，2000，《兩國論與台灣國家定位》，台北：學林。

黑格爾(Georg W.F. Hegel)，1981，《哲學史演講錄》，賀麟、王太慶譯，四冊，北京：商務。

黑格爾(Georg W. F. Hegel)，1984，《法哲學原理》，范揚、張企泰譯，台北：仰哲翻版。

十三劃

葉俊榮，2003，《民主轉型與憲法變遷》，台北：元照。

十四劃

漢彌爾頓(Alexander Hamilton)等，2000，《聯邦論》，謝斐叔譯，台北：貓頭鷹。

十五劃

蔡宗珍，1997，〈國民主權於憲政國家之理論結構〉，《月且法學雜誌》，第二十期，頁30-39。

蔡宗珍，2003，〈卡爾・史密特之憲法概念析論〉，《政治與社會哲學評論》，第五期，頁75-122。

蔡英文，1997，〈兩種政治的概念：卡爾・施密特與漢娜・鄂蘭〉，《台灣社會研究季刊》第二十七期，頁139-171。

蔡英文，1999，〈古典共和公民社會的理想與奧古斯丁政治神學之解釋〉，《台灣哲學研究》第二期，頁71-107。

蔡英文，2002a，《政治實踐與公共空間——漢娜・鄂蘭的政治思想》，台北：聯經。

蔡英文，2002b，〈民族主義、人民主權與西方現代性〉，《政治與社會哲學評論》第三期，頁1-47。

十六劃

蕭高彥，1995，〈理性與公民共同體：黑格爾民主理念之重構〉，收錄於張福建、蘇文流編，《民主理論：古典與現代》，中央研究院中山人文社會科學研究所，頁73-91。

蕭高彥，1995，〈愛國心與共同體政治認同之構成〉，收錄於陳秀容、江宜樺編，《政治社群》，中央研究院中山人文社會科學研究所，頁271-296。

蕭高彥，1996，〈共同體的理念：一個思想史之考察〉，《台灣政治學刊》，第一期，頁257-295。

蕭高彥，1997，〈國家認同、民族主義與民主憲政：當代政治哲學的發展與省思〉，《台灣社會研究季刊》，第二十六期，頁1-27。

蕭高彥，1998，〈多元文化與承認政治論：一個政治哲學的分析〉，收錄於蕭高彥、蘇文流編，《多元主義》，中央研究院中山人文社會科學研究所，頁487-509。

蕭高彥，1998，〈馬基維利論政治秩序——一個形上學的考察〉，《政治科學論叢》，第九期，頁145-172。

蕭高彥，2001，〈從共和主義到激進民主——盧梭的政治秩序論〉，收錄於蔡英文、張福建編，《自由主義》，中央研究院中山人文社會科學研究所，頁1-24。

蕭高彥，2001，〈立法家、政治空間、與民族文化——盧梭的政治創造論〉，《政治科學論叢》，第十四期，頁25-46。

蕭高彥，2002，〈西塞羅與馬基維利論政治道德〉，《政治科學論叢》，第十六期，頁1-28。

蕭高彥，2002，〈共和主義與現代政治〉，《政治與社會哲學評論》，第一期，頁85-

116。

蕭高彥，2002，〈史金納與當代共和主義之典範競爭〉，《東吳政治學報》，第十五
　　期，頁33-59。

蕭高彥，2003，〈民主化與國家認同在台灣：一個政治理論的分析〉，收錄於江宜
　　樺、李強編，《華人世界的國家結構》，台北：商周，頁131-175。

蕭高彥，2004，〈西耶斯的制憲權概念：一個政治理論的分析〉，發表於《公法與政
　　治理論：吳庚大法官榮退論文集》，頁79-114。

蕭高彥，2004，〈國族民主在台灣：一個政治理論的詮釋〉，《政治與社會哲學評
　　論》，第十一期，頁1-33。

蕭高彥，2006，〈共和主義、民族主義與憲政理論：鄂蘭與施密特的隱蔽對話〉，
　　《政治科學論叢》，第二十七期，頁113-146。

蕭高彥，2007，〈《聯邦論》中的憲政主義與人民主權〉，《政治與社會哲學評
　　論》，第二十二期，頁86-108。

蕭高彥，2007，〈台灣的憲法政治：過去、現在與未來〉，收錄於殷海光基金會主
　　編，《自由主義與新世紀台灣》，台北：允晨文化，頁129-170。

蕭高彥，2009，〈霍布斯論基源民主〉，《政治與社會哲學評論》，第二十九期，頁
　　49-93。

錢永祥，2001，《縱欲與虛無之上》，台北：聯經。

十八劃

顏厥安，2004，〈憲政體制與語言的困境〉，《當代》，第201期，頁54-67。

二十劃

蘇永欽，2002，《走入新世紀的憲政主義》，台北：元照。

蘇永欽，2004，〈分裂國家的主權和公投問題〉，《法令月刊》，第五十五卷第一
　　期，頁4-15。

索引

人名索引

五劃

史金納（Quentin Skinner, 1940- ） ii, iii, x, xi, 5, 22, 24, 100, 104, 105, 125, 142, 152, 361, 362, 363, 364, 365, 367, 368, 369, 370, 371, 372, 373, 374, 375, 376, 377, 378, 379, 380, 381, 382, 383, 384, 385, 386, 387, 446

六劃

托克維爾（Alexis de Tocqueville, 1805-1859） 5, 16, 166, 283, 296, 324

西耶斯（Emmanuel-Joseph Sieyes, 1748-1836） ix, x, 4, 13, 15, 21, 166, 177, 186, 187, 237, 257, 258, 259, 260, 261, 262, 263, 264, 265, 266, 267, 268, 269, 270, 271, 272, 273, 274, 275, 276, 277, 278, 279, 280, 281, 282, 283, 284, 285, 286, 287, 288, 289, 290, 291, 292, 305, 329, 335, 336, 337, 339, 340, 341, 342, 351, 352, 356, 392, 393, 394, 409, 413, 416, 441, 446

西塞羅（Marcus Tullius Cicero, 106B.C.-43B.C.） ii, viii, 4, 6, 7, 59, 76, 77, 83, 85, 86, 87, 88, 89, 90, 91, 92, 93, 94, 95, 96, 97, 98, 99, 100, 101, 102, 103, 105, 106, 107, 108, 109, 110, 111, 112, 113, 114, 116, 117, 118, 119, 120, 121, 122, 124, 125, 126, 127, 128, 130, 132, 133, 134, 135, 136, 137, 138, 143, 160, 174, 204, 278, 352, 372, 375, 416, 441, 442, 445

八劃

亞里斯多德（Aristotle, 384B.C.-322B.C.） ii, vii, 4, 5, 6, 7, 8, 9, 23, 24, 25, 26, 27, 30, 31, 32, 33, 34, 35, 36, 37, 38, 39, 40, 41, 42, 43, 44, 45, 46, 47, 48, 49, 50, 51, 52, 53, 54, 55, 56, 57, 58, 59, 60, 61, 62, 63, 64, 65, 66, 67, 68, 69, 70, 71, 72, 73, 76, 78, 79, 83, 84, 86, 88, 89, 91, 93, 96, 97, 99, 111, 113, 143, 147, 148, 150, 153, 156, 160, 161, 163, 164, 165, 178,

186, 200, 204, 299, 304, 321, 322, 325, 362, 364, 367, 368, 372, 375, 376, 381, 441, 442

孟德斯鳩（Charles-Louis de Secondat Montesquieu, 1689-1755） ii, ix, 4, 13, 14, 15, 17, 18, 220, 221, 222, 223, 224, 225, 226, 228, 229, 233, 241, 299, 305, 306, 313, 316, 334, 347, 350, 355, 442

波考克（J.G.A. Pocock, 1924- ） i, ii, iii, 5, 24, 25, 29, 73, 135, 142, 145, 148, 150, 152, 161, 162, 164, 165, 166, 254, 362, 363, 365, 378, 379, 384, 385, 387, 421

波利比烏斯（Polybius, 約200BC-118B.C.） ii, viii, 4, 7, 59, 76, 77, 78, 79, 80, 81, 82, 83, 84, 85, 86, 91, 94, 95, 97, 99, 100, 101, 102, 156

九劃

施密特（Carl Schmitt, 1888-1985） x, 21, 29, 162, 166, 186, 208, 249, 269, 275, 328, 329, 331, 332, 333, 334, 335, 336, 337, 338, 339, 340, 341, 342, 344, 346, 347, 348, 349, 350, 351, 352, 353, 356, 357, 358, 359, 392, 393, 394, 395, 402, 409, 411, 412, 413, 442, 445

韋伯（Max Weber, 1864-1920） i, 166, 195, 324, 442

十劃

馬基維利（Niccolò Machiavelli, 1469-1527） i, ii, iii, viii, x, xi, 4, 9, 10, 11,

13, 20, 21, 22, 24, 59, 81, 102, 103, 104, 105, 116, 120, 122, 123, 124, 125, 126, 127, 128, 129, 130, 131, 132, 133, 134, 135, 136, 137, 138, 139, 141, 142, 143, 144, 145, 146, 147, 148, 149, 150, 151, 152, 153, 154, 155, 156, 157, 158, 159, 160, 161, 162, 163, 164, 165, 166, 169, 183, 186, 188, 196, 202, 205, 210, 211, 216, 220, 247, 251, 269, 296, 323, 329, 330, 331, 332, 335, 337, 339, 340, 343, 344, 345, 346, 350, 352, 353, 357, 362, 363, 366, 368, 369, 372, 373, 374, 375, 376, 378, 380, 381, 382, 383, 384, 385, 386, 387, 388, 420, 421, 422, 423, 443, 445

十一劃

康德（Immanuel Kant, 1724- 1804） ii, 5, 13, 15, 296, 297, 298, 299, 300, 307, 318, 331, 334, 443

麥迪遜（James Madison, 1751-1836） 5, 14, 220, 226, 227, 228, 229, 230, 231, 232, 233, 234, 235, 236, 238, 239, 240, 241, 242, 243, 244, 245, 246, 247, 248, 249, 250, 252, 253, 254, 353

十二劃

鄂蘭（Hannah Arendt, 1901-1975） ii, x, 5, 21, 38, 73, 101, 113, 137, 138, 139, 144, 162, 163, 164, 165, 166, 182, 183, 187, 210, 235, 249, 252, 253, 254, 283, 284, 285, 327, 328, 329, 331, 340, 341,

342, 343, 344, 345, 346, 347, 350, 351, 352, 353, 354, 355, 356, 357, 358, 359, 360, 392, 409, 445, 446

黑格爾(Georg W. F. Hegel, 1770-1831) ii, iii, x, 5, 13, 15, 22, 113, 135, 136, 175, 183, 186, 196, 204, 208, 292, 293, 295, 296, 297, 299, 300, 301, 302, 303, 304, 305, 306, 307, 308, 309, 310, 311, 312, 313, 314, 315, 316, 317, 318, 319, 320, 321, 322, 323, 324, 325, 332, 372, 444, 445

十四劃

漢彌爾頓(Alexander Hamilton, 1755-1804) 5, 220, 222, 232, 233, 234, 235, 237, 238, 247, 248, 249, 250, 404, 444

十六劃

盧梭(Jean-Jacques Rousseau, 1712-1778) ii, ix, 4, 11, 12, 13, 14, 15, 16, 17, 18,

20, 21, 133, 166, 167, 168, 169, 170, 171, 172, 173, 174, 175, 176, 177, 178, 179, 180, 181, 182, 183, 184, 185, 186, 187, 188, 189, 190, 191, 193, 194, 195, 196, 197, 198, 199, 200, 201, 202, 203, 204, 205, 206, 207, 208, 209, 210, 211, 212, 213, 214, 215, 216, 217, 218, 220, 224, 252, 259, 260, 267, 270, 271, 274, 276, 278, 279, 281, 282, 284, 287, 289, 292, 296, 297, 298, 299, 305, 311, 319, 335, 339, 341, 342, 343, 344, 371, 372, 376, 379, 382, 383, 384, 393, 394, 421, 424, 441, 442, 443, 445

霍布斯(Thomas Hobbes, 1588-1679) 11, 105, 116, 133, 171, 173, 175, 186, 217, 267, 274, 287, 314, 342, 348, 349, 350, 351, 373, 388, 446

概念索引

四劃

中產階層 66, 67, 68, 73

中道(mean) 32, 33, 57, 58, 63, 65, 66, 67, 68, 73, 84, 153

公民身分(公民資格)(citizenship) ii, vii, 4, 8, 19, 20, 21, 25, 27, 39, 40, 41, 42, 43, 44, 45, 46, 54, 64, 69, 72, 88, 93, 165, 187, 189, 190, 204, 263, 290, 291, 324, 372

公民集會(公民大會) 13, 187, 188

公民德行(civic virtue) ii, vii, 4, 6, 8, 24, 25, 26, 68, 69, 70, 71, 224, 230, 316, 362, 370, 377, 378, 379, 380, 382, 383, 386, 387, 420

公共事務(共和)(res publica) 3, 4, 6, 12, 17, 49, 60, 73, 80, 87, 88, 89, 90, 91, 92, 93, 96, 97, 98, 99, 100, 109, 110, 135, 138, 174, 177, 270, 278, 290, 308, 312, 325, 412, 416, 426

支配(domination) ii, 4, 5, 6, 12, 20, 36,

37, 38, 48, 54, 58, 59, 66, 76, 78, 79, 82, 91, 99, 100, 112, 115, 116, 126, 145, 146, 147, 150, 153, 155, 161, 166, 170, 173, 174, 176, 180, 181, 182, 183, 185, 197, 205, 211, 212, 217, 271, 280, 344, 351, 386, 391, 396, 421, 422, 423, 424

文化民族主義（cultural nationalism） 19, 422

五劃

主權（sovereignty） xi, 9, 11, 12, 13, 17, 18, 20, 21, 22, 48, 116, 170, 171, 173, 175, 176, 177, 178, 180, 185, 186, 187, 188, 194, 197, 198, 207, 208, 211, 221, 224, 237, 240, 242, 244, 245, 247, 249, 250, 252, 258, 259, 263, 270, 271, 285, 298, 307, 329, 332, 334, 335, 336, 340, 341, 342, 346, 349, 351, 356, 357, 358, 359, 392, 393, 394, 395, 397, 398, 402, 403, 405, 411, 414, 416, 424, 443, 446

主權者（sovereign） 3, 12, 18, 21, 38, 116, 173, 176, 178, 180, 181, 184, 185, 187, 188, 190, 205, 207, 208, 209, 210, 211, 245, 270, 334, 335, 343, 349, 393, 398

代表（代議）（representation） i, 2, 4, 8, 14, 15, 16, 28, 48, 52, 58, 59, 77, 97, 103, 116, 141, 156, 157, 160, 162, 165, 167, 176, 177, 187, 193, 211, 215, 219, 222, 225, 226, 228, 230, 231, 233, 234, 236, 239, 240, 242, 244, 245, 246, 248, 249, 250, 251, 253, 254, 260, 261, 262,

263, 265, 266, 267, 268, 273, 278, 279, 280, 282, 284, 285, 286, 287, 288, 289, 290, 291, 292, 296, 298, 300, 303, 307, 308, 312, 323, 338, 340, 341, 342, 348, 354, 356, 362, 367, 373, 385, 386, 393, 394, 395, 399, 401, 403, 408, 420, 424

平等（equality） 4, 5, 6, 7, 8, 16, 17, 25, 28, 29, 30, 37, 38, 45, 58, 60, 80, 133, 155, 160, 163, 165, 169, 170, 171, 174, 175, 179, 192, 194, 195, 196, 197, 200, 201, 202, 203, 218, 220, 263, 276, 290, 291, 297, 301, 324, 337, 340, 351, 352, 378, 414, 421, 423

必要性（*necessitas*） 105, 119, 124, 125, 126, 130, 131, 132, 143, 158, 232, 233, 303

正義（justice） iii, 2, 5, 7, 16, 18, 32, 36, 43, 53, 54, 78, 80, 98, 100, 106, 108, 109, 110, 111, 112, 114, 116, 117, 119, 120, 121, 126, 130, 132, 133, 135, 136, 137, 138, 199, 375, 415, 424

民主（democracy） vii, viii, ix, xi, 2, 6, 7, 9, 11, 12, 13, 14, 15, 16, 17, 18, 19, 20, 21, 22, 24, 25, 26, 27, 28, 29, 30, 39, 41, 42, 43, 44, 45, 47, 51, 52, 54, 55, 56, 57, 58, 59, 60, 61, 62, 63, 64, 65, 66, 67, 72, 73, 76, 78, 79, 80, 83, 84, 93, 96, 165, 167, 168, 169, 173, 176, 177, 178, 179, 184, 185, 186, 187, 189, 194, 195, 196, 197, 204, 207, 213, 217, 218, 221, 223, 224, 225, 226, 227, 228, 229, 230, 231,

232, 236, 237, 238, 252, 254, 255, 258,
259, 267, 269, 270, 271, 275, 280, 281,
284, 285, 287, 289, 297, 298, 300, 305,
306, 307, 313, 316, 321, 324, 328, 329,
331, 333, 335, 337, 338, 340, 341, 342,
343, 353, 354, 357, 364, 367, 369, 370,
371, 378, 386, 388, 390, 391, 392, 393,
394, 395, 396, 397, 398, 399, 400, 401,
403, 404, 406, 407, 408, 409, 411, 412,
413, 414, 415, 416, 417, 420, 421, 423,
424, 441, 442, 443, 444, 445, 446

民族（國民）（nation）　ix, x, 13, 18, 19,
21, 97, 122, 159, 162, 168, 170, 178,
186, 192, 193, 194, 196, 200, 201, 209,
212, 213, 214, 215, 217, 218, 225, 258,
259, 262, 274, 284, 286, 288, 289, 291,
292, 300, 305, 318, 319, 320, 321, 329,
332, 335, 336, 337, 338, 339, 340, 341,
343, 354, 355, 357, 395, 403, 412, 414,
445

民族主義（nationalism）　x, 2, 19, 21,
168, 194, 195, 258, 259, 293, 304, 327,
328, 357, 359, 396, 417, 422, 445, 446

立法家（Legislator）　vii, ix, 13, 26, 41,
46, 49, 53, 59, 67, 68, 72, 73, 81, 85, 90,
128, 152, 155, 157, 158, 165, 178, 189,
192, 193, 194, 195, 196, 197, 198, 199,
200, 201, 202, 203, 204, 205, 206, 207,
209, 210, 211, 212, 213, 214, 215, 216,
217, 220, 252, 271, 339, 341, 344, 445

六劃

共同體（社群）（community）　x, 3, 4, 5, 6,
8, 11, 12, 16, 18, 19, 20, 21, 25, 26, 28,
29, 35, 36, 37, 38, 39, 40, 43, 45, 48, 51,
54, 60, 66, 69, 70, 71, 87, 89, 91, 92, 95,
97, 99, 100, 111, 120, 134, 135, 149,
152, 155, 160, 170, 172, 173, 175, 177,
178, 180, 181, 183, 184, 185, 186, 187,
189, 190, 192, 194, 197, 198, 199, 200,
201, 202, 203, 204, 206, 207, 208, 209,
210, 211, 212, 213, 214, 215, 217, 223,
242, 259, 264, 271, 281, 286, 287, 288,
289, 296, 303, 304, 305, 310, 311, 312,
314, 320, 321, 322, 324, 325, 336, 342,
350, 351, 352, 357, 362, 363, 368, 376,
382, 383, 393, 395, 398, 410, 412, 413,
421, 422, 441, 445

共和主義（republicanism）　1, ii, iii, iv,
vii, viii, ix, x, xi, 1, 2, 3, 4, 5, 6, 7, 8, 9,
10, 11, 12, 13, 14, 15, 16, 17, 18, 19, 20,
21, 22, 24, 25, 41, 43, 68, 72, 73, 76, 77,
78, 83, 88, 96, 101, 102, 104, 134, 135,
142, 143, 144, 145, 146, 156, 160, 161,
162, 164, 165, 166, 167, 168, 169, 173,
174, 177, 183, 189, 196, 198, 204, 212,
215, 218, 219, 220, 221, 222, 223, 225,
228, 230, 231, 232, 234, 236, 237, 239,
240, 241, 251, 252, 253, 254, 255, 257,
259, 260, 269, 278, 282, 293, 296, 297,
298, 299, 300, 303, 304, 306, 309, 310,
311, 317, 320, 322, 324, 325, 327, 329,
330, 331, 340, 342, 343, 352, 357, 358,

359, 362, 363, 364, 365, 366, 367, 368, 369, 370, 371, 372, 373, 374, 375, 376, 377, 378, 379, 381, 382, 383, 385, 386, 387, 388, 389, 392, 393, 397, 409, 412, 413, 417, 419, 420, 421, 422, 423, 424, 445, 446

民主共和主義(democratic republicanism) ix, 3, 11, 13, 15, 16, 20, 169, 173, 186, 187, 196, 204, 218, 221, 229, 237, 238, 240, 247, 251, 254, 255, 270, 298, 371, 420

憲政共和主義(constitutional republicanism) ix, 3, 14, 15, 20, 21, 221, 228, 229, 230, 233, 236, 237, 238, 239, 240, 247, 250, 255, 259, 297, 299, 420

共和政制(polity)　vii, 6, 7, 9, 23, 24, 25, 26, 30, 40, 44, 52, 54, 55, 56, 57, 58, 59, 60, 61, 62, 63, 64, 65, 66, 67, 68, 71, 72, 73, 76, 84, 85, 87, 107, 108, 122, 146, 148, 155, 160, 161, 162, 165, 210, 422

合宜性(decorum)　109, 110, 112, 113, 114, 115, 120, 122, 130, 137

多數(majority)　12, 14, 16, 18, 21, 29, 30, 43, 54, 55, 56, 57, 58, 60, 61, 62, 64, 79, 80, 84, 179, 186, 224, 227, 231, 238, 249, 267, 279, 280, 305, 330, 331, 343, 353, 354, 409, 414, 415, 420

有效眞理(effectual truth)　105, 123, 124, 131, 142

自主性(autonomy)　3, 104, 143, 194, 206, 216, 328, 369, 381

自由(liberty/freedom)　ii, iii, x, xi, 2, 4, 6, 7, 11, 14, 15, 16, 17, 18, 19, 20, 21, 22, 24, 30, 37, 38, 40, 43, 44, 45, 52, 54, 56, 58, 59, 60, 64, 65, 66, 67, 69, 70, 72, 76, 80, 95, 96, 99, 100, 101, 108, 110, 111, 119, 122, 142, 143, 144, 146, 147, 155, 157, 160, 161, 166, 169, 172, 173, 175, 176, 177, 178, 179, 181, 189, 190, 191, 194, 195, 196, 197, 200, 201, 202, 204, 206, 212, 215, 217, 218, 221, 222, 225, 228, 236, 238, 239, 248, 252, 254, 255, 258, 260, 263, 264, 265, 269, 270, 271, 274, 276, 277, 278, 282, 283, 290, 291, 296, 297, 301, 303, 304, 308, 309, 310, 312, 314, 316, 318, 320, 322, 323, 324, 329, 331, 333, 334, 338, 339, 350, 353, 356, 357, 361, 362, 363, 364, 365, 366, 367, 368, 369, 370, 371, 372, 373, 374, 375, 376, 377, 378, 379, 380, 381, 382, 383, 384, 385, 386, 387, 391, 397, 398, 399, 400, 406, 413, 420, 422, 423, 441, 442, 443

政治自由(political liberty)　x, 2, 3, 6, 7, 9, 10, 11, 13, 14, 17, 18, 19, 20, 21, 100, 108, 134, 144, 161, 165, 169, 194, 196, 210, 225, 236, 296, 307, 308, 310, 320, 330, 340, 352, 356, 360, 362, 363, 364, 365, 367, 369, 370, 371, 372, 374, 376, 377, 378, 380, 381, 382, 385, 387, 397, 413, 421, 422

積極自由（positive freedom）　22, 310, 352, 362, 364, 365, 366, 367, 368, 369, 370, 372, 379, 380, 381, 382, 384, 386, 387

消極自由（negative freedom）　xi, 17, 18, 20, 22, 161, 225, 320, 352, 362, 363, 364, 365, 366, 367, 368, 369, 370, 371, 372, 373, 374, 376, 377, 379, 380, 381, 386, 387

自由主義（liberalism）　ii, iii, x, 2, 3, 15, 16, 17, 18, 19, 21, 22, 24, 104, 142, 161, 168, 230, 258, 260, 269, 275, 276, 277, 278, 282, 283, 296, 301, 303, 304, 313, 320, 323, 324, 334, 336, 338, 349, 359, 362, 363, 364, 365, 366, 370, 371, 372, 373, 377, 379, 381, 382, 383, 384, 385, 386, 392, 396, 397, 398, 399, 400, 401, 403, 410, 415, 417, 420, 421, 423, 424, 441, 443, 444, 445, 446

自足（self-sufficiency）　6, 9, 10, 37, 38, 46, 59, 88, 160, 215, 322

自治（self-government）　4, 10, 11, 18, 80, 146, 152, 161, 164, 165, 166, 203, 222, 239, 308, 330, 331, 351, 352, 353, 357, 363, 367, 369, 370, 371, 377, 387, 393, 397, 412, 421, 422

七劃

形式（form）　6, 12, 15, 26, 38, 39, 41, 55, 57, 60, 63, 92, 101, 113, 128, 148, 149, 150, 151, 154, 155, 156, 157, 158, 161, 163, 171, 177, 178, 184, 188, 190, 194, 195, 198, 217, 239, 242, 244, 247, 248, 250, 251, 252, 253, 261, 268, 273, 274, 275, 297, 298, 299, 300, 307, 312, 316, 333, 335, 337, 346, 348, 351, 355, 394, 406

八劃

制憲權（constituent power）　ix, x, 15, 21, 237, 238, 239, 240, 247, 249, 255, 257, 258, 259, 260, 261, 262, 264, 265, 266, 267, 268, 269, 270, 271, 272, 273, 274, 275, 276, 277, 279, 280, 282, 283, 284, 285, 286, 287, 288, 291, 292, 300, 329, 332, 334, 335, 336, 337, 338, 339, 340, 341, 342, 346, 347, 351, 354, 356, 357, 393, 394, 395, 396, 401, 402, 409, 411, 413, 416, 443, 446

和睦（concordia）　111, 121

明智（prudence）　vii, 31, 33, 34, 43, 44, 70, 71, 81, 109, 117, 119, 120, 126, 127, 151, 198, 201, 202, 203, 205, 217, 235

法律（law）　x, xi, 6, 7, 8, 9, 11, 12, 15, 17, 20, 21, 24, 29, 30, 32, 34, 35, 41, 43, 45, 47, 50, 51, 57, 58, 68, 69, 79, 81, 88, 89, 90, 91, 93, 94, 97, 98, 99, 100, 101, 109, 110, 114, 116, 118, 120, 121, 122, 127, 134, 135, 139, 144, 149, 151, 152, 154, 156, 157, 158, 160, 161, 169, 172, 174, 177, 178, 179, 180, 181, 184, 185, 191, 192, 195, 198, 201, 204, 205, 206, 207, 209, 211, 213, 214, 216, 217, 223, 224, 230, 232, 233, 234, 238, 239, 244,

251, 252, 260, 262, 263, 265, 266, 267,
268, 270, 271, 272, 273, 274, 275, 278,
279, 283, 284, 286, 290, 291, 292, 299,
308, 312, 318, 319, 324, 325, 328, 334,
341, 342, 343, 344, 347, 348, 349, 350,
354, 363, 364, 365, 366, 369, 371, 372,
373, 376, 377, 378, 379, 380, 381, 382,
383, 384, 385, 386, 387, 393, 397, 398,
402, 403, 407, 414, 423, 442, 443

社會契約(social contract)　11, 12, 116,
169, 170, 171, 172, 173, 174, 175, 176,
177, 178, 179, 180, 181, 182, 184, 185,
188, 189, 190, 191, 194, 195, 196, 197,
198, 199, 200, 201, 202, 203, 204, 205,
206, 207, 208, 209, 212, 215, 217, 259,
278, 281, 286, 287, 288, 292, 293, 300,
305, 311, 351, 352, 383, 393, 442

社群主義(communitarianism)　iii, 2, 303,
304, 309, 312, 313, 315, 320, 321, 323,
325, 420

秉性(*humor*)　115, 129, 155, 157, 382

九劃

信託(trust)　80, 94, 110, 116, 134, 278

勇氣(courage)　32, 94, 108, 109, 110,
127, 130, 159, 199, 290

政制(regime)　vii, 8, 9, 25, 26, 27, 32,
34, 35, 40, 41, 44, 46, 47, 48, 49, 50, 51,
52, 53, 54, 55, 57, 58, 59, 60, 61, 62, 63,
64, 65, 66, 67, 68, 69, 70, 71, 72, 77, 78,
79, 80, 81, 83, 84, 85, 91, 93, 95, 96, 97,
98, 99, 100, 101, 146, 156, 160, 161,

169, 196, 197, 205, 213, 218, 221, 225,
228, 240, 249, 252, 299, 304, 317, 320,
321, 322, 341, 353, 375, 376, 378, 380,
406, 422, 442

政府(government)　ix, 6, 12, 13, 14, 15,
18, 29, 48, 49, 81, 84, 85, 99, 101, 110,
147, 154, 161, 172, 174, 177, 178, 179,
180, 181, 183, 184, 185, 187, 189, 190,
192, 196, 197, 203, 205, 208, 211, 213,
214, 217, 221, 222, 223, 225, 226, 227,
228, 229, 230, 231, 232, 233, 234, 235,
236, 237, 238, 239, 240, 241, 242, 243,
244, 245, 247, 250, 251, 252, 253, 254,
255, 259, 260, 264, 265, 267, 269, 271,
272, 275, 276, 281, 283, 284, 288, 289,
290, 292, 297, 298, 299, 306, 307, 328,
333, 336, 352, 354, 355, 356, 370, 385,
398, 399, 405, 409, 414, 415, 416

政治動物(political animal)　5, 36, 352,
362

政治統治(political rule)　vii, 5, 6, 8, 10,
36, 37, 38, 39, 47, 65, 69, 70, 71, 72,
122, 130, 160, 165, 195, 316, 393, 421,
422

政治創新(political innovation)　145, 148,
152, 206, 269, 384

致用史學(pragmatic history)　viii, 77, 78,
81, 83, 85, 101

革命(revolution)　ii, xi, 10, 13, 14, 16,
17, 18, 21, 28, 65, 68, 70, 100, 101, 134,
143, 163, 168, 177, 186, 221, 238, 239,

241, 252, 253, 257, 258, 259, 263, 264,
269, 273, 275, 276, 277, 278, 282, 283,
284, 292, 296, 297, 299, 305, 318, 320,
328, 329, 331, 332, 335, 338, 339, 340,
341, 342, 343, 344, 345, 346, 347, 350,
351, 352, 353, 354, 356, 357, 359, 362,
371, 392, 394, 396, 401, 402, 403, 404,
409, 410, 411, 412, 416, 443, 444

革命憲政主義(revolutionary constitutionalism)
ix, x, 15, 260, 268, 269, 270, 271, 275,
276, 282

十劃

效益(*utilitas*) viii, 105, 108, 109, 116,
117, 118, 119, 120, 123, 126, 131, 132,
135, 373

祖宗成法(*mos maiorum*) 87, 95, 101,
106, 133, 136

秩序論 viii, 13, 106, 116, 136, 137, 139,
143, 147, 150, 151, 153, 154, 162, 166,
168, 169, 174, 177, 183, 189, 191, 196,
198, 213, 216, 218, 445

馬基維利主義(Machiavellism) viii, 10,
130, 132, 332, 346, 384

高尚性(*honestas*) 105, 108, 110, 113,
116, 117, 118, 119, 120, 123, 124, 125,
126, 132, 135, 137

十一劃

基源民主(original democracy) 96, 186,
208, 267, 446

常態(ordinary) 150, 151, 153, 154, 159,
161, 166, 221, 236, 253, 254, 262, 267,
268, 269, 285, 331, 360, 383, 390, 391,
394, 406, 410, 411, 416, 417

混合憲政(mixed constitution) viii, 7, 8,
14, 20, 24, 77, 78, 81, 82, 84, 86, 95, 96,
97, 100, 101, 102, 134, 225

統治團體(governing body) vii, 8, 14,
35, 46, 47, 48, 49, 51, 52, 53, 54, 56, 57,
59, 61, 62, 64, 71, 72, 85, 91, 93, 99,
101, 156, 165, 178, 186

規範論 viii, 106, 136, 137, 166, 196,
208, 213, 218

十二劃

普遍意志(general will) ix, 11, 12, 13,
16, 20, 21, 169, 170, 172, 173, 174, 175,
176, 177, 178, 179, 180, 181, 182, 183,
184, 185, 186, 187, 188, 189, 190, 191,
194, 195, 196, 197, 198, 199, 201, 202,
203, 204, 205, 206, 207, 208, 209, 210,
211, 212, 215, 216, 217, 224, 259, 267,
270, 276, 279, 281, 284, 298, 305, 311,
335, 342, 343, 344, 381, 382, 383, 393

智慧(wisdom) i, 6, 11, 33, 34, 35, 86,
90, 92, 95, 108, 109, 110, 114, 117, 119,
121, 126, 130, 199, 200, 209, 212, 228,
345, 350, 412

超越常態(extraordinary) 150, 151, 152,
153, 154, 155, 157, 158, 159, 160, 164,
166, 185, 200, 205, 212, 216, 221, 241,
247, 250, 329, 331, 339, 357, 383

十三劃

愛國情操（愛國主義）（patriotism） 4, 16, 19, 87, 215, 304, 306, 308, 312, 313, 314, 316, 317, 319, 320, 321, 324, 325, 355, 420, 421

節制（moderation） 6, 13, 32, 58, 59, 66, 108, 109, 113, 115, 173, 199, 259, 274, 287, 301, 306, 375, 414

誠信（*fides*） 87, 109, 110, 111, 114, 122, 131, 132

十四劃

榮譽（honor） 10, 60, 87, 107, 127, 149, 214, 280, 306, 374

十五劃

寬和政府（moderate government） 14, 225, 226

審議（deliberation） 4, 5, 7, 8, 29, 34, 42, 43, 44, 48, 49, 50, 52, 57, 64, 66, 71, 81, 85, 92, 93, 94, 95, 96, 97, 101, 110, 111, 194, 250, 252, 254, 279, 280, 307, 308, 309, 345, 353, 354, 390, 410, 411, 420, 421, 424, 443

審議民主（deliberative democracy） ix, 3, 247, 249, 252, 254, 255, 420, 421, 424

德行（virtue） vii, viii, 4, 6, 7, 8, 9, 13, 14, 24, 25, 29, 31, 32, 33, 34, 37, 40, 43, 44, 45, 54, 58, 62, 65, 66, 69, 70, 71, 72, 73, 84, 87, 96, 100, 102, 103, 105, 107, 108, 109, 110, 111, 112, 113, 115, 116, 117, 119, 120, 122, 124, 125, 126, 127, 128, 129, 130, 131, 135, 138, 145, 148, 149, 156, 160, 161, 164, 199, 204, 215, 216, 223, 228, 269, 278, 280, 283, 305, 306, 317, 322, 330, 363, 364, 365, 368, 372, 375, 378, 379, 380, 385, 386, 387, 420, 421

質料（matter） 39, 41, 46, 58, 128, 148, 149, 150, 151, 154, 155, 156, 157, 161, 164, 204, 264, 384

十六劃

憲政（憲法）（constitution） ix, x, xi, 3, 7, 9, 11, 13, 14, 15, 17, 20, 21, 27, 81, 82, 84, 86, 88, 94, 95, 96, 98, 101, 113, 144, 161, 168, 177, 181, 186, 196, 204, 205, 211, 212, 213, 216, 217, 221, 223, 225, 227, 228, 229, 230, 232, 233, 234, 235, 236, 237, 238, 239, 240, 241, 243, 245, 247, 249, 252, 253, 254, 255, 257, 258, 259, 260, 261, 262, 264, 265, 266, 268, 269, 271, 273, 275, 278, 280, 282, 284, 286, 287, 295, 296, 298, 299, 303, 304, 306, 307, 314, 317, 318, 320, 321, 322, 323, 324, 325, 327, 329, 331, 332, 334, 336, 337, 338, 340, 341, 342, 343, 344, 347, 349, 350, 352, 353, 354, 355, 356, 357, 358, 359, 382, 383, 387, 390, 391, 392, 394, 395, 397, 398, 399, 400, 401, 402, 403, 404, 405, 406, 407, 408, 409, 410, 412, 413, 414, 415, 416, 417, 420, 423, 424, 442, 443, 444, 445, 446

獨裁（dictatorship） 9, 162, 211, 212,

217, 284, 319, 340, 383, 392, 395

衡平（equity） 95, 110, 111, 113

二十二劃

權力（power） x, 3, 8, 9, 10, 11, 12, 14, 15, 17, 22, 27, 28, 29, 31, 42, 45, 47, 50, 53, 56, 59, 76, 80, 81, 82, 84, 91, 92, 93, 94, 95, 96, 99, 101, 104, 107, 119, 121, 124, 125, 127, 128, 129, 133, 142, 143, 144, 145, 148, 151, 155, 156, 157, 158, 162, 165, 166, 171, 173, 175, 176, 178, 181, 186, 196, 202, 212, 215, 222, 223, 224, 225, 228, 229, 230, 231, 232, 233, 234, 235, 236, 237, 239, 240, 241, 242, 244, 245, 246, 247, 248, 249, 250, 251, 252, 253, 258, 260, 261, 262, 264, 265, 266, 268, 269, 270, 271, 272, 273, 275, 280, 281, 283, 285, 286, 288, 297, 298, 299, 300, 304, 305, 306, 307, 325, 329, 331, 333, 334, 335, 336, 339, 340, 341, 342, 343, 344, 345, 346, 347, 348, 349, 350, 351, 352, 353, 354, 355, 356, 357, 359, 390, 394, 395, 396, 399, 401, 405, 407, 409, 414, 422, 423

權力平衡（balance of power） 7, 8

權威（authority） x, 7, 8, 9, 20, 26, 28, 30, 31, 34, 36, 45, 46, 47, 48, 49, 50, 51, 53, 54, 57, 58, 94, 95, 96, 101, 137, 138, 149, 154, 156, 161, 163, 170, 187, 188, 195, 197, 207, 209, 210, 211, 216, 217, 227, 231, 232, 235, 236, 237, 238, 241, 244, 248, 249, 250, 252, 253, 272, 283, 329, 334, 335, 340, 341, 343, 344, 345, 346, 347, 348, 349, 350, 353, 354, 355, 356, 357, 363, 390, 393, 394, 423

西方共和主義思想史論

2013年6月初版　　　　　　　　　　　　　　定價：新臺幣590元
2018年6月初版第二刷
有著作權・翻印必究
Printed in Taiwan.

著　　　者	蕭　高	彥
叢書主編	沙　淑	芬
校　　　對	蔡　耀	緯
封面設計	蔡　婕	岑

出　版　者	聯經出版事業股份有限公司	總 編 輯	胡 金 倫
地　　　址	新北市汐止區大同路一段369號1樓	總 經 理	陳 芝 宇
編輯部地址	新北市汐止區大同路一段369號1樓	社　　長	羅 國 俊
叢書主編電話	(02)86925588轉5310	發 行 人	林 載 爵
台北聯經書房	台 北 市 新 生 南 路 三 段 9 4 號		
電　話	(0 2) 2 3 6 2 0 3 0 8		
台中分公司	台 中 市 北 區 崇 德 路 一 段 1 9 8 號		
暨門市電話	(0 4) 2 2 3 1 2 0 2 3		
郵 政 劃 撥 帳 戶	第 0 1 0 0 5 5 9 - 3 號		
郵 撥 電 話	(0 2) 2 3 6 2 0 3 0 8		
印　刷　者	世 和 印 製 企 業 有 限 公 司		
總 經 銷	聯 合 發 行 股 份 有 限 公 司		
發　行　所	新北市新店區寶橋路235巷6弄6號2F		
電　話	(0 2) 2 9 1 7 8 0 2 2		

行政院新聞局出版事業登記證局版臺業字第0130號

本書如有缺頁，破損，倒裝請寄回台北聯經書房更換。　ISBN　978-957-08-4185-5 (精裝)
聯經網址 http://www.linkingbooks.com.tw
電子信箱 e-mail:linking@udngroup.com

國家圖書館出版品預行編目資料

西方共和主義思想史論/蕭高彥著 .
初版 . 新北市 . 聯經 . 2013.06
480面；14.8×21公分 .
ISBN 978-957-08-4185-5（精裝）
［2018年6月初版第二刷］

1.政治思想史 2.西洋政治思想

570.94   102009015